Veröffentlichungen
der Vereinigung der Deutschen Staatsrechtslehrer
=Band 80=

STAAT UND GESELLSCHAFT IN DER PANDEMIE

Anna Katharina Mangold

Relationale Freiheit. Grundrechte in der Pandemie

Stephan Rixen

Verwaltungsrecht der vulnerablen Gesellschaft

Matthias Mahlmann

Demokratie im Notstand?
Rechtliche und epistemische Bedingungen
der Krisenresistenz der Demokratie

Andreas Th. Müller

Europa und die Pandemie.
Zuständigkeitsdefizite und Kooperationszwänge

Franz Merli, Klaus Ferdinand Gärditz, Hans Michael Heinig,
Gertrude Lübbe-Wolff, Armin Nassehi

Corona als Motor:
Transformationen und öffentliches Recht

Berichte und Diskussionen
auf der Sondertagung
der Vereinigung der Deutschen Staatsrechtslehrer
in Wien am 9. April 2021

De Gruyter

Redaktion: Christian Walter (München)

ISBN 978-3-11-071113-4
e-ISBN (PDF) 978-3-11-071119-6
e-ISBN (EPUB) 978-3-11-071121-9

Library of Congress Control Number: 2021939991

Bibliografische Information der Deutschen Nationalbibliothek
Die Deutsche Nationalbibliothek verzeichnet diese Publikation in der Deutschen
Nationalbibliografie; detaillierte bibliografische Daten sind im Internet über
http://dnb.dnb.de abrufbar.

© 2021 Walter de Gruyter GmbH, Berlin/Boston
Datenkonvertierung und Satz: Satzstudio Borngräber, Dessau-Roßlau
Druck und Bindung: CPI books GmbH, Leck

www.degruyter.com

Inhalt

Sondertagung 2021 5

Einziger Beratungsgegenstand:
Staat und Gesellschaft in der Pandemie

1. *Relationale Freiheit. Grundrechte in der Pandemie*
   Referat von *Anna Katharina Mangold* 7
   Leitsätze der Referentin 31

2. *Verwaltungsrecht der vulnerablen Gesellschaft*
   Referat von *Stephan Rixen* 37
   Leitsätze des Referenten 63

3. *Demokratie im Notstand? Rechtliche und epistemische Bedingungen der Krisenresistenz der Demokratie*
   Referat von *Matthias Mahlmann* 69
   Leitsätze des Referenten 101

4. *Europa und die Pandemie. Zuständigkeitsdefizite und Kooperationszwänge*
   Referat von *Andreas Th. Müller* 105
   Leitsätze des Referenten 136

5. Aussprache und Schlussworte 141

6. *Corona als Motor: Transformationen und öffentliches Recht*
   Podiumsdiskussion mit Franz Merli (Moderation), Klaus Ferdinand Gärditz, Hans Michael Heinig, Gertrude Lübbe-Wolff und Armin Nassehi, sowie Aussprache 175

Verzeichnis der Rednerinnen und Redner 215

Verzeichnis der Mitglieder der Vereinigung
der Deutschen Staatsrechtslehrer e.V. 217

Satzung der Vereinigung 295

Sondertagung 2021

Den Ausbruch hatte niemand vorausgesehen. Zwar hatten die medizinischen Wissenschaften seit Jahren auf die Wahrscheinlichkeit von Epidemien hingewiesen. Als sich das SARS-CoV-2-Coronavirus ausgehend von Wuhan binnen kurzer Zeit über die gesamte Welt verbreitete, kam das gleichwohl für alle überraschend, selbst für die warnenden Virologen. Die Vereinigung der Deutschen Staatsrechtslehrer bildete keine Ausnahme: Noch beim Vorbereitungstreffen mit den Vortragenden am 4. März 2020 in Mannheim war der Vorstand zuversichtlich, die Jahrestagung wie geplant im Oktober 2020 durchführen zu können. Drei Monate später schon sah er sich zur Absage dieser Tagung veranlasst.

Niemand war auf die Pandemie vorbereitet, auch nicht die deutschsprachige Staatsrechtslehre, die sich über Nacht vor Probleme gestellt sah, die nicht mehr vorstellbar oder längst überwunden schienen. Bürgerinnen und Bürger waren mit Beschränkungen konfrontiert, die in ihrer Breite ohne Vorbild waren und tief in den Alltag einschnitten; gleichzeitig fürchteten sie um Gesundheit und Leben. Der Verwaltung fehlte es an Wissen, an Konzepten, an Ressourcen und an Rechtsgrundlagen; was ihr von der Politik als Herausforderung überantwortet wurde, konnte sie nur als Überforderung erleben. Die Parlamente hatten Schwierigkeiten, sich zu versammeln, zu beraten und zu beschließen; *nolens* oder *volens* überließen sie den Regierungen das Feld. Innerhalb Europas schlossen sich die Grenzübergänge ähnlich unerwartet, wie sie sich im Winter 1989/90 geöffnet hatten; gleichzeitig wurde von der Union erwartet, auch dort noch europäische Lösungen zu entwickeln, wo die Zuständigkeiten bei den Mitgliedsstaaten lagen. Niemand hatte fertige Antworten auf die neuen Fragen zur Hand. Aber allen Betroffenen war klar, dass sie einen epochalen Einschnitt miterlebten, der in seiner Tragweite dem Fall des Eisernen Vorhangs vergleichbar war.

Zwar konnte niemand absehen, wie es weitergehen werde. Den Sommer über wurde jedoch zur Gewissheit, dass das Virus nicht wieder aus der Welt verschwinden werde. Es war gekommen, um zu bleiben, und es war im Begriff, die Gesellschaft wie den Staat nachhaltig zu verändern. Für unsere Vereinigung bedeutete dies: Der Vorstand musste den Mitgliedern Gelegenheit geben, zu den mannigfaltigen öffentlich-rechtlichen Problemen Stellung zu nehmen und ihre wissenschaftlichen Auffassungen darüber auszutauschen – und dies nicht in Aufsätzen, sondern auf einer Tagung, in Rede und Gegenrede, möglichst von Angesicht zu Angesicht. Als Ort einer solchen Tagung kam von vornherein nur eine der drei Vorstandsfakultäten in Betracht. Für Wien gaben die Kapazitäten an Raum und die Milde der damaligen Abstandsregelungen den Ausschlag; für den April sprach die

Aussicht, im Frühling werde die Pandemie ihren Höhepunkt überschritten haben und eine Vereinigung der Mitglieder vor Ort wieder möglich sein.

Diese Hoffnungen zerschellten an der dritten Welle der Pandemie. Die für den 9. April 2021 angesetzte Tagung konnte nur digital stattfinden, und der für den Vorabend vorgesehene Empfang im Verfassungsgerichtshof musste entfallen. Der Vorstand dankt Herrn Präsidenten *Christoph Grabenwarter*, dass er allen Widrigkeiten zum Trotz bis zuletzt bereit war, die Vereinigung im Gerichtshof zu empfangen, und er dankt Frau Dekanin *Brigitta Zöchling-Jud*, die die 250 Teilnehmerinnen und Teilnehmer der Tagung vom Dachgeschoss des Wiener Juridicums aus begrüßte.

Die Referate der Tagung, die Aussprache hierüber sowie die von *Franz Merli* geleitete Diskussion über die Rolle des öffentlichen Rechts in Transformationsprozessen mit *Gertrude Lübbe-Wolff*, *Hans-Michael Heinig*, *Klaus Ferdinand Gärditz* und *Armin Nassehi* am Podium sind nachstehend abgedruckt. Bei dieser Gelegenheit darf nicht unerwähnt bleiben, dass die vier Mitglieder, die der Vorstand um Referate gebeten hat, *Anna Katharina Mangold*, *Stephan Rixen*, *Matthias Mahlmann* und *Andreas Müller*, angesichts der kurzen Frist, der Belastungen eines digitalen Semesters und der sich ständig verändernden epidemiologischen, politischen und rechtlichen Lage vor eine besonders schwierige Aufgabe gestellt waren, die sie ohne Zögern übernommen haben. Ihnen allen gebührt besonderer Dank.

Ewald Wiederin

1. Relationale Freiheit.
Grundrechte in der Pandemie

Referat von *Anna Katharina Mangold**, Flensburg

Inhalt

	Seite
Vorrede	8
1. Situiertheit	8
2. Erwartungen an die Grundrechte: Grundrechtliches Verteilungsprinzip	9
3. Argumentationsgang	11
I. Das Grundrechtssubjekt in der Pandemie	11
1. Autonomie, Eigen- und Fremdgefährdung	12
2. Relationale Einbettung der Einzelnen	13
3. Relationale Dimension der Grundrechte	14
II. Unsicheres Wissen als Grundrechtsproblem in der Pandemie	18
1. Pandemiemaßnahmen gegen die Allgemeinheit	18
2. Begründung und dynamisierte Wissensverarbeitung	19
3. Einzelmaßnahmen und Maßnahmenpaket	20
4. Gerichtliche Kontrolle	22
III. Die Verhältnismäßigkeit der Pandemiemaßnahmen	23
1. Der Zweck der Pandemiemaßnahmen	23
2. Zunehmende Zielgerichtetheit der Maßnahmen	24
3. Angemessenheit und Wesensgehalt der Grundrechte	26

---

* Die Autorin dankt für den anregenden Austausch *Sigrid Boysen, Johannes Gallon, Albert Ingold, Andrea Kießling, Thorsten Kingreen, Thomas Kleinlein, Mehrdad Payandeh, Philipp Reimer, Stephan Rixen, Benjamin Rusteberg, Ute Sacksofsky, Uwe Volkmann* und *Rainer Wahl*. – Der Text befindet sich auf dem Stand vom 30. April 2021. Die Pandemie hat die Textbeschaffung durchaus erschwert, und so danke ich vielen Personen, die mich mit ihren Ressourcen unterstützt haben, auch unter Bedingungen geschlossener Bibliotheken an Literatur zu gelangen.

IV. Gleiche Freiheit.................................. 27
    1. Massenhafte und unspezifische Maßnahmen........... 28
    2. Angemessenheit: Unterschiedliche Maßstäbe.......... 28
    3. Lösung: Kompensation und Differenzierung........... 29
Schluss.. 30

Vorrede

1. Situiertheit

Einen Vortrag über die Rolle der Grundrechte in der Pandemie zu halten, erfordert mehr noch als sonst, über die eigene Ausgangsposition nachzudenken und sie offenzulegen. Wenn wir auch versuchen, objektiv und neutral über rechtliche Regulierung und ihre Konsequenzen zu sprechen, so müssen wir uns doch eingestehen, dass wir unserer eigenen Betroffenheit nicht entkommen können.[1]

In der Pandemie sind Staatsrechtslehrende so unmittelbar von den Pandemiemaßnahmen[2] betroffen wie alle anderen Menschen,[3] wenn auch

---

[1] Grundlegend zur epistemologischen Prämisse der Situiertheit und ihrer Auswirkung auf Vorstellung von Objektivität aus naturwissenschaftlicher Perspektive: *Donna Haraway* Situated Knowledges, Feminist Studies 14 (1988), 575–599; aus rechtswissenschaftlicher Perspektive: *Katharine T. Bartlett* Feminist Legal Methods, Harv. L. Rev. 103 (1989), 829–888; *Katharine T. Bartlett* Objectivity: A Feminist Revisit, Ala. L. Rev. 66 (2014), 375–394.

[2] Darunter werden alle Maßnahmen zur Bekämpfung der Pandemie verstanden, insbesondere jene des 3. Bevölkerungsschutzgesetzes v. 18.11.2020 (BGBl. I 2397) in § 28a Abs. 1 IfSG sowie die mit der sogenannten Bundesnotbremse durch das 4. Bevölkerungsschutzgesetz v. 22.4.2021 (BGBl. I 802) in § 28b Abs. 1 IfSG. Die aufgelisteten Maßnahmen sind ausgesprochen inhomogen und haben sich vor allem im Laufe der ersten Monate der Pandemiebekämpfung entwickelt. Nach wie vor kommen immer wieder neu erfundene Maßnahmen als Ideen hinzu, etwa Reiseverbote für das Frühjahr und den Sommer 2021, zusätzliche (dann kassierte) „Ruhetage" um Ostern 2021, die an die Kirchen gerichtete Bitte, 2021 keine Ostergottesdienste abzuhalten und viele mehr.

[3] In Deutschland erfassen diese Maßnahmen aktuell nahezu jeden Lebensbereich und lassen, grundrechtlich betrachtet, lediglich die Meinungsfreiheit (Art. 5 Abs. 1 GG) und die Kommunikationsfreiheiten (Art. 10 GG) unberührt, „vor allem, weil sie digital umsetzbare Verhaltensformen ermöglichen, die seuchenrechtlich irrelevant sind", vgl. *Oliver Lepsius* Grundrechtsschutz in der Corona-Pandemie, Recht und Politik 56 (2020), 258–281 (265). Zur Betroffenheit auch von Wissenschaftler*innen: *Jens Kersten/Stephan Rixen* Der Verfassungsstaat in der Corona-Krise, 2. Aufl. 2021 Einleitung: „[Wissenschaftlerinnen und Wissenschaftler] sind mehr als ihre professionelle Rolle, die sich von anderen Rollen der Person zwar unterscheiden, aber nicht trennen lässt. Je mehr eine Lage die ganze Person

1. Relationale Freiheit. Grundrechte in der Pandemie   9

typischerweise in privilegierter Lage. Doch gibt es bereits große Unterschiede zwischen Mitgliedern mit Kindern im Homeschooling und solchen ohne.[4] Auch existieren unterschiedliche subjektive Einschätzungen von der Gefährlichkeit des Corona-Virus in unserem Kreis.

Solche unterschiedliche Situiertheit hat Einfluss auf unsere rechtswissenschaftlichen Einschätzungen, alles andere wäre sonderbar.

2. *Erwartungen an die Grundrechte: Grundrechtliches Verteilungsprinzip*

Die Pandemie wird sowohl in der Wissenschaft als auch in der Gesellschaft als Grundrechtsproblem aufgefasst. Doch was erwarten wir von den Grundrechten? Welche konkreten Vorgaben entnehmen wir ihnen?

Ernst-Wolfgang Böckenförde hat die Verfassung und die Grundrechte als eine Rahmenordnung beschrieben,[5] innerhalb derer weiter Raum für politische Entscheidungen verbleibt. Die Entscheidung über den einzuschlagenden Weg in der Pandemie obliegt den politischen Institutionen, sie kann nicht unmittelbar aus den Grundrechten deduziert werden.

Gleichzeitig gilt das von *Carl Schmitt* beschriebene rechtsstaatliche Verteilungsprinzip: „… die Freiheitssphäre des einzelnen [ist] prinzipiell *unbegrenzt*, die Befugnisse des Staates [sind] prinzipiell *begrenzt*."[6] Ich möchte es grundrechtliches Verteilungsprinzip nennen, weil es vor allem[7]

---

betrifft, desto eher kommen vorreflexiv präsente Dimensionen der Person zum Vorschein, auch in der wissenschaftlichen Arbeit. Letzte Werthaltungen, über lange Zeit gepflegte Selbstbilder und ein Habitus, der dem Ich, komme, was da wolle, eine Form gibt, werden dann wichtiger als sonst, zumal sich mit Rationalisierungen die irritierende Kraft der Pandemie kaum vollständig erfassen lässt."

[4] Zu den Schulschließungen im April und Mai 2020 *Sabine Zinn/Michael Bayer* Subjektive Belastung der Eltern durch die Beschulung ihrer Kinder zu Hause zu Zeiten des Corona-bedingten Lockdowns im Frühjahr 2020, ZfE 2021, 1–27, mit der weiteren Differenzierung zwischen Alleinerziehenden und Eltern in Paarbeziehungen.

[5] *Ernst-Wolfgang Böckenförde* Die Eigenart des Staatsrechts und der Staatsrechtswissenschaft, in: Ernst-Wolfgang Böckenförde (Hrsg.) Staat, Verfassung, Demokratie, 1991, 11–28 (17 f., 22 f.); *Ernst-Wolfgang Böckenförde* Die Methoden der Verfassungsinterpretation – Bestandsaufnahme und Kritik, in: Ernst-Wolfgang Böckenförde (Hrsg.) Staat, Verfassung, Demokratie, 1991, 53–89 (58); *Rainer Wahl* Der Vorrang der Verfassung, Der Staat 20 (1981), 485–516.

[6] *Carl Schmitt* Verfassungslehre, 10. Aufl. 2010, 126 f., zur grundrechtlichen Dimension: 158.

[7] Die rechtsstaatliche Tradition, Eingriffe in Freiheit und Eigentum nur durch oder aufgrund Gesetzes anzuerkennen, über die dann die Gerichte entschieden, entwickelte sich bereits seit dem 18. Jahrhundert, Vorläufer reichen zurück bis in die Reichspublizis-

in den individualrechtlichen Grundrechten radiziert ist. Die Grundrechte verlangen, dass der Staat alle Eingriffe in die Grundrechte rechtfertigt. Die Grundrechte geben dabei keine detaillierte Ideallinie vor, diese zu finden bleibt Aufgabe politischer Entscheidungen. Öffentlichkeit wie Gerichte wachen über die Wahrung der Grundrechte. Deswegen gibt es in dieser Pandemie keinen Ausnahmezustand,[8] und die Grundrechte sind nicht „aufgehoben"[9].

---

tik und die Rechtsprechung des Reichskammergerichts, vgl. *Rita Sailer* Untertanenprozesse vor dem Reichskammergericht, 1999; zu Preußen an der Jahrhundertwende dicht und instruktiv *Henning Schrimpf* Die Auseinandersetzung um die Neuordnung des individuellen Rechtsschutzes gegenüber der staatlichen Verwaltung nach 1807, Der Staat 18 (1979), 59–80; allgemeiner zur Jahrhundertwende *Thomas Würtenberger* § 2 Von der Aufklärung zum Vormärz, in: Detlef Merten/Hans-Jürgen Papier (Hrsg.) Handbuch der Grundrechte. Bd. 1: Entwicklung und Grundlagen, 2004, 49 (57 ff.). Wichtig wurde die Forderung nach Rechtsstaatlichkeit dann vor allem im Liberalismus des 19. Jahrhundert wegen der Spielräume, die das Ende des Feudalsystems mit sich brachte, vgl. *Dieter Grimm* Die Entwicklung der Grundrechtstheorie in der deutschen Staatsrechtslehre des 19. Jahrhunderts, in: Dieter Grimm (Hrsg.) Recht und Staat der bürgerlichen Gesellschaft, 1987, 308–346 (322); zu den Phasen der Grundrechtsdebatten des 19. Jhd. *Rainer Wahl* Rechtliche Wirkungen und Funktionen der Grundrechte im deutschen Konstitutionalismus des 19. Jahrhunderts [1979], in: Rainer Wahl (Hrsg.) Verfassungsstaat, Europäisierung, Internationalisierung, 2003, 341–373 (358 ff.). Die historische „Gleichzeitigkeit des Ungleichzeitigen" in dieser Entwicklung tritt hervor, nimmt man die seit Ende des 18. Jahrhunderts begonnene Bauernbefreiung mit in die Betrachtung: Während die einen den Schutz ihres Eigentums erstrebten, ging es für die anderen darum, nicht mehr Eigentum zu sein. Zur Bauernbefreiung knapp, aber eindrücklich *Karl Kroeschell* Deutsche Rechtsgeschichte, 2. Aufl. 1993, 150 ff.

[8] Bezugspunkt der rechtswissenschaftlichen Debatte seit jeher: *Carl Schmitt* Politische Theologie, 2. Aufl. 1934, 11 ff. Die jüngere Literatur hat sich vor allem unter dem Gesichtspunkt der Terrorismusabwehr mit dem Ausnahmezustand befasst: *Günter Frankenberg* Staatstechnik. Perspektiven auf Rechtsstaat und Ausnahmezustand, 2010; *Anna-Bettina Kaiser* Ausnahmeverfassungsrecht, 2020; *Tristan Barczak* Der nervöse Staat. Ausnahmezustand und Resilienz des Rechts in der Sicherheitsgesellschaft, 2020. In der Pandemie *Uwe Volkmann* Der Ausnahmezustand, VerfBlog, 20.03.2020 <https://verfassungsblog.de/der-ausnahmezustand>.

[9] Insbesondere im November 2020 kreiste die öffentliche Debatte um das Dritte Gesetz zum Schutz der Bevölkerung vor nationaler Tragweite vom 18.11.2020 (BGBl. I 2397) um Vorstellungen von einer Außerkraftsetzung der Grundrechte. Die AfD nahm das von rechten/rechtsextremen Kreisen beförderte Narrativ auf, bei der Änderung des Infektionsschutzgesetzes handele es sich um ein Ermächtigungsgesetz wie jenes von 1933, vgl. das Eingangsstatement in der Plenardebatte von *MdB Bernd Baumann* (AfD): „Die heutige Gesetzesvorlage ist eine Ermächtigung der Regierung, wie es das seit geschichtlichen Zeiten nicht mehr gab." (Plenarprotokoll 19/191 v. 18.11.2020, S. 24046). Zu den Grundrechten äußerste sich etwa *MdB Alexander Gauland* (AfD): „Wir können die Grundrechte vergessen." und nannte Grundrechte „ausgesetzt" (Plenarprotokoll 19/191 v. 18.11.2020, S. 24051). Ähnlich *MdB Martin Sichert* (AfD): „nahezu alle Grundrechte ausgehebelt" und

3. Argumentationsgang

Angesichts der Vielzahl grundrechtlicher Fragestellungen in der Pandemie[10] tritt der Vortrag einen Schritt zurück und blickt auf vier Grundfragen von Grundrechtstheorie und -dogmatik. Die überkommene Dogmatik erlaubt im Wesentlichen die Verarbeitung der auftretenden Grundrechtsfragen, verlangt aber, bislang implizite Dimensionen und Aspekte der Grundrechte zu explizieren.

Erstens: Die Grundrechte schützen zwischenmenschliche Interaktion, die gerade auch physische Begegnungen umfasst, als relationale Dimension.

Zweitens: Trotz der Unsicherheit des Wissens über die Pandemie ist grundrechtlich gefordert, dass die Pandemiemaßnahmen begründet werden und diese Begründungen dem aktuellen Wissensstand Rechnung tragen.

Drittens: Auf der Stufe der Angemessenheit in der Verhältnismäßigkeit gilt es, in den Abwägungsvorgang eine inkommensurable Grenze einzuziehen, wie sie im Wesensgehalt nach Art. 19 Abs. 2 GG vorgesehen ist, weil der Schutz von Leib und Leben zur Absolutheit drängt.

Viertens: Aus der Perspektive gleicher Freiheit sind die je unterschiedlichen Auswirkungen von Maßnahmen auf verschiedene Grundrechtsberechtigte in der freiheitsrechtlichen Angemessenheitsprüfung zu berücksichtigen.

I. Das Grundrechtssubjekt in der Pandemie

In der Pandemie tritt eine bislang eher implizite Dimension der Grundrechte hervor, ihre relationale Dimension.[11]

„die Grundlage für staatliche Willkür und Kontrolle festgeschrieben" (Plenarprotokoll 19/191 v. 18.11.2020, 24059).

[10] Die rechtswissenschaftliche Literaturproduktion war allein im Buchsektor schnell und umfassend: *Jens Kersten/Stephan Rixen* Der Verfassungsstaat in der Corona-Krise, 2020 (1. Aufl. Mai 2020; 2. Aufl. angekündigt für Mai 2021); *Hubert Schmidt* (Hrsg.) Rechtsfragen zur Corona-Krise, 2020 (1. Aufl. Mai 2020, 2. Aufl. August 2020, 3. Aufl. April 2021); *Sebastian Kluckert* (Hrsg.) Das neue Infektionsschutzrecht, 2020 (1. Aufl. Mai 2020; 2 Aufl. April 2021); *Ludwig Kroiß* (Hrsg.) Rechtsprobleme durch COVID-19, 2020 (1. Aufl. Mai 2020; 2. Aufl. Mai 2021); hinzukommen die Werke zum Infektionsschutzrecht und Kommentare zum IfSG, die nun aktualisiert wurden oder in erster Auflage erschienen sind. Die Aufsatzproduktion ist immens, bereits im April 2020 wurde eine neue Zeitschrift „Covid und Recht" (CoVuR) vom Verlag C. H. Beck ins Leben gerufen.

[11] In diese Richtung vorgedacht hat schon *Dieter Suhr* Entfaltung der Menschen durch die Menschen, 1976, der insbesondere Art. 2 Abs. 1 GG ausgehend von einem „interaktiven Paradigma" (82) interpretiert und damit „das individualistische Paradigma der Freiheit"

1. Autonomie, Eigen- und Fremdgefährdung

Ausgangspunkt liberaler Grundrechtstheorie und -dogmatik ist die Annahme, dass die Einzelnen als autonome Subjekte Entscheidungen über Selbstgefährdungen treffen können. Das Urteil des Bundesverfassungsgerichts zur Suizidbeihilfe kann als Kulminationspunkt eines solch liberalen Verständnisses begriffen werden.[12] Was für die Selbstauslöschung angenommen wurde, gilt auch für das Minus, für den bewusst riskanten Umgang mit sich selbst.

In der Pandemie tragen Begegnungen allerdings stets das Risiko der Fremdgefährdung. Die Einzelnen können als asymptomatische Virustragende unwissentlich andere anstecken. Selbst, wenn sie im Kontakt mit anderen nur sich anstecken, besteht doch die Möglichkeit einer mittelbaren Fremdgefährdung: Im Falle schwerer Krankheitsverläufe wird eine Inanspruchnahme von Kapazitäten des Gesundheitssystems[13] notwen-

---

(83) zu überwinden trachtet, das, so *Suhr*, „seine Überzeugungskraft allmählich eingebüßt" habe (ebd.). – Dieser faszinierende Denker erfährt in jüngerer Zeit zurecht wieder Aufmerksamkeit, siehe etwa *Karsten Herzmann* Querdenken als Beruf – Dieter Suhr und sein Grundmodus der Paradigmenkritik, in: Nikolaus Marsch/Laura Münkler/Thomas Wischmeyer (Hrsg.) Apokryphe Schriften, 2019, 135; *Michael von Landenberg-Roberg* Die apokryphe Schrift als konserviertes Potential für zukünftige Paradigmenwechsel – Dieter Suhrs Ringen um die „Bewusstseinsverfassung" seiner Zunft, in: Nikolaus Marsch/Laura Münkler/Thomas Wischmeyer (Hrsg.) Apokryphe Schriften, 2019, 151; *Stefan Lorenzmeier* Dieter Suhr – „Repräsentation von Menschen in und durch Menschen", in: Eike Michael Frenzel (Hrsg.) Was bleibt, 2017, 65.

[12] BVerfG, U. v. 26.2.2020 – 2 BvR 2347/15; 2 BvR 651/16; 2 BvR 1261/16; 2 BvR 1593/16; 2 BvR 2354/16; 2 BvR 2527/16, Rn. 208 ff.: Das allgemeine Persönlichkeitsrecht „als Ausdruck persönlicher Autonomie" umfasse auch ein „Recht auf selbstbestimmtes Sterben". Dieses autonome Recht dürfe nicht „fremddefiniert" werden und unterliege keiner objektiven Vernünftigkeitskontrolle (Rn. 210), ja es umfasse sogar die Unterstützung Dritter bei einem autonomen Suizid (Rn. 212 f., bes. 213, mit Verweis auf *Suhr* [Fn. 11]).

[13] Dieser Gedanke findet sich bereits in dem – allerdings außerordentlich lapidaren – Nichtannahmebeschluss BVerfGE 59, 275 (279) – *Helmpflicht* [1982]: „Nach dem Grundgesetz muß der Einzelne sich diejenigen Schranken seiner Handlungsfreiheit gefallen lassen, die der Gesetzgeber zur Pflege und Förderung des sozialen Zusammenlebens in den Grenzen des bei dem gegebenen Sachverhalt allgemein Zumutbaren zieht, vorausgesetzt, daß dabei die Eigenständigkeit der Person gewahrt bleibt (BVerfGE 4, 7 [15 f.]; st. Rspr.). [...] Ein Kraftradfahrer, der ohne Schutzhelm fährt und deshalb bei einem Unfall eine schwere Kopfverletzung davonträgt, schadet keineswegs nur sich selbst. Es liegt auf der Hand, daß in vielen Fällen weiterer Schaden abgewendet werden kann, wenn ein Unfallbeteiligter bei Bewußtsein bleibt.

Das Fahren ohne Schutzhelm, das den Beschwerdeführern ein ‚Gefühl von Freiheit und Wagnis' vermittelt, unterscheidet sich von anderen gefährlichen Betätigungen dadurch, daß es sich im öffentlichen Straßenverkehr abspielt, mithin in einem Bereich, der für die Allgemeinheit wichtig ist und für den der Staat deshalb eine besondere Verantwortung trägt.

dig[14] – Kapazitäten, die dann anderen nicht mehr zur Verfügung stehen.[15] In der Pandemie können alle nicht steril Immunen bei physischen Begegnungen ihre Mitmenschen gefährden.

2. Relationale Einbettung der Einzelnen

Die Pandemie verwandelt die soziale Interaktion durch physische Begegnung mit anderen also in eine potentielle Gefahrensituation, weil Ansteckung droht. Deswegen trachten Pandemiemaßnahmen, solche physischen Begegnungen zu unterbinden. Die Einzelnen sind allerdings nicht „fensterlose Monaden",[16] sondern vielfältig aufeinander angewiesen und eingebettet in soziale Beziehungen und verwirklichen ihre Autonomie gerade im relationalen Bezug auf andere.[17] Das autonome Subjekt ist in

---

Wenn die Folgen eines im öffentlichen Straßenverkehr eingegangenen, berechenbaren und hohen Risikos die Allgemeinheit schwer belasten, ist es für den Einzelnen zumutbar, dieses Risiko durch einfache, leicht zu ertragende Maßnahmen zu senken. Daß Unfälle mit schweren Kopfverletzungen weitreichende Folgen für die Allgemeinheit haben (z.B. durch Einsatz der Rettungsdienste, ärztliche Versorgung, Rehabilitationsmaßnahmen, Versorgung von Invaliden), steht außer Frage." – Kritische Entscheidungsanalyse bei *Christian Hillgruber* Der Schutz des Menschen vor sich selbst, 1992, 95 ff.

[14] Selbstgefährdende Freiheitsbetätigungen wie Motorradfahren, Bergwandern, Skifahren oder Basejumping unternimmt nur ein vergleichsweise geringer Anteil der Bevölkerung, so dass sich die betroffenen Gebiete etwa in ihren Krankenhausplanungen darauf einstellen können. Das Corona-Virus hingegen kann selbst dann zu einer Überlastung des Gesundheitssystems führen, wenn nur ein geringer Anteil der Infizierten einen schweren oder schwersten Verlauf durchmacht. Jeder Fall von Hospitalisierung stellt enorme Anforderungen an die Quarantäne der Hospitalisierten. Von beatmeten Intensivpatient*innen starben einer Metastudie im Zeitraum der ersten Corona-Welle bis August 2020 etwa 50 %, mit altersbedingten Differenzierungen, vgl. *Zheng Jie Lim/Ashwin Subramaniam/Mallikarjuna Ponnapa Reddy et al.* Case Fatality Rates for COVID-19 Patients Requiring Invasive Mechanical Ventilation: A Meta-analysis. Am J Respir Crit Care Med. 2020, <https://doi.org/10.1164/rccm.202006-2405OC>.

[15] Instruktiv die Abwägungen der Gerichte zu Feuerwerksverboten an Silvester 2020, ob die Beschränkung der Freiheit, ein Feuerwerk zu entzünden, durch das Interesse, Intensivbetten freizuhalten, gerechtfertigt werden kann: ablehnend OVG Lüneburg, B. v. 18.12.2020, 13 MN 568/20, Rn. 43 (zweifelhafte Eignung); bestätigend VGH Mannheim, B. v. 22.12.2020, 1 S 4109/20, Rn. 31 f. (Erforderlichkeit) und Rn. 37 (offen zur Geeignetheit).

[16] *Gottfried Wilhelm Leibniz* Monadologie. Französisch/Deutsch (Übers. Hartmut Hecht), Stuttgart 1998, Par. 7, 12–13: „Die Monaden haben keine Fenster, durch die etwas ein- oder austreten könnte." – Das trivialisierende Aufgreifen dieses berühmten Satzes wird der Vielschichtigkeit seiner Bedeutungsgehalte nicht gerecht. Einen anregenden Überblick über jüngere Interpretationsansätze und eine Kontextualisierung gibt *Horst Bredekamp* Leibniz' Denkorgane: Gärten, Exponate, Leinwände, in: Elke Senne (Hrsg.) Gottfried Wilhelm Leibniz (1646–1716), 2017, 87–103.

[17] Zum Konzept der *relational autontomy* in der feministischen Theorie: *Catriona Mackenzie/Natalie Stoljar* Introduction: Autonomy Refigured, in: Catriona Mackenzie/

der Pandemie besonders sichtbar ein relationales Subjekt, das sich erst in Beziehungen zu und mit anderen entfaltet.

3. Relationale Dimension der Grundrechte

Die Grundrechte anerkennen diese relationale Dimension seit jeher. Das Bundesverfassungsgericht betont dies in seiner ambivalenten Menschenbild-Formel, wonach „[d]as Menschenbild des Grundgesetzes nicht das eines isolierten souveränen Individuums" sei, sondern „vielmehr die Spannung Individuum – Gemeinschaft im Sinne der Gemeinschaftsbezogenheit und Gemeinschaftsgebundenheit der Person entschieden" habe.[18]

Natalie Stoljar (Hrsg.) Relational autonomy, 2000, 3–31; *Jennifer Nedelsky* Law's relations, 2011; *Robin West* Relational feminism and law, in: Robin West/Cynthia G. Bowman (Hrsg.) Research handbook on feminist jurisprudence, 2019, 65–72; *Beate Rössler* Autonomie, 2017; konkret zu Corona: *Sabine Hark* Mit dem Virus leben. Über Gemeinschaft, das Subjekt und das Recht der Enteigneten, KJ 53 (2020), 475–480; *Ute Sacksofsky* Autonomie und Fürsorge, KJ 54 (2021), 47–61.

[18] BVerfGE 4, 7 (15 f.) – *Investitionshilfe* [1954]: „Das Menschenbild des Grundgesetzes ist nicht das eines isolierten souveränen Individuums; das Grundgesetz hat vielmehr die Spannung Individuum – Gemeinschaft im Sinne der Gemeinschaftsbezogenheit und Gemeinschaftsgebundenheit der Person entschieden, ohne dabei deren Eigenwert anzutasten. Das ergibt sich insbesondere aus einer Gesamtsicht der Art. 1, 2, 12, 14, 15, 19 und 20 GG. Dies heißt aber: der Einzelne muß sich diejenigen Schranken seiner Handlungsfreiheit gefallen lassen, die der Gesetzgeber zur Pflege und Förderung des sozialen Zusammenlebens in den Grenzen des bei dem gegebenen Sachverhalt allgemein Zumutbaren zieht, vorausgesetzt, daß dabei die Eigenständigkeit der Person gewahrt bleibt." Ähnlich BVerfGE 12, 45 (51) – *Wehrpflicht* [1960]: „Mit den rechtlichen und geistig-politischen Prinzipien, die das Grundgesetz beherrschen, ist die allgemeine Wehrpflicht vollends vereinbar: Das Grundgesetz ist eine wertgebundene Ordnung, die den Schutz von Freiheit und Menschenwürde als den obersten Zweck allen Rechts erkennt; sein Menschenbild ist nicht das des selbstherrlichen Individuums, sondern das der in der Gemeinschaft stehenden und ihr vielfältig verpflichteten Persönlichkeit. Es kann nicht grundgesetzwidrig sein, die Bürger zu Schutz und Verteidigung dieser obersten Rechtsgüter der Gemeinschaft, deren personale Träger sie selbst sind, heranzuziehen." – In der Folge bleibt die Menschenbild-Formel ambivalent. Erstens wird sie zur Beschränkbarkeit schrankenlos gewährter Grundrechte herangezogen: BVerfGE 30, 173 (193) – *Mephisto* [1971]: Kunstfreiheit; BVerfGE 32, 98 (107 f.) – *Verweigerte Bluttransfusion* [1971]: Religionsfreiheit; BVerfGE 47, 327 (369) – *Hessisches Universitätsgesetz* [1978]: Wissenschaftsfreiheit; 109, 133 (151 f.) – *Sicherungsverwahrung* [2004]: Menschenwürde; entgegengesetzt aber BVerfGE 115, 118 (158) – *Flugzeugabschuss* [2006]: Objektformel gilt bei der Menschenwürde; entgegengesetzt auch BVerfGE 128, 326 (376) – *Sicherungsverwahrung II* [2011]: strenge Verhältnisprüfung geboten. Zweitens wird die Menschenbild-Formel auch verwendet, um das „besondere Gewaltverhältnis" zu beenden: BVerfGE 33, 1 (10 f.) – *Strafgefangene* [1972]. Drittens hilft sie, das Abwägungsmodell der Verhältnismäßigkeit zu begründen: BVerfGE 35, 202 (225) – *Lebach* [1973]; BVerfGE 50, 166 (175) – *Ausweisung* [1979]; auch für vorbe-

1. Relationale Freiheit. Grundrechte in der Pandemie 15

Die Pandemiemaßnahmen[19] beschränken nun gerade jene Formen von Freiheitsbetätigungen im Alltag, die zu Begegnungen mit anderen Menschen führen. In der Pandemie wird es deswegen nötig, die bislang implizite relationale Dimension der Grundrechte explizit zu machen.[20]
Das Recht auf physische Begegnung mit Ehepartnern[21] oder Familienmitgliedern[22] ist in Art. 6 Abs. 1 GG geschützt. Wie das Bundesverfas-

---

haltlos gewährte Grundrechte: BVerfGE 83, 130 (143) – *Josephine Mutzenbacher* [1990]. Viertens begründet diese Formel das „Wächteramt des Staates" nach Art. 6 Abs. 2 S 2 GG beim Kindesschutz: BVerfGE 24, 119 (144) – *Adoptionseinwilligung* [1968]; 107, 104 (117) – *Elterliche Beteiligung an Jugendstrafverfahren* [2003]. Fünftens fußt die „weltanschaulich-religiöser Neutralität" im Religionsverfassungsrecht auf der Formel: BVerfGE 41, 29 (50) – *Christliche Gemeinschaftsschule badischer Überlieferung* [1975]: „Der ‚ethische Standard' des Grundgesetzes ist vielmehr die Offenheit gegenüber dem Pluralismus weltanschaulich-religiöser Anschauungen angesichts eines Menschenbildes, das von der Würde des Menschen und der freien Entfaltung der Persönlichkeit in Selbstbestimmung und Eigenverantwortung bestimmt ist. In dieser Offenheit bewährt der freiheitliche Staat des Grundgesetzes seine religiöse und weltanschauliche Neutralität."; BVerfGE 108, 282 (300) – *Kopftuch I* [2003]; 138, 296 (339) – *Kopftuch II* [2015]. – In der Tendenz positiv *Christian Bumke* Menschenbilder des Rechts, JöR 57 (2009), 125 (139): „Das im harmonischen Ausgleich zwischen Sozialität und Individualität angelegte liberale Grundverständnis markiert einen festen Halte- und Bezugspunkt für die verfassungsrechtliche Auslegungs- und Anwendungsarbeit."

[19] *Andrea Kießling* in: dies. (Hrsg.) IfSG 2. Aufl. 2021, § 28a Rn. 25 ff. unterscheidet die Maßnahmen in (1) unmittelbar übertragungsreduzierend, (2) „Hilfsmaßnahmen" und (3) Kontaktnachverfolgung.

[20] Vorschlag für eine Typologie relationaler Grundrechtsdimensionen:
(1) Gerade die Beziehung ist grundrechtlich geschützt: Ehe, Familie, intime Partnerschaft.
(2) Erst mit anderen kann das Grundrecht ausgeübt werden (kollektive Dimension einiger Grundrechte): Gottesdienste (im Unterschied zum individuellen Gebet), Demonstrationen, Vereinsleben.
(3) Die Grundrechtsausübung bedarf gerade der Interaktion mit anderen Menschen: Wirkbereich für Künstler*innen (andere müssen die Kunstwerke oder Aufführungen wahrnehmen können), Berufsausübung (Verkauf an Kund*innen, Behandlung von Patient*innen etc.).
(4) Der ganz alltägliche Umgang mit anderen Menschen als soziale Interaktion: allgemeine Handlungsfreiheit als Auffanggrundrecht.

[21] Die Ehepartner dürfen ihre Beziehung frei gestalten, ohne dass der Staat hier Vorgaben nur zu machen versuchen dürfte, dazu allgemein BVerfGE 6, 55 (81 f.) – *Ehegattenbesteuerung* [1957]; 53, 257 (296) – *Versorgungsausgleich* [1980]; speziell zur räumlichen Dimension: BVerfGE 107, 27 (53 ff.) – *doppelte Haushaltsführung* [2002]; 114, 316 (333) – *Zweitwohnungsbesteuerung* [2005]; zum Ganzen *Bettina Heiderhoff* in: Ingo von Münch/Philip Kunig/Jörn Axel Kämmerer/Markus Kotzur (Hrsg.) GG, 7. Aufl. 2021, Art. 6 Rn. 84; *Frauke Brosius-Gersdorf* in: Horst Dreier (Hrsg.) GG, 3. Aufl. 2013, Art. 6 Rn. 66. Deswegen müssen Ehegatten das Recht haben, einander in der Pandemie zu sehen, auch wenn sie an verschiedenen Orten wohnen.

[22] Aus der Pandemie-Rspr. OVG Saarland, B. v. 20.01.2021 – 2 B 7/21, Rn. 13: Art. 6 Abs. 1 GG schütze in der Pandemie auch die Beziehung zwischen Großeltern und Enkelkind vor unverhältnismäßigen Beschränkungen.

sungsgericht in seinen bislang drei stattgebenden Beschlüssen zu Pandemiemaßnahmen festgehalten hat, sind auch der gemeinsame Gottesdienst[23] und die gemeinsame Demonstration[24] geschützt. Das gemeinsame Erleben einer Kunstaufführung fällt in den „Wirkbereich"[25] der Kunstfreiheit, die Interaktion mit Kundschaft beim Betrieb eines Einzelhandelsgeschäfts[26] in den Schutzbereich der Berufsfreiheit.

Das Allgemeine Persönlichkeitsrecht schützt hingegen zwar den „Bereich privater Lebensgestaltung" auch als soziale Beziehung,[27] wurde

---

[23] BVerfGE 42, 312 (323) – *Kirchliches Amt* [1976]: „Die Freiheit des religiösen Bekenntnisses ist nicht nur die Freiheit des Einzelnen zum privaten Bekenntnis, nicht nur die Freiheit des Einzelnen zum öffentlichen Bekenntnis, nicht nur die Freiheit des Einzelnen zum gemeinsamen öffentlichen Bekenntnis, sondern auch die Freiheit des organisatorischen Zusammenschlusses zum Zwecke des gemeinsamen öffentlichen Bekenntnisses, insbesondere die Freiheit der Kirchen in ihrer historisch gewordenen Gestalt zum Bekenntnis gemäß ihrem Auftrag."; explizit *Martin Morlok* in: Horst Dreier (Hrsg.) GG, 3. Aufl. 2013, Art. 4 Rn. 87; ebenso *Michael Germann* in: Volker Epping/Christian Hillgruber (Hrsg.) OK GG, 46. Ed. 2021, Art. 4 Rn. 24 (2021); *Ute Mager* in: Ingo von Münch/Philip Kunig/Jörn Axel Kämmerer/Markus Kotzur (Hrsg.) GG, 7. Aufl. 2021, Art. 4 Rn. 44: „kollektive Ausübungsform" – Aus der Pandemie-Rspr. BVerfG (K), B. v. 29.4.2020 – 1 BvQ 44/20 – *Freitagsgebet*, Rn. 9.

[24] BVerfGE 104, 92 (104) – *Sitzblockade Wackersdorf* [2001]: „örtliche Zusammenkünfte mehrerer Personen"; *Otto Depenheuer* in: Theodor Maunz/Günther Dürig/Roman Herzog/Matthias Herdegen/Hans H. Klein (Hrsg.) GG, 2020, Art. 8 Rn. 3 (2020): „Argument des Körpers" und Rn. 45: „gleichzeitige körperliche Anwesenheit"; *Christoph Gusy* in: Hermann von Mangoldt/Friedrich Klein/Christian Starck/Peter M. Huber/Andreas Voßkuhle (Hrsg.) GG, 7. Aufl. 2018, Art. 8 Rn. 14: „Personenmehrheit ist Mindestbedingung für das kollektive Handeln" und Rn. 21 „gemeinsame Präsenz". – Aus der Pandemie-Rspr. BVerfG (K), B. v. 17.04.2020 – 1 BvQ 37/20, Rn. 20: „gemeinsame körperliche Sichtbarmachung von Überzeugungen, bei der die Teilnehmer in der Gemeinschaft mit anderen eine Vergewisserung dieser Überzeugungen erfahren"; BVerfG (K) v. 15.04.2021 – 1 BvR 828/20.

[25] BVerfGE 30, 173 (189) – *Mephisto* [1971]: „dieser ‚Wirkbereich', in dem der Öffentlichkeit Zugang zu dem Kunstwerk verschafft wird, ist der Boden, auf dem die Freiheitsgarantie des Art. 5 Abs. 3 GG vor allem erwachsen ist"; BVerfGE 36, 321 (331) – *Schallplattenhersteller* [1974]: „Darbietung und Verbreitung des Kunstwerks, die für die Begegnung mit dem Werk als einem kunstspezifischen Vorgang sachnotwendig ist"; BVerfGE 67, 213 (218) – *Anachronistischer Zug* [1984]; *Fabian Wittreck* in: Horst Dreier (Hrsg.) GG, 3. Aufl. 2013, Art. 5 Abs. 3 Rn. 47. – Für den Wirkbereich der Kunstfreiheit gilt es unter Bedingung der Pandemie, noch stärker herauszuarbeiten, dass die Kunstfreiheit gerade die Begegnung mit dem „Publikum" als relationale Dimension schützt.

[26] Die relationale Dimension wird bei Art. 12 GG bislang allenfalls in Ansätzen erkennbar, vgl. etwa *Jörn Axel Kämmerer* in: Ingo von Münch/Philip Kunig/Jörn Axel Kämmerer/Markus Kotzur (Hrsg.) GG, 7. Aufl. 2021, Art. 12 Rn. 54; *Thomas Mann* in: Michael Sachs (Hrsg.) GG, 8. Aufl. 2018, Art. 12 Rn. 79; *Rüdiger Breuer* Freiheit des Berufs, in: HStR VIII, § 170 Rn. 82.

[27] BVerfGE 109, 279 (319) – *Großer Lauschangriff* [2004]; 101, 361 (385 f.) – *Caroline von Monaco II* [1999]; BVerfG (K), NJW 1995, 1477 – *Strafgefangenenpost:* postalischer

aber bislang wohl nicht als Recht auf Begegnung mit Menschen des eigenen Vertrauens interpretiert.[28]

In ihrer Alltäglichkeit sind zwischenmenschliche Begegnungen ganz überwiegend ohnehin allein durch die allgemeine Handlungsfreiheit in Art. 2 Abs. 1 GG geschützt, etwa Freundschaften, Nachbarschaft oder Teamsport. Hier zeigt sich nun die besondere Bedeutung eines grundrechtlichen Auffangrechts,[29] das wohl nie so wichtig war wie jetzt in der Pandemie.[30] In der Konstruktion der allgemeinen Handlungsfreiheit als Auffanggrundrecht bleiben die Freiheitsbetätigungen der Einzelnen in ihrer Bedeutung unbewertet, weil für jeden Unterschiedliches bedeutsam und Teil der eigenen Persönlichkeitsentfaltung – so ja der Wortlaut von Art. 2 Abs. 1 GG – sein kann.[31] Diese individuelle Relevanz umfasst auch Begegnungen mit anderen Menschen.[32] Die relationale Dimension des Auffanggrundrechts unterstellt jede staatliche Beschränkung zwischenmenschlicher Begegnung der grundrechtlichen Rechtfertigungspflicht.

„Verkehr mit Personen besonderen Vertrauens"; *Horst Dreier* in: Horst Dreier (Hrsg.) GG, 3. Aufl. 2013, Art. 2 I GG 71 m.w.N.; *Philip Kunig/Jörn Axel Kämmerer* in: Ingo von Münch/Philip Kunig/Jörn Axel Kämmerer/Markus Kotzur (Hrsg.), GG, 7. Aufl. 2021, Art. 2 GG Rn. 58. – Abgehört werden darf dennoch im intimsten Bereich der eigenen Wohnung: BVerfGE 109, 279 – *Großer Lauschangriff* [2004], dazu ebd. 391, Sondervotum *Jaeger* und *Hohmann-Dennhardt*: „Wenn aber selbst die persönliche Intimsphäre, manifestiert in den eigenen vier Wänden, kein Tabu mehr ist, vor dem das Sicherheitsbedürfnis Halt zu machen hat, stellt sich auch verfassungsrechtlich die Frage, ob das Menschenbild, das eine solche Vorgehensweise erzeugt, noch einer freiheitlich-rechtsstaatlichen Demokratie entspricht."

[28] Soweit ersichtlich erstmals explizit für eine Einbeziehung in das Allgemeine Persönlichkeitsrecht *Sacksofsky* (Fn. 17), 53. – Dass es für die eigenen Persönlichkeit konstitutiv ist, nicht in sozialer Isolation zu leben, ist etwa im Freiheitsentzugsrecht unmittelbar anerkannt, wenn Isolationshaft nur unter schärfsten Bedingungen und höchst ausnahmsweise für begrenzte Zeit zulässig ist. Art. 104 Abs. 4 GG stellt zudem sicher, dass „ein Angehöriger des Festgehaltenen oder eine Person seines Vertrauens zu benachrichtigen ist", wenn auf Anordnung oder Fortdauer eine Freiheitsentziehung entschieden wurde.

[29] Grundlegend BVerfGE 6, 32 (36 ff.) – *Elfes* [1957], explizit 41: „Sphäre privater Lebensgestaltung".

[30] Relevant ist auch die Geltung für nicht-deutsche Staatsangehörige bei den Deutschengrundrechten.

[31] Dies explizit gegen die Auffassung, BVerfGE 80, 137 (164 ff.) – *Reiten im Walde* [1989], Sondervotum *Grimm*. – Zur Bedeutung des Selbstverständnisses deutlich *Martin Morlok* Selbstverständnis als Rechtskriterium, 1993, 288 m. Fn. 31.

[32] Aus der Pandemierechtsprechung zum Beispiel LVerfG LSA, LVG 4/21 v. 26.03.2021 – LVG 4/21, Rn. 174.

II. Unsicheres Wissen als Grundrechtsproblem in der Pandemie

Für die Grundrechtsprüfung stellt der Umgang mit unsicherem Wissen in der Pandemie eine Herausforderung dar.

1. Pandemiemaßnahmen gegen die Allgemeinheit

Das in der Pandemiebekämpfung zentrale Infektionsschutzgesetz richtet sich nach seiner ursprünglichen Konzeption vor allem an Personen, von denen bereits feststehende oder vermutete Gefahren ausgehen, die mithin gefahrenabwehrrechtlich als infektionsschutzrechtlich Verantwortliche bezeichnet werden können.[33] Sicher oder wahrscheinlich infektiöse Personen sollen separiert werden, damit sie die Infektion nicht weiterverbreiten.

Die Besonderheit der Pandemiemaßnahmen ist, dass sie sich nicht ausschließlich gegen Infizierte oder Infektionsverdächtige richten, sondern ganz überwiegend an die Allgemeinheit. In dieser Allgemeinheit befinden sich drei Gruppen von Personen: Infizierte,[34] Immune,[35] und nicht Infizierte.

Die Streubreite der Maßnahmen reagiert auf Wissensprobleme: Ungefährliche Personen können nicht zielsicher von virusübertragenden Personen unterschieden werden, weil es nicht erkennbar Infizierte gibt.[36] Zugleich wird die Gefahr einer ungebremsten exponentiellen Ausbreitung des Virus[37] prognostisch als so gravierend eingeschätzt, dass sehr weitreichende Einschränkungen der physischen Begegnung von Menschen verfügt werden. In der adressierten Allgemeinheit befinden sich gerade deswegen viele infektionsschutzrechtlich nicht Verantwortliche, weil das Risiko einer

---

[33] § 2 Abs. 1 Nr. 4–7 IfSG: Kranke, Krankheitsverdächtige, Ausscheider, Ansteckungsverdächtige. Dazu *Ralf Poscher* Kap. 4 Das Infektionsschutzgesetz als Gefahrenabwehrrecht, in: Stefan Huster/Thorsten Kingreen (Hrsg.) Handbuch Infektionsschutzrecht, 2021, 117–169 (Rn. 3, 98–100); *Kießling*, in: dies. (Hrsg,) IfSG (Fn. 19), § 28a Rn. 18–32.

[34] Unerkannt oder erkannt Infizierte.

[35] Genesene oder geimpfte Immune.

[36] Asymptomatisch Infizierte und während der Inkubationszeit noch nicht erkennbar Infizierte.

[37] Das exponentielle Wachstum drückt sich in einem R-Wert über 1 aus, denn die Reproduktionszahl R bezeichnet die Anzahl der Personen, die im Durchschnitt von einem Indexfall angesteckt werden. Liegt diese Ansteckungszahl höher als 1, so steckt eine Person mehr als nur eine andere Person an. Die Ausbreitung der Infektion beschleunigt sich, weil diese Mehrfachinfektion für jede neu infizierte Person gilt. Zur Berechnung bzw. Schätzung des R-Wertes *Matthias an Der Heiden/Osamah Hamouda* Schätzung der aktuellen Entwicklung der SARS-CoV-2-Epidemie in Deutschland – Nowcasting, Epidemiologisches Bulletin des RKI 23.04.2020, 10–16.

Verbreitung des Virus gering gehalten werden soll. Bei den Pandemiemaßnahmen handelt es sich überwiegend um Risikoprävention.[38]

Der Übergang von infektionsschutzrechtlichen Gefahrenabwehrmaßnahmen zur Risikoprävention birgt die spezifische grundrechtliche Problematik, dass die Ausschaltung jeden Risikos auch das Ende jeder Freiheit wäre. Offensichtlich wären am wenigsten Ansteckungen zu besorgen, wenn alle zu Hause blieben und gar keinen Kontakt mehr mit anderen Menschen hätten. Deswegen ist unerlässlich, in der Verhältnismäßigkeitsprüfung jedenfalls eine letzte Grenze zu etablieren, damit nicht ein perfektionistischer Lebens- und Gesundheitsschutz alle Freiheit beendet.[39]

2. *Begründung und dynamisierte Wissensverarbeitung*

In der Pandemie werden die Maßnahmen in erster Linie durch die Exekutive auf Basis der Ermächtigungsgrundlagen im Infektionsschutzgesetz erlassen; im November 2020 wurde eine Spezialgrundlage in § 28a IfSG geschaffen.[40]

Das grundrechtliche Verteilungsprinzip verlangt, dass die Pandemiemaßnahmen gerechtfertigt, also begründet werden.[41] Der je aktuelle Wissens-

---

[38] So auch *Kießling*, in: dies. (Hrsg.) IfSG (Fn. 19), § 28a Rn. 4; *Andrea Kießling* Was verlangen Parlamentsvorbehalt und Bestimmtheitsgebot? VerfBlog, 04.11.2020 <https://verfassungsblog.de/was-verlangen-parlamentsvorbehalt-und-bestimmtheitsgebot>.

[39] Dazu unten III.3.

[40] Ermächtigungsgrundlage ist §§ 32, 28a, 28 Abs. 1 S. 1, 2 IfSG. § 28a IfSG konkretisiert die allgemeine Ermächtigungsgrundlage des § 28 Abs. 1 S. 1 und 2 IfSG für die Corona-Pandemie. – Hinzugetreten ist inzwischen die sogenannte „Bundesnotbremse" in § 28b Abs. 1 IfSG mit einer Reihe unmittelbarer Maßnahmen, die bei Überschreitung des Inzidenzwertes 100 sofort und ohne weitere Vollzugsentscheidung in Kraft treten. Die unverzügliche Bekanntmachung in geeigneter Form (§ 28b Abs. 1 S. 2–4 IfSG) hat nur deklaratorischen Charakter.

[41] Überwiegend wurden die Pandemiemaßnahmen in Rechtsverordnungen der Landesregierungen erlassen. Dabei handelt es sich um Normsetzung der Exekutive, allgemein dazu *Armin von Bogdandy* Gubernative Rechtsetzung, 2000. Eine Begründungspflicht bei Rechtsverordnung ist schon vor der Pandemie diskutiert, aber nicht abschließend geklärt worden: Während einerseits Effizienz, Schnelligkeit und Flexibilität der Verordnungsgebung gegen eine Begründungspflicht ins Feld geführt werden, sprechen die Ermöglichung von Kontrolle und Rechtsschutz für eine solche Pflicht, vgl. *Hartmut Bauer* in: Horst Dreier (Hrsg.) GG, 3. Aufl. 2013, Art. 80 Rn. 47 m.w.N. in Fn. 202. Die Pandemieverordnungen der Landesregierungen mit ihrem gesetzesvertretenden Charakter und ihren weitreichenden Eingriffen in verschiedenste Grundrechte führen die grundrechtliche Radizierung einer Begründungspflicht vor Augen: Effektiver Rechtsschutz gegen Grundrechtseingriffe ist nur auf Basis ausreichender Begründungen dieser höchst invasiven staatlichen Maßnahmen überhaupt möglich. Eine nachvollziehbare Begründung wird rein faktisch zudem die Einsicht in die Notwendigkeit der Befolgung der Regeln erhöhen und genügt damit auch

stand muss dabei ebenso berücksichtigt werden wie Erkenntnisse über die Auswirkungen der Maßnahmen. Aus diesem Grunde ist fachliche Beratung der politisch Entscheidenden so relevant.[42] Um die gebotene Dynamisierung prozedural abzusichern und regelmäßige Evaluationen sicherzustellen, ist die zeitliche Begrenzung der Maßnahmen grundrechtlich geboten.[43] Das ist seit November 2020 auch in § 28a Abs. 5 IfSG so festgehalten.

3. Einzelmaßnahmen und Maßnahmenpaket

Kennzeichnend für Pandemiemaßnahmen ist, dass sie in Paketen erlassen werden, die erst in ihrem Zusammenwirken den intendierten Effekt erreichen sollen, die Ausbreitung des Virus zu unterbinden.[44] Dies stellt eine Herausforderung für die herkömmliche Verhältnismäßigkeitsprüfung

---

dem Erfordernis, den Einzelnen freizustellen, aus Überzeugung den Rechtsnormen Folge zu leisten und nicht nur aus Furcht vor Sanktionen, wie es sich für demokratisches Recht gehört, vgl. *Jürgen Habermas* Faktizität und Geltung, 1992, 154: „Rechtsnormen müssen aus Einsicht befolgt werden *können*." (Hervorh. i. Orig.).

[42] Grundlegend *Laura Münkler* Expertokratie, 2020; zur Wissensverarbeitung in der Pandemie *Kersten/Rixen* (Fn. 3), 64–75.

[43] Das grundrechtliche Gebot ist durch die Änderung des Infektionsschutzgesetzes durch das Dritte Gesetz zum Schutz der Bevölkerung vor nationaler Tragweite vom 18.11.2020 (BGBl. I 2397) durch § 28a Abs. 5 IfSchG aufgenommen worden. Der Gesetzentwurf der CDU/CSU und SPD (BT-Drs. 19/23944, 12 f.) enthielt ursprünglich keine Befristung. Die Befristung ist erst durch den Ausschuss (BT-Drs. 19/24334, 25) in den Entwurf aufgenommen worden, welcher in der Begründung (74) auf die Bedeutung der Befristung für den Grundrechtsschutz hinweist. Die Befristung war im Gesetzgebungsverfahren von den Sachverständigen *Andrea Kießling* Ausschussdrs. 19(14)246(7), 5; *Anika Klafki* Ausschussdr. 19(14)246(9), 7; *Christoph Möllers* Ausschussdrs. (19(14)246(15), 8; *Hinnerk Wißmann* Ausschussdrs. 19(14)246(12), 2 und *Ferdinand Wollenschläger* Ausschussdrs. (19(14)246(20), 31 als Ausdruck des Grundrechtsschutzes angemahnt worden. Auch die mit Wirkung zum 23.04.2021 eingeführte „Bundesnotbremse" in § 28b Abs. 1 IfSG (BGBl. I, 802) ist, wenn auch unzureichend, in § 28b Abs. 10 IfSG befristet.

[44] Es geht also um das Zusammenwirken verschiedener Maßnahmen, um einen bestimmten Effekt zu erreichen – etwa die Ausbreitung des Virus zu verhindern, indem physische Kontakte untersagt und typische Ausbreitungswege verboten werden (z.B. *superspreader events*), regelmäßige Tests auf das Virus stattfinden und Hygienemaßnahmen wie Mund-Nasen-Schutz oder Abstandsregeln gleichzeitig angeordnet werden. Der Blick ist auf das Zusammenspiel der Maßnahmen gerichtet. Aus grundrechtlicher Perspektive kommt es zu beträchtlichen Eingriffen in die Grundrechte, die auf den ersten Blick gewisse Ähnlichkeiten mit „additiven Grundrechtseingriffen" aufweisen, vgl. zu dieser Figur *Hannah Ruschemeier* Der additive Grundrechtseingriff, 2019; *Alexander Brade* Additive Grundrechtseingriffe, 2020. Letztlich bedarf es des Rückgriffs auf diesen dogmatischen Vorschlag jedoch nicht, weil es nicht um kleine, im Zweifel unbemerkte Einzeleingriffe geringer Schwere handelt, die erst in ihrem Zusammenwirken, ihrer „Addition", den Eingriff bewirken.

dar, die auf Prüfung von Einzelmaßnahmen gerichtet ist. Gegenwärtig ist ungeklärt, welche Anforderungen an Maßnahmenpakete zu richten sind.[45] Meines Erachtens muss die Exekutive begründen, warum die Maßnahmen jeweils für sich und ihrem Zusammenspiel für notwendig gehalten werden.[46] Denn nur auf Grundlage einer solchen Begründung lässt sich überprüfen, ob die Maßnahmen verhältnismäßig sind.[47] An eine solche Begründung sind keine überspannten Anforderungen zu richten, aber es muss doch deutlich werden, wie sich eine Einzelmaßnahme in das Gesamtkonzept einfügt.[48]

---

[45] Das OVG Magdeburg (B. v. 3.9.2020 – 3 R 156/20 [*Prostitutionsverbot*], Rn. 27; B. v. 27.11.2020 – 3 R 226/20 [*Wettannahmestellen*], Rn. 40) hält es für erforderlich, dass sich eine Schutzmaßnahme „schlüssig in dieses [...] aufgestellte Gesamtkonzept einfüg[t]". Im Anschluss an das OVG Hamburg (B. v. 26.3.2020 – 5 Bs 48/20, Rn. 13) hielt das OVG Lüneburg (B. v. 26.3.2020 – 13 MN 552/20, Rn. 65) – freilich zu einem frühen Zeitpunkt der Pandemie – keine strikte Beachtung des Gebotes „innerer Folgerichtigkeit" für erforderlich.

[46] Eine Konzeptpflicht für Bekämpfungsmaßnahmen ergibt sich aus der Verfassung nicht unmittelbar, denn eine solche würde die Einschätzungsprärogative der Exekutiv- und Legislativorgane zu weitreichend beschränken und die Vielfalt der Maßnahmen des Bundes, der Landesregierungen und der Kommunen weitgehend verunmöglichen. Allerdings kann die Rechtfertigung eines Eingriffes in ein Grundrecht von der Einbettung in ein Gesamtkonzept abhängen. So ist die mit der Bundesnotbremse eingeführte nächtliche Ausgangssperre (§ 28b Abs. 1 Nr. 2 IfSG) unverhältnismäßig: der mit ihr verfolgte Zweck (kurzfristige Senkung der Inzidenz unter 100) steht nicht in einem angemessenen Verhältnis zum intensiven Eingriff in vielfältige Freiheitsrechte. Erwägungen zu relevanten Gesichtspunkten einer Konzeptpflicht bei *Johannes Gallon/Anna Katharina Mangold* Rechtsstaatliche Immunabwehr: Verfassungsrechtliche Überlegungen zu den Corona-Maßnahmen anlässlich des „Wellenbrecher-Lockdown", VerfBlog, 31.10.2020 <https://verfassungsblog.de/rechtsstaatliche-immunabwehr>.

[47] Von diesem Ausgangspunkt her ist nicht überzeugend, Einzelmaßnahmen herauszugreifen und ihre Verhältnismäßigkeit nur jeweils unabhängig voneinander zu prüfen, auch wenn dies die Komplexität der Prüfung deutlich reduzieren würde. A. A. *Dietrich Murswiek* Die Corona-Waage – Kriterien für die Prüfung der Verhältnismäßigkeit von Corona-Maßnahmen, NVwZ-Extra 5/2021, 1 (14 f.).

[48] Dies scheint auch die überwiegende und nachvollziehbare Praxis zu sein: Die Gerichte werden wegen Einzelmaßnahmen angerufen, prüfen diese dann jedoch mit Bezug auf die jeweiligen Maßnahmenpakete und deren Konzepte, vgl. etwa OVG Lüneburg, B. v. 3.3.2021 – 13 MN 78/21, Rn. 45, zur Bedeutung der Einzelmaßnahme (Verbot von Erste-Hilfe-Kursen) für das Gesamtkonzept unter Verweis auf abweichende Regelungen in anderen Bundesländern. – Das entspricht einer differenzierten Deutung des Argumentationstopos der „Folgerichtigkeit", die *Mehrdad Payandeh* Das Gebot der Folgerichtigkeit: Rationalitätsgewinn oder Irrweg der Grundrechtsdogmatik?, Archiv des öffentlichen Rechts (AöR) 136 (2011), 578 (612) im Kontext der Freiheitsrechte deutet als Beschreibung des „Einfluss[es] der gesetzgeberischen Gesamtkonzeption auf die Verhältnismäßigkeitsprüfung". Konstruktive Nähe besteht insoweit auch zu einem Verständnis der „Folgerichtig-

4. Gerichtliche Kontrolle

Die Komplexität der Maßnahmen auf zugleich unsicherer Wissensbasis entzieht die Pakete nicht gerichtlicher Überprüfung. So können die Gerichte außer der Verhältnismäßigkeit zunächst klassisch Form,[49] Verfahren,[50] Vereinbarkeit mit der Ermächtigungsgrundlage[51] sowie Kohärenz innerhalb eines Maßnahmenpaketes[52] kontrollieren.

---

keit" als „Ernsthaftigkeitskontrolle" bei *Philipp Reimer* Verhältnismäßigkeit im Verfassungsrecht, ein heterogenes Konzept, in: Matthias Jestaedt/Oliver Lepsius (Hrsg.) Verhältnismäßigkeit, 2015, 60–76 (73). Zu Konzeptpflichten in anderen Rechtsgebieten knapp *Wolfgang Hoffmann-Riem* § 10 Eigenständigkeit der Verwaltung, in: Wolfgang Hoffmann-Riem/Eberhard Schmidt-Aßmann/Andreas Voßkuhle (Hrsg.) Grundlagen des Verwaltungsrechts, 2. Aufl. 2012, Rn. 117.

[49] So stellt sich die Frage, ob die in Kommunen verbreiteten Allgemeinverfügungen eigentlich die richtige Handlungsform der Verwaltung sind. Da die Pandemiemaßnahmen als abstrakt-generelle Regelungen wirken, ist die konkret-individuelle Form der Allgemeinverfügung nach § 35 S. 2 VwVfG eigentlich nicht passend. Die Unterscheidung ist nicht rein theoretisch, sondern hat Konsequenzen etwa für die Durchsetzung im Wege der Verwaltungsvollstreckung einerseits, als Gefahrenabwehr andererseits. Zum Ganzen instruktiv und unter Erörterung der rechtstheoretischen Implikationen *Poscher* (Fn. 33), 76–86.

[50] Zu Delegation und etwaiger Beteiligung der Landesparlamente nach Art. 80 Abs. 4 GG vgl. *Jochen Rauber* Die modifizierende Subdelegation von Verordnungsermächtigungen durch verordnungsvertretendes Gesetz, VerwArch 2021 205–234.

[51] Beispiele für Überschreitungen der Grenzen der Ermächtigungsgrundlage aus der Pandemierechtsprechung: zu Alkoholverboten VGH München, B. v. 19.01.2021 – 20 NE 21.76, Rn. 25 ff.; OVG Berlin-Brandenburg, B. v. 05.02.2021 – OVG 11 S 10/21, Rn. 12; zu Ausgangsbeschränkungen VGH Mannheim, B. v. 05.02.2021 – 1 S 321/21, Rn. 30; zu Versammlungsverboten OVG Münster, B. v. 30.12.2020 – 13 B 2070/20.NE, Rn. 30 ff.; zum Feuerwerksverbot OVG Lüneburg, B. v. 18.12.2020 – 13 MN 568/20, Rn. 35–37; zur Testpflicht für Grenzpendler*innen VGH München, B. v. 24.11.2020 – 20 NE 20.2605, Rn. 26–30; zur Sonntagsöffnung von Ladengeschäften als Schutzmaßnahme i.S.d. IfSG OVG Münster, B. v. 24.11.2020 – 13 B 1712/20.NE, Rn. 27; zum Veranstaltungs- und Beherbergungsverbot LVerfG LSA, U. v. 26.03.2021 – LVG 25/20, Rn. 67–68, dort auch generell Rn. 61–65; zu Betriebsschließungen VGH Mannheim, B. v. 23.2.2021 – 1 S 467/21, Rn. 30–34.

[52] Z. B. Entscheidungen OVG Münster, B. v. 19.03.2021 – 13 B 252/21.NE; OVG Saarland, B. v. 09.03.2021 – 2 B 58/21. – Abzugrenzen ist ein solches Erfordernis der Kohärenz innerhalb eines Maßnahmenpaketes von den inhaltlich verwandten verfassungsgerichtlichen Argumentationstopoi der „Folgerichtigkeit" und „Systemgerechtigkeit" (dazu bereits oben Fn. 48). Aufschlussreich zu diesen bekannten vorpandemischen Konzepten *Sigrid Boysen* in: Ingo von Münch/Philip Kunig/Jörn Axel Kämmerer/Markus Kotzur (Hrsg.) GG, 7. Aufl. 2021, Art. 3 Rn. 85. Bei den Pandemiemaßnahmepaketen geht es im Unterschied zu jenen um Bindung der Exekutive, nicht der Legislative. Letztlich fordert das Kohärenzgebot innerhalb eines Maßnahmenpaketes nur die Angabe von sachlichen Gründen für Unterscheidungen, weshalb es sich um bloße Willkürkontrolle handelt, ohne dass weiterreichende Anforderungen zu stellen wären.

Anzuerkennen ist jedenfalls, dass die exekutivischen Abwägungsvorgänge überwiegend prognostischer Natur sind. Die Gerichte dürfen neuere oder bessere Erkenntnisse als die Exekutivorgane zwar verwenden, sofern verfügbar. Bei Unaufklärbarkeit muss der Exekutive aber eine Einschätzungsprärogative zugestanden werden.[53] Begründet werden kann diese epistemisch, funktional sowie legitimatorisch: Die Verwaltung verfügt über die institutionelle Möglichkeit zur Einbindung von Fachwissen in die Entscheidungsprozesse und hat gerade die gesetzliche Aufgabe, Gefahren auch auf prognostischer Basis effektiv abzuwehren.[54]

III. Die Verhältnismäßigkeit der Pandemiemaßnahmen

Die Verhältnismäßigkeit strukturiert und rationalisiert die Prüfung von Grundrechtseingriffen.

1. Der Zweck der Pandemiemaßnahmen

Die Pandemiemaßnahmen dienen entweder unmittelbar dem Schutz von Leben und Gesundheit der Einzelnen oder verfolgen diesen Zweck mittelbar, wenn eine Überlastung des Gesundheitssystems verhindert[55] oder die Nachverfolgbarkeit von Infektionsketten zum Schutz vor weiteren Infektionen sichergestellt werden soll.[56] Die Politik kann alle drei Zwecke der Pan-

---

[53] Ähnlich zu „außerrechtlichen naturschutzfachlichen Kriterien" BVerfGE 149, 407 (413 Rn. 17) – *Rotmilan* [2018].

[54] Es überrascht vor diesem Hintergrund nicht, dass die Verwaltungsgerichte in der weit überwiegenden Zahl der Fälle die Maßnahmen im einstweiligen Rechtsschutz aufrechterhalten haben. Die Maßnahmen wurden bis zur „Bundesnotbremse" überwiegend in Rechtsverordnungen der Landesregierungen geregelt, gegen die nach § 47 Abs. 1 Nr. 2 VwGO in allen Bundesländern mit Ausnahme von Hamburg und Berlin Normenkontrollen möglich sind. Zuständig dafür sind die Oberverwaltungsgerichte und Verwaltungsgerichtshöfe. Von 291 am 29.04.2021 in der Datenbank *juris* veröffentlichten Entscheidungen im Zeitraum vom 19.11.2020–31.03.2021 (also vom Erlass des 3. BevSchG bis kurz vor dem Erlass des 4. BevSchG), waren nur 29 erfolgreiche einstweilige Normenkontrollanträge.

[55] So etwa für den mit Wirkung zum 22.04.2021 neu eingefügten § 28b Abs. 1 IfSG (BGBl. I, 802) in der Gesetzesbegründung BT-Drs. 19/28444, S. 8: „Oberstes Ziel ist es, die weitere Verbreitung des Virus zu verlangsamen sowie das exponentielle Wachstum zu durchbrechen, um eine Überlastung des Gesundheitssystems insgesamt zu vermeiden und die medizinische Versorgung bundesweit sicherzustellen."

[56] *Kießling*, in: dies. (Hrsg.) IfSG (Fn. 19), § 28a Rn. 17–22 mit Kritik an der Unbestimmtheit dieser Zwecke für eine Verhältnismäßigkeitsprüfung, insbesondere an dem Zweck „Funktionsfähigkeit des Gesundheitssystems" (Rn. 20); vgl. auch die Darstellung bei *Kersten/Rixen* (Fn. 3), 95–97.

demiemaßnahmen vorgeben.⁵⁷ Der Schutz von Leib und Leben als zentrale Staatsaufgabe kann Grundrechtseingriffe rechtfertigen.⁵⁸

2. Zunehmende Zielgerichtetheit der Maßnahmen

Die Erforderlichkeit verlangt den Einsatz der jeweils mildesten Mittel bei gleicher Eignung, was wiederum Prognosen erfordert. Die Risikoprävention muss so zielgerichtet wie möglich erfolgen. Personen, die andere noch nicht oder nicht mehr infizieren können, dürfen nur Adressaten grundrechtsbeschränkender Maßnahmen sein, wenn nicht mildere Mittel ergriffen werden können.⁵⁹ Ein aktueller Testnachweis,⁶⁰ dass keine Anste-

---

⁵⁷ Allgemein zu den mit Grundrechtseingriffen verfolgten Zwecken *Jakob Hohnerlein* Legitime Ziele von Grundrechtseingriffen. Konformitätspflichten zwischen Staatsverständnissen und Dogmatik, Der Staat 56 (2017), 227–254.

⁵⁸ Es kommt hingegen nicht darauf an, solche Zwecke aus der Verfassung abzuleiten: BVerfGE 69, 1 (58 ff.) – *Kriegsdienstverweigerung II* [1985], Sondervotum *Böckenförde* und *Mahrenholz*, besonders 63: „Es gehört zu deren Grundidee [i.e. der demokratischrechtsstaatlichen Verfassung, AKM], daß das politisch organisierte Volk als solches befugt ist, zur Wahrnehmung der anfallenden öffentlichen Aufgaben zu handeln. Die Verfassung bestimmt hierzu die Organe und regelt deren Konstituierung, teilt ihnen Aufgaben und Funktionen zu, schreibt das Verfahren vor und legt insbesondere Richtpunkte und Grenzen für das staatliche Handeln gegenüber dem Einzelnen fest, letzteres vor allem in den Grundrechten als Freiheitsrechten." Vgl. auch *Philipp Reimer* „... und machet zu Jüngern alle Völker"? Von „universellen Verfassungsprinzipien" und der Weltmission der Prinzipientheorie der Grundrechte, Der Staat 52 (2013), 27 (34 ff.); *Benjamin Rusteberg* Subjektives Abwehrrecht und objektive Ordnung, in: Thomas Vesting/Stefan Korioth/Ino Augsberg (Hrsg.) Grundrechte als Phänomene kollektiver Ordnung, 2014, 87 (93 ff.).

⁵⁹ Dieser Schritt der Verhältnismäßigkeitsprüfung ist insbesondere gegen die mit der „Bundesnotbremse" eingeführte nächtliche Ausgangssperre in § 28b Abs. 1 Nr. 2 IfSG ins Feld geführt worden. Zugrunde liegt der Gedanke, dass die nächtlichen Ausgangssperren als besonders grundrechtsinvasive Maßnahmen nur als ultima ratio zulässig seien, so etwa VGH Mannheim, B. v. 05.02.2021 – 1 S 321/21; OVG Lüneburg, B. v. 06.04.2021 – 13 ME 166/21. Dann aber gilt mit besonderer Strenge darauf zu achten, dass mildere, mindestens gleich geeignete Mittel ergriffen werden, bevor die nächtliche Ausgangssperre angeordnet wird. Da im April 2021 nicht ersichtlich war, dass im Arbeitsleben bereits auch nur die einfach möglichen und besonders naheliegenden Möglichkeiten erschöpft gewesen wären wie eine effektiv durchgesetzte Home-Office-Pflicht, Maskenpflicht an Arbeitsstellen, insbesondere in Großraumbüros, und regelmäßige Testpflicht im Betrieb, erschienen die nächtlichen Ausgangssperren als nicht erforderlich. Dementsprechend wurden eine ganze Vielzahl von Verfassungsbeschwerden eingelegt, darunter auch eine von mir verfasste (1 BvR 805/21).

⁶⁰ Der Test muss noch Aussagekraft dahingehend haben, dass eine Person nicht mehr ansteckend ist. Je länger der Test zurückliegt, desto weniger Aussagekraft hat er für die aktuelle Ansteckungsgefahr, die potentiell von einer Person ausgeht. Die Dauer der Gültig-

ckungsgefahr vorliegt, ist regelmäßig das mildere Mittel gegenüber einer Grundrechtsbeschränkung.[61]

Die politische, mediale und gesellschaftliche Debatte um sogenannte Privilegien für Geimpfte ist aus grundrechtlicher Sicht hingegen verfehlt, weil sie das grundrechtliche Verteilungsprinzip auf den Kopf stellt. Auch sonst gilt ja nicht der Grundsatz, dass Freiheitsrechte erst genossen werden dürfen, wenn alle anderen auch die Möglichkeit dazu haben.

Denkbar sind aber andere Begründungen für die Aufrechterhaltung von Maßnahmen gegenüber Immunen. Die Maßnahmen sind für ihre Effektivität in erster Linie darauf angewiesen, dass die Einzelnen sie aus Überzeugung von ihrer Richtigkeit einhalten. Kapazitäten für flächendeckende und differenzierte staatliche Kontrollen fehlen schlichtweg.[62] Für die Überzeugung von der Richtigkeit ist es relevant, dass die Regeln von allen sichtbar eingehalten werden, wie etwa Maskenpflicht oder Abstandsgebote in der Öffentlichkeit.

---

keit bewegt sich zwischen 24 und 48 Stunden. Zu beachten ist auch, dass unterschiedliche Tests unterschiedliche Aussagekraft haben und ihre Validität zudem von korrekter Handhabung abhängt.

[61] Schon im September 2020 hat sich der Deutsche Ethikrat mit dem Für und Wider eines Immunitätsnachweises befasst, vgl. *Deutscher Ethikrat* Immunitätsbescheinigungen in der Covid-19-Pandemie, 22. September 2020. Nicht in allen Teilen dieser Stellungnahme findet sich die Einsicht in die gebotene Rücknahme von Grundrechtseingriffen oder jedenfalls das Erfordernis alternativer Rechtfertigungen für ihre Aufrechterhaltung.

[62] Die Pandemiemaßnahmen bergen ein fortwährendes Kontrolldefizit, weil sie sich an die gesamte Bevölkerung gleichzeitig wenden und Änderungen in alltäglichen Verhaltensweisen verlangen. Die Maßnahmen sind deswegen rein tatsächlich auf massenweise Befolgung auch ohne Kontrolle angewiesen. Das erfordert mit *Luhmann* eine Stabilisierung normativer Verhaltenserwartung, vgl. *Niklas Luhmann* Das Recht der Gesellschaft, 1993, 131 f.: „Das Recht ermöglicht es, wissen zu können, mit welchen Erwartungen man sozialen Rückhalt findet, und mit welchen nicht. [...] Damit ist das Recht aber auch anfällig für symbolisch vermittelte Vertrauenskrisen. Wenn Recht nicht mehr respektiert oder nicht mehr, so weit möglich, durchgesetzt wird, reichen die Folgen weit über das hinaus, was als Rechtsbruch unmittelbar vorliegt, und das System muß auf sehr viel unmittelbarere Formen der Vertrauenssicherung zurückgreifen." Weil die Pandemiemaßnahmen jung und weitreichend, teilweise auch radikal in ihrem Brechen mit vorherigen Verhaltensweisen sind, ist die Stabilisierung von Verhaltenserwartungen von besonderer Bedeutung. Eine Formalisierung der einzuhaltenden Regelungen kann zur Kontrollerleichterung beitragen und so das Vertrauen in die Pandemiemaßnahmen und ihre Befolgung sicherstellen. – Diese Erwägung ist zu unterscheiden vom Anspruch auf gleichmäßigen Gesetzesvollzug im Steuerrecht, der als Vorwirkung der Rechtsanwendung zu begreifen ist, dazu *Boysen* (Fn. 52), Art. 3 Rn. 96 f., während es bei der gleichmäßigen Beachtung der Pandemieregeln um eine Effizienzerwägung geht.

3. Angemessenheit und Wesensgehalt der Grundrechte

Bei den Pandemiemaßnahmen muss für die Bemessung der Schwere der Eingriffe die Vielzahl der gleichzeitig betroffenen Grundrechte wie auch die zeitliche Dauer der Einschränkungen berücksichtigt werden. Schwere und Dauer der Grundrechtseingriffe beeindrucken das exponentielle Wachstumspotential des Virus leider überhaupt nicht. Deswegen können die Maßnahmen auch nach langer Zeit noch erforderlich sein, ihre Angemessenheit muss aber streng geprüft werden.

Die Abwägung der Schwere von Grundrechtseingriffen mit der Bedeutung der durch die Maßnahmen verfolgten Zwecke ist von der Vorstellung einer Kollision von Werten getragen[63] und impliziert grundsätzlich Kommensurabilität der abzuwägenden Werte[64]. Schon lange richtet sich gegen diese Vorstellung fundamentale Kritik und es sollte hellhörig machen, dass sie auch 64 Jahre nach der *Lüth*-Entscheidung[65] nicht verstummt ist.[66] Das angelegte Problem wurde bereits im *Apotheken*-Urteil hellsichtig formuliert: Auch die Wahl des „gröbsten und radikalsten Mittels" kann gerechtfertigt werden, wenn der verfolgte Zweck nur „ein überragend wichtiges Gemeinschaftsgut" ist.[67]

Es gibt viele Vorschläge, wie diesem Grundproblem zu entkommen sei.[68] Bei einigen Pandemiemaßnahmen ist der Wesensgehalt der Grundrechte nach Art. 19 Abs. 2 GG heranzuziehen, um Inkommensurabilität sicherzustellen.[69] Dogmatisch bedeutet dies, eine vollständige Beschrän-

---

[63] *Benjamin Rusteberg* Grundrechtsdogmatik als Schlüssel zum Verhältnis von Gemeinschaft und Individuum, in: 52. Assistententagung Öffentliches Recht (Hrsg.) Kollektivität – Öffentliches Recht zwischen Gruppeninteressen und Gemeinwohl, 2012, 13–33 (16).

[64] Zur wertphilosophischen Einbettung der zugrundeliegenden Denkfigur *Ernst-Wolfgang Böckenförde* Zur Kritik der Wertbegründung des Rechts, in: Ernst-Wolfgang Böckenförde (Hrsg.) Recht, Staat, Freiheit, 1991, 67–91.

[65] BVerfGE 7, 198 – *Lüth* [1957].

[66] Nachhaltige Kritik an der Vorstellung von Grundrechten als abwägungsfähigen Rechten, die mit „Gütern von Verfassungsrang" abgewogen werden können, besonders eindrücklich am Beispiel der vorbehaltlos gewährten Grundrechte bei *Ernst-Wolfgang Böckenförde* Die Methoden der Verfassungsinterpretation: Bestandsaufnahme und Kritik, NJW 1976, 2089–2099. Diesen Ansatz hat entfaltet *Benjamin Rusteberg* Der grundrechtliche Gewährleistungsgehalt, 2009. Der Text des Grundgesetzes mit seinen differenzierten Schrankenregimen wird dabei gegen nivellierende Verständnisse verteidigt, so mit kritischer Stoßrichtung *Reimer* (Fn. 48), 70.

[67] BVerfGE 7, 377 (408). Vgl. *Rusteberg* (Fn. 63), 17.

[68] Hellsichtig die Darlegung abwägungsimmanenter wie -externer Lösungsansätze bei *Rusteberg* (Fn. 63).

[69] So auch *Mathias Hong* B. Die Versammlungsfreiheit, in: Wilfried Peters/Norbert Janz (Hrsg.) Handbuch Versammlungsrecht, 2. Aufl. 2021 (i. V.), Rn. 57a–57c: Wesensgehaltsga-

kung der Freiheitsrechte zu verhindern, indem der Wesensgehalt für inkommensurabel, nicht abwägbar erklärt wird.[70]

Meines Erachtens müssen wir gerade bei den relationalen Freiheiten über eine Verletzung des Wesensgehalts sprechen, derjenigen Freiheiten also, mit anderen Menschen bedeutsame Beziehungen zu pflegen, die physische Begegnungen beinhalten:[71]

- die vollständigen Betretungsverbote in Alters- und Pflegeheimen, die einsame Tode nach sich zogen;
- die Verbote, haushaltsfremde Personen zu treffen, die sich auf Alleinstehende desaströs auswirken können;
- das Verbot, die eigenen Eltern oder Kinder zu treffen, wenn diese in einem anderen Haushalt leben;
- das Verbot, nichteheliche Partnerschaften in zwei Haushalten aufrechtzuerhalten oder Einreiseverbote für im Ausland lebende nichteheliche Partner.

Trotz aller damit einhergehenden Risiken dürfen Menschen nicht jeder physischen Begegnung mit ihnen nahestehenden Personen beraubt werden. Im Laufe der Pandemie hat sich glücklicherweise größere Sensibilität für diese bislang implizite relationale Grundrechtsdimension eingestellt.

IV. Gleiche Freiheit

Die Pandemiemaßnahmen sind sehr breit gestreut und erfassen vielfach wenig spezifisch die gesamte Bevölkerung. Wo Maßnahmen verschiedene Personengruppen unterschiedlich betreffen, sind Gleichheitsfragen zu beantworten.[72] Allmähliche Lockerungen von Maßnahmen führen zu Differenzierungen und damit zu Gleichheitsfragen.[73]

---

rantie als Stoppregel in der Angemessenheitsprüfung auf der Basis zweier einstweiliger Anordnungen des BVerfG im April 2020: BVerfG (K), B. v. 17.04.2020 – 1 BvR 829/20. Hinweise auf die Wesensgehaltsgarantie auch in BVerfG (K), B. v. 29.04.2020 – 1 BvQ 44/20 – *Freitagsgebet*. Implizit vorausgesetzt in VGH München, B. v. 19.01.2021 – 20 NE 21.76, Rn. 52.

[70] *Hong* (Fn. 69), Rn. 57c; ebenfalls für die Versammlungsfreiheit sehr differenziert *Berit Völzmann* Versammlungsfreiheit in Zeiten von Pandemien, DÖV 2020, 893–904 (902).

[71] Diese sind wie oben unter II.3. ausgeführt teils spezialgesetzlich, teils im Allgemeinen Persönlichkeitsrecht, teils im Auffanggrundrecht geschützt.

[72] Mit dem spezifischen Gleichheitsproblem, dass eine Angleichung nach oben (weniger Beschränkung) oder unten (Beschränkungen für alle) erfolgen kann: Außervollzugsetzung der Schließung der Fitnessstudios aufgrund von Ungleichbehandlung mit dem eingeschränkten Betrieb von Sportanlagen und -hallen durch Bayerischer Verwaltungsgerichts-

1. Massenhafte und unspezifische Maßnahmen

Typischerweise werden unterschiedliche Betroffenheiten in Gesetzgebungsverfahren berücksichtigt und zu einem Ausgleich gebracht.[74] Die Pandemiemaßnahmen werden hingegen vielfach nicht als Gesetze, sondern als exekutivische Regelungen erlassen. Die Rechtsverordnungen der Länderregierungen wirken faktisch wie Gesetze, durchlaufen jedoch – auch wegen der Regelungsgeschwindigkeit – nicht die für Gesetze üblichen transparenten und partizipativen Prozesse,[75] in denen unterschiedliche Interessen und Sichtweisen eingebracht werden können.

2. Angemessenheit: Unterschiedliche Maßstäbe

Die Einzelnen, an die sich die Maßnahmen regelmäßig unterschiedslos wenden, befinden sich in unterschiedlichen Lebenslagen.[76] Deswegen wirken sich die Maßnahmen sehr unterschiedlich auf sie aus. Ein Kontaktverbot mit haushaltsfremden Personen wirkt sich auf Alleinstehende stärker aus als auf Mehrpersonenhaushalte. Kita- und Schulschließungen betreffen Eltern und Kinderlose unterschiedlich.

Die unterschiedlichen faktischen Betroffenheiten haben Auswirkung auf die Bewertung der Angemessenheit von Maßnahmen.[77] Das ist keineswegs

---

hof, B. v. 12.11.2020 – 20 NE 20.2463 und daraufhin Schließung aller Sportanlagen und Fitnessstudios durch VO v. 12.11.2020 (BayMBl. 2020 Nr. 639); vgl. auch OVG Münster, B. v. 19.03.2021 – 13 B 252/21.NE und VO v. 22.03.2021 (GV NRW 271a). – Allgemein zum Rechtsfolgenregime bei Gleichheitsverstößen *Boysen* (Fn. 52), Art. 3 Rn. 113 f.

[73] S. bereits oben Fn. 52: inkonsistente Öffnungskonzepte ohne sachliche Unterscheidungsgründe in Nordrhein-Westfalen und dem Saarland.

[74] *Lepsius* (Fn. 3), 260.

[75] Dies auch wegen der Geschwindigkeit der Anpassungen der Rechtsverordnungen an das pandemische Geschehen.

[76] Erste Ansätze zu einer Erstreckung des Gedankens einer Kompensation faktischer Gleichheitsdefizite finden sich bei *Andreas Voßkuhle* Das Kompensationsprinzip, 1999, 27 ff., freilich nicht explizit als Verbindung von Freiheitsrechten und Gleichheit in „gleicher Freiheit".

[77] Damit wird ein Element der Gleichheitsprüfung in die Verhältnismäßigkeitsprüfung importiert, was der engen Verknüpfung von Freiheit und Gleichheit als „gleicher Freiheit" Rechnung trägt. Bislang ist eher der umgekehrte Weg gewählt worden, indem die Verhältnismäßigkeitsprüfung auf den Gleichheitssatz übertragen wurde; speziell zu den Diskriminierungsverboten *Susanne Baer/Nora Markard* in: Hermann von Mangoldt/Friedrich Klein/Christian Starck/Peter M. Huber/Andreas Voßkuhle (Hrsg.) GG, 7. Aufl. 2018, Art. 3 II, III Rn. 404. Allgemein zur engen Verwobenheit von Würde, Freiheit und Gleichheit *Susanne Baer* Dignity, Liberty, Equality: A Fundamental Rights Triangle of Constitutionalism, Uni-

ein neuer Gedanke, man denke an die *Pflichtexemplar*-Entscheidung[78]: Für kleine Verlage mit geringer Auflage ist die Abgabe eines teuren Bildbandes schwerer zu finanzieren als für einen großen Verlag, und dieser unterschiedlichen Betroffenheit muss in der Verhältnismäßigkeitsprüfung Rechnung getragen werden.[79] Nach dieser Logik können sich konkrete Pandemiemaßnahmen also gegenüber manchen Adressierten als angemessen erweisen, während sie gegenüber anderen unangemessen sind.[80]

3. Lösung: Kompensation und Differenzierung

Die *Pflichtexemplar*-Entscheidung ermöglicht die Lösung des Problems durch Kostenerstattung,[81] welche die Verhältnismäßigkeit der Inhalts- und Schrankenbestimmung herstellt. Für nicht wenige Pandemiemaßnahmen ist dieser Weg des „Dulde und Liquidiere" tatsächlich gewählt worden, indem staatliche Hilfen in Aussicht gestellt wurden – die dann freilich auch ausgezahlt werden müssen.

Dieser Weg der Monetarisierung steht gerade bei Eingriffen in die relationalen Freiheitsrechte nicht offen: Die versagte Zeit mit anderen Menschen kann nicht ersetzt werden. Hier folgt aus der Unangemessenheit die Notwendigkeit einer Differenzierung, die unterschiedliche Betroffenheiten hinreichend berücksichtigt, also die Pflicht zu hinreichender Differenzierung als freiheitsrechtliches Gebot. Es zeigt sich die enge Verknüpfung von grundrechtlicher Freiheit und Gleichheit.

Solange die Pandemiemaßnahmen überwiegend noch immer grobkörnig sind, können unangemessene Konsequenzen von Maßnahmen im Rahmen der Angemessenheitsprüfung von Freiheitsrechten als ungleiche Belastung geltend gemacht werden.[82] Das gilt besonders für relationale Freiheiten.

---

versity of Toronto Law Journal 59 (2009), 417–468; zum Spezialitätsverhältnis zwischen Freiheits- und Gleichheitsprüfung mit Betonung der „Selbständigkeit" *Boysen* (Fn. 52), Art. 3 Rn. 206.

[78] BVerfGE 58, 137 (150) – *Pflichtexemplar* [1981].

[79] Klar formuliert bei *Christian Bumke/Andreas Voßkuhle* Casebook Verfassungsrecht, 7. Aufl. 2015, Rn. 454.

[80] Anders als bei dem bekannten Problem der allzu groben Typisierung, die Ausnahmefälle nicht hinreichend bedenkt, geht es bei den Pandemiemaßnahmen von vorneherein um unterschiedslose Maßnahmen, es fehlt also gerade an jeder Typisierung.

[81] Als eine von verschiedenen Möglichkeiten zur Behebung der Verfassungswidrigkeit: BVerfGE 58, 137 (152) – *Pflichtexemplar* [1981].

[82] Konsequenz dieses Prozesses sind die differenzierten Ausnahmeregelungen in den Rechtsverordnungen. Als Folgeproblem werden die Rechtsverordnungen immer komplexer und es stellen sich zunehmend Gleichheitsfragen. Die erste Regelung in Schleswig-Hol-

Schluss

In der Pandemie werden bekannte Grundrechtsfragen neu beleuchtet. Das Grundrechtssubjekt tritt in seinen vielfältigen sozialen Einbindungen hervor als relationales Subjekt. Bei der Prüfung von Grundrechtseingriffen muss der Prognosecharakter der Pandemiemaßnahmen anerkannt werden. Die Maßnahmen müssen so zielgerichtet als möglich ausgestaltet werden und dürfen insbesondere nicht den Wesensgehalt der relationalen Freiheiten antasten.

Die Maßnahmen treffen die Einzelnen in unterschiedlichen Lebenslagen und deswegen unterschiedlich stark. Das kann zur Unverhältnismäßigkeit einer Maßnahme gegenüber manchen Personen führen, während dieselbe Maßnahme gegenüber anderen Personen verhältnismäßig ist.

Die Pandemie rückt diese intrinsische Verknüpfung von Freiheit und Gleichheit ebenso ins Licht wie die Bedeutung relationaler Freiheit.

---

stein etwa passte insgesamt auf eine Seite des Gesetzesblatts, vgl. Landesverordnung über Maßnahmen zur Bekämpfung der Ausbreitung des neuartigen Coronavirus SARS-CoV-2 in Schleswig-Holstein, 2020 v. 17.03.2020, GVBl. SH v. 19. März 2020, 158. Ein Jahr später umfasst sie 23 Seiten und hat eine amtliche Abkürzung (Corona-BekämpfVO), vgl. Landesverordnung zur Bekämpfung des Coronavirus SARS-CoV-2, v. 6.03.2021, Ersatzverkündung unter <https://www.schleswig-holstein.de/DE/Schwerpunkte/Coronavirus/Erlasse/210306Corona-Bekaempfungsverordnung.html>.

Leitsätze der Referentin über:

1. Relationale Freiheit. Grundrechte in der Pandemie

Vorrede

1. Situiertheit

(1) Gerade in der Pandemie gilt es, unterschiedliche Situiertheiten zu reflektieren.

2. Erwartungen an die Grundrechte: Grundrechtliches Verteilungsprinzip

(2) Mit Ernst-Wolfgang Böckenförde können Verfassung und Grundrechte als Rahmenordnung beschrieben werden, innerhalb derer weiter Raum für politische Entscheidungen verbleibt. Vorgaben für den Umgang mit der Pandemie können nicht unmittelbar aus den Grundrechten deduziert werden.

(3) Das von Carl Schmitt beschriebene rechtsstaatliche – vorzugswürdig: grundrechtliche – Verteilungsprinzip verlangt, dass der Staat alle Eingriffe in die Grundrechte rechtfertigt. Weil dieses Prinzip gilt, gibt es in dieser Pandemie keinen Ausnahmezustand, und die Grundrechte sind nicht „aufgehoben".

3. Argumentationsgang

(4) Die überkommene Dogmatik erlaubt im Wesentlichen die Verarbeitung der auftretenden Grundrechtsfragen, verlangt aber, bislang implizite Dimensionen der Grundrechte zu explizieren.

I. Das Grundrechtssubjekte in der Pandemie

1. Autonomie, Eigen- und Fremdgefährdung

(5) In der Pandemie bergen Begegnungen mit anderen Menschen das Risiko der Fremdgefährdung, entweder durch Ansteckung anderer oder, im Falle eigener Erkrankung, durch die Inanspruchnahme von Kapazitäten des Gesundheitssystems. Das gilt nur für steril Immune nicht.

2. Relationale Einbettung der Einzelnen

(6) Die Einzelnen sind vielfältig aufeinander angewiesen und eingebettet in soziale Beziehungen. Das autonome Subjekt ist ein relationales Subjekt, das sich erst in Beziehungen zu und mit anderen entfaltet.

3. Relationale Dimension der Grundrechte

(7) Die Grundrechte anerkennen diese relationale Dimension der Grundrechte bislang implizit. In der Pandemie ist es nötig, die bislang implizite relationale Dimension der Grundrechte explizit zu machen.

(8) Neben speziellen grundrechtlichen Gewährleistungen schützt vor allem die allgemeine Handlungsfreiheit aus Art. 2 Abs. 1 GG alltägliche zwischenmenschliche Beziehungen. Hier zeigt sich die besondere Bedeutung eines grundrechtlichen Auffangrechts, das die Freiheitsbetätigungen der Einzelnen in ihrer Bedeutung unbewertet lässt und auch relationale Freiheit schützt.

II. Unsicheres Wissen als Grundrechtsproblem in der Pandemie

1. Pandemiemaßnahmen gegen die Allgemeinheit

(9) Die Pandemiemaßnahmen richten sich überwiegend an die Allgemeinheit, die drei Gruppen von Personen umfasst: Infizierte, Immune und nicht Infizierte.

(10) Die Streubreite der Maßnahmen reagiert auf Wissensprobleme: Ungefährliche Personen können nicht zielsicher von virusübertragenden Personen unterschieden werden, und die Gefahr einer ungebremsten exponentiellen Ausbreitung des Virus kann nur prognostisch bewertet werden. Deswegen erfolgt die Pandemiebekämpfung vorwiegend als Risikoprävention.

(11) Die Ausschaltung jeden Risikos aber wäre auch das Ende jeder Freiheit. Deswegen ist unerlässlich, in der Verhältnismäßigkeitsprüfung

1. Relationale Freiheit. Grundrechte in der Pandemie   33

eine letzte Grenze zu etablieren, damit nicht ein perfektionistischer Lebens- und Gesundheitsschutz alle Freiheit beendet.

2. Begründung und dynamisierte Wissensverarbeitung

(12) Das grundrechtliche Verteilungsprinzip verlangt, dass die exekutivischen Pandemiemaßnahmen gerechtfertigt, also begründet werden.

(13) Der je aktuelle Wissenstand muss dabei ebenso berücksichtigt werden wie Erkenntnisse über die Auswirkungen der Maßnahmen.

(14) Um die gebotene Dynamisierung prozedural abzusichern, ist die zeitliche Begrenzung der Maßnahmen grundrechtlich geboten.

3. Einzelmaßnahmen und Maßnahmenpaket

(15) Die in der Pandemiebekämpfung üblichen Maßnahmenpakete fordern die herkömmliche Verhältnismäßigkeitsprüfung heraus, die auf Prüfung von Einzelmaßnahmen gerichtet ist.

(16) Nur auf Grundlage einer doppelten Begründung der Maßnahmen, je für sich und in ihrem Zusammenspiel, lässt sich überprüfen, ob die Maßnahmen verhältnismäßig sind. An eine solche Begründung sind keine überspannten Anforderungen zu richten, aber sie müssen ein Gesamtkonzept erkennen lassen.

4. Gerichtliche Kontrolle

(17) Die Komplexität der Maßnahmen auf zugleich unsicherer Wissensbasis entzieht die Maßnahmenpakete nicht gerichtlicher Überprüfung. Insbesondere können die Gerichte außer der Verhältnismäßigkeit klassisch Form, Verfahren, Vereinbarkeit mit der Ermächtigungsgrundlage sowie Kohärenz innerhalb eines Maßnahmenpaketes kontrollieren.

(18) Angesichts der prognostischen Natur der Abwägungsvorgänge hat die Exekutive eine Einschätzungsprärogative, die epistemisch, funktional sowie legitimatorisch begründet werden kann: Die Exekutive verfügt über die institutionelle Möglichkeit zur Einbindung von Fachwissen in die Entscheidungsprozesse und hat gerade die gesetzliche Aufgabe, Gefahren auch auf prognostischer Basis effektiv abzuwehren.

III. Die Verhältnismäßigkeit der Pandemiemaßnahmen

1. Der Zweck der Pandemiemaßnahmen

(19) Die Pandemiemaßnahmen dienen entweder unmittelbar dem Schutz von Leben und Gesundheit der Einzelnen oder verfolgen diesen Zweck mittelbar, indem eine Überlastung des Gesundheitssystems verhindert oder die Nachverfolgbarkeit von Infektionsketten zur Verhinderung weiterer Infektionen sichergestellt werden soll.

(20) Der Schutz von Leib und Leben ist ein legitimer Zweck staatlichen Handelns, der Grundrechtseingriffe rechtfertigen kann.

2. Zunehmende Zielgerichtetheit der Maßnahmen

(21) Die pandemische Risikoprävention muss so zielgerichtet wie möglich erfolgen. Personen, die andere noch nicht oder nicht mehr infizieren können, dürfen nicht Adressaten grundrechtsbeschränkender Maßnahmen sein, wenn mildere Mittel in Betracht kommen. Ein aktueller Testnachweis über fehlende Ansteckungsgefahr ist ein milderes Mittel.

(22) Die Debatte um sogenannte Privilegien für Geimpfte ist aus grundrechtlicher Sicht verfehlt, weil sie das grundrechtliche Verteilungsprinzip auf den Kopf stellt.

(23) Maßnahmen gegenüber Immunen können dennoch erforderlich sein, um die gesellschaftliche Überzeugung von der Richtigkeit der Maßnahmen zu erhalten, weil die Kapazitäten für flächendeckende und differenzierte staatliche Kontrollen fehlen.

3. Angemessenheit und Wesensgehalt der Grundrechte

(24) Die Abwägung der Schwere von Grundrechtseingriffen mit der Bedeutung der verfolgten Zwecke impliziert Kommensurabilität der abzuwägenden Werte. Ist der verfolgte Zweck nur „ein überragend wichtiges Gemeinschaftsgut", kann er auch die Wahl des „gröbsten und radikalsten Mittels" rechtfertigen (BVerfGE 7, 377 [408] – Apothekenurteil [1958]).

(25) Bei einigen Pandemiemaßnahmen ist der Wesensgehalt der relationalen Freiheiten nach Art. 19 Abs. 2 GG heranzuziehen, um Inkommensurabilität sicherzustellen.

IV. Gleiche Freiheit

1. Massenhafte und unspezifische Maßnahmen

(26) Die exekutivischen Rechtsverordnungen wirken faktisch wie Gesetze, durchlaufen jedoch nicht die für Gesetze üblichen transparenten und partizipativen Prozesse, in denen unterschiedliche Interessen und Sichtweisen berücksichtigt werden.

2. Angemessenheit: Unterschiedliche Maßstäbe

(27) Die Einzelnen befinden sich in unterschiedlichen Lebenslagen, weswegen sich die Pandemiemaßnahmen sehr unterschiedlich auf sie auswirken. Dies erfordert eine differenzierte Bewertung der Angemessenheit von Maßnahmen. Konkrete Pandemiemaßnahmen können gegenüber manchen Adressierten angemessen sein, während sie gegenüber anderen unangemessen sind.

3. Lösung: Kompensation und Differenzierung

(28) Angemessenheit kann durch Kompensation hergestellt werden, soweit Eingriffe monetarisierbar sind.

(29) Beschränkung der relationalen Freiheit, die versagte Zeit mit anderen Menschen, kann jedoch nicht ersetzt werden. Im Rahmen der Angemessenheitsprüfung kann dann eine spezifische Belastung geltend gemacht werden, die eine Differenzierung erfordert.

Schluss

(30) Zur grundrechtlichen Erfassung der Pandemiemaßnahmen muss die intrinsische Verknüpfung von Freiheit und Gleichheit ebenso in den Blick genommen werden wie die Bedeutung relationaler Freiheit.

2. Verwaltungsrecht der vulnerablen Gesellschaft

Referat von *Stephan Rixen*, Bayreuth*

Inhalt

		Seite
I.	Was ist eine vulnerable Gesellschaft?	38
II.	Was ist resilientes Verwaltungsrecht?	42
	1. Gesamtgesellschaftliche Resilienz	42
	2. Vulnerabilität und Resilienz als Themen des öffentlichen Rechts	44
	3. Eine neue pandemiespezifische Staatsaufgabe	46
	a) Regulierung von Risiken erster und zweiter Ordnung in der Pandemie	46
	b) Jenseits von Gefahren-, Risiko- und Daseinsvorsorge	48
	c) Staatsaufgabe „Resilienzgarantie"	49
III.	Wie lässt sich die Resilienzgarantie verwaltungsrechtlich umsetzen?	51
	1. Pandemieplanung als integrierte *preparedness*	52
	2. Pandemietaugliche Rechtsgrundlagen	54
	3. Pandemisches Recht des sanften Selbstzwangs	54
	4. Pandemietaugliche Verwaltungsorganisation	56
	5. Administrative Gestaltungsräume	57
	6. Parlamentarische Steuerung und gerichtliche Kontrolldichte	59
IV.	Resümee: Vulnerabilität, Resilienz, Verwaltung	61

---

* Mein Dank gilt *Jens Kersten*. Mit ihm habe ich seit Beginn der Pandemie die verfassungs- und verwaltungsrechtlichen Aspekte der Pandemieregulierung diskutiert. Unser Buch „Der Verfassungsstaat in der Corona-Krise" (1. Aufl. 2020, 2. Aufl. 2021) dokumentiert dies. Der ständige Austausch hat die nachfolgenden Überlegungen erst ermöglicht. Dass die Verantwortung für Unplausibles oder sonst irgendwie Kritikwürdiges allein bei mir liegt, sei der guten Ordnung halber betont.

I. Was ist eine vulnerable Gesellschaft?

Der Begriff der Vulnerabilität[1] ist seit Beginn der COVID-19-Pandemie[2] in aller Munde.[3] Dabei geht es meist um (besonders)[4] vulnerable – verletzliche – Menschen, die aufgrund ihrer gesundheitlichen Situation von den Folgen einer Virusinfektion schneller und heftiger betroffen werden als

---

[1] Vulnerabilität wird als Synonym für Verletzlichkeit bzw. Verletzbarkeit verwendet, bezeichnet also den Umstand, dass jemand verletzt werden kann, näher *Andreas Kruse* Lebensphase hohes Alter. Verletzlichkeit und Reife, 2017, 167 ff.; *Martina Schmidhuber* Vulnerabilität in der Krise, in: Wolfgang Kröll/Johann Platzer/Hans Walter Ruckenbauer/ Walter Schaupp (Hrsg.), Die Corona-Pandemie. Ethische, gesellschaftliche und theologische Reflexionen einer Krise, 2020, 273 ff.; ferner *Heike Springhart* Der verwundbare Mensch. Sterben, Tod und Endlichkeit in einer realistischen Anthropologie, 2016; außerdem die Beiträge in *Hildegund Keul* (Hrsg.), Theologische Vulnerabilitätsforschung, 2020; zur Begriffsverwendung s. auch *Stephan Rixen* Gestaltung des demographischen Wandels als Verwaltungsaufgabe VVDStRL 74 (2015), 293 (302 f., 316, 321, 324 f., 340, 342); ferner *Bernhard Frevel* Verletzlichkeit, in: Martin H. W. Möllers (Hrsg.), Wörterbuch der Polizei, 3. Aufl. 2018, 2452; aus völkerrechtlicher Sicht *Ingrid Nifosi-Sutton* The Protection of Vulnerable Groups under International Human Rights Law, 2017.

[2] COVID-19 wird folgendermaßen legaldefiniert (§ 6 Abs. 1 S. 1 Nr. 1 Buchst. t IfSG): „Coronavirus-Krankheit-2019 (COVID-19)". Sie wird ausgelöst durch eine Infektion mit dem Krankheitserreger „Severe-Acute-Respiratory-Syndrome-Coronavirus-2 (SARS-CoV-2)" (§ 7 Abs. 1 S. 1 Nr. 44a IfSG), zur Infektion sowie zur Krankheit aus naturwissenschaftlicher Sicht *Jens Kersten/Stephan Rixen* Der Verfassungsstaat in der Corona-Krise, 2. Aufl. 2021, 23 ff. Eine Pandemie ist eine zeitlich begrenzte, länder- und kontinentübergreifende Seuche; eine Epidemie ist eine zeitlich und örtlich begrenzt in großer Häufung auftretende Seuche, dazu *Anika Klafki* Risiko und Recht. Risiken und Katastrophen im Spannungsfeld von Effektivität, demokratischer Legitimation und rechtsstaatlichen Grundsätzen am Beispiel von Pandemien, 2017, 163. – Das Buch von *Anika Klafki* ist das Buch der Stunde; die nachfolgenden Überlegungen verdanken dieser Studie viel, wie sich an der häufigen Zitierung ablesen lässt.

[3] Wer mit Blick auf die laufende Krise Bewertungen abgibt, befindet sich in der Rolle des teilnehmenden Beobachters und Deuters. Das führt zu den üblichen Nachteilen bzw. Gefahren, die die fehlende (zeitliche) Distanz zum Gegenstand mit sich bringt. Sie sind vor allem aus der Zeitgeschichtsschreibung bekannt, treffen aber nicht minder auf die dogmatisch arbeitende Wissenschaft vom Öffentlichen Recht zu, die sich sozusagen in Echtzeit aktuellen Problemen zuwendet. Dieses Referat, zumal in dem vorgegebenen, relativ knappen Umfang, kann daher nur erste Überlegungen präsentieren. Dieser Hinweis gehört unter den gegenwärtigen Bedingungen nicht zu den im akademischen Betrieb üblichen pseudo-demütigen Bescheidenheitsritualen, die die Klarheit des eigenen Durchblicks umso heller erstrahlen lassen sollen. Wer auf stürmischer See anfängt, über Umbauten des Schiffs nachzudenken, auf dem er sich befindet, sieht manches nicht, was ihm oder ihr, erst einmal zu ruhigen Gewässern gelandet, auffallen würde. Dass der Vorbehalt der Vorläufigkeit, der für dieses Referat gilt, groß ist, sei also nachdrücklich betont; es kann nur ein sehr provisorischer Diskussionsbeitrag sein, der zum Weiterdenken anregen möchte.

[4] Das Adjektiv „besonders" wird häufig verwandt, um eine nach Anlage, Prägung oder Lebenslage spezifische Vulnerabilität von der allgemein bei Menschen bestehenden Vulne-

Menschen, deren Gesundheitszustand stabiler ist; beispielhaft sei an multimorbide hochaltrige Menschen oder Menschen mit chronischen Atemwegserkrankungen erinnert. Um diese gesundheitliche Vulnerabilität einzelner Menschen soll es heute an dieser Stelle nicht gehen. Die neuere soziologische Debatte spricht mit Blick auf die Pandemie recht pauschal von der „vulnerablen Gesellschaft"[5]. Was ist eine vulnerable Gesellschaft?

Verletzlich bzw. vulnerabel ist eine Gesellschaft, wenn sie sich einer Großrisikolage wie einer Pandemie ausgesetzt sieht, die in jeder Hinsicht systemisch wirkt, also alle wechselwirkenden Subsysteme der Gesellschaft ohne Ausnahme über längere Zeit in ihrer Funktionsfähigkeit beeinträchtigt. Die gesamthafte Einbuße an Funktionsfähigkeit geht weit über andere systemische Risiken wie etwa eine weltweite Bankenkrise hinaus.[6] Anders als diese schlägt die Pandemie viel intensiver bis auf die Mikroebene persönlicher Beziehungen durch und verändert die Lebensführung eines jeden Menschen in alltäglichen Details.[7] Zur Pandemie gehört, dass das erst in Gesellschaft sich vollziehende Leben aller Menschen, die Gesellschaft der Grundrechtssubjekte,[8] einem nicht linear, sondern exponentiell wachsenden Infektionsrisiko ausgesetzt ist, das sich – wie zumindest die bisheri-

---

rabilität zu unterscheiden. Je nach Verwendungszusammenhang bezeichnet „vulnerabel" aber von vornherein nur jene Verletzlichkeit, die die zur conditio humana gehörende allgemeine Verletzlichkeit überschreitet, in diesem Sinne etwa die Begriffsverwendung bei *Kersten/Rixen*, Verfassungsstaat (Fn. 2), 6, 151, 231, 254, 273.

[5] *Andreas Reckwitz* Risikopolitik, in: Michael Volkmer/Karin Werner (Hrsg.), Die Corona-Gesellschaft. Analysen zur Lage und Perspektiven für die Zukunft, 2020, 241 (249).

[6] Hierzu *Ann-Kathrin Kaufhold* Systemaufsicht. Anforderungen an die Ausgestaltung einer Aufsicht zur Abwehr systemischer Risiken entwickelt am Beispiel der Finanzaufsicht, 2016, 350 ff.

[7] Die Abstandsgebote oder das Gebot, nur mit einer bestimmten Zahl von Personen in Kontakt zu treten, verdeutlichen exemplarisch die tief in die Gestaltung auch des Privatlebens eingreifenden Effekte der Pandemieregulierung, zu Abstandsgeboten und Kontaktbeschränkungen s. exemplarisch § 1 und § 4 Zwölfte Bayerische Infektionsschutzmaßnahmenverordnung (12. BayIfSMV) v. 5.3.2021 (BayMBl. Nr. 171).

[8] Der Begriff „Gesellschaft" ist bekanntlich hochumstritten, s. nur *Sophie Schönberger* Wandel des Verhältnisses von Staat und Gesellschaft – Folgen für Grundrechtstheorie und Grundrechtsdogmatik, VVDStRL 79 (2020), 291 (293, dortige Fn. 13); *Oliver Lepsius* Problemzugänge und Denktraditionen im Öffentlichen Recht, in: Eric Hilgendorf/Helmuth Schulze-Fielitz (Hrsg.), Selbstreflexion der Rechtswissenschaft, 2015, 53 (68 ff.). Gleichwohl gehört „Gesellschaft" zu den Begriffen, die offenbar klar genug sind, um nicht völlige Verwirrung zu stiften, sondern hinreichend tragfähige Orientierung zu gewähren. In der Staatsrechtslehre hat sich die traditionelle Unterscheidung zwischen den Begriffen „Staat" und „Gesellschaft", die in einem komplexen Verhältnis der Ergänzung zueinanderstehen,

gen Steuerungsansätze belegen[9] – nur schwer kontrollieren lässt (Stichwort „Jo-Jo-Lockdown")[10]. Das Infektionsrisiko ist zum ubiquitären Alltagsbegleiter geworden, der bis auf Weiteres selbst nach einer Impfung nicht ganz verschwindet.[11]

Der schillernde Begriff des Risikos[12] ist der Schlüssel zum Verständnis der Pandemie.[13] Nicht in erster Linie überschaubare, konkrete Gefahren, für deren Gestaltung es gesichertes Wissen gibt,[14] müssen gesteuert werden. Es

---

bewährt, soweit sie als Arbeitsbegriffe mittlerer Reichweite verstanden werden, deren Nützlichkeit unter Übertheoretisierung nur leidet. Was mit „Gesellschaft" als Gegenbegriff zum „Staat" gemeint ist, soll hier durch die Formulierung „Gesellschaft der Grundrechtssubjekte" verdeutlicht werden.

[9] Es geht um die Maßnahmen der Pandemieregulierung, die in Deutschland bis einschließlich 30.3.2021 ins Werk gesetzt wurden, dazu im Überblick *Kersten/Rixen* Verfassungsstaat (Fn. 2), 27 ff.

[10] Mit dem vor allem in den Medien verwendeten Begriff soll umschrieben werden, dass das Ausmaß der Kontaktbeschränkungen variiert, diese also mehr oder weniger intensiv sind; das Intensitätsniveau ist mithin höher oder niedriger, ähnlich einem Jo-Jo, der auf- und abwärts bewegt werden kann.

[11] Nach gegenwärtigem Stand (30.3.2021) schützen Impfungen die geimpfte Person gegen einen schweren Krankheitsverlauf. Inwieweit andere Personen vor einer Infektion geschützt werden, ist unklar; dass es überhaupt einen Schutzeffekt gibt, dürfte unstreitig sein. Dazu *Kersten/Rixen* Verfassungsstaat (Fn. 2), 25 ff.; *Deutscher Ethikrat* Besondere Regeln für Geimpfte? – Ad-hoc-Empfehlung, 4.2.2021, 2 f.; s. auch *Deutscher Ethikrat* Immunitätsbescheinigungen in der Covid-19-Pandemie – Stellungnahme, 22.9.2020, 11 ff.

[12] *Christine Prokopf* Handeln vor der Katastrophe als politische Herausforderung. Mehr Vorsorge durch die Governance von Risiken, 2020, 28: „Risiko ist ein schillernder Begriff." *Liv Jaeckel* Gefahrenabwehrrecht und Risikodogmatik. Moderne Technologien im Spiegel des Verwaltungsrechts, 2010, 84: „Der Begriff des Risikos ist nicht leicht zu fassen [...]." Zur Begriffsherkunft sowie zu den vielschichtigen Risikodiskursen *Udo Di Fabio* Risikoentscheidungen im Rechtsstaat. Zum Wandel der Dogmatik im öffentlichen Recht, insbesondere am Beispiel der Arzneimittelüberwachung, 1994, 53 ff., ferner 450 zum „Trend" der „Vorverlagerung der Gefahrenabwehr".

[13] „Risiko" ist auch der Begriff, der – ungeachtet aller Ähnlichkeiten zu dem um die konkrete Gefahr zentrierten Gefahrenabwehrrecht – hilft, das pandemiebedingte Spezifikum des Infektionsschutzrechts zu begreifen, zur Relevanz des Risikos *Andreas Engels* Infektionsschutzrecht als Gefahrenabwehrrecht?, DÖV 2014, 464 (468 f.).

[14] Hierzu nur *Friedrich Schoch* Polizei- und Ordnungsrecht, in: ders. (Hrsg.), Besonderes Verwaltungsrecht, 2018, Kap. 1 Rn. 286; „nach dem derzeitigen Wissensstand" müssen „bestimmte Ursachenzusammenhänge" bejaht werden können, so BVerwGE 116, 347 (351); allg. zum Gefahrenbegriff *Ralf Poscher* Gefahrenabwehr. Eine dogmatische Rekonstruktion, 1999, 112 ff. Es geht beim Risiko auch nicht um den Gefahrenverdacht, der durch Unsicherheiten bei der Diagnose und/oder bei der Prognose des Kausalverlauf, charakterisiert ist, was es verunmöglicht, die hinreichende Wahrscheinlichkeit eines Schadenseintritts im konkreten Fall zu bejahen (*Schoch* ebd. Rn. 2908; *Klafki* Risiko [Fn. 2], 16); dass eine Gefahr zu bejahen wäre, gäbe es verlässliches Wissen, ist „in der Regel" (*Schoch* ebd. Rn. 296) nicht zweifelhaft (s. hierzu auch BVerwGE 116, 347 [352], auch zum Gefahrenverdacht). Der Vorbehalt („in der Regel") deutet zum einen auf eine begrifflich-konstruk-

2. Verwaltungsrecht der vulnerablen Gesellschaft

geht um epidemische[15] (Groß-)Lagen von nationaler Tragweite[16] als Ausschnitt einer globalen Großlage, die Natur- und Zivilisationskatastrophe gleichermaßen ist.[17] Die unübersichtlichen Auswirkungen der Infektion und der ständige Wandel der pandemischen Lage verweisen auf ein dynamisch sich veränderndes Wissensproblem.[18] Es führt stärker als in anderen Zusammenhängen zu immer neuer Ungewissheit von gesamtgesellschaft-

---

tive Unklarheit hin und verdeutlicht zum anderen, dass die Annahme, Risiko und Gefahr unterschieden sich „kategorial" (*Thorsten Kingreen* Grundlagen des deutschen Infektionsschutzrechts, in: Huster/Kingreen [Hrsg.], Handbuch Infektionsschutzrecht, 2021, Kap. 1 Rn. 80), mit Vorsicht zu genießen ist, allein schon deshalb, weil das Urteil über die hinreichende Wahrscheinlichkeit bekanntlich in wertend-normativierender Weise von der Bedeutung des Rechtsguts abhängt (*Schoch* ebd Rn. 286), also bei einem hochwertigen Gut Wissen über Wirkungszusammenhänge ausreichen kann, das bei einem weniger wertvollen Gut nicht ausreicht. Dies vor Augen lässt sich das Risiko als Aliud zur Gefahr (*Kingreen* ebd. Rn. 80; *Klafki* Risiko [Fn. 2], 13) konstruieren, weil es um Konstellationen unterhalb der Schwelle der hinreichenden – epistemisch hinreichend validierten – Wahrscheinlichkeit geht, für die nur ein möglicher, aber eben ungewisser – und daher u.U. fehlender – Kausalzusammenhang bejaht werden kann; zur erkenntnistheoretisch ohnehin problematischen Rede von Kausalitäten *Jaeckel* Gefahrenabwehrrecht (Fn. 12), 6 ff., 79 f., 319 ff.

[15] Zum Begriff der Epidemie oben Fn. 2; eine Epidemie kann, aber muss nicht Ausschnitt einer Pandemie sein.

[16] Vgl. § 5 Abs. 1 S. 1 IfSG i.d.F. des Gesetzes zum Schutz der Bevölkerung bei einer epidemischen Lage von nationaler Tragweite v. 27.3.2020 (BGBl. I, 587): „epidemische Lage von nationaler Tragweite".

[17] *Klafki* Risiko (Fn. 2), 162: „Das Pandemierisiko nimmt […] eine Zwitterstellung zwischen den klassischen ‚Naturrisiken' und den modernen ‚Zivilisationsrisiken' ein." Vgl. auch den Rechtsbegriff der Katastrophe z.B. in Art. 1 Abs. 2 Bayerisches Katastrophenschutzgesetz (BayKSG) – kursive Hervorhebung hinzugefügt: „Eine Katastrophe im Sinn dieses Gesetzes ist ein Geschehen, bei dem Leben oder Gesundheit einer Vielzahl von Menschen oder die natürlichen Lebensgrundlagen oder bedeutende Sachwerte *in ungewöhnlichem Ausmaß* gefährdet oder geschädigt werden und die Gefahr nur abgewehrt oder die Störung nur unterbunden und beseitigt werden kann, wenn unter Leitung der Katastrophenschutzbehörde die im Katastrophenschutz mitwirkenden Behörden, Dienststellen, Organisationen und die eingesetzten Kräfte zusammenwirken."

[18] *Klafki* Risiko (Fn. 2), 379: „Das Nichtwissen in Bezug auf Pandemien ist […] in besonderem Maße dynamisch. Daher stellt sich die Frage, ob ein pandemiespezifischer Risikobegriff nicht stärker berücksichtigen muss, dass sich die relevanten epistemischen Lagen – mehr oder weniger Wissen, grundsätzlich behebbares individuelles Wissen und nicht behebbares strukturelles Nichtwissen (*Kingreen* Grundlagen [Fn. 14], Kap. 1 Rn. 80) oder schlichtes Nichtwissen, qualifiziertes Nichtwissen, abstrakte Besorgnis, konkrete Besorgnis (*Arno Scherzberg* Strategien staatlicher Risikobewältigung, in: Hermann Hill/ Utz Schliesky [Hrsg.], Management von Unsicherheit und Nichtwissen, 2016, 31 [41 ff., 62 ff.]) – im Zeitverlauf und in einem bestimmten Entscheidungszeitpunkt praktisch nicht trennscharf unterscheiden lassen. Objektiv verfügbares und subjektiv bekanntes Wissen und Nichtwissen können je nach Lage unterschiedlich stark gemischt sein, weil das objektiv verfügbare Wissen sich durch neue Forschungsergebnisse permanent verändert, aber

lichem Ausmaß.[19] Die Folge ist ein Wettlauf zwischen epidemiologisch beschreibbarer Pandemieentwicklung und administrativer Pandemieregulierung. Er zwingt zu ständigen regulatorischen Anpassungen auf allen wechselwirkenden Ebenen des gesellschaftlichen Zusammenlebens.

Wie geht eine Gesellschaft, die in erster Linie aus Menschen besteht, die wahrscheinlich nicht infiziert sind, es aber sein könnten,[20] adäquat mit der Allgegenwart des Infektionsrisikos um?

II. Was ist resilientes Verwaltungsrecht?

1. Gesamtgesellschaftliche Resilienz

Schauen wir auf den Beitrag, den das Verwaltungsrecht leisten kann, dann ist ein resilientes, also Resilienz realisierendes Verwaltungsrecht geboten,[21] das zu dieser kompletten, alle Funktionssysteme der Gesellschaft betreffenden Vulnerabilität passt. „Resilienz"[22] meint ursprünglich

---

nicht immer direkt operativ verfügbar ist und generell immer noch mit reichlich Unwissen oder bloß sehr vorläufigem Wissen umzugehen ist. Für die Pandemie ist dies die epistemisch relevante Situation. Nicht die auf mögliche Wirkungszusammenhänge bezogene Ungewissheit ist also das (alleinige) Problem, sondern, dass Ungewissheit und Wissen in einer kaum verlässlich unterscheidbaren Melange vorliegen und diese Mischungsverhältnisse sich permanent ändern (vgl. hierzu auch *Klafki* Risiko [Fn. 2], 223); zum Unterschied von Risikovorsorge und Gefahrenverdacht *Jaeckel* Gefahrenabwehrrecht (Fn. 12), 134, 285 ff. – Ein zusätzliches Problem ist die suggestive Wirkung (auch einer scheinbar sachlichen) Sprache, die Ungewissheit und Bedrohung verbalisiert, hierzu *Marianne Hänseler* Metaphern unter dem Mikroskop. Die epistemische Rolle von Metaphorik in den Wissenschaften und in Robert Kochs Bakteriologie, 2009, 109 ff., 147 ff.

[19] Zur Ungewissheitsproblematik in der Pandemie *Klafki* Risiko (Fn. 2), 13 ff., 26 ff., 223, 379; *Hans-Heinrich Trute* Ungewissheit in der Pandemie als Herausforderung, GSZ 2020, 93 ff.; s. allg. auch *Jaeckel* Gefahrenabwehrrecht (Fn. 12), 289 ff.

[20] *Stephan Rixen* Gesundheitsschutz in der Coronavirus-Krise – Die (Neu-)Regelungen des Infektionsschutzgesetzes, NJW 2020, 1097 (1101).

[21] S. hierzu auch den Begriff der „[r]esiliente[n] Regulierung" bei *Ulrich Smeddink* Umgang mit Ungewissheit bei der Realisierung eines Endlagers für Atommüll – resilient reguliert?, in: Hill/Schliesky (Fn. 18), 147 (149); ferner *Andreas Duit* Resilience Thinking: Lessons for Public Administration, Public Administration Vol. 94, No. 2, 2016, 364 ff.

[22] Wegweisend *Crawford Stanley Holling* Resilience and Stability of Ecological Systems, Annual Review of Ecology and Systematics 4 (1973), 1 ff. „Resilienz" gilt angesichts seiner Verbreitung und Beliebtheit bei gleichzeitiger semantischer Unschärfe als „Zauberwort", so *Julian Nida-Rümelin/Rebecca Gutwald* Der philosophische Gehalt des Resilienzbegriffs, MThZ (Münchener Theologische Zeitschrift) 67 (2016), 250 (250); zur „bemerkenswerte[n] Karriere" des „Konzept[s] der Resilienz" *Benjamin Rampp* Zur normativen Dimension des Konzepts der Resilienz, in: Cordula Brand u.a. (Hrsg.), Ethik in den Kulturen – Kulturen in der Ethik. Festschrift für Regina Ammicht Quinn, 2017, 377

Widerstandsfähigkeit in dem Sinne, dass das Individuum fähig wird, physische oder psychische Verletzlichkeit zu vermeiden oder, wo sie erfahren wird, ihre Folgen erträglich zu gestalten bzw. zu kompensieren.[23] An einem gezielt gestärkten Selbst sollen die Erfahrungen individueller Vulnerabilität gewissermaßen abprallen (lat. *resilire*).[24] Das lässt sich nur *per analogiam* auf kollektive Akteure wie den Staat übertragen. Anstelle individueller geht es dann um institutionelle, um systemübergreifende, um gesamtgesellschaftliche Resilienz.[25] Im Zentrum dieses Resilienz-Begriffs steht die Kompetenz, gesamtgesellschaftliche Einbußen an Funktionsfähigkeit akut und langfristig zu verhindern und dort, wo sie nicht verhindert werden können, ihre Folgen so abzumildern oder zu kompensieren, dass der Wiedergewinn bzw. der Erhalt der gesamtgesellschaftlichen Funktionsfähigkeit möglich wird.[26]

---

(377); zur Omnipräsenz des Resilienz-Begriffs in nahezu allen Wissenschaftsfeldern *Stefanie Graefe* Resilienz im Krisenkapitalismus. Wider das Lob der Anpassungsfähigkeit, 2019, 19 ff.; ferner die Beiträge in: *Martin Endreß/Andrea Maurer* (Hrsg.), Resilienz im Sozialen. Theoretische und empirische Analysen, 2015; *Rüdiger Wink* (Hrsg.), Multidisziplinäre Perspektiven der Resilienzforschung, 2016; *Maria Karidi/Martin Schneider/Rebecca Gutwald* (Hrsg.), Resilienz – Interdisziplinäre Perspektiven zu Wandel und Transformation, 2018.

[23] S. hierzu nur *Klaus Fröhlich-Gildhoff/Maike Rönnau-Böse* Resilienz, 5. Aufl. 2019; *Kruse* (Fn. 1), 174 ff.; *Berta M. Schrems* Vulnerabilität in der Pflege, 2020; umfassende Aufbereitung aus juristischer Sicht *Tristan Barczak* Der nervöse Staat. Ausnahmezustand und Resilienz des Rechts in der Sicherheitsgesellschaft, 2020, 606 ff.; wegweisend für die juristische Diskussion die Beiträge in *Kai von Lewinski* (Hrsg.), Resilienz des Rechts, 2016; wichtige Anfänge bei *Würtenberger* Resilienz, in: FS Wolf-Rüdiger Schenke, 2011, 561 ff.; *Christoph Gusy* Resilient Societies – Staatliche Katastrophenschutzverantwortung und Selbsthilfefähigkeit, in: FS Thomas Würtenberger, 2013, 995 ff.; s. auch *Benno Zabel* Recht, Angst, Vulnerabilität. Liberale Gesellschaften zwischen Krise und Resilienz, RW 2020, 233 ff.

[24] *Barczak* (Fn. 23), 606.

[25] Zur Weiterentwicklung des Governance-Begriffs angesichts der „Komplexitätssteigerung von (welt-)gesellschaftlichen Zusammenhängen" *Charlotte Rungius/Elke Schneider/Christoph Weller* Resilienz – Macht – Hoffnung. Der Resilienzbegriff als diskursive Verarbeitung einer verunsicherten Moderne, in: Karidi/Schneider/Gutwald (Fn. 22), 33 (43).

[26] Das „predicament of unpredictability" (*Barbara M. Misztal* The Challenges of Vulnerability. In Search of Strategies for a Less Vulnerable Social Life, 2011, 75), also die Schwierigkeiten/Dilemmata, die aus der fehlenden (verlässlichen) Vorhersagbarkeit resultieren, gehören in manchen sozialwissenschaftlichen Analysen zur sozialen bzw. gesellschaftlichen Vulnerabilität, die Resilienz erforderlich machen. Dies gilt angesichts der ubiquitären Ungewissheit und damit der erschwerten Vorhersagbarkeit von Entwicklungen gerade für Gesellschaften, die Pandemien ausgesetzt sind.

2. Vulnerabilität und Resilienz als Themen des öffentlichen Rechts

Beide Begriffe – Vulnerabilität und Resilienz – sind in einem spezifisch öffentlich-rechtlichen Sinne noch nicht abschließend profiliert.[27] Die Idee des resilienten Verwaltungsrechts, dass es einer Gesellschaft möglich ist, Vulnerabilität entweder zu vermeiden und zu reduzieren oder doch wenigstens besser mit den Folgen der Vulnerabilität umzugehen, knüpft der Sache nach bei Debatten an, die unsere Vereinigung bereits beschäftigt haben. Dazu gehört die „Risikosteuerung durch Verwaltungsrecht"[28], dazu gehört das Thema des „Verwaltungsvorbehalts"[29], also der „Eigenständigkeit der Verwaltung"[30], dazu gehört, damit eng zusammenhängend, das Verhältnis von „Gesetzgeber und Verwaltung"[31]. Neu ist die Ausrichtung dieser bislang häufig um den technologischen Wandel[32] kreisenden Debatten auf Pandemien.

Der Begriff der „Resilienz" findet, meist zusammen mit dem Begriff der „Vulnerabilität", seit etwa zwei Jahrzehnten im sicherheitspolitischen Diskurs Beachtung[33] und wird hierbei auch auf die Pandemie- bzw.

---

[27] Bestandsaufnahme und Ansätze bei *Barczak* (Fn. 23), 606 ff., 612 ff., 682.
[28] Zum Thema „Risikosteuerung durch Verwaltungsrecht: Ermöglichung oder Begrenzung von Innovationen?" s. die Berichte von *Arno Scherzberg* VVDStRL 63 (2004), 214 ff., und *Oliver Lepsius*, VVDStRL 63 (2004), 264 ff.
[29] Zum Thema „Der Verwaltungsvorbehalt" s. die Berichte von *Hartmut Maurer* VVDStRL 43 (1985), 135 ff., und *Friedrich E. Schnapp* VVDStRL 43 (1985), 172 ff.
[30] Grdl. *Horst Dreier* Zur „Eigenständigkeit" der Verwaltung, in: Die Verwaltung 25 (1992), 137 ff.; ferner *Wolfgang Hoffmann-Riem* Eigenständigkeit der Verwaltung, in: ders./Eberhard Schmidt-Aßmann/Andreas Voßkuhle (Hrsg.), Grundlagen des Verwaltungsrechts, Bd. I, 2. Aufl. 2012, § 10 Rn. 1 ff.; hierzu auch den Hinweis von *Otto Bachof* Diskussionsbemerkung VVDStRL 34 (1976), 275 (276), bei der Eigenständigkeit der Verwaltung sei eine „Art von Wellenbewegung" zu beobachten: mal mehr, mal weniger „Freiräume der Verwaltung"; s. ferner *Erich Kaufmann* Diskussionsbemerkung, VVDStRL 24 (1966), 219: „Da hat es mich außerordentlich gefreut, daß hier die Eigenständigkeit der Verwaltung sehr stark betont worden ist." Deutlich auch *Hans-Detlef Horn* Die grundrechtsunmittelbare Verwaltung. Zur Dogmatik des Verhältnisses zwischen Gesetz, Verwaltung und Individuum unter dem Grundgesetz, 1999, V (Vorwort): „Der Kampf um die Eigenständigkeit der Verwaltung ist wieder im Gange."
[31] Zum Thema „Gesetzgeber und Verwaltung" die Berichte von *Klaus Vogel* VVDStRL 24 (1966), 125 ff. und *Roman Herzog* VVDStRL 24 (1966), 183 ff.
[32] S. die Beiträge von *Jörn Ipsen, Dietrich Murswiek* und *Bernhard Schlink* zum Thema „Die Bewältigung der wissenschaftlichen und technischen Entwicklungen durch das Verwaltungsrecht" in VVDStRL 48 (1990), 177 ff., 207 ff., 235 ff.
[33] Hierzu *Barczak* (Fn. 23), 607 m.w.N.

Naturkatastrophenbewältigung³⁴ bezogen. Umweltrechtliche Diskussionen über das Klimaschutz- und Klimawandelfolgenrecht mit ihren hochinnovativen Debatten über die Steuerung von globalen Großlagen kommen hinzu,³⁵ auch die Frage, wie Abwägungsprozesse ausgestaltet sein müssen, die sich auf solche, im Laufe der Zeit stark sich verändernde Großlagen beziehen (Stichwort „adaptive Abwägung").³⁶ Die Diskussion über resilientes Verwaltungsrecht fängt also nicht bei null an. Sie führt unterschiedliche verwaltungsrechtliche Diskussionslinien zusammen und denkt sie weiter.³⁷

---

³⁴ Hierzu *Barczak* (Fn. 23), 607 m.w.N.
³⁵ S. etwa *Mark Fleischhauer/Benjamin Bornefeld* Klimawandel und Raumplanung. Ansatzpunkte der Raumordnung und Bauleitplanung für den Klimaschutz und die Anpassung an den Klimawandel, RuR 2006, 161 ff.; *Ernst-Hasso Ritter*, Klimawandel – eine Herausforderung an die Raumplanung, RuR 2007, 531 ff.; *Stephan Mitschang* Die Belange von Klima und Energie in der Bauleitplanung, NuR 2008, 601 ff.; *Dieter Hecht* Anpassung an den Klimawandel – Herausforderungen für Gesellschaft, Wirtschaft und Staat, RuR 2009, 157 ff.; *Ekkehard Hofmann* Klimawandel – Perspektiven eines zukünftigen Umweltrechts. Leistungsfähigkeit, Herausforderungen, Grenzen, EurUP 2020, 394 ff.; *Wolf Friedrich Spieth/Niclas Hellermanns* Not kennt nicht nur ein Gebot – Verfassungsrechtliche Gewährleistungen im Zeichen von Corona-Pandemie und Klimawandel, NVwZ 2020, 1405 ff.; s. auch *Peter Rückert* Vulnerabilität als Konzept der Umweltgeschichte, in: Cécile Ligneureux/Stéphane Macé/Steffen Patzold/Klaus Ridder (Hrsg.), Vulnerabilität – Diskurse und Vorstellungen vom Frühmittelalter bis ins 18. Jahrhundert, 2020, 27 ff.
³⁶ *Martin Kment* Adaptive Abwägung, in: Hill/Schliesky (Fn. 18), 285 ff., insb. 300 ff.
³⁷ Das bedeutet nicht, dass unbedingt ein neues Rechtsgebiet (etwa mit dem Namen „Resilienzrecht" bzw. „Resilienzverwaltungsrecht") erfunden werden müsste. Es geht eher um eine neue Perspektive, die de lege lata helfen mag, Normtexte neu zu verstehen bzw. weiterzuentwickeln, und de lege ferenda dazu beitragen kann, Regulierungsdefizite zu erkennen und mithilfe des Gedankens der Resilienz zu beheben. Insofern können vom Gedanken der „Resilienz" interpretatorisch und rechtspolitisch Veränderungsimpulse ausgehen, hierzu – mit Blick auf die Frage, wie neue Rechtsgebiete entstehen – *Anna Katharina Mangold* Von Homogenität zu Vielfalt. Die Entstehung von Antidiskriminierungsrecht als eigenständigem Rechtsgebiet in der Berliner Republik, in: Thomas Duve/Stefan Ruppert (Hrsg.), Rechtswissenschaft in der Berliner Republik, 2018, 461 (484 ff.); *Rainer Wahl* Wie entsteht ein neues Rechtsgebiet? Das Beispiel des Informationsrechts, in: FS Wolf-Rüdiger Schenke, 2011, 1305 (1308 f.); *Ines Härtel* Energieeffizienzrecht – ein neues Rechtsgebiet?, NuR 2011, 825 (826 ff.); *Helmuth Schulze-Fielitz* Umweltrecht, in: Dietmar Willoweit (Hrsg.), Rechtswissenschaft und Rechtsliteratur im 20. Jahrhundert, 2007, 989 (990 ff.).

3. Eine neue pandemiespezifische Staatsaufgabe

a) Regulierung von Risiken erster und zweiter Ordnung in der Pandemie

Ausgangspunkt des Weiterdenkens ist die Frage nach der Aufgabe, die der Staat erfüllt und der ein resilientes Verwaltungsrecht Gestalt gibt. Auf den ersten Blick scheint es um eine Variante des Gefahrenabwehrrechts zu gehen.[38] Konkrete Gefahren sind zwar Teil der Pandemieregulierung.[39] Die empirisch im Einzelnen schwer absehbare *Möglichkeit*, dass es jederzeit überall durch jede Person zu Infektionen kommt – das Infektionsrisiko –, steht aber deutlich im Vordergrund[40] (die in der gegenwärtigen Pandemie so folgenreichen asymptomatischen Infektionen veranschaulichen das Problem)[41]. Plausible Zurechnungen individueller Verantwortlichkeit für

---

[38] Deutlich *Kingreen* Grundlagen (Fn. 14), Kap. 1 Rn. 79: „Das Infektionsschutzrecht ist nicht nur und noch nicht einmal zuvörderst Gefahrenabwehrrecht." S. auch *Ralf Poscher* Das Infektionsschutzgesetz als Gefahrenabwehrrecht, in: Huster/Kingreen (Fn. 14), Kap. 4 Rn. 134, der betont, „dass die dogmatischen Kategorien des Gefahrenabwehrrechts sich als hilfreich erweisen können [...]."

[39] Beispiel: Maßnahmen, die sich gegen einen Kranken richten, also eine Person, die an einer übertragbaren Krankheit erkrankt ist (§ 2 Nr. 4 IfSG), etwa die Anordnung einer „Absonderung", vulgo: Quarantäne (§ 30 Abs. 1 IfSG). Die Relevanz einer konkreten Gefahr, die von einer kranken Person ausgeht, ergibt sich erst aus dem Zusammenhang der jeweiligen Befugnisnorm, *Kießling*, in: dies. (Hrsg.), IfSG, Kommentar, 2020, § 2 Rn. 18; s. hierzu auch *Klafki* Risiko (Fn. 2), 306 f.

[40] *Klafki* Risiko (Fn. 2), 2: „Die Pandemie erweist sich als ‚dynamische Katastrophe', bei der sich Risikovorsorge, Risikoeintrittsvorbereitung und -bekämpfung nicht trennen lassen. Angesichts der Ansteckungsgefahren bei Seuchenausbrüchen gehen Prävention, Vorbereitung und Bekämpfung unmittelbar ineinander über. Das Pandemierisiko kann rechtlich nicht sinnvoll bewältigt werden, wenn nicht zugleich der Ausbruch der Seuche regulativ mitbedacht wird." *Klafki* Risiko (Fn. 2), 306: „Die Präventions- und Bekämpfungsmaßnahmen des Infektionsschutzgesetzes lassen sich nicht eindeutig voneinander abgrenzen. Präventionsmaßnahmen – wie etwa Schutzimpfungen – bekämpfen auch während einer Pandemie die Ausbreitung. Gleichzeitig wirkt jede Bekämpfungsmaßnahme präventiv der weiteren Ausbreitung entgegen." Verwaltungs- und verfassungsrechtliche Analyse der grundrechtsbeschränkenden Regelungen bei *Jutta Mers* Infektionsschutz im liberalen Rechtsstaat, 2019, 24 ff., 97 ff., 108 ff., 177 ff., 267 ff.

[41] Symptomlos Infizierte sind sog. Ausscheider gemäß § 2 Nr. 6 IfSG: „eine Person, die Krankheitserreger ausscheidet und dadurch eine Ansteckungsquelle für die Allgemeinheit sein kann, ohne krank oder krankheitsverdächtig zu sein", dazu *Kießling*, in: Kießling (Fn. 39), § 2 Rn. 25. Das setzt allerdings voraus, dass ermittelt wurde, wer Ausscheider ist. Das ist in der Situation der Pandemie aber genau das Problem. Deshalb verlagert sich das infektionsschutzrechtliche Interesse auf Krankheits- und Ansteckungsverdächtige (§ 2 Nr. 5, Nr. 7 IfSG) – hier ist der Gefahrenverdacht relevant (*Kießling* ebd. § 2 Rn. 23, 29) –, aber auch die müssen erst ermittelt werden, was in der Pandemie genau das Problem ist.

dieses quasi-anonyme Infektionsrisiko sind unter Pandemiebedingungen kaum möglich.[42]

Das danach gebotene Risikomanagement – es findet unter hochdynamisch sich verändernden empirischen Ausgangs- und Verursachungsbedingungen statt (Stichwort „Virusmutationen")[43] – tut sich generell mit Prognosen schwer und kann kaum noch überzeugend zwischen Prognoseirrtümern und Prognosefehlern unterscheiden.[44] Der Vergleich mit der herkömmlichen Gefahren- bzw. Risikovorsorge hinkt ohnehin, denn diese setzt ein Mindestmaß an wissenschaftlich fundierter Sachverhaltskenntnis über relativ wahrscheinliche Entwicklungen voraus,[45] wenn sinnvolle Prävention sich nicht in unspezifischer, weit vorverlagerter Vemeidungsvorsicht erschöpfen soll.[46] Risikoregulierung bzw. Risikomanagement bezieht sich zudem nicht nur auf Risiken erster Ordnung (vereinfacht ausgedrückt: das Virus), sondern auch auf Risiken zweiter Ordnung, die die Effekte der Pandemieregulierung in den Blick nehmen.[47] Auch für die Risiken zweiter Ordnung gilt, dass häufig weder über das Schadensausmaß noch die Wahrscheinlichkeit des Schadenseintritts verlässliche Auskünfte möglich sind, die das Niveau alltagstheoretischer Plausibilität überschreiten (Beispiel: Es spricht einiges dafür, dass viele Kinder – von den Einbußen an Bildungschancen abgesehen – unter den pandemiebedingten Freiheitsbeschränkungen massiv leiden; über das Ausmaß dieses Leidens und die biographischen Folgewirkungen lässt sich derzeit aber wenig Verlässliches sagen.)[48]

---

[42] *Rixen* Gesundheitsschutz (Fn. 20), 1101.
[43] *Kersten/Rixen* Verfassungsstaat (Fn. 2), 5 f., 26.
[44] Eine Prognose, die von anerkanntem, verlässlichem Wissen ausgeht, kann trotzdem zu unzutreffenden Vorhersagen führen, weil es ja immer nur um Wahrscheinlichkeiten geht. Prognosen, die sich auf möglicherweise nicht oder nur mäßig verlässliches Wissen stützen, nehmen möglicherweise zu viele unbekannte Variablen in Kauf. Je nachdem, was warum als noch oder nicht mehr verlässliches Wissen gilt, handelt es sich nicht mehr nur um einen Prognoseirrtum, sondern um einen Prognosefehler, weil definitionsgemäß Prognosen auf zu unsicherer Wissensbasis nicht mehr akzeptabel, sondern fehlerhaft sind.
[45] Allg. zur Risikovorsorge *Jaeckel* Gefahrenabwehrrecht (Fn. 12), 278 ff.; hierzu auch *Klafki* Risiko (Fn. 2), 34 ff.
[46] Zum Problem *Scherzberg* Strategien (Fn. 18), 46 f.
[47] Hierzu – unabhängig von der Pandemie – *Scherzberg* Risikosteuerung (Fn. 28), 219 ff.; *ders.* Strategien (Fn. 18), 50; ferner *Markus Holzinger* Regel und Ausnahme: Zur Theorie des Ausnahmezustands, in: ders./Stefan May/Wiebke Pohler, Weltrisikogesellschaft als Ausnahmezustand, 2010, 29 (118).
[48] Hierzu die Beiträge im Schwerpunktheft der vom *Deutschen Jugendinstitut* (DJI) hrsgg. Zeitschrift „DJI impulse – das Forschungsmagazin des Deutschen Jugendinstituts", H. 2/2020, Ausgabe Nr. 124, zum Thema „Im Krisenmodus. Wie das Coronavirus den Alltag von Eltern und Kindern verändert – eine Zwischenbilanz".

b) Jenseits von Gefahren-, Risiko- und Daseinsvorsorge

Gegen eine allein beim Gefahr- oder Risikodenken anknüpfende Einordnung der pandemieregulierenden Staatstätigkeit spricht auch, dass auf Basis einer gigantischen Staatsverschuldung[49] zur Kompensation der freiheitsbeschränkenden Maßnahmen erhöhte Sozialleistungen[50] und wirtschaftliche Hilfen gewährt werden,[51] die genuiner Bestandteil der Pandemieregulierung sind. Konzeptionell bilden die Freiheitsbeschränkungen und die Kompensation insbesondere der wirtschaftlichen Folgen der Freiheitsbeschränkungen zwei Seiten einer Medaille. Es handelt sich um einen eng aufeinander abgestimmten – und insoweit neuen – Ansatz.[52] Es geht also nicht um eine Reprise der „Risikogesellschaft".[53] Das realisierte Risiko

---

[49] Der Bundeshaushalt für 2021 gestattet Kredite im Umfang von fast 180 Mrd. Euro, vgl. § 2 Abs. 1 Haushaltsgesetz 2021 v. 21.12.2020 (BGBl. I, 3208): 179 820 000 000 Euro; damit wird die nach der sog. Schuldenbremse eigentlich nur zulässige Summe um ca. 164, 2 Mrd. Euro überschritten, vgl. BT-Drucks. 19/22600, 12 i.V.m. BT-Drucks. 19/23325, 1 (Nr. 2), 11 (Nr. 8, Nr. 11); s. hierzu etwa *Till Valentin Meickmann* Neuverschuldung des Bundes in Notsituationen. Die Schuldenbremse in der Corona-Krise, NVwZ 2021, 97 ff.

[50] Das wohl wichtigste Instrument dürfte die vereinfachte – de facto wegfallende – Vermögensprüfung bei Leistungen der Grundsicherung für Arbeitsuchende (SGB II, vulgo: „Hartz IV") bzw. die fehlende Prüfung der Angemessenheit der Kosten der Unterkunft (KdU) sein, vgl. § 67 Abs. 2, Abs. 3 SGB II i.d.F. des Gesetzes zur Regelung einer Einmalzahlung der Grundsicherungssysteme an erwachsene Leistungsberechtigte und zur Verlängerung des erleichterten Zugangs zu sozialer Sicherung und zur Änderung des Sozialdienstleister-Einsatzgesetzes aus Anlass der COVID-19-Pandemie (Sozialschutz-Paket III) v. 10.3.2021 (BGBl. I S. 335); s. hierzu auch *Kersten/Rixen* Verfassungsstaat (Fn. 2), 200 ff., insb. 205.

[51] *Kersten/Rixen* Verfassungsstaat (Fn. 2), 204 mit Überblick zu den Förderprogrammen und ihren Umsetzungsproblemen.

[52] In gewisser Weise ließe sich sagen, dass die Trennung zwischen „eudämonistischen" und „sekuritativen" Staatszwecken, die als wichtige Weichenstellung für die Entwicklung des modernen Polizei- bzw. Gefahrenabwehrrechts gilt (hierzu – auch zur Begrifflichkeit – *Di Fabio* Risikoentscheidungen [Fn. 12], 27 ff.), ein Stück weit aufgehoben wird, ganz abgesehen davon, dass der „eudämonistische" Staatszweck im Sozialstaatsprinzip einen neuen (rechtsstaatlich gebändigten), vgl. Art. 28 Abs. 1 S. 1 GG: „sozialer Rechtsstaat") normativen Ort gefunden hat.

[53] *Ulrich Beck* Risikogesellschaft. Auf dem Weg in eine andere Moderne, 1986, u.a. 108 mit der auch für Pandemien wichtigen Einsicht, dass sich Umweltprobleme nicht „,naturautonom'" begreifen lassen, weil sie „durch und durch – in Genese und Folgen – *gesellschaftliche* Probleme" sind (kursive Hervorhebung im Original). Der Hinweis auf die Genese gilt unabhängig davon, ob ein Virus möglicherweise aus einem Labor freigesetzt wurde oder nicht, denn die Rahmenbedingungen, unter denen mit Viren geforscht wird, sind ebenso menschengemacht wie die Bedingungen, unter denen ggf. auf Märkten die Mensch-Tier-Grenze viral überwunden wird. S. ferner *Ulrich Beck* Weltrisikogesellschaft. Auf der Suche nach der verlorenen Sicherheit, 2007, 19 ff. (zum Risiko-Begriff).

ist in der Risikogesellschaft eigentlich nicht vorgesehen. In der Pandemie aber steht das realisierte Risiko permanent neben dem Risiko, das sich vielleicht realisiert, vielleicht aber auch nicht. Resilientes Verwaltungsrecht ist wesentlich Risikorealisierungsfolgenrecht, nicht bloß Risikovorsorgerecht. Ein Risikomanagement, das Risiken erster und zweiter Ordnung gemeinsam betrachtet, lässt sich auch nicht mit dem ohnehin problematischen, aber verbreiteten Begriff „Daseinsvorsorge" adäquat erfassen.[54] Daseinsvorsorge fokussiert die für eine moderne Existenzgestaltung grundlegenden Infrastrukturen, zu denen etwa auch das Gesundheitswesen gehört. Daseinsvorsorge bezieht sich aber gerade nicht auf die Kompensation der individuellen wirtschaftlichen Hilfsbedürftigkeit. Daseinsvorsorge ist eben nicht „Daseinsfürsorge"[55].

c) *Staatsaufgabe „Resilienzgarantie"*

Um welche Staatsaufgabe geht es dann aber? Es geht um eine umfassend angelegte „Risikobewältigungspflicht"[56], die die pandemiebedingten Risiken (einschließlich der Regulierungsrisiken) betrifft. Aber der Begriff „Risikobewältigungspflicht" kreist noch zu sehr um die semantischen Felder von „Risikovorsorge" [57] bzw. „Risikoverwaltungsrecht".[58] Da es um die Erhaltung und Wiedergewinnung der durch eine ubiquitär folgenreiche Großkrise gestörten Funktionsfähigkeit der gesamten Gesellschaft geht, empfiehlt es sich, nicht von Gefahren- oder Risiko- oder gar Daseinsvorsorge zu sprechen, sondern von der Staatsaufgabe, umfassende Resilienz herzustellen. Es geht mit anderen Worten um die gleichursprünglich im

---

[54] Anders – unabhängig von der Pandemie – *Oliver Lepsius* Diskussionsbemerkung VVDStRL 63 (2004), 337 (340): der „Vorsorgegedanke, der ja auch in der Tradition der Daseinsvorsorge steht"; zur Daseinsvorsorge *Ernst Forsthoff* Die Verwaltung als Leistungsträger, 1938, 1 ff., 15 ff.; zu den zweifelhaften, zeitgeisttypischen Färbungen *Rixen* Gestaltungsaufgabe (Fn. 1), 307 (mit den dortigen Fn. 59 und 60); s. ferner *Ernst Forsthoff* Die Daseinsvorsorge und die Kommunen, 1958; zur Einordnung *Florian Meinel* Der Jurist in der industriellen Gesellschaft. Ernst Forsthoff und seine Zeit, 2. Aufl. 2012, 153 ff.; *Jan Philipp Schaefer* Die Umgestaltung des Verwaltungsrechts. Kontroversen reformorientierter Verwaltungsrechtswissenschaft, 2016, 88 ff.
[55] *Karl Jaspers* Die geistige Situation der Zeit (1931), Nachdruck der 5. Aufl. 1932, 1947, 41.
[56] *Klafki* Risiko (Fn. 2), 20.
[57] Hierzu *Wolfgang Köck* Risikovorsorge als Staatsaufgabe, AöR 121 (1996), 1 (12 ff.).
[58] Im Überblick hierzu *Jaeckel* Gefahrenabwehrrecht (Fn. 12), 148 ff. und passim; *Di Fabio* Risikoentscheidungen (Fn. 12), insb. 448 ff.; s. auch *Klafki* Risiko (Fn. 2), 19, 34.

Sozialstaatsprinzip[59] und in den Grundrechten[60] wurzelnde Staatsaufgabe, für Resilienz zu sorgen: Der Staat muss in der pandemischen Krise eine Resilienzgarantie einlösen. In der staatlichen Resilienzgarantie bzw. Resilienzverantwortung zeigt sich die „Staatsbedürftigkeit der Gesellschaft"[61] oder – genauer – die „Verwaltungsbedürftigkeit der Gesellschaft". Die Resilienzgarantie löst das Versprechen des verwaltenden Verfassungsstaates ein, zivile[62] und soziale Sicherheit in einer „Ausnahmesituation"[63] herzustellen.

---

[59] BVerfGE 123, 186 (242): „Der Schutz der Bevölkerung vor dem Risiko der Erkrankung ist in der sozialstaatlichen Ordnung des Grundgesetzes eine Kernaufgabe des Staates." Das gilt auch für die Pandemiebewältigung, dazu *Kersten/Rixen* Verfassungsstaat (Fn. 2), 139 ff.

[60] Zur Verwurzelung in den grundrechtlichen Schutzpflichten vgl. – unabhängig von der Pandemie – *Di Fabio* Risikoentscheidungen (Fn. 12), 41 ff.; s. auch, jeweils zur Schutzpflicht aus Art. 2 Abs. 2 S. 1 GG, BVerfG NJW 2020, 1946 (1947 [Rn. 15]) – zur Masernimpfpflicht; BVerfG NVwZ 2020, 876 (877 [Rn. 8]) – zur Regulierung der COVID-19-Pandemie; s. ferner BVerfGE 121, 317 (356): „Aus Art. 2 Abs. 2 GG kann daher eine Schutzpflicht des Staates folgen, die eine Risikovorsorge gegen Gesundheitsgefährdungen umfasst (vgl. BVerfGE 56, 54 [78])."

[61] *Berthold Vogel* Die Staatsbedürftigkeit der Gesellschaft, 2007; dazu – mit Akzent auf dem sozialen Rechtsstaat – *Kersten/Rixen* Verfassungsstaat (Fn. 2), 5, 17.

[62] Im Unterschied zur militärischen sowie zur inneren Sicherheit, die auf typische Fragen der Sicherheitsgewährleistung durch Polizei und Strafverfolgungsbehörden fokussiert, geht es der zivilen Sicherheit um nicht-polizeiliche bzw. nicht-militärische Sicherheitsgewährleistung insbesondere bei Unfällen, Natur- oder technischen Katastrophen, *Prokopf* Handeln vor der Katastrophe (Fn. 12), 42 ff., 319 ff. Im vorliegenden Zusammenhang geht es insbesondere darum, die Ressourcen des Katastrophenschutzes für die Pandemiebewältigung zu aktivieren, zum Problem auch *Klafki* Risiko (Fn. 2), 290. Diese Überlegungen müssen vom Bevölkerungsschutz als Annex der militärischen Verteidigung (Art. 73 Abs. 1 Nr. 1 GG) unterschieden werden (vgl. § 1 Abs. 1 ZSKG), wenngleich sich hier de constitutione et lege ferenda die Frage stellt, ob der „Zivilschutz" – Art. 61 Buchst. a des Zusatzprotokolls zu den Genfer Abkommen vom 12. August 1949 über den Schutz der Opfer internationaler bewaffneter Konflikte (Protokoll I), BGBl. 1990 II, 1550 [1597] so die sachlich treffendere Formulierung „civil defence" – nicht sinnvollerweise stärker in den Katastrophenschutz und damit auch die Pandemieregulierung eingebunden werden sollte, hierzu *Prokopf* Handeln vor der Katastrophe (Fn. 12), 251 ff., 319 ff.; außerdem *Klaus G. Meyer-Teschendorf* Fortentwicklung der Rechtsgrundlagen für den Bevölkerungsschutz, DVBl 2009, 1221 ff.; s. ferner *Klafki* Risiko (Fn. 2), 171 f., 290; s. auch *Andrea Lindholz* Mehr Aufmerksamkeit für Bevölkerungsschutz, FAZ, Nr. 48 v. 26.2.2021, 8.

[63] *Angela Merkel* BT-Plenarprot. 19/198 v. 9.12.2020, 24922 (B): „Wir leben in einer Pandemie. Wir leben damit in einer Ausnahmesituation." Es dürfte kein Zufall sein, dass die Bundeskanzlerin das Wort „Ausnahmesituation" und nicht das Wort „Ausnahmezustand" verwendet. Die jeweiligen Assoziationen sind andere: Während das Wort „Ausnahmesituation" betont, dass es zur Normalität des modernen Verfassungsstaats gehört, auch

III. Wie lässt sich die Resilienzgarantie verwaltungsrechtlich umsetzen?

Wie lässt sich diese Resilienzgarantie verwaltungsrechtlich umsetzen? Was ist zu beachten, was ist zu verbessern?[64] Auf sechs Aspekte sei hingewiesen:

---

große Krisen zu gestalten, verweist das Wort „Ausnahmezustand", wenn es nicht nur deskriptiv gemeint ist, mit seinen vielen, auch geistesgeschichtlich zweifelhaften Bezügen auf einen Zustand, der nur jenseits des (Verfassungs-)Rechts bewältigt werden kann (nur am Rande sei vermerkt, dass hier von *Carl Schmitt* keine Orientierung zu erwarten ist, *Jens Kersten* Die Notwendigkeit der Zuspitzung. Anmerkungen zur Verfassungstheorie, 2020, 117: „Schmitt ist ein Verfassungstheoretiker zunächst des autoritären und sodann des nationalsozialistischen Staats. Deshalb kann Schmitt auch nichts zum Verständnis des Grundgesetzes beitragen. Es ist eigentlich verwunderlich, dass man dies immer noch und immer wieder formulieren muss."). Die Debatte über den vermeintlichen Ausnahmezustand, die insbesondere zu Beginn der COVID-19-Pandemie in der staatsrechtlichen Zunft teilweise sehr erhitzt geführt wurde, soll hier nicht aufgegriffen werden; es gibt „anthropologische Schockerfahrung[en] der Zerbrechlichkeit der Grundlagen der zivilisierten Welt" (*Beck* Weltrisikogesellschaft [Fn. 53], 135), die auch intellektuell einiges in Bewegung bringen. Dass alle mehr oder weniger entsicherten Phantasien vom Ausnahmezustand jenseits des Rechts in die Irre führen, ist an anderer Stelle dargelegt worden, *Kersten/Rixen* Verfassungsstaat (Fn. 2), 13 ff., 39 ff. Generell ist zu erwägen, ob die Dichotomie von Normallage und Ausnahmesituation angesichts einer Pandemie noch sinnvoll ist (vgl. hierzu *Beck* Weltrisikogesellschaft [Fn. 53] 130 ff., 146 ff.; *Markus Holzinger/Stefan May/Wiebke Pohler* Weltrisikogesellschaft als Ausnahmezustand: Abschließende Überlegungen, in: dies. [Fn. 47] 247 ff.) oder ob es nicht um dauerhafte Verschiebungen der Normalitätsvorstellungen geht, die erst noch reflexiv und emotional eingeholt und als „normal" anerkannt werden müssen. – Die Debatte verweist überdies auf ein Problem, das mit dem, zugegeben, standpunktabhängigen Ethos der Wissenschaft vom Öffentlichen Recht zu tun hat: Gibt es eine Pflicht (jedenfalls im Sinne eines nobile officium) zur intellektuellen Risikofolgenabschätzung in Bezug auf die eigenen öffentlichen Äußerungen, wenigstens ein Mäßigungsgebot, das dazu anhält, auf rhetorische Überspitzungen zu verzichten, auch wenn das dem eigenen (verständlichen) Wunsch, einen öffentlich sichtbaren Debattenbeitrag zu leisten, zuwiderläuft? Als Selbstkontrollkriterium kann die Frage gelten, ob die eigene Äußerung sehr wahrscheinlich von (Prä-)Verfassungsfeinden und solchen, die es werden könnten, verwendet wird, sei es in den Medien (einschließlich der sog. sozialen Medien), sei es in Schriftsätzen, die bei Verfassungsgerichten landen. Wer dagegen, völlig entkontextualisiert, die Bedeutung des freien Wortes in Stellung bringt, übersieht, dass das freie Wort sehr unfreie Konsequenzen haben kann. Sie mögen nicht intendiert sein, aber im öffentlichen Raum geht es nicht primär um Intentionen, sondern um Wirkungen. Diese Wirkungen zu antizipieren und die eigenen Worte entsprechend zu wählen, ist keine Zumutung, sondern Ausdruck der Verantwortung für den Verfassungsstaat, die Staatsrechtslehrerinnen und Staatsrechtslehrer trifft. Der Grat zwischen nötiger Zu- und unnötiger Überspitzung ist schmal, aber es lohnt doch zumindest ein Innehalten, ob manche These oder manche Formulierung um der akademischen Freiheit willen wirklich geboten ist. Vielleicht hilft zumindest

1. Pandemieplanung als integrierte preparedness

Erstens muss das Instrument der Pandemieplanung gestärkt werden.[65] Geboten ist ein gemischt influenzierend-imperativer Pandemie-Regulierungsplan.[66] Er muss – insbesondere durch Anleihen beim Katastrophen(schutz)recht –[67] die drei Dimensionen der Pandemieregulierung vorausschauend, insbesondere durch Handlungsszenarien, gestalten: den individuellen Gesundheitsschutz, den kollektiven Gesundheitsschutz und die Funktionsfähigkeit der gesellschaftlichen Teilsysteme, die von den Risiken zweiter Ordnung betroffen sind. Die unterschiedlichen Instrumente der Pandemieregulierung – nicht nur die gesetzlich geregelten – müssen präzisiert und aufeinander bezogen werden: insbesondere Art und Ausmaß der freiheitsbeschränkenden Maßnahmen nach § 28a

---

bei der akademischen Einordnung der Pandemieregulierung folgender Rat (*Beck* Weltrisikogesellschaft [Fn. 53], 152): „Die Einsicht in die Ironie des Risikos legt es nahe, der Allgegenwart des Risikos im Alltagsleben mit skeptischer Ironie zu begegnen. Vielleicht sind Skepsis und Ironie zumindest homöopathische, praktische, alltägliche Antidepressiva gegen die allgegenwärtigen Einschüchterungen und Inszenierungen der Weltrisikogesellschaft."

[64] Mit *Andreas Voßkuhle* Europa als Gegenstand wissenschaftlicher Reflexion – eine thematische Annäherung in 12 Thesen, in: Claudio Franzius/Franz C. Mayer/Jürgen Neyer (Hrsg.), Strukturfragen der Europäischen Union, 2010, 37 (44), ist festzuhalten, dass die gegenwärtige Aufgabe von Rechtswissenschaftlerinnen und Rechtswissenschaftlern „immer häufiger darin [besteht], innerhalb eines veränderbaren und sich stetig verändernden rechtlichen Rahmens mögliche Handlungsalternativen aufzuzeigen, ihre Folgen abzuschätzen, Interessengegensätze offen zu legen und rational begründete, praktische Entscheidungsvorschläge zu erarbeiten, die je nach Brauchbarkeit dann ihrerseits wieder an den dogmatischen Diskurs rückgekoppelt werden können." Im Anschluss daran *Stephan Rixen* Gutachten: „Bestandsaufnahme zur Situation der Frauenhäuser, der Fachberatungsstellen und anderer Unterstützungsangebote für gewaltbetroffene Frauen und deren Kinder – Teil II: Probleme des geltenden Rechts und verfassungsrechtlicher Gestaltungsrahmen, BT-Drucks. 17/10500 v. 16.8.2012, 201 (206 f.).

[65] Zur defizitären Lage der Pandemieplanung *Klafki* Risiko (Fn. 2), 283; ferner 379: „Insbesondere die Vorbereitung auf eine Pandemie wird regulativ nicht ausreichend umzäunt."

[66] Allg. zur Typologisierung *Wolfgang Köck* Pläne, in: Wolfgang Hoffmann-Riem/Eberhard Schmidt-Aßmann/Andreas Voßkuhle (Hrsg.), Grundlagen des Verwaltungsrechts, Bd. II, 2. Aufl. 2012, § 37 Rn. 48 ff., 81 ff.; s. auch *Klafki* Risiko (Fn. 2) 243 ff., insb. 245.

[67] Überblick zum Katastrophen(schutz)recht bei *Christoph Gusy* Katastrophenrecht GSZ 2020, 101 ff.; *Andreas Musil/Sören Kirchner* Katastrophenschutz im föderalen Staat, Die Verwaltung 39 (2006), 373 ff.; ausf. die Beiträge in *Michael Kloepfer* (Hrsg.), Handbuch des Katstrophenrechts, 2015; s. ferner die Beiträge in *Michael Kloepfer* (Hrsg.), Katastrophenrecht: Grundlagen und Perspektiven, 2008; außerdem *Klafki* Risiko (Fn. 2), 297 ff.; s. auch die Beiträge in *Marco Krüger/Matthias Max* (Hrsg.), Resilienz im Katastrophenfall. Konzepte zur Stärkung von Pflege- und Hilfsbedürftigen im Bevölkerungsschutz, 2019.

2. Verwaltungsrecht der vulnerablen Gesellschaft 53

des deutschen Infektionsschutzgesetzes (IfSG),[68] die gesetzlich geforderten „Gesamtkonzept[e]"[69], die ihnen zugrunde liegen, Hygienekonzepte, die sie konkretisieren, Informationen des Robert Koch-Instituts (RKI),[70] die sie ermöglichen, digitale Ressourcen (insbesondere Apps) und öffentliche Güter wie das Gesundheitswesen (einschließlich des öffentlichen Gesundheitsdienstes, der Impfstoffbeschaffung und -verteilung)[71], die alles infrastrukturell rahmen, aber auch die Art und Weise der Risikokommunikation,[72] außerdem Entschädigungskonzepte, die einen verlässlichen Pandemie-Lastenausgleich gewährleisten.[73] Ziel ist eine umfassende infrastrukturelle und personelle *preparedness*[74] – ein Begriff aus dem Katastrophen(schutz)recht – die im Fall des Falles abgerufen und anlassabhängig konkretisiert werden kann.[75]

---

[68] Infektionsschutzgesetz v. 20.7.2000 (BGBl. I, 1045), geändert durch Art. 1 des Gesetzes zur Fortgeltung der die epidemische Lage von nationaler Tragweite betreffenden Regelungen v. 29.3.2021 (BGBl. I, 370).

[69] Gesetzesbegründung zur Begründungspflicht des § 28a Abs. 5 S. 1 IfSG i.d.F. des Dritten Gesetzes zum Schutz der Bevölkerung bei einer epidemischen Lage von nationaler Tragweite v. 18.11.2020 (BGBl. I, 2397), BT-Drucks. 19/24334, 74: „Innerhalb der Begründung ist zu erläutern, in welcher Weise die Schutzmaßnahmen im Rahmen eines Gesamtkonzepts der Infektionsbekämpfung dienen."

[70] § 2 Abs. 1 BGA-Nachfolgegesetz (BGA-NachfG) v. 24.6.1994 (BGBl. I, 1416): „Im Geschäftsbereich des Bundesministeriums für Gesundheit wird unter dem Namen ‚Robert Koch-Institut' ein Bundesinstitut für Infektionskrankheiten und nicht übertragbare Krankheiten als selbständige Bundesoberbehörde errichtet."

[71] Hierzu allg. *Klafki* Risiko (Fn. 2), 275 ff.; näher zum Themenkomplex *Jelena Bäumler/Jörg Philipp Terhechte* Handelsbeschränkungen und Patentschutz für Impfstoffe. Europa- und völkerrechtliche Aspekte, NJW 2020, 3481 ff.; *Daniel Wolff/Patrick Zimmermann* Impfförder- und Impffolgenrecht in der COVID-19-Pandemie. Gesetzgeberische Handlungsoptionen und verfassungsrechtliche Vorgaben, NVwZ 2021, 182 ff.; *Daniel Wolff* Priorisierung in der Pandemie – Zehn Thesen zur Allokation eines zukünftigen Corona-Impfstoffs, DVBl 2020, 1379 ff.; *Anna Leisner-Egensperger* Impfpriorisierung und Verfassungsrecht, NJW 2021, 202 ff.

[72] Hierzu zunächst *Klafki* Risiko (Fn. 2), 156 ff.; *Scherzberg* Strategien (Fn. 18), 60 f.; *Rainer Pitschas* Öffentlich-rechtliche Risikokommunikation, UTR 1996, 175 ff.; *Felix Ortgies* Herausforderungen der Risikobewertung und Risikokommunikation, in: Thomas Fischer/Eric Hilgendorf (Hrsg.), Gefahr, 2020, 55 ff.

[73] *Kersten/Rixen* Verfassungsstaat (Fn. 2), 199.

[74] *Prokopf* Handeln vor der Katastrophe (Fn. 12), 85, 124 ff.

[75] Ganz generell stellt sich die Frage, ob der spezifische (innere) Notstand, der auf eine Pandemie zurückzuführen ist, verfassungsrechtlich reguliert werden muss, etwa durch eine Änderung oder Ergänzung des Art. 35 Abs. 2, 3 GG; allg. zur Debatte über Ausnahmezustand und Großkrisenregulierung *Barczak* (Fn. 23), Der nervöse Staat; *Anna-Bettina Kaiser* Ausnahmeverfassungsrecht, 2020; *Angela Schwerdtfeger* Krisengesetzgebung – Funktionsgerechte Organstruktur und Funktionsfähigkeit als Maßstäbe der Gewaltenteilung, 2018.

2. Pandemietaugliche Rechtsgrundlagen

Zweitens ist festzuhalten: Das (deutsche) Infektionsschutzgesetz (IfSG) ist auf Pandemien nicht hinreichend vorbereitet.[76] Im Zentrum des Gesetzes steht überschaubares, trivial-kausal organisiertes Infektionsgeschehen (Beispiele: Masern in der Kita,[77] Salmonellen im Altenheim).[78] Die gegenwärtigen Deutungsschemata, die das Gesetz prägen, sind auf multipolare, kollektiv folgenreiche Ungewissheitslagen nicht ausgerichtet. Deshalb ist die weitere Präzisierung der in der Pandemie bereits eingeleiteten Konkretisierung der freiheitsbeschränkenden Maßnahmen zulasten mutmaßlicher „Störer", aber vor allem auch zulasten mutmaßlicher „Nichtstörer" geboten.[79]

3. Pandemisches Recht des sanften Selbstzwangs

Drittens ist dies zu bedenken: Die rechtliche Regulierung in der COVID-19-Pandemie zeichnet sich durch die Besonderheit aus, dass praktisch alle Grundrechtssubjekte adressiert werden und ihre ganze Lebensführung kleinteilig reguliert wird. Ein Command-and-Control-Modell[80] von Normdurchsetzung funktioniert hier noch weniger als sonst. Die mangelnde gesetzessprachliche Bestimmtheit und die schnelle Abfolge immer neuer Normtextfassungen triggert ein allgemeines Vermeideverhalten, das sich nie sicher sein kann, ob zu wenig vermieden wurde.[81] Unscharf zu steu-

---

[76] Im Kern übernimmt das IfSG, wie zuvor das Bundes-Seuchengesetz v. 18.7.1961 (BGBl. I, 1012, übliche Abk.: BSeuchG), das Instrumentarium des sog. Reichsseuchengesetzes („Gesetz, betreffend die Bekämpfung gemeingefährlicher Krankheiten") v. 30.6.1900 (RGBl. 306) sowie der Verordnung zur Bekämpfung übertragbarer Krankheiten v. 1.12.1938 (RGBl. I, 1721), die sich weithin auf § 12 des Gesetzes zur Bekämpfung der Papageienkrankheit (Psittacosis) und anderer übertragbarer Krankheiten v. 3.7.1934 (RGBl. I, 532) stützt, vgl. die Begründung zum BSeuchG, BT-Drucks. 3/1888, 18; ferner *Rixen* Gesundheitsschutz (Fn. 20), 1099 mit dortiger Fn. 31.

[77] Kita = Kindertageseinrichtung, vgl. § 22 Abs. 1 S. 1 SGB VIII.

[78] In diesem Sinne auch *Horst Dreier* Rechtsstaat, Föderalismus und Demokratie in der Corona-Pandemie, DÖV 2021, 229 (231).

[79] *Rixen* Gesundheitsschutz (Fn. 20), 1100 f.; s. auch *Klafki* Risiko (Fn. 2), 309.

[80] Die Formel „Befehlen und Steuern/Kontrollieren" steht hier synonym für klassisch hoheitliche Formen der Normdurchsetzung, s. hierzu auch *Kersten/Rixen* Verfassungsstaat (Fn. 2), 284.

[81] Beispielhaft hierzu *Stephan Rixen* Bestattungsrecht und Infektionsschutzrecht in der Corona-Krise, WiVerw 2021, 8 ff. – Die Technik, ein diffuses Vermeideverhalten auszulösen, ist nicht neu, hierzu etwa (mit Blick auf das Wirtschaftsverwaltungs- bzw. das Wirtschaftsstrafrecht) *Alexander Ignor/Stephan Rixen* Grundprobleme und gegenwärtige Tendenzen des Arbeitsstrafrechts, NStZ 2002, 510 (511); *Stephan Rixen* Staatliche Durchsetzung des Mindestlohns, in: Volker Rieble/Abbo Junker/Richard Giesen (Hrsg.), Mindestlohn als politische und rechtliche Herausforderung, 2011, 103 (119 f.).

ern ist in der Pandemie ein Erkennungszeichen insbesondere von Rechtsverordnungen. Sie spielen als Vehikel hoheitlichen Zwangs kaum eine Rolle,[82] sondern transportieren die Appelle des politischen Betriebs an die Selbst- und Fremdverantwortung. Zu den charakteristischen Handlungstypen gehören z.B. persuasorische Normen wie Ausgehverbote, die mit zahllosen, meist höchst unbestimmten Ausnahmen einhergehen; rechtlich unverbindliche, medial rezipierte Gesundheitsinformationen des RKI, die in Rechtsnormen der Sache nach bloß nachvollzogen werden; Hygienekonzepte, deren Erstellung der privaten Verantwortung überlassen bleiben und die zugleich in „Corona-Verordnungen"[83] als Tatbestandsvoraussetzungen genannt werden. Die ansonsten als Hintergrundannahme wirkende moralische Bereitschaft zur Normbefolgung wird gezielt als Ressource für sanften Selbstzwang – eine Form „weicher" Steuerung – eingesetzt, ohne dass dies schon grund- und verwaltungsrechtsdogmatisch erschöpfend reflektiert wäre.[84]

---

[82] Soll heißen: Die Normbefolgung von ca. 83 Mio. Einwohnerinnen und Einwohnern, die von den pandemiespezifischen Rechtsmormen betroffen sind (von Säuglingen und Kleinkindern abgesehen), lässt sich nicht effektiv mittels hoheitlichen Zwangs absichern, hierzu *Kersten/Rixen* Verfassungsstaat (Fn. 2), 284.

[83] S. beispielhaft für die Bezeichnung nur die bad.-württ. Verordnung der Landesregierung über infektionsschützende Maßnahmen gegen die Ausbreitung des Virus SARS-CoV-2 (Corona-Verordnung – CoronaVO) v. 7.3.2021 (GBl. 273).

[84] *Kersten/Rixen* Verfassungsstaat (Fn. 2), 177 ff.; umfassend hierzu *Johanna Wolff* Anreize im Recht. Ein Beitrag zur Systembildung und Dogmatik im Öffentlichen Recht und darüber hinaus, 2020; ferner *Ute Sacksofsky* Anreize, in: Hoffmann-Riem/Schmidt-Aßmann/Voßkuhle (Fn. 66), § 40 Rn. 52 ff., 73 ff.; s. auch *Steffen Augsberg* Interview in der Tageszeitung „Die Welt", Nr. 70 v. 24.3.2021, 5 (zum Verzicht von Religionsgesellschaften auf Präsenzveranstaltungen anlässlich des Osterfestes 2021): „Es gehört [...] zu den eigenartigen Vorgehensweisen in der Krise, dass es sich hier nicht um rechtsverbindliche Vorgaben handelt, sondern lediglich um einen Appell. Dieses semipaternalistische, moralisierende Vorgehen sehen wir auch bei den Reisen." [Gemeint sind Ratschläge seitens der Politik, auf Reisen zu verzichten.] „Aber was soll das heißen? Was ist das für ein Staat, der sich nicht durchringen kann, harte, aber klar begrenzte Regeln aufzustellen, sondern im Graubereich weiter reichender Bitten operiert?" Diese Entwicklung einer „zunehmenden Reduzierung manifester Hoheitlichkeit" (*Stephan Rixen* Sozialrecht als öffentliches Wirtschaftsrecht, 2005, 18) hält seit gut 25 Jahren an. Ihre Schattenseiten, die hinter wohlklingenden Formeln wie „Kooperation" und „informales Verwaltungshandeln" die Staatsgewalt scheinbar unsichtbar, jedenfalls diffus und damit unkontrollierbarer werden lässt (hierzu *Rixen* ebd. 16 ff.), wird in den Governance-Techniken der Corona-Krise besonders deutlich. Es kommt darauf an, diese Entformalisierungsprozesse endlich ernst zu nehmen, durch schützende Formen zu moderieren und so die ins Diffuse flüchtende Staatsgewalt zu disziplinieren.

4. Pandemietaugliche Verwaltungsorganisation

Der optimierte Planungsansatz, der optimierte Rechtsgrundlagen bedingt, muss, *viertens*, mit einer verwaltungsorganisationsrechtlichen Perspektive verbunden werden.[85] Von den defizitären tatsächlichen Rahmenbedingungen abgesehen,[86] ist in der Pandemie deutlich geworden, dass auch die derzeitige föderale Struktur der Aufgabenerledigung die effektive Pandemieregulierung erschwert. Eine Stärkung der zentralstaatlichen Befugnisse drängt sich auf, etwa wo es um die verbindliche Programmierung der Handlungsstrategien, die Kompensation der Infrastrukturdefizite insbesondere beim öffentlichen Gesundheitsdienst (also den „Gesundheitsämtern") [87] und den zumindest punktuellen, nicht permanenten Durchgriff auf die operative Ebene geht.[88] Letztlich wird sich die Maßnahmeneffektivität wohl nur mithilfe von Gesetzes- und Verfassungsänderungen deutlich erhöhen lassen, die durch tatsächliche Verbesserungen der Personalsituation sowie der informationstechnischen und sonstigen infrastrukturellen Bedingungen ergänzt werden müssen.

---

[85] *Klafki* Risiko (Fn. 2), 53, 338 ff., 343.

[86] *Ulrich Stelkens* Verwaltung im wiedervereinigten Deutschland (1990 – 2020), in: Wolfgang Kahl/Markus Ludwigs (Hrsg.), Handbuch zum Verwaltungsrecht, i.E., Abschn. E (zur Corona-Krise): „Dass oft eher eine Verbesserung der tatsächlichen Implementation des vorhandenen Normenbestandes zur Zielerreichung geboten wäre und dass den mit dieser Implementation betrauten Behörden vor Ort (z.B. den Gesundheitsämtern, Schulen und Hochschulen) oft keine für eine effektive Implementation ausreichende organisatorische, fachliche und personelle Ausstattung und Unterstützung gegeben wird, wird bei dieser Fixierung auf Normerlass als Problemlösungsinstrument aus dem Auge verloren."

[87] *Stephan Rixen* Befugnisse und Grenzen des staatlichen Infektionsschutzrechts, in: Michael Kloepfer (Hrsg.), Pandemien als Herausforderung für die Rechtsordnung, 2011, 67 (77 ff.); *Poscher* Infektionsschutzgesetz (Fn. 38), Kap. 4 Rn. 44 f.; *Kersten/Rixen* Verfassungsstaat (Fn. 2), 242 ff.

[88] Zu den nach geltender Verfassungslage begrenzten Möglichkeiten des Bundes, den Vollzug des IfSG durch die Länder (Art. 83 GG) rechtlich zu steuern (Art. 84 Abs. 5, Art. 85 Abs. 3 GG), *Kersten/Rixen* Verfassungsstaat (Fn. 2), 248 ff.; *Stephan Rixen* Die epidemische Lage von nationaler Tragweite – einfachrechtliche Regelungen und verfassungsrechtliche Problematik, in: Sebastian Kluckert (Hrsg.), Das neue Infektionsschutzrecht, 2. Aufl. 2021, § 4 Rn. 22 ff.; zur Reformdebatte *Helmut Philipp Aust* Ein Vorschlag zu einer föderalismusfreundlichen Zentralisierung des Infektionsschutzes, verfassungsblog.de (15.12.2020); s. ferner *Johannes Saurer* Patterns of Cooperative Administrative Federalism in the German Response to COVID-19, Administrative Law Review, Vol. 73, No. 1, Winter 2021, 139 ff.

2. Verwaltungsrecht der vulnerablen Gesellschaft

5. *Administrative Gestaltungsräume*

Fünftens müssen zur effektiven Pandemiebewältigung die administrativen (exekutivischen) Gestaltungsräume,[89] insbesondere beim Erlass von Rechtsverordnungen,[90] neu vermessen werden.[91] Wer eine multidimensionale Pandemie effektiv bewältigen will, muss einen weitreichenden „Funktionsvorbehalt"[92] der Verwaltung anerkennen. Er ist umso größer, je unübersichtlicher die Lage und je dynamischer und veränderungsanfälliger das Wissen bzw. das Nichtwissen ist.[93] Grundrechtsschützendes Gegengewicht dazu ist das pandemiespezifische Verhältnismäßigkeitsprinzip. Anders als in überschaubar geordneten Problemfeldern leitet es den Normgeber bei einer multipolaren Abwägung an, die gesamtgesellschaftliche

---

[89] *Klafki* Risiko (Fn. 2), 77 ff., 123 ff., 126, 129, 350 ff.

[90] Vgl. allg. zur großen praktischen Bedeutung von Rechtsverordnungen *Jaeckel* Gefahrenabwehrrecht (Fn. 12), 196 ff.; auch und gerade unter dem Aspekt der Beschleunigung *Johannes Saurer* Die Funktionen der Rechtsverordnung. Der gesetzgeberische Zuschnitt des Aufgaben- und Leistungsprofils exekutiver Rechtsetzung als Problem des Verfassungsrechts, ausgehend vom Referenzgebiet des Umweltrechts, 2005, 82 ff.; s. hierzu auch *Hermann Hill/Mario Martini* Normsetzung und andere Formen exekutivischer Selbstprogrammierung, in: Hoffmann-Riem/Schmidt-Aßmann/Voßkuhle (Fn. 66), § 34 Rn. 8 ff., 18 ff.; *Fritz Ossenbühl* Rechtsverordnung, in: HStR V, 3. Aufl. 2007, § 103 Rn. 2 ff. Die Unterscheidung zwischen legislativen, von der Regierung erlassenen und administrativen Rechtsverordnungen, die nicht von der Regierung erlassen werden (*Hartmut Maurer* Staatsrecht, 6. Aufl. 2010, § 17 Rn. 135), erscheint nicht zwingend, da die Verfassung insoweit keine expliziten Unterschiede macht (vgl. Art. 80 Abs. 1 GG); allenfalls wäre zu erwägen, ob bei Regierungs- bzw. gubernativen Verordnungen der funktionelle Gestaltungsvorrang der Verwaltung noch verstärkt gilt, weil ein mit der politischen Gestaltung einer unübersichtlichen Situation wie einer Pandemie betrautes, demokratisch relativ stark legitimiertes Organ Normen setzt. – In der Pandemie ist die Abgrenzung zwischen Rechtsverordnung und Allgemeinverfügung aktuell geworden, dazu *Rixen* Gesundheitsschutz (Fn. 20), 1100 f.; *Poscher* Infektionsschutzgesetz (Fn. 38), Kap. 4 Rn. 80 ff.; s. auch allg. zum Abgrenzungsproblem *Armin von Bogdandy* Gubernative Rechtsetzung. Eine Neubestimmung der Rechtsetzung und des Regierungssystems unter dem Grundgesetz in der Perspektive gemeineuropäischer Dogmatik, 2000, 245 ff.

[91] Es geht also um Neurelationierungen, heuristisch hierzu wertvoll *Christoph Möllers* Gewaltengliederung – Legitimation und Dogmatik im nationalen und internationalen Rechtsvergleich, 2005, 178 ff., 410 ff.

[92] *Klafki* Risiko (Fn. 2), 94, unter Verweis auf BVerfGE 49, 89 (139 f.), „Kalkar"; s. auch *Jaeckel* Gefahrenabwehrrecht (Fn. 12), 218: „funktionelle[r] Gestaltungsvorrang"; s. auch 179 zum „Gestaltungsauftrag der Verwaltung", ferner 193 ff., 217 ff.

[93] Hierzu für das Umweltrecht *Ivo Appel* Staatliche Zukunfts- und Entwicklungsvorsorge. Zum Wandel der Dogmatik des Öffentlichen Rechts am Beispiel des Konzepts der nachhaltigen Entwicklung im Umweltrecht, 2005, 164 ff.; ferner *Jaeckel* Gefahrenabwehrrecht (Fn. 12), 199; *dies.* Risiko-Signaturen im Recht. Zur Unterscheidbarkeit von Gefahr und Risiko, JZ 2011, 116 (121 f.).

Interessenkonflikte ausgleicht.[94] Ihr entspricht im Gegenzug eine Konzeptpflicht insbesondere des administrativen Normgebers, der in einem begründeten[95] „Gesamtkonzept"[96] in vertretbarer Weise die parlamentsgesetzlich benannten Abwägungsgesichtspunkte[97] gewichten und im gesetzlichen Rahmen priorisieren muss. Das ist eine bereichsspezifisch profilierte Abwägung *sui generis*, an deren parlamentsgesetzliche Vorstrukturierung unter dem Aspekt der sog. Wesentlichkeitstheorie[98] keine strengen Maßstäbe angelegt werden dürfen.[99]

---

[94] *Klafki* Risiko (Fn. 2), 25.

[95] § 28a Abs. 5 S. 1 IfSG.

[96] Oben Fn. 69; allg. zu Konzeptpflichten s. etwa *Eberhard Schmidt-Aßmann* Das allgemeine Verwaltungsrecht als Ordnungsidee. Grundlagen und Aufgaben der verwaltungsrechtlichen Systembildung, 2. Aufl. 2006, Kap. 6 Rn. 98 ff.; *Burkard Wollenschläger* Wissensgenerierung im Verfahren, 2009, 202 ff.; *Daniel Thym* Migrationsverwaltungsrecht, 2010, 290 ff.; *Karsten Herzmann* Was sind administrative Konzepte? Eine Phänomenbetrachtung aus rechtlicher Perspektive, VerwArch 2013, 429 ff.; *Thomas Rottenwallner* Die Konzepte und die Konzeptpflichten der öffentlichen Verwaltung VR 2014, 109 ff. Ein Konzept entwickelt Maßstäbe zur effektiven (und grundrechtlich zumutbaren) Bewältigung einer Aufgabe, wobei auch unterschiedliche fachliche Zweckmäßigkeitsaspekte zu berücksichtigen und zusammenzuführen sind, allg. hierzu *Rainer Pitschas* Maßstäbe des Verwaltungshandelns, in: Hoffmann-Riem/Schmidt-Aßmann/Voßkuhle (Fn. 66), § 42 Rn. 1 ff.

[97] Vgl. § 28a Abs. 3 S. 1 i.d.F. des Dritten Gesetzes zum Schutz der Bevölkerung bei einer epidemischen Lage von nationaler Tragweite v. 18.11.2020 (BGBl. I, 2397): „Entscheidungen über Schutzmaßnahmen zur Verhinderung der Verbreitung der Coronavirus-Krankheit-2019 (COVID-19) [...] sind insbesondere an dem Schutz von Leben und Gesundheit und der Funktionsfähigkeit des Gesundheitssystems auszurichten." § 28a Abs. 6 S. 2 IfSG: „Bei Entscheidungen über Schutzmaßnahmen zur Verhinderung der Verbreitung der Coronavirus-Krankheit-2019 (COVID-19) sind soziale, gesellschaftliche und wirtschaftliche Auswirkungen auf den Einzelnen und die Allgemeinheit einzubeziehen und zu berücksichtigen, soweit dies mit dem Ziel einer wirksamen Verhinderung der Verbreitung der Coronavirus-Krankheit-2019 (COVID-19) vereinbar ist."

[98] S. etwa BVerfGE 139, 19 (45 [Rn. 52]): „Rechtsstaatsprinzip und Demokratiegebot verpflichten den Gesetzgeber, die für die Grundrechtsverwirklichung maßgeblichen Regelungen im Wesentlichen selbst zu treffen und diese nicht dem Handeln und der Entscheidungsmacht der Exekutive zu überlassen ([...] stRspr. [...] Die verfassungsrechtlichen Wertungskriterien sind dabei den tragenden Prinzipien des Grundgesetzes, insbesondere den darin verbürgten Grundrechten zu entnehmen [...]. Danach bedeutet wesentlich im grundrechtsrelevanten Bereich in der Regel ‚wesentlich für die Verwirklichung der Grundrechte' [...]. Als wesentlich sind also Regelungen zu verstehen, die für die Verwirklichung von Grundrechten erhebliche Bedeutung haben [...] und sie besonders intensiv betreffen [...]." Dabei ist das Ob und das Inwieweit einer parlamentsgesetzlichen Regelung gleichermaßen betroffen, hierzu nur *Maurer* Staatsrecht (Fn. 87), § 8 Rn. 19 ff., § 17 Rn. 15.

[99] Pointiert *Klafki* (Fn. 2), 87: „Im Risikorecht" – gleiches gilt für das Resilienzverwaltungsrecht – „lässt sich [...] eine regelrechte Umkehr des Wesentlichkeitsgrundsatzes beobachten: Das Wesentliche steht nicht mehr im Gesetz, sondern in Rechtsverordnungen, Verwaltungsvorschriften oder folgt aus der gelebten Verwaltungspraxis." Die Pandemieregulierung sollte ein weiterer Grund sein, die sog. Wesentlichkeitslehre kritisch zu prüfen;

Aufseiten der Verwaltungsgerichte führt eine derart komplexe pandemieadäquate Abwägung zu einer deutlich zurückgenommenen Kontrolldichte. Das ist kein Freifahrtschein für die unkritische Übernahme von (virologischem) Wissen, die in eine virologische Expertokratie[100] („Virolokratie") führen würde. Das Wissen muss immer normativ überformt und durch die Werturteilsfilter des positiven Rechts geleitet werden, das primär von der Verwaltung konkretisiert wird.

6. *Parlamentarische Steuerung und gerichtliche Kontrolldichte*

Bei der Neubalancierung von administrativer Effektivität und parlamentsgesetzlich vermittelter demokratischer Legitimation kommt es, *sechstens*, wesentlich auf die prozedurale Einbindung der Parlamente (oder spezialisierter Pandemie-Parlamentsausschüsse)[101] insbesondere in die Verordnungsgebung an.[102] Die parlamentsgesetzliche *Vor*steuerung der Abwägung kann durch eine parlamentarische *Nach-* bzw. *Begleit*steuerung ergänzt werden. Hierbei kann das Parlament – sei es informell durch regelmäßige Konsultationen, sei es formell etwa durch Zustimmungs- oder Aufhebungsvorbehalte beim Erlass von Rechtsverordnungen –[103] die Feinprogrammierung der Abwägungshierarchien auch im Zeitablauf – im Sinne einer „temporalisierten Verhältnismäßigkeit"[104] – beeinflussen.

Das Parlament kann so die risikoethischen[105] Vor- und Nachrangrelationen, um die es der Sache nach geht, mitdeterminieren. Zugleich kann so

---

hierzu hat *Franz Reimer* Das Parlamentsgesetz als Steuerungsmittel und Kontrollmaßstab, in: Hoffmann-Riem/Schmidt-Aßmann/Voßkuhle (Fn. 30), § 9 Rn. 50 ff., 57 ff. unter der Überschrift „Abschied von der Wesentlichkeitstheorie" alles Wesentliche gesagt.

[100] Hierzu *Kersten/Rixen* (Fn. 2), 64, 279; umfassend *Laura Münkler* Expertokratie. Zwischen Herrschaft kraft Wissens und politischem Dezisionismus, 2020.

[101] Dazu *Stephan Rixen* Expertenanhörung des Schleswig-Holsteinischen Landtags zur Coronapandemie am 18.11.2020, Protokoll, mit Ausführungen zur „Parlamentarisierung der Pandemiebewältigung" (27), mit Überlegungen zum „Kooperationsverhältnis zwischen Landtag und Landesregierung" (28) beim Erlass von Rechtsverordnungen und dem Vorschlag (43), „einen speziellen Pandemiefachausschuss im Parlament zu gründen, in dem die unterschiedlichen Expertinnen und Experten versammelt sind und der relativ zeitnah regelmäßig mit der Landesregierung Verordnungen diskutiert, Zielkonflikte benennt und Abwägungen vornimmt."

[102] S. hierzu *Klafki* Risiko (Fn. 2), 115 ff., 151, 223, 347; der relative „Kontrollverlust" (*Klafki* Risiko [Fn. 2], 100) des Parlaments bei der gesetzlichen Vorsteuerung des Verwaltungshandelns lässt sich so kompensieren.

[103] *Hill/Martini* Normsetzung (Fn. 88), § 34 Rn. 21.

[104] *Kersten/Rixen* Verfassungsstaat (Fn. 2), 101.

[105] Hierzu etwa *Niels Gottschalk-Mazouz* Risiko, in: Marcus Düwell/Christoph Hübenthal/Micha H. Werner (Hrsg.), Handbuch Ethik, 3. Aufl. 2011, 502 ff.; *Julian Nida-Rüme-*

die Beobachtungs- und Nachbesserungspflicht[106] als Teilaspekt des Verhältnismäßigkeitsgrundsatzes effektiv werden. Dieser „parlamentarisch-administrative Steuerungsverbund"[107] würde den grundsätzlichen Funktionsvorbehalt der Administrative relativieren und deren „Produkt", die Rechtsverordnung, demokratisch stärker legitimieren. Aus Respekt vor der parlamentarischen Konkretisierungsarbeit bedeutet das allerdings auch, dass die gerichtliche Kontrolldichte weiter zurückgenommen wird.[108]

---

lin/*Johann Schulenburg/Benjamin Rath*, Risikoethik, 2012; *Carl Friedrich Gethmann* Risikotheorie, in: Jürgen Mittelstraß (Hrsg.), Enzyklopädie Philosophie und Wissenschaftstheorie, Bd. 7, 2. Aufl. 2018, 153 ff.; s. auch *Beck* Weltrisikogesellschaft (Fn. 53), 20.

[106] S. hierzu nur BVerfGE 150, 1 Rn. 176 m.w.N.; Bestandsaufnahme und Kritik bei *Karl-Jürgen Bieback* Beobachtungs- und Evaluationsaufträge an den Gesetzgeber in der Rechtsprechung des Bundesverfassungsgerichts, ZfRSoz 2018, 42 ff.

[107] *Johannes Saurer* Die Mitwirkung des Bundestages an der Verordnungsgebung nach § 48b BImSchG, NVwZ 2003, 1176 (1179).

[108] Das muss selbstverständlich in differenzierter Weise geschehen. Ein Beispiel (*Rixen*, Die epidemische Lage [Fn. 88], § 4 Rn. 7): Die Feststellung der epidemischen Notlage von nationaler Tragweite (§ 5 Abs. 1 IfSG) ist Tatbestandsvoraussetzung zahlreicher Eingriffsnormen (s. nur § 28a Abs. 1, § 36 Abs. 8, 10 IfSG). Sie erfolgt durch einen kraft einfachen Rechts bindenden Parlamentsbeschluss mit spezifisch verwaltungsrechtlichen Folgen. Unklar ist insb., ob bzw. inwieweit die Verwaltung, wenn sie auf diese Normen gestützte Maßnahmen erlässt (oder die [Verwaltungs-]Gerichte, wenn sie die Rechtmäßigkeit der auf diese Normen gestützten Maßnahmen überprüfen) an die Feststellung des Bundestages gebunden sind. Denkbar ist z.B., dass eine epidemische Notlage festgestellt wird, obgleich sie tatsächlich nicht (mehr) besteht. Dafür könnte sprechen, dass alle Nachbarländer Deutschlands oder die Weltgesundheitsorganisation (WHO) ihr Vorliegen verneinen (Entsprechendes gilt für die Aufhebung der Feststellung). Zwischen Irrtum und bewusstem Absehen von der Realität ist hier vieles denkbar. Das soll nicht die Integrität der aktuell politisch Verantwortlichen in Frage stellen, will aber dem Umstand Rechnung tragen, dass möglicherweise einmal politisch Verantwortliche handeln könnten, denen an einem „kreativen" Umgang mit Fakten gelegen ist. Bekanntlich sind politische Konstellationen, in denen „fake news" sozusagen hoffähig werden (erinnert sei an die Amtszeit [2017–2021] des früheren US-amerikanischen Präsidenten *Donald Trump*), auch in westlichen Demokratien als gleichsam im Innenraum der Demokratie um sich greifende Demokratiegefahr nicht völlig auszuschließen. Ausgangspunkt der rechtlichen Einordnung ist § 5 Abs. 1 S. 6 IfSG, der eine materiell-rechtliche Definition vorlegt, die „objektive Kriterien für das Vorliegen einer solchen Lage" (*Holger Greve* Infektionsschutzrecht in der Pandemielage – Der neue § 28a IfSG, NVwZ 2020, 1786 [1789]) benennt. Daran ist auch der Bundestag gebunden. Die Feststellungs- und Aufhebungskompetenz (§ 5 Abs. 1 S. 1, 2 IfSG) des Bundestages bringt dessen besondere Verantwortung für das Allgemeinwohl in einer den Gesamtstaat betreffenden Angelegenheit zum Ausdruck. Das führt zumindest punktuell zu einer erhöhten Bindungswirkung des Feststellungs- und des Aufhebungsbeschlusses zulasten der Verwaltung und der Judikative (regelhafte punktuelle Bindungswirkung des Bundestagsbeschlusses). Sie ähnelt dem gerichtlich nur eingeschränkt kontrollierbaren Beurteilungsspielraum bei

IV. Resümee: Vulnerabilität, Resilienz, Verwaltung

Ein resilientes Verwaltungsrecht trägt dazu bei, dass aus einer vulnerablen Gesellschaft eine „resiliente Gesellschaft"[109] werden kann. Das Verwaltungsrecht ist hierfür eine notwendige, aber – selbstverständlich – keine hinreichende Bedingung.[110] Auf drei Aspekte kommt es wesentlich an: (1.) Verwaltungsrecht in der vulnerablen Gesellschaft ist in erster Linie *Verwaltungs*recht, nicht Verwaltungs*recht*.[111] (2.) Ohne die weitreichende Eigenständigkeit der Verwaltung in Großkrisen wie einer Pandemie lässt sich die verfassungsrechtlich geforderte Resilienzgarantie nicht realisieren. (3.) Über die konkrete Ausgestaltung des resilienten Verwaltungsrechts der vulnerablen Gesellschaft ist im weiten Rahmen der Verfassung in erster

---

unbestimmten Rechtsbegriffen, allerdings nur, soweit die Tatbestandsmerkmale (ernsthafte) „Gefahr für die öffentliche Gesundheit" betroffen sind. Bei der öffentlichen Gesundheit geht es nicht zwingend bzw. nicht nur um die gesundheitsversorgende Infrastruktur, sondern es geht um „die Wahrscheinlichkeit eines Ereignisses, das die Gesundheit von Bevölkerungsgruppen beeinträchtigen kann" (Art. 1 Internationale Gesundheitsvorschriften 2005 [IGV], BGBl. 2007 II, 932). Insoweit hat der Bundestag bezogen auf die korrekt ausgelegten Tatbestandsmerkmale der „ernsthaften", also dringlichen, ggf. auch gegenwärtigen „Gefahr für die öffentliche Gesundheit" einen Einschätzungs- bzw. Prognosespielraum, der in tatsächlicher Hinsicht nicht völlig unvertretbar genutzt werden, also insb. nicht offensichtliche medizinisch-naturwissenschaftliche Erkenntnisse ignorieren darf. Wo das doch einmal geschehen sollte, darf die Verwaltung und dürfen die Gerichte das Tatbestandsmerkmal „ernsthafte Gefahr für die öffentliche Gesundheit" in § 5 Abs. 1 S. 6 IfSG eigenständig auslegen und anwenden, weil die regelhafte Bindungswirkung des Feststellungs- oder des Aufhebungsbeschlusses hier ausnahmsweise fehlt. Im Übrigen sind die Tatbestandsvoraussetzungen des § 5 Abs. 1 S. 6 IfSG gerichtlich voll überprüfbar, wobei die Tatsachen, die diesen Tatbestandselementen subsumiert werden, das Maß der Vertretbarkeit in tatsächlicher Hinsicht, soweit es um die Merkmale „ernsthafte Gefahr für die öffentliche Gesundheit" geht, beeinflussen.

[109] Begriff bei *Jochen Ostheimer* Die resiliente Gesellschaft – Überlegungen zu einer Kulturaufgabe im Zeitalter des Menschen, in: Karidi/Schneider/Gutwald (Fn. 22), 327 ff.

[110] Oben Fn. 86.

[111] *Hans Peters* Lehrbuch der Verwaltung, 1949, 5: „[…] [F]ür die Verwaltung ist das Recht nicht Selbstzweck; unmittelbarer Sinn ihres Handelns ist die Verwirklichung der Staatszwecke und -aufgaben." Dazu auch *ders.* Der Kampf um den Verwaltungsstaat, in: FS Wilhelm Laforet, 1952, 19 (26); *ders.* Die Verwaltung als eigenständige Staatsgewalt (Kölner Universitätsreden 33), 1965; zu Person und Werk (unter dem Aspekt der Eigenständigkeit der Verwaltung) *Jens Kersten* Hans Peters (1896–1966). Methodenwandel durch Unrechtserfahrung, in: Steffen Augsberg/Andreas Funke (Hrsg.), Kölner Juristen im 20. Jahrhundert, 2013, 211 (222 f.); *Steffen Augsberg* Widerstand und innere Emigration der Daheimgebliebenen. Das Beispiel von Hans Peters, in: Margrit Seckelmann/Johannes Platz (Hrsg.), Remigration und Demokratie in der Bundesrepublik nach 1945. Ordnungsvorstellungen zu Staat und Verwaltung im transatlantischen Transfer, 2017, 263 (273 ff.).

Linie politisch zu streiten.[112] Auch in der Pandemie kann politische Klugheit nicht rechtlich erzwungen, sondern nur ermöglicht werden.[113]

---

[112] Dem liegt der Gedanke der Verfassung (bzw. des Staatsrechts) als Rahmenordnung bzw. „Rahmenregelung" (*Ernst-Wolfgang Böckenförde* Die Eigenart des Staatsrechts und der Staatsrechtswissenschaft [1983], in: ders. Staat, Verfassung, Demokratie. Studien zur Verfassungstheorie und zum Verfassungsrecht, 1991, 11 [17]) politischer Gestaltung zugrunde. Schon dieser Gedanke sollte zur Zurückhaltung ermutigen, wenn sich – nicht nur bei der Pandemieregulierung – der Wunsch aufbaut, den Vorwurf der Verfassungswidrigkeit ebenso reflexartig wie inflationär gegen alles und jedes zu erheben.

[113] Der Merksatz, den *Christoph Möllers* Demokratie – Zumutungen und Versprechen, 2008, 75 f., auf Verfassungsrechtler/innen gemünzt hat, gilt entsprechend auch für Verwaltungsrechtler/innen: „Schlechte Verfassungsrechtler erkennt man daran, dass ihre politischen und weltanschaulichen Überzeugungen niemals mit dem in Konflikt geraten, was sie für den Inhalt der Verfassung halten."

Leitsätze des Referenten über:

2. Verwaltungsrecht der vulnerablen Gesellschaft

I. Was ist eine vulnerable Gesellschaft?

(1) Vulnerabel ist eine Gesellschaft, wenn sie sich einer Großrisikolage wie einer Pandemie ausgesetzt sieht, die in jeder Hinsicht systemisch wirkt, also alle wechselwirkenden Subsysteme der Gesellschaft ohne Ausnahme über längere Zeit in ihrer Funktionsfähigkeit beeinträchtigt.

(2) Die gesamthafte Einbuße an Funktionsfähigkeit geht weit über andere systemische Risiken hinaus. Anders als diese schlägt die Pandemie viel intensiver bis auf die Mikroebene persönlicher Beziehungen durch und verändert die Lebensführung eines jeden Menschen in alltäglichen Details.

(3) Der schillernde Begriff des Risikos ist der Schlüssel zum Verständnis der Pandemie.

(4) Es geht um epidemische (Groß-)Lagen von nationaler Tragweite als Ausschnitt einer globalen Großlage, die Natur- und Zivilisationskatastrophe gleichermaßen ist. Die unübersichtlichen Auswirkungen der Infektion und der ständige Wandel der pandemischen Lage verweisen auf ein dynamisch sich veränderndes Wissensproblem.

II. Was ist resilientes Verwaltungsrecht?

1. Gesamtgesellschaftliche Resilienz

(5) „Resilienz" meint ursprünglich Widerstandsfähigkeit in dem Sinne, dass das Individuum fähig wird, physische oder psychische Verletzlichkeit zu vermeiden oder, wo sie erfahren wird, ihre Folgen erträglich zu gestalten bzw. zu kompensieren. An einem gezielt gestärkten Selbst sollen die Erfahrungen individueller Vulnerabilität gewissermaßen abprallen (lat. resilire).

(6) Im Zentrum des Begriffs der gesamtgesellschaftlichen Resilienz steht die Kompetenz, gesamtgesellschaftliche Einbußen an Funktionsfähigkeit (Vulnerabilität) akut und langfristig zu verhindern und dort, wo sie nicht verhindert werden können, ihre Folgen so abzumildern oder zu kompensie-

ren, dass der Wiedergewinn bzw. der Erhalt der gesamtgesellschaftlichen Funktionsfähigkeit möglich wird.

2. Vulnerabilität und Resilienz als Themen des öffentlichen Rechts

(7) Die Idee des resilienten Verwaltungsrechts knüpft der Sache nach bei Debatten an, die die Staatsrechtslehrervereinigung bereits beschäftigt haben („Risikosteuerung durch Verwaltungsrecht", „Verwaltungsvorbehalt", „Gesetzgeber und Verwaltung"). Neu ist die Ausrichtung dieser bislang häufig um den technologischen Wandel kreisenden Debatten auf Pandemien.

3. Eine neue pandemiespezifische Staatsaufgabe

a) Regulierung von Risiken erster und zweiter Ordnung in der Pandemie

(8) Risikoregulierung bezieht sich nicht nur auf Risiken erster Ordnung (vereinfacht ausgedrückt: das Virus), sondern auch auf die Risiken zweiter Ordnung, die die Effekte der Pandemieregulierung in den Blick nehmen.

(9) Auch für die Risiken zweiter Ordnung gilt, dass häufig weder über das Schadensausmaß noch die Wahrscheinlichkeit des Schadenseintritts verlässliche Auskünfte möglich sind, die das Niveau alltagstheoretischer Plausibilität überschreiten (Beispiel: Folgen der Pandemieregulierung für Kinder).

b) Jenseits von Gefahren-, Risiko- und Daseinsvorsorge

(10) Ein Risikomanagement, das Risiken erster und zweiter Ordnung gemeinsam in den Blick nimmt, lässt sich weder mit den Begriffen Gefahren- oder Risikovorsorge noch mit dem Begriff „Daseinsvorsorge" adäquat erfassen.

c) Staatsaufgabe „Resilienzgarantie"

(11) Die Staatsaufgabe besteht darin, umfassende Resilienz angesichts einer gesamtgesellschaftlichen Großkrise herzustellen. Es geht mit anderen Worten um die gleichursprünglich im Sozialstaatsprinzip und in den Grundrechten wurzelnde Staatsaufgabe, für Resilienz zu sorgen: Der Staat muss in der pandemischen Krise eine Resilienzgarantie einlösen (Resilienzverantwortung).

III. Wie lässt sich die Resilienzgarantie verwaltungsrechtlich umsetzen?

1. Pandemieplanung als integrierte preparedness

(12) Geboten ist ein gemischt influenzierend-imperativer Pandemie-Regulierungsplan, der auf umfassende preparedness ausgerichtet ist und – insbesondere durch Anleihen beim Katastrophenschutzrecht – die drei Dimensionen der Pandemieregulierung vorausschauend gestaltet: den individuellen Gesundheitsschutz, den kollektiven Gesundheitsschutz und die Funktionsfähigkeit der gesellschaftlichen Teilsysteme, die von den Risiken zweiter Ordnung betroffen sind.

(13) Der Plan muss die unterschiedlichen Instrumente der Pandemieregulierung präzisieren und aufeinander beziehen, insbesondere Art und Ausmaß der freiheitsbeschränkenden Maßnahmen nach § 28a IfSG, „Gesamtkonzepte", die ihnen zugrunde liegen, Hygienekonzepte, die sie konkretisieren, RKI-Informationen, die sie ermöglichen, digitale Ressourcen (insbesondere Apps) und öffentliche Güter wie das Gesundheitswesen (einschließlich des öffentlichen Gesundheitsdienstes, der Impfstoffbeschaffung und -verteilung), die alles infrastrukturell rahmen, aber auch die Art und Weise der Risikokommunikation, außerdem Entschädigungskonzepte, die einen verlässlichen Pandemie-Lastenausgleich gewährleisten.

2. Pandemietaugliche Rechtsgrundlagen

(14) Das (deutsche) Infektionsschutzgesetz ist nicht pandemietauglich. Das belegt beispielhaft der Klarstellungsbedarf bei den freiheitsbeschränkenden Maßnahmen zulasten mutmaßlicher „Störer" und vor allem zulasten mutmaßlicher „Nichtstörer".

3. Pandemisches Recht des sanften Selbstzwangs

(15) Angesichts des flächendeckenden Einsatzes influenzierend-appellativen Rechts in der Pandemie muss dieses Instrument generell als Thema des allgemeinen Verwaltungsrechts, jedenfalls aber als pandemiespezifisches Steuerungsmittel rechtsdogmatisch stärker reflektiert werden (Beispiele: persuasorische Normen wie Ausgehverbote, die mit zahllosen, meist höchst unbestimmten Ausnahmen einhergehen; rechtlich unverbindliche, medial rezipierte Gesundheitsinformationen des Robert Koch-Instituts, die in Rechtsnormen der Sache nach bloß nachvollzogen werden; Hygienekonzepte, deren Erstellung der privaten Verantwortung überlassen bleibt und die zugleich in „Corona-Verordnungen" Tatbestandsvoraussetzung sind).

4. Pandemietaugliche Verwaltungsorganisation

(16) In der Pandemie ist deutlich geworden, dass auch die derzeitige föderale Struktur der Aufgabenerledigung die effektive Pandemieregulierung erschwert. Eine Stärkung der zentralstaatlichen Befugnisse drängt sich auf.

5. Administrative Gestaltungsräume

(17) Zur effektiven Pandemiebewältigung sind die administrativen (exekutivischen) Gestaltungsräume, insbesondere beim Erlass von Rechtsverordnungen, neu zu vermessen. Wer eine multidimensionale Pandemie effektiv bewältigen will, muss einen weitreichenden Funktionsvorbehalt der Verwaltung anerkennen.

(18) Grundrechtsschützendes Gegengewicht dazu ist das pandemiespezifische Verhältnismäßigkeitsprinzip. Anders als in überschaubar geordneten Problemfeldern leitet es den Normgeber bei einer multipolaren Abwägung an, die gesamtgesellschaftliche Interessenkonflikte ausgleicht.

6. Parlamentarische Steuerung und gerichtliche Kontrolldichte

(19) Die parlamentsgesetzliche Vorsteuerung der Abwägung kann durch eine parlamentarische Nach- bzw. Begleitsteuerung bei der Verordnungsgebung ergänzt werden. Hierbei kann das Parlament – sei es informell durch regelmäßige Konsultationen, sei es formell etwa durch Zustimmungs- oder Aufhebungsvorbehalte – die Feinprogrammierung der Abwägungshierarchien auch im Zeitablauf beeinflussen („temporalisierte Verhältnismäßigkeit"). Das Parlament kann so die risikoethischen Vor- und Nachrangrelationen, um die es der Sache nach geht, mitdeterminieren. Aus Respekt vor der parlamentarischen Konkretisierungsarbeit wird die gerichtliche Kontrolldichte weiter zurückgenommen.

IV. Resümee: Vulnerabilität, Resilienz, Verwaltung

(20) Verwaltungsrecht in der vulnerablen Gesellschaft ist in erster Linie <u>Verwaltungs</u>recht, nicht Verwaltungs<u>recht</u>.

(21) Ohne die weitreichende Eigenständigkeit der Verwaltung in Großkrisen wie einer Pandemie lässt sich die verfassungsrechtlich geforderte Resilienzgarantie nicht realisieren.

(22) Über die konkrete Ausgestaltung des resilienten Verwaltungsrechts der vulnerablen Gesellschaft ist im weiten Rahmen der Verfassung in erster Linie politisch zu streiten. Auch in der Pandemie kann politische Klugheit nicht rechtlich erzwungen, sondern nur ermöglicht werden.

3. Demokratie im Notstand? Rechtliche und epistemische Bedingungen der Krisenresistenz der Demokratie

Referat von *Matthias Mahlmann*, Zürich

Inhalt

		Seite
I.	Die doppelte Krise der Demokratie	70
	1. Diktatur im Bundeshaus?	70
	2. Fader Abgesang der Volksherrschaft?	76
II.	Der umstrittene Begriff der Demokratie	79
	1. Die Exekutive im Verfassungsstaat	79
	2. Verfassungsrecht und politische Autonomie	81
III.	Die Pandemie als Testfall der Krisenfestigkeit der Demokratie	86
	1. Eine Krise besonderer Art	86
	2. Umgangsweisen in Verfassungsstaaten – Schweiz	86
	3. Umgangsweisen in Verfassungsstaaten – Deutschland	88
	4. An den Grenzen der Demokratie?	90
IV.	Demokratie als Lebensform	91
	1. Die epistemische Lebenswelt der Demokratie	91
	2. Einsicht und Autonomie	96
V.	Demokratische Lektionen der Pandemie	97
	1. Die Anziehungskräfte der Autonomie	97
	2. Was wir verlieren können	99

I. Die doppelte Krise der Demokratie

1. Diktatur im Bundeshaus?

Am 3. März 2021 forderte der Schweizerische Nationalrat den Bundesrat „dringlich" auf, ab 22. März 2021 die Restriktionen zur Eindämmung der COVID-19-Epidemie weitgehend aufzuheben.[1] Die Empfehlung fand eine knappe Mehrheit,[2] erging unter lauten Rufen von SVP-Politikern innerhalb und außerhalb des Parlaments, dass der schweizerische Bundesrat, „die sieben Nasen in Bern", wie ein Nationalrat aus dem Aargau liebevoll formulierte,[3] eine Diktatur errichtet habe (unter Beteiligung zweier SVP Bundesräte, wohlgemerkt),[4] und war auch sonst heiß umstritten. Die SVP plante sogar mit einigen Gleichgesinnten eine gesetzliche Regelung, die die Aufhebung von Restriktionen unabhängig von der epidemiologischen Lage vorsah. Am Ende ist es nicht so gekommen: die SVP verlor ihre Verbündeten im bürgerlichen Lager, erst der Ständerat, dann auch der Nationalrat vertrieb das Schreckgespenst eines durch die Legislative verordneten Marsches in eine drastisch verschlechterte pandemische Lage, mit der politischen Sahnehaube einer schweren Verfassungskrise verschönt, die Beobachter besorgt drohen sahen.[5] Dennoch ist dieser Vorgang gerade aufgrund seiner seldwylahaften Sonderbarkeit eine nützliche Fallstudie, um über Demokratie in der Pandemie nachzudenken.

Die mangelnde Beteiligung von Parlamenten bildet eines der vieldiskutierten Probleme der Strategien zur Bewältigung der Pandemie in Verfassungsstaaten. Exekutives Handeln bestimmt ja das Bild, Parlamenten bleibt häufig nur die Rolle der nachträglichen Legitimation, der Reparlamentarisierung und normativen Fundierung *post-hoc* schon vollzogenen Exekutivhandelns.[6] Befürchtungen, dass es zu einer Selbstentmachtung

---

[1] Erklärung des Nationalrates. Umgehende Lockerungen der Corona-Massnahmen, 26.2.2021, Geschäft des Parlaments 21.028, <https://www.parlament.ch/de/ratsbetrieb/suche-curia-vista/geschaeft?AffairId=20210028> (Stand 26.4.2021).

[2] 97 Ja-, 90 Nein-Stimmen, sechs Enthaltungen.

[3] So Nationalrat *Benjamin Giezendanner*, vgl. *Philipp Loser* Erst laut, dann beruhigt, Tagesanzeiger, 5.3.2021, 3.

[4] Vgl. den Ton der Kritik vorgebend das Interview: *Magdalena Martullo-Blocher* «Der Bund hat eine Diktatur eingeführt. Er hat die Demokratie ausgeschaltet», NZZ 12.2.2021.

[5] Vgl. *Loser* Erst laut (Fn. 3), 3.

[6] Zur Dominanz der Exekutive vgl. z.B. aus Sicht parlamentarischer Oppositionsparteien *Dietmar Bartsch* und *Christian Lindner* Keine Politik ohne Debatte, Der Spiegel, 20.1.2021 oder neben vielen *Uwe Volkmann* Heraus aus dem Verordnungsregime, NJW 2020, 3153 ff.; *Hans Heinig/Thorsten Kingreen/Oliver Lepsius/Christoph Möllers/Uwe Volkmann/Hinnerk Wißmann* Why Constitution Matters – Verfassungswissenschaft in Zeiten der Coronakrise, JZ 17 (2020), 861 (867 ff.); *Tristan Barczak* Die „Stunde der Exekutive". Rechtliche Kritik einer politischen Vokabel, Recht und Politik 4 (2020), 458 ff.; *Michael Kloepfer* Verfassungsschwächung durch Pandemiebekämpfung?, VerwArch 2021 (im Erscheinen), Manu-

des Parlaments, zur destruktiven Entfesselung der Exekutive von normativen Bindungen, womöglich gar zur irreversiblen Etablierung autoritärer Strukturen, zu ersten Schritten hin zu einem dezisionistisch-arbiträren Notstandsstaat[7] kommen könne, sind nicht nur als unbeholfene rhetorische

---

skript 27 f.; *Andreas Stöckli* Gewaltenteilung in ausserordentlichen Lagen – quo vadis?, in: Jusletter 15. Februar 2021. Ein positives Resümee aus der Sicht der Praxis der Schweiz zieht *Susanne Kuster* Navigieren auf Sicht, in: Jusletter 15. Februar 2021, Leiterin des Krisenstabs Recht des Bundesamts für Justiz. Zur Diskussion, ob die Pandemie die Demokratie nicht auch belebt haben könnte, nicht zuletzt durch Nachweis des Primats der Politik vor der Wirtschaft, z.B. *Frank Decker* Die Demokratie in Zeiten der Coronakrise, ZfP 2020, 123 (127) oder *Neil Walker* The Crisis of Democratic Leadership in Times of Pandemic in: Miguel Maduro/Paul Kahn (Hrsg.) Democracy in Times of Pandemic – Different Futures Imagined, 2020, 37: „reeducation in the art of the possible". Wie wichtig der internationale Vergleich der Reaktionen auf die gesundheitspolitischen Herausforderungen in demokratischen Verfassungsstaaten ist, zeigen die (katastrophalen) Folgen einer *nicht handelnden* Exekutive, etwa in den USA unter *Trump* oder in Brasilien unter *Bolsonaro*, die im Blick behalten werden müssen, wenn exekutives Handeln in Staaten wie in Deutschland oder der Schweiz verfassungsrechtlich bewertet werden soll. Dazu etwa *Kim Lane Scheppele/David Pozen* Executive Overreach and Underreach in the Pandemic, ebd., 38 (52 f.): „COVID-19 has created a terrible natural experiment in governance. Whether people live or die depends, in part, on the competence of the governments under which they live. While overreach remains a serious constitutional problem in emergencies, the underreach of national executives has had the worst public health effects in the pandemic. Constitutions need to do more than limit power; they must also help create state capacity and harness it toward public ends. If an executive fails to address a serious problem, other institutional actors must be given the authority and incentives to fill the void. Constitutional design can only do so much, though. It is also incumbent upon advocates and academics to devote greater attention to executive underreach and its myriad moral, practical, and democratic costs".

[7] Der Notstand wird manchmal sogar zu einer Art archimedischem Punkt der Rechtstheorie stilisiert, weil sich hier die dunklen Geheimnisse von Rechtsordnungen zeigten, die sonst hinter der makellosen Fassade von Recht und Verfassung verborgen seien. „[D]ie absolut rechtsfreie Ausnahmesituation [soll] alles, der Normalzustand dagegen nichts beweisen", *Hasso Hofmann*, „Souverän ist, wer über den Ausnahmezustand entscheidet", Der Staat 2005, 171 (173). Dafür spricht allerdings wenig. *Carl Schmitts* Äußerung vom Notstand als Schlüssel zum Verständnis der Souveränität bildet dabei auch in der Pandemie einen dauernden Bezugspunkt der Diskussion (*Carl Schmitt* Politische Theologie, 2. Aufl. 1934, 11: „Souverän ist, wer über den Ausnahmezustand entscheidet". Vgl. auch ders. Die Diktatur, 2. Aufl. 1928, 18 [194]). Das Souveränitätssubjekt, das sich im Ausnahmezustand zeige, schaffe eine faktische Homogenität der Ordnung, ohne die Normen nicht angewendet werden könnten, ebd. 19. Das Souveränitätssubjekt treffe die Entscheidung über die politische Form des Gemeinwesens, die normativ ungebunden sei und normlogisch ungebunden sein müsse, ebd. 16 (20): „Der Ausnahmefall offenbart das Wesen der staatlichen Autorität am klarsten. Hier sondert sich die Entscheidung von der Rechtsnorm, und (um es paradox zu

Kampfmittel rechtspopulistischer Parteien greifbar, in Deutschland nicht zuletzt aufgrund der unterschiedlichen historischen Erfahrungen[8] schärfer

---

formulieren) die Autorität beweist, daß sie, um Recht zu schaffen, nicht Recht zu haben braucht." Die Entscheidung ist der ursprüngliche Schöpfungsakt der normativen Ordnung und dabei „normativ betrachtet, aus einem Nichts geboren", ebd. 42, vgl. auch ders. Verfassungslehre, 75 f. Zum Verständnis des Begriffs der Souveränität trägt diese Analyse wenig bei, weil Souveränität ein Rechtsbegriff und kein reiner Machtbegriff ist. Als Rechtsbegriff ist Souveränität notwendig mit normativen Bindungen verbunden – sie ist kein begriffliches Kürzel für faktische politische Durchsetzungskraft, vgl. dazu etwa schon *Hans Kelsen* Das Problem der Souveränität und die Theorie des Völkerrechts, 2. Aufl. 1928, 6 ff. *Schmitts* Analyse zeigt aber paradigmatisch wie eine ethische, politische und rechtliche Gefahr – die Rechtlosigkeit in Krisensituationen und der Zerfall essentieller ethischer Bindungen – als Offenbarung einer rechtstheoretischen Wahrheit apologetisch verklärt werden kann.

Ein weiteres, eine Zeit lang viel diskutiertes Beispiel, das an *Schmitts* Souveränitätsbegriff anknüpft, und den Ausnahmezustand als Schlüssel zum Verständnis der Grundlagen der Rechtsordnungen der Gegenwart ansieht, ist *Giorgio Agambens* Theorie der Biopolitik, vgl. *Giorgio Agamben* Homo sacer. Die souveräne Macht und das nackte Leben, 2002. Der Ausnahmezustand sei der eigentliche Normalzustand der Moderne. Konzentrationslager erscheinen hier „verborgene Matrix, als nómos des politischen Raumes, in dem wir auch heute noch leben", ebd. 175. Im Ausnahmezustand lösten sich Normen auf und verschmölzen mit faktischer Macht: „Das Lager ist ein Hybrid von Recht und Faktum, in dem die beiden Glieder ununterscheidbar geworden sind", ebd. 179. Die Rechtlosigkeit des „nackten Lebens" zeige sich etwa an der Stellung von Flüchtlingen im Transitbereich von Flughäfen, ebd. 183. Diese Theorie ist ein gutes Beispiel für die Banalisierung von zivilisationsbrechenden Einrichtungen wie Konzentrationslagern durch Gleichsetzung mit Gegenwartsproblemen anderer Qualität. Sie verkennt zudem – merkwürdigerweise – die epochale Gegenbewegung, die in der Etablierung nationaler, supranationaler und internationaler Menschenrechtsordnungen liegt, die unvollkommen, aber nicht wirkungslos sind.

Die Reflexion dieser Beispiele ist systematisch nützlich, wenn über Notstand und seine Bedeutung für Demokratie und Verfassung nachgedacht werden soll. Ihre Kritik impliziert nämlich bereits eine wichtige Einsicht: Im Notstand verlieren normative Bindungen ihre Geltungskraft nicht. Eine staatliche Autorität muss gerade unter diesen Umständen – um *Schmitts* Formulierung aufzugreifen – „Recht haben, um Recht zu schaffen". Ein Notstand bildet eine faktische Krisenlage, in der wesentliche Güter von Individuen und Gesellschaften bedroht werden und die gewöhnlichen Problembewältigungsmechanismen nicht mehr ausreichen, wobei eine Vielzahl von Ursachen wirken können – von schweren wirtschaftlichen Erschütterungen, über Pandemien bis hin zu Krieg. In solchen Lagen können erstens die Anwendung und Durchsetzung von Normen schwierig oder gar unmöglich werden und Institutionen ihre Funktionsfähigkeit ganz oder teilweise verlieren – ein Parlament aufgrund von Hygienevorschriften etwa nicht tagen. Zweitens treten neue normative Konfliktlagen auf, auch solche, die tragische Entscheidungsalternativen eröffnen, etwa wem von zwei Patienten das eine übrig gebliebene Beatmungsgerät zugewiesen werden soll. Beides stellt aber die Verbindlichkeit von ethischen und rechtlichen Normen nicht notwendig in Frage, wenn auch rechtliche Ordnungen selbstverständlich untergehen können. Die Aufgabe besteht deswegen darin, auch in Notstandsituationen den normativen Bindungen so gut es eben noch geht, Geltung zu verschaffen und auf ihrer Grundlage und in ihrem Rahmen die

3. Demokratie im Notstand? Bedingungen der Krisenresistenz

und dringlicher formuliert[9] als in der mit Notstandsrecht unbesorgter umgehenden Schweiz, in der neben intrakonstitutionellem sogar noch weiteres

---

neuen normativen Konfliktlagen zu lösen. Es ist hilfreich, nicht zu vergessen, dass seit Jahrhunderten diese Prinzipien auch auf die extreme Notstandslage des Krieges angewandt werden, um selbst Kampfhandlungen bestimmten normativen Maßstäben zu unterwerfen, die, um es mit *Hugo Grotius* zu sagen, wenigstens ermöglichen sollen, dass im Krieg ein Frieden vorbereitet werden kann, *Hugo Grotius* De Iure Belli ac Pacis Libri Tres, Ed. Nova, Vol. I, reproduction of the ed. of 1646 by James Brown Scott 1913, I, I, I. Selbst totalitäre Systeme können die Geltungskraft von Fundamentalnormen der Ethik und des Rechts wie der Menschenwürde nicht aufheben. Sogar in Konzentrationslager galten ethische und sogar rechtliche Normen. Deswegen waren die Taten dort schwerste Verbrechen, was immer die Täter und Täterinnen sich dabei auch dachten und wie schutzlos die Opfer tatsächlich auch waren. Auch für die Normen, die Demokratie legitimieren und die – wie noch dargelegt werden wird – mit der Menschenwürde nicht nur rhetorisch verbunden sind, gilt, dass sie der Notstand nicht derogiert. Entsprechend notstandsfest müssen die verfassungsrechtlichen Regelungen der Demokratie konzipiert werden.

[8] In Deutschland ist das Notverordnungsregime *Hindenburgs* aufgrund von Art. 48 Abs. 2 WRV, das der nationalsozialistischen Machtergreifung den Weg bereitete, der offensichtliche historische Referenzpunkt. Die Sensibilität eines verfassungsrechtlichen Ausnahmeregimes hat auch die Auseinandersetzung um die sog. Notstandsverfassung illustriert, vgl. im Überblick aus der neueren Literatur *Tristan Barczak* Der nervöse Staat, 2020, 285; *Anna-Bettina Kaiser* Ausnahmeverfassungsrecht, 2020, 171 ff. Im internationalen Kontext wurden – als Reaktion auf terroristische Anschläge – rechtliche Notstandsregime eröffnet, etwa in den USA oder Frankreich. Zu weiteren Beispielen, dies. Ausnahmeverfassungsrecht, 2020, 3 ff.

In der Geschichte der Schweiz fehlen keineswegs spezifische politische Erfahrungen mit Notstandsrecht, die Unbekümmertheit in dieser Hinsicht ausschließen sollten. Vgl. zum Kontext *Thomas Maissen* Geschichte der Schweiz, 2015, 242 ff. Im 1. Weltkrieg wurden per dringlichem Bundesbeschluss der Bundesversammlung dem Bundesrat weitreichende Befugnisse eingeräumt: „Die Bundesversammlung erteilt dem Bundesrate unbeschränkte Vollmacht zur Vornahme aller Massnahmen, die für die Behauptung der Sicherheit, Integrität und Neutralität der Schweiz und zur Wahrung des Kredites und der wirtschaftlichen Interessen des Landes, insbesondere auch zur Sicherung des Lebensunterhaltes, erforderlich werden", 3.8.1914, AS 1914 347, wiederabgedruckt in *Andreas Kley* Verfassungsgeschichte der Neuzeit, 4. Aufl. 2019, 509. Laut Bundesgericht unterlag der Bundesrat bei der Ausübung seiner Vollmachten nicht den rechtlichen Bindungen der Verfassung, BGE 41 I 551 (553f). Ein weitreichendes Notrechtsregime entstand, in dem sich die Exekutive bis in strafrechtliche Einzelfälle hinein von rechtsstaatlichen Bindungen befreite. Die letzte Notrechtsverordnung blieb bis 1952 in Kraft, vgl. ders. Verfassungsgeschichte, 307 ff. In der Zwischenkriegszeit wurde der Bundesrat zu wirtschaftlichen Notmaßnahmen durch „vorsorgliche Bundesratsbeschlüsse" mit provisorischem Charakter ermächtigt, die der Bundesversammlung in der nächstfolgenden Session vorzulegen waren, Bundesbeschluss über wirtschaftliche Notmassnahmen, 29.9.1936, AS 1936 769, wiederabgedruckt in ders. Verfassungsgeschichte, 510. Auch im 2. Weltkrieg wurde dem Bundesrat eine entsprechende Ermächtigung übertragen, die der aus dem 1. Weltkrieg im Wesentlichen glich, Bundesbeschluss über Massnahmen zum Schutze des Landes und zur Aufrechterhaltung der Neutralität, 30.8.1939, AS 1939 769, wiederabgedruckt in ders. Verfassungsgeschichte, 510 f. Es

extrakonstitutionelles Notstandsrecht von manchen akzeptiert wird.[10] Diese Sorgen stammen nicht aus dem Nirgendwo, denn in internationaler Per-

---

wurde eine Berichtspflicht an die Bundesversammlung vorgesehen, Art. 5 Abs. 2, sowie von beiden Räten bestellte ständige Kommissionen zur Vorberatung der Berichte des Bundesrates, Art. 6 Abs. 1 und eine Vorlagepflicht des Bundesrates von „womöglich wichtige[n] Massnahmen" an die Kommissionen, Art. 6 Abs. 1. Das daraus erwachsende Vollmachtenregime beschränkte das demokratische Leben weitgehend, vgl. ders. Verfassungsgeschichte, 334 ff.: ein System mit „zentralistischen, autoritären und antiliberalen Zügen".

[9] Wichtig ist der Hinweis, dass die Pandemie keinen, womöglich extrakonstitutionellen Notstand ausgelöst hat. Vgl. *Horst Dreier* Rechtsstaat, Föderalismus und Demokratie in der Corona-Pandemie, DöV 2021, 229. Es besteht ein breiter Konsens, dass die rechtlichen und insbesondere verfassungsrechtlichen Bindungen durch die Pandemie nicht gelockert, geschweige denn aufgehoben wurden, vgl. ebd. 230; *Jens Kersten/Stephan Rixen* Der Verfassungsstaat in der Coronakrise, 2020, 27 ff.; *Heinig/Kingreen/Lepsius/Möllers/Volkmann/ Wißmann* Verfassungswissenschaft (Fn. 6), 861 (862). Die Abwandlung der Formel „Not kennt kein Gebot" in „Not kennt Gebot" ist ein Grundton in der neueren verfassungsrechtlichen Diskussion. Vgl. z.B. *Kaiser* Ausnahmeverfassungsrecht (Fn. 8), 207 ff.; *Peter Häberle/Markus Kotzur* Die Covid-19-Pandemie aus der kulturwissenschaftlichen Perspektive einer europäischen und universalen Verfassungslehre, NJW 2021, 132 (134); *Andreas Kley* „Ausserordentliche Situationen verlangen nach ausserordentlichen Lösungen." Ein staatsrechtliches Lehrstück zu Art. 7 EpG und Art. 185 Abs. 3 BV, ZBl 2020, 268 (275). Als sprachliche Variante, aber mit gleichem Tenor: *Heribert Prantl* Not und Gebot: Grundrechte in Quarantäne, 2021.

[10] Vgl. zur Rechtslage und insbesondere zur bewussten Entscheidung, in die Bundesverfassung bei ihrer Revision 1999 keine allgemeine Staatsnotstandsklausel einzufügen *Giovanni Biaggini* Bundesverfassung der Schweizerischen Eidgenossenschaft, 2. Aufl. 2017, Art. 185 Rn. 9 ff.; ders. „Notrecht" in Zeiten des Coronavirus – eine Kritik der jüngsten Praxis des Bundesrates zu Art. 185 Abs. 3, ZBl 2020, 239 (257 ff.); bejahend für extrakonstitutionelles Notrecht z.B. *Ulrich Häfelin/Walter Haller/Helen Keller/Daniela Thurnherr* Schweizerisches Bundesstaatsrecht, 10. Aufl. 2020, Rn. 1801 ff.; *Andreas Stöckli* Regierung und Parlament in Pandemiezeiten, ZSR 2020, 9 (44 ff.); *Frédéric Bernard* État de droit et situations extraordinaires, in: Oliver Diggelmann/Maya Randall/Benjamin Schindler (Hrsg.) Verfassungsrecht der Schweiz/Droit constitutionnel suisse, Bd. II, 2020, 979 (990); *Florian Brunner/Martin Wilhelm/Felix Uhlmann* Das Coronavirus und die Grenzen des Notrechts, AJP 2020, 685 (695 ff.). Kritisch zum Notstandsregime vor 1945 *Zaccaria Giacometti* Das Vollmachtenregime der Eidgenossenschaft, 1945, 60: „politisch gerechtfertigter, aber illegaler Ausnahmezustand", der zur Erhaltung der Verbindlichkeit der Verfassungsordnung schnell zu überwinden sei. Zur Diskussion um ungeschriebene, übergesetzliche oder extrakonstitutionelle Notstandsbefugnisse im deutschen Verfassungsrecht z.B. im Überblick *Eckart Klein* § 280 Innerer Staatsnotstand, in: Josef Isensee/Paul Kirchhof (Hrsg.) HStR XII, 3. Aufl. 2014, Rn. 85 ff. (Notstandsbefugnisse gebunden durch ungeschriebenes Verfassungsrecht); ablehnend *Kaiser* Ausnahmeverfassungsrecht (Fn. 8), 332 ff. zu „ungeschriebenem Staatsnotrecht". Zur Idee einer nachträglichen Indemnitätsgesetzgebung, ebd. 343 ff. Letztendlich bleibe aber nur der Verweis auf individuelle Verantwortung und Rechtsbruch aus Gewissensgründen, dessen moralische Rechtfertigung die Rechtswidrigkeit des Aktes nicht beseitige, ebd. 364; *Tristan Barczak* Staat (Fn. 8), 294 ff. (625 ff.), *Kloepfer* Verfassungsschwächung (Fn. 6), 8.

spektive zeigen verschiedene Beispiele, wie die Pandemie zum Zwecke der Machtkonsolidierung autoritärer Systeme genutzt werden kann.[11]

Die abgeblasene Parlamentsrebellion in Bern illustriert allerdings auf drastische Weise, dass Parlamentsentscheidungen nicht durch die Weisheit ihres Inhaltes beeindrucken müssen. Es stellt sich in der Pandemiepolitik das gleiche Problem wie bei jeder demokratischen Entscheidung: Demokratie lebt zwar von der Hoffnung, langfristig sachlich bessere Entscheidungen als andere politische Systeme zu generieren,[12] garantiert aber die

---

[11] Vgl. z.B. *Amnesty International* Amnesty International Annual Report. The State of the World's Human Rights 2020/21, 2021, 14: „The pandemic threw into stark relief the human rights impact of years of political and financial crises and flaws in global systems of governance and co-operation, which some states exacerbated by shirking their responsibilities or attacking multilateral institutions. These dynamics were illustrated by trends in three areas: violations of the rights to life, health and social protection; gender-based violence and threats to sexual and reproductive rights; and repression of dissent."

[12] Der erkenntnistheoretische Optimismus, der vielen Demokratietheorien zugrunde liegt, speist sich vor allem aus der Annahme, dass Menschen nicht gegen ihre eigenen Interessen entscheiden würden, dass der Einbezug vieler, der notwendige Prozess der Deliberation in der Demokratie, die beste Wette auf vernünftige Entscheidungen, jedenfalls im Vergleich zu anderen Staatsformen, bilde. Ein Beispiel für diesen Optimismus ist *Kants* berühmte These aus seinen Überlegungen zum ewigen Frieden, dass Republiken keine oder jedenfalls weniger Kriege als Monarchien führten, weil die Entscheidenden in den Republiken diejenigen seien, die auch die Folgen dieser Entscheidungen treffen würden, *Immanuel Kant* Zum Ewigen Frieden, Akademie Ausgabe, Bd. VIII, 351: „Wenn (wie es in dieser Verfassung) nicht anders sein kann die Beistimmung der Staatsbürger dazu erfordert wird, um zu beschließen, ob Krieg sein solle, oder nicht, so ist nichts natürlicher, als daß, da sie alle Drangsale des Krieges über sich selbst beschließen müßten (als da sind: selbst zu fechten, die Kosten des Krieges aus ihrer eigenen Habe herzugeben; die Verwüstung, die er hinter sich läßt, kümmerlich verbessern; zum Übermaße des Übels endlich noch eine den Frieden selbst verbitternde Schuldenlast selbst zu übernehmen), sie sich sehr bedenken werden, ein so schlimmes Spiel anzufangen: da hingegen in einer Verfassung, wo der Untertan nicht Staatsbürger, die also nicht republikanisch ist, es die unbedenklichste Sache von der Welt ist, weil das Oberhaupt nicht Staatsgenosse, sondern Staatseigenthümer ist, an seinen Tafeln, Jagden, Lustschlössern, Hoffesten u.d.gl. durch den Krieg nicht das Mindeste einbüßt, diesen also wie eine Art von Lustpartie aus unbedeutenden Ursachen beschließen und der Anständigkeit wegen dem dazu allezeit fertigen diplomatischen Corps die Rechtfertigung desselben gleichgültig überlassen kann". *Kant* hat ebenfalls auf die Bedeutung einer öffentlichen Auseinandersetzung hingewiesen. Sie sei ein Probierstein für die Richtigkeit und Legitimität der Entscheidung: Was das Licht der demokratischen Öffentlichkeit scheuen muss, um dessen Vernünftigkeit kann es nicht gut bestellt sein. Zu dieser „transscendentalen Formel des öffentlichen Rechts", ebd., 381: „Alle auf das Recht anderer Menschen bezogene Handlungen, deren Maxime sich nicht mit der Publicität verträgt, sind unrecht." Als anderes klassisches Beispiel, *John Stuart Mill* Considerations on Representative Government, in: John Robson (Hrsg.) Collected Works of John Stuart Mill, Vol. XIX, 1977, 405: „It is an inherent condition of human affairs, that no intention, however sincere, of protecting the interests of others, can make it safe or salutary to tie up their own hands. Still more obviously true is it, that by their own hands only can any positive and durable

Richtigkeit des Entschiedenen nicht.[13] Entgegen *Rousseaus* Hoffnung[14] kann nicht nur ein Exekutivorgan, sondern auch eine Mehrheit im Parlament oder in direktdemokratischen Abstimmungen irren – selbst in der Schweiz. Es muss also für die Forderung nach größerer Beteiligung der Legislative an den Entscheidungsfindungen in der Pandemie komplexere Gründe als bloß die inhaltliche Güte der Entscheidung selbst geben. Worin liegen sie? Was trägt die Forderung nach mehr Demokratie unter den Extrembedingungen der Pandemie? Wie sehen die verfassungsrechtlichen Verwirklichungsmöglichkeiten konkret aus?

2. Fader Abgesang der Volksherrschaft?

Neben diesem ersten Fragenkreis zur verfassungsrechtlichen Infrastruktur der Demokratie soll noch ein zweiter angesprochen werden, der zur normativen Tiefenschicht der demokratischen Kultur der Gegenwart führt. Die Ausgangsthese lautet, dass man die Herausforderungen, die die Pandemie für demokratische Verfassungsstaaten schafft, nur richtig erfasst, wenn man sie vor dem Hintergrund der fundamentalen internationalen Krise der Demokratie der Gegenwart liest.

---

improvement of their circumstances in life be worked out. Through the joint influence of these two principles, all free communities have both been exempt from social injustice and crime, and have attained more brilliant prosperity, than any others, or than themselves after they lost their freedom." Dass Beteiligung der Betroffenen einen Gemeinwohlbezug herstellt, formuliert auch die berühmte Formel *Lincolns* „government of the people, by the people, for the people", Gettysburg-Address vom 19.11.1863, <https://www.loc.gov/exhibits/gettysburg-address/exhibition-items.html> (Stand 24.4.2021). Die klassische Basis für (umstrittene) entscheidungstheoretische Argumente für erhöhte kollektive Rationalität ist das sog. Condorcet-Theorem, *Jean Condorcet* Essai sur l'application de l'analyse à la probabilité des décisions rendues à la pluralité des voix, 1785.

[13] Ein wesentlicher Grund der Demokratieskepsis ist deswegen ebenfalls epistemologischer Natur. Eine lange Tradition der Demokratiekritik betont die fehlende Fähigkeit einer großen Zahl von Menschen, tatsächlich mit Sachkunde politische Entscheidungen zu treffen. Vgl. dazu als auf ihre Art je einflussreiche Beispiele *Platon* Politeia, 503b ff. zu den Gründen, warum Philosophen allein die nötigen Fähigkeiten zum Herrschen hätten; *Thomas Hobbes* Leviathan, Chapter XIX, 1985, 239 ff: Demokratische Entscheidungen führten nicht zu Stabilität und Frieden wegen Diskrepanz von privaten und öffentlichen Interessen; weil sie aus Leidenschaften geboren, nicht aus Sachgründen getroffen würden; wegen der Wankelmütigkeit, Uneinigkeit und Anfälligkeit für parteiischen Machtmissbrauch demokratischer Versammlungen.

[14] *Jean-Jacques Rousseau* Du Contract Social, Livre IV, Chapitre II, wobei allerdings *Rousseaus* Qualifikationen nicht vergessen werden sollten, etwa in Bezug auf den *législateur*, ebd., Livre II, Chapitre VII und die Verbindung der Mehrheit mit der *volunté générale*, ebd., Livre IV, Chapitre II.

3. Demokratie im Notstand? Bedingungen der Krisenresistenz

Der Sturm auf das Kapitol in diesem Jahr bildet unzweifelhaft ein Menetekel der modernen Demokratie. Wer glaubt, es handele sich um ein nur US-amerikanisches Problem, geboren aus einer pathologischen politischen Kultur, dem Twitter-Genie *Trumps* und einer in zentralen Teilen dysfunktional gewordenen Verfassungsstruktur der USA, unterschätzt das Problem.[15] Das Ereignis erinnerte manche in gewissen Zügen an den Versuch von Corona-Skeptikern, in den deutschen Reichstag einzudringen, selbst die Sicherheitsverantwortlichen, die nach dem Sturm auf das Kapitol die Sicherheitsmaßnahmen am deutschen Parlamentsgebäude verschärften, um Wiederholungen zu vermeiden. Zwischen diesen Ereignissen liegen zweifellos angesichts des Ernstes der Gefahr für die Demokratie, die sie indizieren, des Grades des politischen Wahnwitzes, der sich hier Ventile verschaffte und der tödlichen Folgen, die der Sturm auf das Kapitol hatte, Welten. Der Sturm auf das Kapitol war tragisch-grotesk, die Belagerung des Reichstages lächerlich-grotesk. Aber auch das Lächerlich-Groteske kann als Massenphänomen gefährlich werden.

Eine besorgniserregend große Zahl von Menschen, so scheint es, ist an Grundelementen der Demokratie irregeworden. Die Sehnsucht nach Eintritt in die beruhigende Vereinfachung der Welt in autoritären Strukturen ist in vielen Ländern spürbar, in den USA, in Polen, Ungarn oder Brasilien mit sichtbaren, ernsten und langanhaltenden Konsequenzen.[16]

Aber nicht nur die Anziehungskraft der normativen Idee der Demokratie erodiert. Auch etwas sehr Wichtiges und Fragiles, schwer Wiederherstellbares zeigt Risse und Sprünge und dies ist die epistemische Lebenswelt, ein gemeinsam geteilter Raum verbindlicher Gründe, die die Voraussetzung der Demokratie nicht nur als Ensemble von Normen und Institutionen, sondern als Lebensform bildet. Diese Lebensform ist mit dem epochalen Versuch

---

[15] Vgl. z.B. *Tymothy Snyder* The American Abyss, The New York Times, 9.1.2021.

[16] *András Sajó* Ruling by cheating. Governance in Illiberal Democracy, 2021, 1 (im Erscheinen): „Scholarly opinion in the United States and Western Europe too often believed that illiberal darkness reigns only in faraway forests: 'it can't happen here.' The history of fascism shows otherwise. Overly confident democracies have paid an immense price for their careless shortsightedness." *Adam Przeworski* Crises of Democracy, 2019, 83 ff. identifiziert folgende Krisensymptome: "The signs that we may be experiencing a crisis include: (1) the rapid erosion of traditional party systems; (2) the rise of xenophobic, racist, and nationalistic parties and attitudes; and (3) the decline in support for 'democracy' in public opinion surveys." Dass Demokratien autoritäre Herrschaft reifen lassen können, ist nicht nur eine Einsicht der antiken politischen Philosophie, sondern tief in der Reflexion über demokratische Verfassungsstaaten verankert, vgl. z.B. *Alexis de Tocqueville* De la démocratie en Amérique II, Quatrième partie, in: ders. Œuvres, Tome II, 1992, insbesondere durch Missachtung von Individualrechten.

der *materialen*, nicht nur *instrumentalen* Rationalisierung von menschlicher Gesellschaftsgestaltung, ihrer Bindung an Maßstäbe, die kritischer, prinzipiengeleiteter Reflexion in theoretischer wie praktischer Hinsicht standhalten, verbunden, der nicht nur die Moderne in all ihrer Zwiespältigkeit prägt.[17] Die Bedeutung dieser politischen Rationalisierungshoffnung ist unübersehbar geworden, nachdem im 20. Jahrhundert die Zerstörungskraft von ideologischem Massenwahn mit entsetzlichen Folgen entfesselt und vielleicht nie wieder ganz gebändigt worden ist.

Damit ist eine Grundthese der folgenden Bemerkungen umrissen: Die Pandemie konfrontiert uns mit Fragen, die nicht nur die Oberfläche der

---

[17] Zur Gesellschaftstheorie des Rechts, die diese Aussage trägt, *Matthias Mahlmann* Widerständige Gerechtigkeit, 2018, 81 ff. Der Begriff der „Rationalisierung" ist vielschichtig und erläuterungsbedürftig, allerdings gesellschaftstheoretisch auch unersetzlich. Maßstabbildend ist *Max Webers* berühmte These, vgl. *Max Weber* Vorbemerkung, in: ders. Die protestantische Ethik, MWG I/18, 101–121 (116 f.) Vgl. dazu *Wolfgang Schluchter* Die Entstehung des modernen Rationalismus. Eine Analyse von Max Webers Entwicklungsgeschichte des Okzidents, 1998. Es geht bei diesem Begriff darum, einen unterschiedlichen Grad durch allgemein teilbare Gründe erreichbarer Rechtfertigungsfähigkeit verschiedener normativer Ordnungen gegebener historischer Gesellschaftsformationen zu markieren. Mit dem Bezug auf materiale, nicht instrumentale Rationalität wird deutlich gemacht, dass es um Rechtfertigung unter Bezug auf substantielle normative Prinzipien geht, z.B. verkörpert in Standardmenschenrechten, nicht um bloße Effizienz bei der Erreichung beliebig gesetzter Ziele. Diese Kategorie (in welcher Terminologie auch immer) ist für eine Gesellschaftstheorie des Rechts unverzichtbar, um analytisch nicht zu verkümmern. Es muss einen Begriff geben, der ausdrückt, dass beispielsweise zwischen einem Führerbefehl und einem parlamentarischen Gesetz Welten der Rechtfertigungsfähigkeit liegen oder eine absolutistische Monarchie weniger gut legitimiert ist als ein demokratischer Verfassungsstaat, um der Theorie ihr zentrales Explanandum in der Gegenwart nicht zu nehmen: die Entstehung eines grundrechtsgebundenen demokratischen Verfassungsstaates. Varianten eines normativ agnostischen Gesellschaftsfunktionalismus bilden keine Alternative. Funktionalistische Analysen hängen vom Ziel ab, das bestimmt, ob die Funktion erfolgreich erfüllt wurde, z.B. Komplexität zu reduzieren, indem normative Erwartungen stabilisiert werden, um es mit einem populären Theorieangebot zu formulieren. Warum aber soll Komplexität reduziert werden? Oder geschieht dies einfach? Und bestimmt dieses Ziel wirklich die zentrale Funktion von Normen? Verfolgen menschliche Gesellschaften nicht ganz andere Ziele – z.B. einem religiösen Glaubenssystem zu dienen oder Wohlstand und Freiheit zu sichern? Wird deswegen durch funktionalistische Reduktionismen nicht der zentrale (und theoretisch schwierigste und faszinierendste) Problembereich einfach ausgeblendet, nämlich die Funktion von rechtlichen Normen, bestimmte normative Prinzipien zu verwirklichen, im demokratischen Verfassungsstaat z.B. die Menschenwürde, die mehr sind als kontingente Selbstbeschreibungen von Systemen, nämlich kritischer Reflexion standhaltende normative Grundlagen legitimen Rechts? Ist dies nicht von großer Bedeutung für eine Gesellschaftstheorie des Rechts, und konkret demokratischer Verfassungsordnungen, weil diese Prinzipien erst die Maßstäbe schaffen, um Funktionsweisen von Recht bestimmen und bewerten zu können?

demokratischen Ordnung von Verfassungsstaaten betreffen, sondern zu den normativen Wurzeln und kulturellen Grundlagen der Verfassung der Demokratie führen und dies in Zeiten, in denen die normative Idee der Demokratie vielen zweifelhaft geworden ist und ihre kulturellen Grundlagen in beunruhigende Bewegung geraten sind. Auf diese doppelte Krise der Demokratie brauchen wir Antworten auch dann noch, wenn die dunklen Wolken der Pandemie über unsere Köpfe hinweggezogen sein werden, wenn wir nicht, um es in *Schillers* illusionslose Worte zum schrecklichen Scheitern der Französischen Revolution zu fassen, als ein für Freiheit und Menschenwürde „unempfängliches Geschlecht" in die Geschichte eingehen wollen.[18]

II. Der umstrittene Begriff der Demokratie

1. Die Exekutive im Verfassungsstaat

Was lehrt der Aufstand im Bundeshaus noch? Deutet er vielleicht sogar an, dass die Demokratie in einer solchen existentiellen Krise wie der Pandemie überfordert sein könnte? Hat das autoritäre System Chinas die Pandemie nicht erfolgreich bewältigt? Sind die Rufe nach ausgeprägterer Parlamentsbeteiligung deshalb unterwegs auf falscher Fährte? Sind sie vielleicht nur Ausdruck des Wunsches der zu welken politischen Mauerblümchen marginalisierten Oppositionen, im Scheinwerferlicht einer großen politischen Bühne zu glänzen? Ist eine Herausforderung wie die COVID-19-Pandemie nicht unausweichlich die Stunde der Exekutive? Ist das nicht notwendig so aufgrund der Sachzwänge der Krisenbewältigung unter den Bedingungen von Zeitdruck, Präzedenzlosigkeit der Probleme, Informationsasymmetrien zu Lasten des Parlaments und zugunsten der Regierung und Verwaltung, enormen Risiken für Höchstwerte von Verfassungsstaaten und hochkomplexen, immer wieder sehr bitteren Entscheidungsoptionen, was auch immer man normativ von dieser Prärogative der Exekutive halten möchte?[19] Ist diese nicht auch strukturell in der Entwick-

---

[18] *Friedrich Schiller* Über die ästhetische Erziehung des Menschen, in: ders. Sämtliche Werke, Bd. V, 2004, 580: Die Gelegenheit habe sich in seiner Zeit geboten, „das Gesetz auf den Thron zu stellen, den Menschen endlich als Selbstzweck zu ehren und wahre Freyheit zur Grundlage der politischen Verbindung zu machen. Vergebliche Hoffnung! Die *moralische* Möglichkeit fehlt und der freygiebige Augenblick findet ein unempfängliches Geschlecht" (Herv. i. Org).
[19] Vgl. z.B. die Analyse von *Andreas Stöckli* Regierung und Parlament in Pandemiezeiten, ZSR, 2020, 35, der neben Informationsdefiziten des Parlaments auch (in Bezug auf die Bundesversammlung) Milizstrukturen, nicht permanent stattfindende Versammlungen, die Größe, die Zusammensetzung, die unübersichtlichen und unstabilen Mehrheitsverhältnisse

lung des modernen Verfassungsstaates angelegt? Ist die Vorstellung vom Gegensatz von Regierung und Parlament sowie der Kontrolle der Regierung durch das Parlament nicht ein Überbleibsel der Gewaltenkonzeption der in verschiedenen Formen konstitutionellen Monarchien? Stehen die Regierung und ihre Parlamentsmehrheit nicht den parlamentarischen oder vielleicht auch außerparlamentarischen Oppositionen gegenüber, in der Schweiz noch in besonders qualifizierter Weise durch die Zauberformel der Konkordanzdemokratie?[20]

Welche funktionalen Imperative gibt es überhaupt für Exekutivtätigkeiten? Welche besonderen gibt es in der Pandemie? Welche Folgen haben diese funktionalen Imperative für die Aufgabenzuweisungen an andere Staatsgewalten? Ist die Pandemie vielleicht sogar legitimerweise die Stunde der Exekutive? Sind die vielen Stimmen, die die Marginalisierung von Parlamenten beklagen, mithin in eine biedere Parlamentsromantik des 19. Jahrhunderts verstrickt? Wie kann überhaupt weitreichendem Staatshandeln in der Krise Legitimität verliehen werden? Ist demokratische Legitimation ein angemessenes Kriterium in einer solchen Notlage, oder überlagert die materielle Richtigkeit von Entscheidungen demokratische Partizipationsanforderungen? Was fordert, was erlaubt, was verbietet das Demokratieprinzip?[21]

---

oder das schwerfällige Entscheidungsverfahren als Grund für den funktionalen Vorrang des Bundesrats in Notsituationen nennt.

[20] Vgl. zu Demokratiekonzeptionen und ihrem Hintergrund im Verfassungsrecht der Schweiz z.B. *Stefan Schmid* Entstehung und Entwicklung der Demokratie in der Schweiz, in: Oliver Diggelmann/Maya Hertig Randall/Benjamin Schindler (Hrsg.) Verfassungsrecht der Schweiz/Droit constitutionnel suisse, Bd. I, 2020, 287 ff.; *Daniel Kübler* Schweizerische Demokratie im internationalen Vergleich, ebd., 317 ff.; *Daniel Brühlmeier/Adrian Vatter* Demokratiekonzeption der Bundesverfassung, ebd., 373 ff.

[21] Das BVerfG hat im NPD-Verfahren die Forderungen des Demokratieprinzips wie folgt zusammengefasst: „Unverzichtbar für ein demokratisches System sind die Möglichkeit gleichberechtigter Teilnahme aller Bürgerinnen und Bürger am Prozess der politischen Willensbildung und die Rückbindung der Ausübung der Staatsgewalt an das Volk (Art. 20 Abs. 1 und 2 GG). […] In der Demokratie erfolgt die politische Willensbildung vom Volk zu den Staatsorganen und nicht umgekehrt. Die demokratischen Postulate der Freiheit und Gleichheit erfordern gleichberechtigte Mitwirkungsmöglichkeiten aller Bürger. Nur dann ist dem Erfordernis der Offenheit des Prozesses der politischen Willensbildung genügt. Damit sind Konzepte des dauerhaften oder vorübergehenden willkürlichen Ausschlusses Einzelner aus diesem Prozess nicht vereinbar. Die Instrumente zur Sicherung der Offenheit des Prozesses der politischen Willensbildung (Mehrparteiensystem, Chancengleichheit der Parteien, Recht auf Bildung und Ausübung einer Opposition) sind demgegenüber nachrangig.

Der Grundsatz der Volkssouveränität (Art. 20 Abs. 2 Satz 1 GG) erfordert daneben, dass sich alle Akte der Ausübung der Staatsgewalt auf den Willen des Volkes zurückführen lassen. Soweit das Volk die Staatsgewalt nicht selbst durch Wahlen oder Abstimmungen aus-

2. Verfassungsrecht und politische Autonomie

Der normative Gehalt des Demokratieprinzips ist alles andere als unstrittig. In Anbetracht der gegenwärtigen Aushöhlung verschiedener demokratischer Systeme, aber auch in Hinblick auf das demokratieskeptische Hintergrundgeräusch einiger theoretischer, auch rechtswissenschaftlicher Debatten, in denen manchmal der demokratischen Idee der emanzipative, die Menschen befreiende normative Biss genommen wird, soll deshalb klargestellt werden, welcher Begriff der Demokratie hier verteidigt werden wird.[22]

übt, sondern dies besonderen Organen (Art. 20 Abs. 2 Satz 2 GG) übertragen ist, bedarf es eines hinreichend engen Legitimationszusammenhangs, der sicherstellt, dass das Volk einen effektiven Einfluss auf die Ausübung der Staatsgewalt durch diese Organe hat. Erforderlich ist eine ununterbrochene Legitimationskette vom Volk zu den mit staatlichen Aufgaben betrauten Organen und Amtswaltern. Auch insoweit kommt es im Rahmen des Art. 21 Abs. 2 Satz 1 GG vorrangig nicht auf die einzelnen Instrumente zur Sicherstellung des hinreichenden Legitimationszusammenhangs (Parlamentarismus, Verantwortlichkeit der Regierung, Gesetzes- und Weisungsgebundenheit der Verwaltung), sondern auf die grundsätzliche Beachtung des Prinzips der Volkssouveränität an", BVerfGE 144, 20 (Rn. 543 ff.). Wurden diese Grundsätze in der Pandemie erfolgreich operationalisiert? Wie sieht eine hinreichend fest geschmiedete „Legitimationskette" unter Pandemiebedingungen aus?

[22] Demokratietheorien werden in der Gegenwart in einer Vielzahl von Formen vertreten, die sich z.T. mit dem hier umrissenen Konzept im normativen Kern decken, z.T. aber auch wesentlich unterscheiden. Einige Beispiele: Elitentheorien beanspruchen, einen nüchternen Blick auf die Realitäten demokratischer Staaten zu werfen: *Joseph Schumpeter* Kapitalismus, Sozialismus, Demokratie, 8. Aufl. 2005, 428: „[D]ie demokratische Methode ist diejenige Ordnung der Institutionen zur Erreichung politischer Entscheidungen, bei welcher einzelne die Entscheidungsbefugnis vermittels eines Konkurrenzkampfes um die Stimmen des Volkes erwerben". Ökonomische Theorien verwandeln den politischen Prozess in einen Markt mit den Tauschgütern Präferenzbefriedigung und Macht, vgl. *Anthony Downs* An Economic Theory of Democracy, 1957, in markt-liberalen, staatskritischen Theorien mit einem Votum für die Wahrnehmung vieler Staatsaufgaben durch Märkte, *James Buchanan/ Gordon Tullock* The Calculus of Consent: Logical Foundations of Constitutional Democracy, 1965. Zu Reichweite und Grenzen des Wettbewerbsparadigmas vgl. die Berichte von *Armin Hatje* und *Markus Kotzur* Demokratie als Wettbewerbsordnung, VVDStRL 69 (2010), 135 ff. und 173 ff. Pluralistische Theorien beziehen sich auf die Verbindung von Menschen zur Aggregation von Interessen, den politischen Konkurrenzkampf zwischen diesen Gruppen und „polyarchische" politische Prozesse, vgl. z.B. *Robert Dahl* A Preface to Democratic Theory, Expanded Edition, 2006; *Ernst Fraenkel* Deutschland und die westlichen Demokratien, 1991. Verschiedene Ansätze rekurrieren auf (öffentliche) Gleichheitsansprüche von Menschen, vgl. z.B. *Thomas Christiano* The Constitution of Equality: Democratic Authority and Its Limits, 2008; Theorien deliberativer und partizipatorischer Demokratie betonen die Wichtigkeit kommunikativer Auseinandersetzung über politische Sachfragen und ihre realen, normativen und institutionellen Voraussetzungen, sowie, vor allem in Varianten mit kommunitaristischen Tendenzen, die konstitutive Rolle der Partizipation und Deliberation für die Gemeinschaftsbildung, vgl. *Benjamin Barber* Strong

Die ebenso einfache wie großartige normative Grundidee der Demokratie lautet: Subjekte und Adressaten von politischer Herrschaft, notwendig vermittelt durch Recht, sollen identisch sein.[23] Es geht um Selbstbestimmung, politische Autonomie, organisiert, prozedural gebändigt, rechtlich eingehegt, auf Dauer gestellt und durch Institutionen nicht nur ermög-

---

Democracy: Participatory Politics for a New Age, 2004, anders als Theorien, die Demokratie im Wesentlichen in Abstimmungen aufgehen lassen, so etwa *Schumpeter* Kapitalismus, 416 f. Diskurstheorien dieser Art sind dabei in Hintergrundannahmen zu kommunikativem Handeln eingebettet, vgl. *Jürgen Habermas* Faktizität und Geltung, 1992; Neo-Republikanische Theorien sehen als Mittel, das (kontraktualistisch) bestimmte Gemeinwohlziel von Demokratien zu erreichen, neben Wahlmechanismen kontestatorische Kontrollinstrumente an, die es den Bürgerinnen und Bürgern erlauben, auf den politischen Prozess unabhängig von Wahlen konkreten Einfluss zu nehmen, wobei eine stärker von *Rousseau* beeinflusste Variante die Bedeutung der Wahlentscheidungen und legislativen Organe betont, vgl. z.B. *Philip Pettit* On the people's terms: A Republican Theory and Model of Democracy, 2012 einerseits und *Richard Bellamy* Political Constitutionalism: A Republican Defence of Constitutional Democracy, 2007 andererseits. Egalitär-proceduralistische Theorien setzen auf offene Verfahren der demokratischen Entscheidungsbildung, nicht etwa materielle Grenzen der Demokratie, um gemeinwohlbezogene Ergebnisse zu erzielen, vgl. *Ingeborg Maus* Über Volkssouveränität. Elemente einer Demokratietheorie, 2011; *Hannah Arendt* hat eine existentiell-ontologische Demokratietheorie entwickelt, *Hannah Arendt* Vita activa oder Vom tätigen Leben, 2002, die in den Vorschlag einer von der kommunalen Basis ausgehenden, territorial, nicht korporatistisch organisierten Rätedemokratie mündet, *Hannah Arendt* Über die Revolution, 2019. Zur Postdemokratie als Kritik einer Konsensdemokratie durch Wissenschaft und Recht und für unabschließbare Prozesse der Inklusion, *Jacques Rancière* La Mésentente, 1996. Die faktische Realität demokratischer Prozesse kritisiert *Colin Crouch* Post-Democracy, 2004. Eine Frage mit tiefen Wurzeln in der Wirtschaftsgeschichte der Neuzeit betrifft die Etablierung von demokratischen Strukturen außerhalb des staatlich-politischen Bereichs, insbesondere der Wirtschaft. Vgl. aus neuester Zeit vieldiskutiert zu Machtstrukturen in Arbeitsverhältnissen *Elizabeth Anderson* Private Government: How Employers Rule Our Lives (and Why We Don't Talk about It), 2017.

[23] *Immanuel Kant* Zum Ewigen Frieden, Akademie Ausgabe, Bd. VIII, 349 f.; *Hans Kelsen* Vom Wesen und Wert der Demokratie (2. Aufl. 1929), in: ders. Verteidigung der Demokratie, ausgewählt und hrsg. v. Matthias Jestaedt/Oliver Lepsius, 2006, 162: „Demokratie ist der Idee nach eine Staats- oder Gesellschaftsform, bei der der Gemeinschaftswille, oder ohne Bild gesprochen, die soziale Ordnung durch die ihr Unterworfenen erzeugt wird: durch das Volk. Demokratie bedeutet Identität von Führer und Geführten, von Subjekt und Objekt der Herrschaft, bedeutet Herrschaft des Volkes über das Volk." Mit der Idee, dass die Adressaten politischer Herrschaft auch ihre normativ letztinstanzlich maßgeblichen Urheber sind, werden demokratische Repräsentationsmechanismen nicht ausgeschlossen, sondern einem kritischen Maßstab unterstellt, vgl. zu Identitätsthese und Repräsentation kritisch *Ernst-Wolfgang Böckenförde* § 34 Demokratische Willensbildung und Repräsentation, in: Josef Isensee/Paul Kirchhof (Hrsg.), HStR III, 3. Aufl. 2005, Rn. 1 ff. Diese Identität hat keineswegs eine substantielle „Homogenität des Volkes" zur Voraussetzung und als Bezugspunkt, so aber *Carl Schmitt* Verfassungslehre, 1928, 234 ff. Sie bildet vielmehr eine Kurzformel für ein normatives Verwirklichungsverhältnis politischer Autonomie durch (rechtlich und institutionell vermittelte) Selbstherrschaft.

licht, sondern auch geschützt.[24] Grundlage dafür ist die Annahme einer politisch-philosophischen Anthropologie der Autonomie,[25] dass Menschen keine bloßen Marionetten an den Fäden von außerweltlichen Mächten

---

[24] Von diesem normativen Ausgangspunkt aus kann dann eine konstruktive Kritik der diversen Demokratietheorien unternommen werden, vgl. Fn. 22. Dabei muss man die normativen Grundaussagen einerseits und die Frage nach den rechtlichen und institutionellen Verwirklichungsformen andererseits unterscheiden. Für letztere gibt es keinen eindeutigen Bauplan, sondern verschiedene Wege, menschlicher Autonomie auch institutionell immer wieder neues Leben einzuhauchen. Dabei trifft in Bezug auf den offenen politischen Prozess zu: Demokratie „institutionalizes uncertainty", *Adam Przeworski* Democracy and the market, 1991, 10 ff.; zu einer politischen Geschichte der Demokratie im 20. Jahrhundert mit diesem Leitmotiv, *Jan-Werner Müller* Contesting Democracy, 2011, 242. Der demokratische Rahmen muss dabei aber gerade erhalten bleiben – dieses Maß an Gewissheit soll gerade den Unwägbarkeiten des politischen Prozesses entzogen werden.

[25] Es ist von entscheidender Bedeutung für das begründungstheoretische Unterfangen, die anthropologischen Grundlagen und Implikationen von Legitimationstheorien der Demokratie explizit zu machen. Dies gilt gerade unter den Bedingungen einer internationalen Krise der Demokratie, die den Rückgang auf die tragenden Gründe von Legitimationsannahmen der verfassungsstaatlichen Demokratie verlangen, um die Idee der Demokratie neu abzusichern. Demokratie ist eine bestimmte Herrschaftsform für ein mit spezifischen Eigenschaften sein Leben gestaltendes Wesen. Die Annahmen zum Ort von Freiheit in der Existenzweise von Menschen sind dabei ausschlaggebend. Wenn Freiheit für eine Selbsttäuschung von in Wirklichkeit durch heteronome Faktoren bestimmte Menschen oder für unerheblich für ein menschliches Leben gehalten wird, kann die normative Legitimität von Demokratie nicht begründet werden. *Foucault* hat paradigmatisch für eine einflussreiche Perspektive, die die Natur der Menschen für sozial konstruiert und historisch radikal wandelbar ansieht, formuliert: „L'homme est une invention dont l'archéologie de notre pensée montre aisément la date récente. Et peut-être la fin prochaine. Si ces dispositions venaient à disparaître comme elles sont apparus, si par quelque événement dont nous pouvons tout au plus pressentir la possibilité, mais dont nous ne connaissons pour l'instant encore ni la forme ni la promesse, elles basculaient, comme le fit au tournant du XVIIIème siècle le sol de la pensée classique, – alors on peut bien parier, que l'homme s'effacerait, comme à la limite de la mer un visage de sable" *Michel Foucault* Les mots et les choses, 1966, 398.

Wenn das zutrifft, kann gegen die Hand der autoritären Herrschaft, die dieses Gesicht der Menschen im Sand mit Gewalt auswischt, nichts eingewandt werden. Eine der eindringlichsten und philosophisch gehaltvollsten Warnungen vor den möglichen politischen Folgen einer totalen Historisierung der Grundeigenschaften der menschlichen Existenz, die Konzentrationslager und den GULAG vor Augen, stammt von *Albert Camus*: „Le vrai drame de la pensée révoltée est alors annoncé. Pour être, l'homme doit se révolter, mais sa révolte doit respecter la limite qu'elle découvre en elle-même et où les hommes, en se rejoignant, commencent d'être. La pensée révoltée ne peut donc se passer de mémoire: elle est une tension perpétuelle. En la suivant dans ses œuvres et dans ses actes, nous aurons à dire, chaque fois, si elle reste fidèle à sa noblesse première ou si, par lassitude et folie, elle l'oublie au contraire, dans une ivresse de tyrannie ou de servitude", *Albert Camus* L'homme révolté, 1951, 37.

oder innerweltlichen Gesellschaftskräften sind,[26] sondern je gleich selbstbestimmungsfähige Wesen, die ein je gleich tiefes, ihre humane Existenzform bestimmendes Autonomieverlangen besitzen.[27] Ihre Würde als

---

[26] Ein Beispiel für anthropologische Annahmen, ihre Gründe und ihren Gehalt ist *Kants* Resümee seines Versuchs, die Eigenarten des menschlichen Erkenntnisprozesses zu bestimmen, das gleichzeitig eine Fundamentalperspektive auf die Konsequenzen seiner Theorie für einen wissenschaftlich gehärteten Menschenbegriff auszeichnet, die für die Idee der Demokratie entscheidend sind: „Ich habe aus der Kritik der reinen Vernunft gelernt, daß Philosophie nicht etwa eine Wissenschaft der Vorstellungen, Begriffe und Ideen, oder eine Wissenschaft aller Wissenschaften, oder sonst etwas Ähnliches sei; sondern eine Wissenschaft des Menschen, seines Vorstellens, Denkens und Handelns; – sie soll den Menschen nach allen seinen Bestandteilen darstellen, wie er ist und sein soll, d.h. sowohl nach seinen Naturbestimmungen, als auch nach seinem Moralitäts- und Freiheitsverhältnis. Hier wies nun die alte Philosophie dem Menschen einen ganz unrichtigen Standpunkt in der Welt an, indem sie ihn in dieser zu einer Maschine machte, die als solche gänzlich von der Welt oder von den Außendingen und Umständen abhängig sein mußte; sie machte also den Menschen zu einem beinahe bloß passiven Theile der Welt. – Jetzt erschien die Kritik der Vernunft und bestimmte dem Menschen in der Welt eine durchaus aktive Existenz. Der Mensch selbst ist ursprünglich Schöpfer aller seiner Vorstellungen und Begriffe und soll einziger Urheber aller seiner Handlungen sein", *Immanuel Kant* Der Streit der Fakultäten, Akademie Ausgabe, Bd. VII, 69 f.

Damit werden Grundannahmen zu den Erkenntnismitteln, ihrer Rolle im Erkenntnisprozess und – für unser Thema zentral – zur aktiven Rolle der Menschen in der Welt als autonome Subjekte formuliert, die das politische und rechtliche Projekt der Demokratie in der Verfassungsordnung seit der Aufklärung bis heute bestimmen. Ohne derartige Annahmen ist eine plausible Demokratietheorie weder methodisch noch normativ zu haben.

[27] Ein klassisches Argument mit anthropologischer Grundlage für die Legitimität der Demokratie lautet, dass Demokratie eine Bedingung der Entfaltung zu einem allseitig zum Besseren hin entwickelten Menschsein bilde, vgl. z.B. *John Stuart Mill* Considerations on Representative Government, in: John Robson (Hrsg.) Collected Works of John Stuart Mill, Vol. XIX, 1977, 406 ff. *Hannah Arendts* existentiell-ontologische Demokratietheorie bildet ein anderes Beispiel. Sie versteht *Handeln* als Grundkategorie menschlicher Existenz, vgl. *Arendt*, Vita activa (Fn. 21), 213 ff. Handeln verwirklicht sich als gemeinsame Selbstbestimmung in einem welthaltigen, geteilten politischen Raum, in dem Menschen ihr eigenes Menschsein ergriffen und ausdrückten – politisch praktisch exemplarisch verwirklicht in der Amerikanischen Revolution, *Hannah Arendt* Revolution (Fn. 22), 226: Die Gründungsväter waren „genau der entgegengesetzten Meinung ihrer französischen Kollegen, für welche der gesellschaftliche Zustand die Wurzel aller menschlichen Laster bildet; gerade in der menschlichen Fähigkeit, eine Gesellschaft zu bilden, sahen sie eine begründete Hoffnung auf eine Erlösung von allen durch die menschliche Schlechtigkeit verursachten Übeln, und dies war eine Erlösung im Diesseits, für welche es göttliche Hilfe nicht bedurfte".

Methodisch wirft diese Theorie die Frage nach den Kriterien für die Gültigkeit der anthropologischen Annahmen auf. Handeln ist bei *Arendt* kein empirisch abgesicherter Begriff, sondern eine normative Leitidee im ontologischen Gewand. Eine anthropologische Theorie muss sich empirischen Fragen stellen – die hier angedeutete etwa den Fragen, was konkret für die Annahme einer geteilten Selbststimmungsfähigkeit und eines entsprechenden Selbstbestimmungsbedürfnisses spricht, z.B. angesichts einer anhaltenden Diskussion

Subjekt, das als Individuum einen Selbstzweck bildet, begründet unter Gerechtigkeitsprinzipien politische Autonomie in der Demokratie als ethisches Menschenrecht,[28] das Verfassungs- und Völkerrecht in verschiedene, manchmal harte und belastbare, manchmal schwach normative Rechtspositionen transformieren.[29]

Ist diese Konzeption überholt? Wir alle beobachten mit vermutlich großer Bewegung den Widerstand in Hong Kong gegen die Zerstörung der Demokratie und sehen mit Staunen den Mut der Menschen in Myanmar, die sich gegen die Herrschaft der Militärs stemmen. Kämpfen diese Menschen für ein vielleicht politische Träume berückendes politisches Gaukelbild, das in der Realität aber schnell zu Staub zerfällt? Hat die Pandemie dafür gerade den Beweis erbracht?

---

um menschliche Willensfreiheit und der Dauerhaftigkeit und gegenwärtigen Anziehungskraft autoritärer Systeme. Solche Fragen müssen, können aber auch beantwortet werden – Zweifel an der Selbstbestimmungsfähigkeit von Menschen etwa durch den Nachweis der Grenzen der explikativen Reichweite deterministischer Theorien, *Matthias Mahlmann* Rechtsphilosophie und Rechtstheorie, 6. Aufl. 2021, 311 ff. Die zentrale Antwort auf Zweifel am Selbstbestimmungsbedürfnis von Menschen liegt in der Bedeutung von Selbstbestimmung in individuellen Lebensentwürfen und in der historischen Erfahrung menschlicher Selbstbefreiungsversuche. Diese Grundlagen der angedeuteten politischphilosophischen Anthropologie haben solange tragende Kraft, solange nicht plausibel gemacht wurde, dass Fremdbestimmung und Unterwerfung die menschlichen Möglichkeiten und Bedürfnisse am besten befriedigen.

[28] Das Verhältnis von Menschenrechten und Demokratie wird deshalb nicht zutreffend erfasst, wenn die „Gleichursprünglichkeit" von Demokratie und Menschenrechten behauptet wird, *Habermas* Faktizität (Fn. 22), 109 ff., da das in der Würde der Menschen wurzelnde Recht auf autonome Selbstbestimmung der zentrale legitimationstheoretische Grund der Demokratie ist.

[29] Zum „menschenrechtlichen Kern des Demokratieprinzips" BVerfGE 144, 20 (Rn. 542): „Das Demokratieprinzip ist konstitutiver Bestandteil der freiheitlichen demokratischen Grundordnung. Demokratie ist die Herrschaftsform der Freien und Gleichen. Sie beruht auf der Idee der freien Selbstbestimmung aller Bürger. Das Grundgesetz geht insoweit vom Eigenwert und der Würde des zur Freiheit befähigten Menschen aus und verbürgt im Recht der Bürger, in Freiheit und Gleichheit durch Wahlen und Abstimmungen die sie betreffende öffentliche Gewalt personell und sachlich zu bestimmen, zugleich den menschenrechtlichen Kern des Demokratieprinzips".

Art. 21 Abs. 1 und 3 Allgemeine Erklärung der Menschenrechte halten demokratische Rechte als Menschenrechte fest. Zur Debatte, ob das Völkerrecht ein Recht auf Demokratie enthält z.B. *Sigrid Boysen* Remnants of a Constitutional Moment: The Right to Democracy in International Law, in: Andreas von Arnauld/Kerstin von der Decken/Mart Susi (Hrsg.) The Cambridge Handbook of New Human Rights. Recognition, Novelty, Rhetoric, 2020, 465 ff. und kritisch *Samantha Besson* The Human Right to Democracy in International Law: Coming to Moral Terms with an Equivocal Legal Practice, ebd., 481 ff.

III. Die Pandemie als Testfall der Krisenfestigkeit der Demokratie

1. Eine Krise besonderer Art

Die Pandemie bildet einen echten Testfall für die Krisenresilienz der Demokratie. Sie formuliert Herausforderungen in Bezug auf den notwendigen Schutz von Leben und Gesundheit, aber auch in Bezug auf die Folgen dieser Schutzmaßnahmen, wirtschaftlich, sozial, und politisch, von Firmenpleiten über Lernrückstände von Kindern über häusliche Gewalt bis hin zu geostrategischer Impfstoffpolitik und ihren möglichen weltpolitischen Auswirkungen.

Sie bedeutet den Einbruch einer existentiellen Problemlage, die Erinnerung an bestimmte Parameter menschlicher Existenz, die gerade im Alltag von saturierten Wohlstandsgesellschaften aus dem Blick geraten können. Sie erinnert an die Verwundbarkeit, die Vergänglichkeit von Menschen und die Grenzen menschlicher Naturbeherrschung. Sie bildet eine Erinnerung an unsere wirkliche Stellung in der Welt, die auch nach einem langen Prozess der Kulturbildung prekär und zutiefst verletzlich geblieben ist.[30]

2. Umgangsweisen in Verfassungsstaaten – Schweiz

Wie geht man in einem Verfassungsstaat mit solch einer Krise um? In der Schweiz wurden die Maßnahmen auf Bundesebene[31] vor allem auf einzelgesetzliche Notstandsbefugnisse des Bundesrates im Epidemiegesetz[32]

---

[30] Sie unterscheidet sich damit von anderen Krisen. Bei allen weitreichenden Problemen, die etwa durch die letzte Finanzkrise aufgeworfen wurden: Diese Krise betrifft Finanzmärkte als von Menschen geschaffene und jedenfalls prinzipiell beherrschbare Institutionen. Die Pandemie bedeutet demgegenüber die Erfahrung eines fundamentalen Kontrollverlustes, die Konfrontation mit etwas, das nicht leicht, vielleicht sogar gar nicht beherrschbar ist. Die schnelle und beeindruckende Bereitstellung von Impfstoffen ist auch insofern eine Rettung in höchster Not: Sie macht uns noch einmal zum Subjekt des Geschehens, sollte allerdings nicht die Illusion der Beherrschbarkeit all dessen, was Menschen bedroht, erneuern. Der Klimawandel ist dafür ein offensichtliches Beispiel.

[31] Die folgenden Bemerkungen können aus Platzgründen keine differenzierte Darstellung der Maßnahmen und ihrer Problematik auf Ebene der Kantone oder Bundesländer liefern.

[32] Vgl. Art. 6 Bundesgesetz über die Bekämpfung übertragbarer Krankheiten des Menschen (Epidemiengesetz, EpG) vom 28. September 2012 (Stand am 25. Juni 2020) SR 818.101 zu Befugnissen bei einer „besonderen Lage" und Art. 7 EpG bei einer „ausserordentlichen Lage". Im letzteren Fall kann der Bundesrat „für das ganze Land oder für einzelne Landesteile die notwendigen Massnahmen anordnen". Einer Ermächtigung dazu durch die Bundesversammlung bedarf es nicht. Art. 7 EpG wird z.T. als deklaratorischer Ausdruck der konstitutionellen Notstandsbefugnisse aus Art. 185 Abs. 3 Bundesverfassung der Schweizerischen Eidgenossenschaft (BV) SR 101 verstanden. Art. 7 EpG war wesentli-

3. Demokratie im Notstand? Bedingungen der Krisenresistenz 87

sowie – sogar im Falle milliardenschwerer Finanzhilfen – auf die generalklauselartigen Notstandsbefugnisse des Bundesrates zum Erlass von Verordnungen und Verfügungen der Bundesverfassung gestützt.[33] Es gibt gute Gründe, verschiedene ergangene gesetzes- und sogar verfassungsderogierende Verordnungen dabei für verfassungswidrig zu halten.[34] Das Parlament hat schon im Frühjahr 2020 durch Einberufung einer Sondersession politisch seinen Mitgestaltungsanspruch angemeldet. Ein im letzten Herbst verabschiedetes Covid-19-Gesetz hat dann die Maßnahmen weitgehend auf spezialgesetzliche Grundlagen gestellt, die Befugnisse an die Grundsätze

---

che Grundlage der Anordnungen des ersten Maßnahmebündels, das als „Lockdown" firmiert. Nähere Konkretisierungen, wann eine „ausserordentliche Lage" anzunehmen ist, enthält die Norm nicht, was Anforderungen an legislative Grundrechtseinschränkungen im Lichte des Gesetzesvorbehalts, Art. 36 Abs. 1, 164 Abs. 1 BV, nicht entspricht. Auch in Bezug auf den Bestimmtheitsgrundsatz wirft die Norm Fragen auf (a.A. *Stöckli* Regierung [Fn. 10], 20). Die Norm sieht keine Verpflichtung zur zeitlichen Befristung vor, noch müssen die Maßnahmen parlamentarisch abgesichert werden. Auch das ist problematisch. Der angenommene deklaratorische Gehalt der Norm bildet wegen seines spezialrechtlichen Anwendungsbereichs keinen Grund, von normativen Anforderungen an Regelungsdichte und -inhalt abzuweichen. Art. 7d Regierungs- und Verwaltungsorganisationsgesetz (RVOG) vom 21. März 1997 (Stand am 2. Dezember 2019) SR 172.010 sollte deswegen jedenfalls zur Anwendung kommen, vgl. *Stöckli* Regierung (Fn. 10), 22. Eine Verdoppelung generalklauselartiger Befugnisse aus Art. 185 Abs. 3 BV ist nicht notwendig. Das Heranziehen von 8000 Armeeangehörigen zur Unterstützung ziviler Stellen erfolgte auf Grundlage von Art. 67 ff. Bundesgesetz über die Armee und die Militärverwaltung (Militärgesetz, MG) vom 3. Februar 1995 (Stand am 1. Januar 2021) SR 510.10.

[33] Das Verhältnis dieser Normen zueinander ist alles andere als geklärt, vgl. z.B. einerseits *Giovanni Biaggini* «Notrecht» in Zeiten des Coronavirus – Eine Kritik der jüngsten Praxis des Bundesrats zu Art. 185 Abs. 3 BV, ZBl 2020, 239 (257 ff.) und *Ralph Trümpler/ Felix Uhlmann* Problemstellungen und Lehren aus der Corona-Krise aus staats- und verwaltungsrechtlicher Sicht, in: Helbing-Lichtenhahn Verlag (Hrsg.) Covid-19. Ein Panorama der Rechtsfragen zur Corona-Krise, 2020, 567 (574 ff.).

[34] Der Bundesrat kann aufgrund von Art. 185 Abs. 3 BV befristete Notverordnungen erlassen, die auch Grundrechte beschränken dürfen, bleibt dabei aber an die Verfassung gebunden. Bei Grundrechtseinschränkungen muss deshalb ein öffentliches Interesse gegeben sein, das Verhältnismäßigkeitsprinzip und der Kerngehalt der Grundrechte gewahrt bleiben. Z.T. wird vertreten, dass der Bundesrat auch contra legem handeln könne (*Stöckli* Regierung [Fn. 10], 24 f.), was abzulehnen ist, vgl. *Biaggini* «Notrecht» (Fn. 33), 239 (254). Bei andauernden außerordentlichen Lagen müssen die Notverordnungen in Bundesgesetze überführt werden. Bei finanziellen Beschlüssen ist die Beteiligung der Finanzdelegation notwendig, Art. 28 Abs. 1, 34 Abs. 1 Bundesgesetz über den eidgenössischen Finanzhaushalt (Finanzhaushaltgesetz, FHG) vom 7. Oktober 2005 (Stand am 1. Januar 2016) SR 611.0. Zur Diskussion um – abzulehnendes – extrakonstitutionelles Notrecht vgl. Fn. 10. Zu den Notrechtsbefugnissen der Bundesversammlung vgl. Art. 173 Abs. 1 Bst. a–c BV. Zur dringlichen Gesetzgebung mit nachträglicher Referendumsmöglichkeit, Art. 165 BV.

der „Subsidiarität, Wirksamkeit und der Verhältnismässigkeit" geknüpft und für nachranging gegenüber dem ordentlichen und dringlichen Gesetzgebungsverfahren erklärt. Eine tatbestandlich enge Bindung der Exekutive hat es nicht geschaffen: Die Tatbestandsvoraussetzungen seiner Regelungsbefugnisse kann der Bundesrat in großen Teilen selbst bestimmen.[35]

3. Umgangsweisen in Verfassungsstaaten – Deutschland

In Deutschland erfolgten die Maßnahmen[36] im Wesentlichen aufgrund der Befugnisse aus dem Infektionsschutzgesetz, insbesondere seiner generalklauselartigen Verordnungsermächtigung,[37] nach viel Kritik schließlich ergänzt durch verfassungsrechtlich im Hinblick auf Wesentlichkeitstheorie,[38]

---

[35] Art. 1 Abs. 2, 2 bis Bundesgesetz über die gesetzlichen Grundlagen für Verordnungen des Bundesrates zur Bewältigung der Covid-19-Epidemie (Covid-19-Gesetz) vom 25. September 2020 (Stand am 1. April 2021) SR 818.102.

[36] Das Grundgesetz kennt verschiedene Regelungsregime für Sonder- und Notlagen, z.T. eingefügt durch die umstrittene Notstandsverfassung von 1968, die aber nicht einschlägig sind. Dazu gehören die Art. 10 Abs. 2 S. 2, 35 Abs. 2 S. 1, 87a Abs. 4, 91 GG, sowie Art. 37 GG; die Regelungen zu Spannungs- und Verteidigungsfall, Art. 80a, 87a Abs. 3, 115a ff.; spezielle Regelungen für Grundrechtseinschränkungen im Katastrophen- oder Unglücksfall, Art. 11 Abs. 2, 13 Abs. 7, 35 Abs. 2 S. 2, 3 GG; hausrechtliche Regelungen für außerordentliche Notlagen, Art. 109 Abs. 3 S. 2, 115 Abs. 2 S. 6 GG. Ein allgemeines „extrakonstitutionelles Notrecht" ist angesichts dieser differenzierten und abschließenden Regelungen abzulehnen, vgl. zur Diskussion oben Fn. 10.

[37] Vgl. insbesondere die Generalklausel § 28 Abs. 1 S. 1, §§ 25 ff. Infektionsschutzgesetz (IfSG) vom 20. Juli 2000 (BGBl. I, 1045), zuletzt geändert durch Artikel 1 des Gesetzes vom 22. April 2021 (BGBl. I, 802). Zum Bedürfnis tatbestandsmäßiger Einschränkungen *Kloepfer* Verfassungsschwächung (Fn. 6), 15 f. Zur Verordnungsermächtigung vgl. § 32 i.V. m. §§ 28 ff. IfSG.

[38] In ständiger Rechtsprechung hat das Bundesverfassungsgericht aus grundrechtlichen Gesetzesvorbehalten und dem Rechtsstaatsprinzip (Art. 20 Abs. 3 GG) einerseits sowie dem Demokratieprinzip (Art. 20 Abs. 1 und 2 GG) andererseits die Verpflichtung des Gesetzgebers abgeleitet, in allen grundlegenden normativen Bereichen die wesentlichen Entscheidungen selbst zu treffen. Vgl. z.B. BVerfGE 49, 89 (126); 77, 170 (230 f.); 98, 218 (251); 136, 69 (Rn. 102); 150, 1 (Rn. 191 ff.): „In der Ordnung des Grundgesetzes trifft die grundlegenden Entscheidungen das vom Volk gewählte Parlament. Die Entscheidung wesentlicher Fragen ist vor diesem Hintergrund dem parlamentarischen Gesetzgeber vorbehalten. Damit soll gewährleistet werden, dass Entscheidungen von besonderer Tragweite aus einem Verfahren hervorgehen, das der Öffentlichkeit Gelegenheit bietet, ihre Auffassungen auszubilden und zu vertreten, und das die Volksvertretung dazu anhält, Notwendigkeit und Ausmaß von Grundrechtseingriffen in öffentlicher Debatte zu klären. Geboten ist ein Verfahren, das sich durch Transparenz auszeichnet und das die Beteiligung der parlamentarischen Opposition gewährleistet. Wann und inwieweit es einer Regelung durch den Gesetzgeber bedarf, lässt sich nur mit Blick auf den jeweiligen Sachbereich und auf die

parlamentarischen Gesetzesvorbehalt und die normativen Parameter des Bestimmtheitsgebots und seiner spezifischen Anforderungen an Verordnungsermächtigungen weniger bedenkliche Spezialregelungen.[39] Probleme bestehen aber durchaus fort. Ermächtigungen zu jedenfalls der Wirkung nach gesetzesverändernden Rechtsverordnungen werfen etwa – ähnlich wie in der Schweiz – ebenso weiter verfassungsrechtliche Fragen in Hinsicht auf die auch demokratieprinzipiell wichtige Normenhierarchie sowie das Bestimmtheitsgebot auf wie die Schaffung von in Bezug auf die vertikale Gewaltenteilung von Bund und Ländern zweifelhafte Verwaltungskompetenzen des Bundes.[40] Die Erklärung einer „epidemischen Lage von nationaler Tragweite" als Voraussetzung der Eröffnung von Verordnungsermächtigungen hat der Bundestag allerdings für sich selbst reklamiert.[41] Man kann also eine nach-

---

Eigenart des betroffenen Regelungsgegenstandes bestimmen. Verfassungsrechtliche Anhaltspunkte sind dabei die tragenden Prinzipien des Grundgesetzes, insbesondere Art. 20 Abs. 1 bis 3 GG und die Grundrechte."

Die „Wesentlichkeit" leitet sich dabei einerseits daraus ab, dass die Entscheidung wesentlich für die Verwirklichung der Grundrechte erscheint: „Eine Pflicht des Gesetzgebers, die für den fraglichen Lebensbereich erforderlichen Leitlinien selbst zu bestimmen, kann insbesondere dann bestehen, wenn miteinander konkurrierende Freiheitsrechte aufeinandertreffen, deren Grenzen fließend und nur schwer auszumachen sind. Dies gilt vor allem dann, wenn die betroffenen Grundrechte nach dem Wortlaut der Verfassung vorbehaltlos gewährleistet sind und eine Regelung, welche diesen Lebensbereich ordnen will, damit notwendigerweise ihre verfassungsimmanenten Schranken bestimmen und konkretisieren muss. Hier ist der Gesetzgeber verpflichtet, die Schranken der widerstreitenden Freiheitsgarantien jedenfalls so weit selbst zu bestimmen, wie sie für die Ausübung dieser Freiheitsrechte erforderlich sind", BVerfGE 150, 1 (Rn. 194). Andererseits ist der Gesetzgeber gehalten, die Entscheidungen selbst zu treffen, die für Staat und Gesellschaft von erheblicher Bedeutung sind. Politische Strittigkeit ist dabei nicht ausreichend.

[39] § 28a IfSG hat eine konkreter gefasste Verordnungsermächtigung geschaffen. Zur Kritik an der Generalklausel aus §§ 32 i.V.m. §§ 28 IfSG, insbesondere im Lichte der Vorgabe aus Art. 80 Abs. 1 S. 2 GG, nach der „Inhalt, Zweck und Ausmaß der erteilten Ermächtigung" bestimmt sein müssen, sowie den Demokratiedefiziten „gubernativer Rechtssetzung", aber auch zu Leistungen von Rechtsverordnungen, *Kloepfer* Verfassungsschwächung (Fn. 6), 18 f.; *Klaus Ferdinand Gärditz/Maryam Kamil* Rechtsverordnungen als Instrument der Epidemie-Bekämpfung, GSZ, 2020, 108 (115). § 28b IfSG schafft bundesweite Regelungen zu Pandemiemaßnahmen sowie eine Verordnungsermächtigung, die vor allem Fragen der Verhältnismäßigkeit der Grundrechtseingriffe aufwerfen. Vgl, z.B. skeptisch *Wissenschaftliche Dienste Deutscher Bundestag*, Ausarbeitung. Verfassungsrechtliche Bewertung der neuen Infektionsschutzgesetzgebung, WB 3 – 3000 – 083/21, insbesondere zur Rolle der Inzidenz als dominanter Eingriffsvoraussetzung und der Verhältnismäßigkeit der nächtlichen Ausgangsverbote.

[40] Vgl. *Dreier* Rechtsstaat (Fn. 9), 235 ff.

[41] Vgl. §§ 5, 5a IfSG, wobei im November 2020 dieses Feststellungserfordernis auch auf §§ 28a IfSG, 36 Abs. 8 – 12 IfSG erstreckt, die Tatbestandsvoraussetzungen hierfür konkretisiert, § 5 Abs. 1 S. 6, sowie eine Berichtspflicht der Bundesregierung gegenüber dem Bundestag geschaffen wurde, § 5 Abs. 1 S. 7 IfSG. Die Coronaimpfverordnung vom

holende Parlamentarisierung und normative Einhegung der Pandemiemaßnahmen beobachten, wenn auch Lücken und Probleme bleiben, die zu einer Vielzahl von Reformvorschlägen mit mehr oder weniger Überzeugungskraft geführt haben – von spezialisierten Pandemieausschüssen, Verordnungsvetos von Parlamenten bis zur Regelung virtueller Parlamentssitzungen.[42]

4. An den Grenzen der Demokratie?

Wenn man den skizzierten Demokratiebegriff ernst nimmt, ist die parlamentarische Rückbindung der Maßnahmen in der Schweiz und Deutschland zu zögerlich und zu beschränkt erfolgt. Die Maßnahmen zur Bewältigung der Pandemie haben Leben gerettet, Gesundheit geschützt, schwere wirtschaftliche Schäden abgewendet, aber auch Grundrechte weit beschränkt und Existenzen vernichtet. Der Gesetzgeber muss gerade wegen des Ausmaßes der Krise die entscheidenden Weichen selbst stellen und die Diskussion darüber offen führen, welchen Preis für die Erhaltung welchen Gutes zu zahlen gerechtfertigt ist – von der Triageproblematik bis zu Impfprioritäten.[43] Dazu

---

18.12.2020 erging aufgrund von § 5 Abs. 2 S. 1 Nr. 4 IfSG und § 20i Abs. 3 SGB V, wobei § 20i Abs. 3 S. 2 Nr. 1 lit. a SGB V Kriterien zur Verteilung von Impfstoffen enthält. Aufgrund der Bedeutung der Impfstoffverteilung für Leben und Gesundheit wäre eine umfassende gesetzliche Regelung geboten gewesen, ebenso z.B. *Kloepfer* Verfassungsschwächung (Fn. 6), 24.

[42] Vgl. zu Maßnahmen zur Aufrechterhaltung der Arbeitsfähigkeit der Demokratie in Deutschland etwa § 126a GOBT, Gesetz zur Änderung des Bundeswahlgesetzes und des Gesetzes über Maßnahmen im Gesellschafts-, Genossenschafts-, Vereins-, Stiftungs- und Wohnungseigentumsrecht zur Bekämpfung der Auswirkungen der COVID-19-Pandemie, 28.10.2020 BGBl. I, 2264. Zu derartigen Vorschlägen auch *Stöckli* Regierung (Fn. 10), 39 ff.; *Frédéric Bernard* Le rôle du Parlement dans des situations extraordinaires, Jusletter 15.2.2021, 18 ff.; *Andrea Caroni/Stefan G. Schmid* Notstand im Bundeshaus, AJP 2020, 710; *Dreier* Rechtsstaat (Fn. 9), 242 f.; *Kloepfer* Verfassungsschwächung (Fn. 6), 28.

[43] Die „Wesentlichkeitstheorie" des BVerfG ist keine veraltete verfassungsrechtliche Sonderbarkeit. Sie drückt einen wichtigen normativen Gedanken aus, der sich in der BV direkt im Verfassungstext spiegelt. Art. 164 Abs. 1 BV lautet: „Alle wichtigen rechtsetzenden Bestimmungen sind in der Form des Bundesgesetzes zu erlassen. Dazu gehören insbesondere die grundlegenden Bestimmungen über: a. die Ausübung der politischen Rechte; b. die Einschränkungen verfassungsmäßiger Rechte; c. die Rechte und Pflichten von Personen; d. den Kreis der Abgabepflichtigen sowie den Gegenstand und die Bemessung von Abgaben; e. die Aufgaben und die Leistungen des Bundes; f. die Verpflichtungen der Kantone bei der Umsetzung und beim Vollzug des Bundesrechts; g. die Organisation und das Verfahren der Bundesbehörden."

Die Regelung dient „dem Schutz der politischen Rechte der Bürgerinnen und Bürger" insbesondere wegen der Regelung des fakultativen Referendums in Art. 141 BV und „dem Schutz des Parlaments vor sich selbst", vgl. *Biaggini* Bundesverfassung (Fn. 10), Art. 164 Rn. 3; *Jean-François Aubert/Pascal Mahon* Petit commentaire de la Constitution Fédérale de la Conféderation suisse du 18 avril 1999, 2003, Art. 164 Rn. 18. Der Kerngedanke ist

bedarf es auch selbstbewusster Behauptung der eigenen Rechte durch die Parlamente, an der es nicht immer, aber immer wieder gefehlt hat. Auch wenn die Defizite der demokratischen Rückbindung der Entscheidungen über Pandemiemaßnahmen nicht kleingeredet werden sollten: Symptome des Übergangs in den Notstandsstaat sind sie nicht.[44] Ähnliches gilt bei allen, z.T. ungerechtfertigten Einschränkungen für die ja für die Demokratie konstitutive Sicherung der Grundrechte.[45] Die gerichtliche Kontrolle hat ein Übriges getan, dass sich die demokratische Verfassungsordnung als widerstandsfähig erwiesen hat.[46] Neben der Notwendigkeit der Abarbeitung des konkreten Reformbedarfs nicht zuletzt in Bezug auf eine weitsichtigere Krisenvorsorge verweist dieser Befund auf eine weitere Erkenntnis: Der Umgang mit der Pandemie stellt die Frage, wie die insgesamt bewiesene Belastbarkeit der Verfassungsordnung auch in der Zukunft trotz der Symptome einer tiefen internationalen Krise der Demokratie gesichert werden kann.

IV. Demokratie als Lebensform

1. Die epistemische Lebenswelt der Demokratie

Die gegenwärtige Krise der Demokratie hat viele Dimensionen. Es geht um Probleme von Gesellschaften – ökonomisch, ökologisch, kulturell – die auf die Institutionen projiziert werden, die sie nicht lösen. Es geht um

---

also, den Einfluss des Parlaments auf die demokratische Entscheidungsfindung sicherzustellen und damit einer Entmachtung und Marginalisierung des Parlaments vorzubeugen – sei es aufgrund einer ihre Befugnisse überdehnenden Exekutive, sei es, weil das Parlament seiner eigenen Rolle nicht gerecht wird. Vgl. *Horst Dreier* Grundgesetz Kommentar, Bd. I, 3. Aufl. 2013, Vorb. Rn. 136: „Verstärkung der demokratischen Komponente des Gesetzesvorbehalts". Dabei geht es nicht nur um Abwehransprüche, sondern insbesondere auch um begünstigende und sonst „eingriffsindifferente" staatliche Maßnahmen, *Josef Isensee* Abwehrrecht und Schutzpflicht, in: ders./Paul Kirchhof (Hrsg.) HStR IX, 3. Aufl. 2011, § 191 Rn. 282.

[44] Es sind nicht zuletzt Symptome versäumter, auch legislativer Antizipation einer Krisensituation wie der Covid-19 Pandemie Vgl. dazu *Kloepfer* Verfassungsschwächung (Fn. 6), 24 ff. Vgl. auch zum Problem nicht weit genug gehenden exekutiven Handelns und seiner Folgen oben Fn 6.

[45] Vgl. zur Diskussion etwa *Anna Katharina Mangold* Relationale Freiheit. Grundrechte in der Pandemie, in diesem Band, 23 ff.

[46] Vgl. z.B. zur Rolle der Justiz *Andreas Zünd/Christoph Errass* Pandemie – Justiz – Menschenrechte ZSR 2020, 69 ff. oder die Sammlung von Entscheidungen <https://brak.de/die-brak/coronavirus/corona-und-die-justiz/rechtsprechungsuebersicht/> (Stand 26.4.2021). Zu Rechtsprechungslinien in Deutschland im Überblick *Kloepfer* Verfassungsschwächung (Fn. 6), 4 f.

die grauen Seiten der Demokratie, um Inkompetenz, Engstirnigkeit, Korruption, und durchaus auch existierende, reale institutionelle Mängel. Die Pandemie hat uns aber auch eindringlich vor Augen geführt, wie bedeutsam eine spezifische epistemische Kultur für die Fortexistenz der Demokratie ist. Sie unterstreicht damit die Lehre, die man aus den politischen Prozessen in den USA unter *Trumps* Präsidentschaft ziehen muss. Die zentrale Aufgabe besteht darin, einen gemeinsamen Raum der Gründe und Begründungsmaßstäbe zu erhalten, in dem sich Menschen verbindlich orientiert bewegen. Das gilt auch für die das feine Tuch einer demokratischen Kultur mitwebenden Wissenschaften. Ein gewisser epistemologisch-oberflächlicher Skeptizismus, der die Kontingenz aller Einsichten, theoretischer wie praktischer, abfeiert, ist, so darf man wohl festhalten, manchen in den letzten Jahren zu leicht über die Lippen gegangen.[47] Dabei wird kein naiver Wissenschaftsglauben verteidigt, sehr wohl aber eine Kultur, die einen kritisch reflektierten Wahrheitsbegriff mit hinreichend Respekt behandelt.[48]

---

[47] Es gibt eine große Bandbreite von Theorien, die die Kontingenz aller Einsichten, ihre Relativität in Bezug auf Kulturen, historische Gegebenheiten, Paradigmen, Episteme von Sozialformationen, systemische Selbstbeschreibungen etc. behaupten, vgl. zur gegenwärtigen theoretischen Landschaft der Vernunftkritik, *Matthias Mahlmann* Rechtsphilosophie und Rechtstheorie, 6. Aufl. 2021, 222 ff.

[48] Die Möglichkeit der wissenschaftlichen Erklärung der Letalität des COVID-19-Virus, die potentielle Dauerhaftigkeit mindestens einiger ihrer Elemente und ihre Bedeutung für menschliche Leben sollte einen frischen Anreiz schaffen, kritisch zu überdenken, ob man die Wissenschaften, die diese Leistung erbringen, wirklich plausibel für eine bloß kontingente Erzählung der absterbenden Moderne, ein sozial konstruiertes epistemisches Dispositiv, eine Selbstbeschreibung eines autopoietischen Systems oder eine Struktur performativer Gewalt halten kann. Das epistemologische Kernproblem der verschiedenen gängigen Varianten skeptizistischer Positionen ist dabei, dass sie eine Grundeinsicht der Epistemologie der Neuzeit übersehen. Diese Einsicht besteht darin, dass Menschen zwar nie *Sicherheit* gewinnen können, dass das, was ihnen als wahr oder richtig erscheint, auch tatsächlich objektiv wahr und richtig ist, dies aber weder heißt, dass für Menschen epistemische Maßstäbe beliebig setz- oder konstruierbar wären, noch, dass die *Möglichkeit* verschlossen wäre, dass das, was Menschen als wahr und richtig erscheint, tatsächlich wahr und richtig ist. Die Offenheit dieser Möglichkeit ist der Ursprungsort einer erkenntniskritischen, aber konstruktiven Wissenschaft und jeder anderen Form methodisch disziplinierter Reflexion. Diese Kerneinsicht kann man vielleicht knapp folgendermaßen inhaltlich verdeutlichen und ideengeschichtlich profilieren: In mancher Hinsicht ist *Descartes'* methodischer Zweifel ein Inbegriff der neuzeitlichen Erkenntnistheorie – gerade für ihre Kritiker, vgl. z.B. *Martin Heidegger* Sein und Zeit, 24 f. (89 ff.). Dieser Zweifel zog sich selbst zwei Grenzen – die Selbstgewissheit des bewusst denkenden Subjekts, vgl. *René Descartes* Die Prinzipien der Philosophie, 1. Teil, 7, und das Vertrauen, dass die Erkenntniskräfte, die Menschen besitzen, nicht systematisch täuschen. Letzteres fasst *Descartes* in religiöse Begriffe: Ein betrügerischer Gott, das auch epistemische Ausgeliefertsein an einen *genius malignus,* ist für ihn undenkbar, vgl. *René Descartes* Meditationes de prima philosophia, 1972, I, 16; IV, 6. Damit ist aber ein sehr wichtiger Schritt unternommen: Die Sicherheit, objektive Einsicht

3. Demokratie im Notstand? Bedingungen der Krisenresistenz   93

Die politische Bedeutung solcher erkenntnistheoretischen Fragen kann man
anschaulich mit *Hannah Arendts* Begriff der „totalitären Fiktion" illustrie-

---

gewinnen zu können, ist der Sache nach verloren – die Güte und Vollkommenheit Gottes ist
epistemologisch kein fester Boden für die theoretische Fundierung eines Wahrheitsbegriffs.
Gleichzeitig wird das Projekt der Wissenschaft nicht aufgegeben, weil nichts beweist, dass
Menschen ihre Erkenntniskräfte tatsächlich in die Irre führen. Im Hintergrund steht dabei
die skeptische Krise des 16. und 17. Jahrhunderts, mit bedeutenden Beiträgen zur Frage
nach der Gewissheit menschlicher Einsicht, vgl. *Richard Popkin* The History of Scepticism, 1979. Das Bewusstsein der Unmöglichkeit, die objektive Richtigkeit menschlicher
Einsicht zu demonstrieren, ohne die Bedeutung der Wissenschaft zu bestreiten, bleibt ein
Grundton zentraler Beiträge zur Erkenntnistheorie seit den wissenschaftlichen Revolutionen im 17. Jahrhundert: *Hume* unterstreicht gerade in Bezug auf die großartigen Erfolge
der Naturwissenschaften, konkret *Newtons*, dass diese die Welt, wie sie wirklich ist, nicht
zeigen könnten, *David Hume* The History of England, VI, Chap. 71. *Kant* kommt zum
Schluss, dass das „Ding an sich" unerkannt bleiben müsse (*Immanuel Kant* Kritik der reinen Vernunft, 2. Aufl., Akademie Ausgabe, Bd. III, 16 [202 ff., 207]) und selbst die unserer
innerstes Wesen als autonome Subjekte konstituierende Freiheit nur über den Umweg der
explizit gemachten Bedingungen der Möglichkeit des Sollen erkannt werden könne (*Immanuel Kant* Grundlegung der Metaphysik der Sitten, Akademie Ausgabe, Bd. IV, 446 ff.).
Beide relativieren damit aber nicht die Bedeutung von Wissenschaft, sie versuchen, über
die Natur ihrer Grundlagen aufzuklären. In der modernen Wissenschaftstheorie gibt es eine
große Vielzahl von Analysen, die dieses Bild bestätigen. *Noam Chomsky* fasst den Stand
der epistemologisch ernüchterten, aber nicht resignierten Wissenschaftstheorie deswegen
wie folgt zusammen: „We might think of the natural sciences as a kind of chance convergence between our cognitive capacities and what is more or less true of the natural world.
There is no reason to believe that humans can solve every problem they pose or even that
they can formulate the right questions; they may simply lack the conceptual tools", *Noam
Chomsky* What kind of creatures are we?, 2016, 105. Thesen wie die *Hegels*, dass es möglich sei, der Welt ihre innersten Geheimnisse zu entreißen, fallen hinter das in der Neuzeit
erreichte erkenntniskritische Niveau zurück. Die Annahme, „das verschloßene Wesen des
Universums *hat keine Kraft in sich*, welche dem Mute des Erkennens Widerstand leisten
könnte; es muß sich vor ihm auftun und seinen Reichtum seine Tiefe ihm vor Augen zum
Genusse bringen" beschreibt kein wissenschaftlich einlösbares Programm (vgl. *Georg Wilhelm Friedrich Hegel* Konzept der Rede beim Antritt des philosophischen Lehramtes an
der Universität Berlin, 22. Oktober 1818, in: ders. Werke, hrsg. v. Eva Moldenhauer und
Karl Markus Michel, Bd. 10, 1986, 404 [Herv. i. Org.]) Wenn also gegenwärtige skeptizistische Theorien gegen die Annahme objektiver Wahrheit Sturm laufen, berennen sie Verteidigungsanlagen, die längst geschleift wurden. *Lyotards* Hegelkritik bildet dafür ein für die
Postmoderne tonangebendes Beispiel (*Jean-François Lyotard* La condition postmoderne,
1983. Die eigentliche Frage ist deswegen, wie man mit dem Bewusstsein der Grenzen
menschlicher Erkenntnis, das ja noch tiefere ideengeschichtliche Wurzeln als die genannten
hat, umgeht, ohne, wie Descartes, eine religiöse Metaphysik heranzuziehen. Die Antwort
ergibt sich, wenn man sich an die Einsicht der Erkenntnistheorie erinnert, dass man nicht
nur nicht die Objektivität menschlicher Erkenntnis beweisen, sondern auch nicht demonstrieren kann, dass menschliche Erkenntnismittel uns systematisch täuschen. Damit würde ja
eine objektive Einsicht behauptet, deren Möglichkeit die Erkenntniskritik gerade verschlossen hat. Viele skeptizistische Theorien der Gegenwart übersehen diese Grenze, die eine kritische Erkenntnisanalyse dem Skeptizismus selbst zieht.

ren. Wesentliche Bedingung der Möglichkeit der totalitären Ideologie des Nationalsozialismus ist in ihrer Analyse die Lösung von einem von Menschen geteilten, auf für alle prinzipiell einsichtigen Gründen beruhenden Wirklichkeitsbegriff im fiktionalen Vorstellungsraum der Ideologie.[49] Aus

Der Weg vorwärts kann nur darin liegen, selbstkritisch zu versuchen, mit den begrenzten, ihrer Grenzen bewussten Erkenntniskräften so weit zu kommen, wie sie es immerhin erlauben, um die verbliebene *epistemologisch beglaubigte Chance der Einsicht* durch konstruktive, in Bezug auf ihre Reichweite selbstreflexiv gewordene Arbeit zu ergreifen. Erkenntniskritisch muss man sich dabei bemühen, die Eigenarten der menschlichen Erkenntnismittel genauer zu spezifizieren. Viele historisierende Rekonstruktionen verkennen dabei die Komplexität dieser Mittel und manche überraschende Kontinuität im Erkenntnisprojekt der Menschen, nicht zuletzt im normativen Bereich, vgl. dazu *Matthias Mahlmann* Mind and Rights: Neuroscience, Philosophy, and the Foundations of Legal Justice, in: *Mortimer N. S. Sellers* (Hrsg.), Law, Reason, and Emotion, 2017, 80 ff. Diverse Erkenntnisse aus der (Paläo-)Anthropologie zu den kognitiven Eigenschaften der Spezies Mensch oder der Theorie des menschlichen Geistes werden zuweilen nicht rezipiert, was die theoretische Dichte und empirische Fundierung mancher Überlegungen unnötig verringert, vgl. im Überblick *Matthias Mahlmann* Der politische Moment der Rechtsphilosophie, RW 2017, 206 ff. Dieses Defizit hat nicht nur erkenntnis-, sondern auch gesellschaftstheoretische Folgen, weil interessante Erklärungsansätze unzugänglich werden, etwa zu Faktoren, die für das Verständnis der materialen Rationalisierung menschlicher Gesellschaften, die im grundrechtsgebundenen demokratischen Verfassungsstaat liegt, wichtig sind und die etwa funktionalistische Gesellschaftstheorien nicht erfassen, vgl. dazu *Matthias Mahlmann* Widerständige Gerechtigkeit, 2018, 81 ff. und o. Fn 17.

[49] Die politischen Herausforderungen der Gegenwart haben nicht den entsetzlichen Ernst der Abwehr totalitärer Bewegungen wie den Nationalsozialismus, wenn sie auch schon jetzt individuelle Leben beeinträchtigen und manchmal zerstören. Dennoch ist *Arendts* klassische Analyse nicht nur deshalb ein warnendes Extrembeispiel für einen Kollaps von Rationalitätsstrukturen in einer Gesellschaft von Bedeutung. Die Analyse der folgenden Ausführungen zu Eigenart, Implikationen und Konsequenzen der totalitären Fiktion der Propaganda kann das beispielhaft illustrieren: „Bevor die totalitären Bewegungen die Macht haben, die Welt wirklich auf das Prokrustesbett ihrer Doktrinen zu schnallen, beschwören sie eine Lügenwelt der Konsequenz herauf, die den Bedürfnissen des menschlichen Gemüts besser entspricht als die Wirklichkeit selbst, eine Welt, in der die entwurzelten Massen mit Hilfe der menschlichen Einbildungskraft sich erst einmal einrichten können und in der ihnen jene ständigen Erschütterungen erspart bleiben, welche wirkliches Leben den Menschen und ihren Erwartungen dauernd bereitet. Bevor die Bewegungen die Macht haben, den Eisernen Vorhang herunterzulassen, um jede Störung der furchtbaren Stille ihrer in der Wirklichkeit errichteten total imaginären Welt durch den leisesten Ton von außen zu verhindern, besitzt totalitäre Propaganda bereits die Kraft, die Massen imaginär von der Wirklichkeit abzuschließen", *Hannah Arendt* Elemente und Ursprünge totalitärer Herrschaft, 748. Die „bemerkenswerte Verachtung für Tatsachen überhaupt" der totalitären Propaganda indiziere eine bestimmte Haltung zur Idee der Wahrheit: „In dieser Verachtung drückt sich bereits die Überzeugung aus, daß Tatsachen nur von dem abhängen, der die Macht hat, sie zu etablieren", ebd., 742. Die Empfänglichkeit für Propaganda entspringe einer existentiellen Lage: „Solange [...] die totalitären Bewegungen noch Propaganda brauchen, zehren sie von der Brüchigkeit einer Welt, die ein menschliches Zuhause nicht mehr

dem Angriff auf die Kategorie der Wahrheit kann, man sollte es nie vergessen, ein zerstörerisches Herrschaftsinstrument geschmiedet werden. Trotz aller skurrilen Auswüchse der Coronaleugnung – auch die epistemische Kultur hat sich in Europa als bisher hinreichend widerstandsfähig erwiesen. Die weiterhin hohen Zustimmungsraten zu den harten Pandemiemaßnahmen zeigen das deutlich. Man sollte sich aber nicht in falscher Sicherheit wiegen. Die Diskussion in den USA um den Wahlbetrug 2020 illustriert, wie weit in kurzer Zeit die Zerstörung eines gemeinsamen

---

anzubieten hat und damit einlädt, sich scheinbar ewigen, alles beherrschenden, anonymen Kräften zu überlassen, deren Strom diejenigen, die sich ihm anvertrauen, von selbst in den Hafen neuer Sicherheit tragen wird. [...] Wo immer aber Menschen vor die an sich unerhörte Alternative gestellt werden, entweder inmitten eines anarchisch wuchernden und jeder Willkür preisgegebenen Verfalls dahinzuvegetieren oder sich zu der starren und verrückten Stimmigkeit einer Ideologie zu unterwerfen, werden sie den Tod der Konsequenz wählen und bereit sein, für ihn auch den physischen Tod zu erleiden – und dies nicht, weil sie dumm sind oder schlecht, sondern weil im allgemeinen Zusammenbruch des Chaos diese Flucht in die Fiktion ihnen immerhin noch ein Minimum von Selbstachtung und Menschenwürde zu garantieren scheint", ebd., 743 (747). Diese ideologische Gegenwelt habe die Parameter der Politik radikal verändert: Der „unerschütterliche Glaube an eine ideologisch-fiktive Welt, die es herzustellen gilt, hat die politischen Verhältnisse der Gegenwart tiefer und entscheidender erschüttert, als Machthunger oder Angriffslust es ja hätten tun können", ebd., 865 (874 ff.).

Diese Bemerkungen sind mindestens in drei Hinsichten wichtig: Erstens in Bezug auf die möglichen weitreichenden politischen Wirkungen von Wirklichkeitsverlust, der diesen nicht nur zu einer Kernkategorie der Politik, sondern auch einer Verfassungstheorie der Demokratie macht. Zweitens in Hinblick auf die menschlichen Verlangen, die die imaginäre Welt verführerisch machen, und deren Ursprung *Arendt* zusammenfassend auf den Begriff der „Verlassenheit" bringt, ebd., 975. Das deutet an, dass etwa eine sozialpolitische oder medienkritische Analyse der Krise der Demokratie nicht ausreicht, ihre Natur ganz zu erfassen, und lädt mindestens zum Nachdenken darüber ein, von welchen soziokulturellen Sinnressourcen eine Demokratie zehrt. Drittens ist die implizierte zwiefache epistemologische Grundlage der Möglichkeit der *Kritik* der totalitären Fiktion von großer Bedeutung: Die Existenz einer Wirklichkeit, die von Menschen in einem gemeinsamen epistemischen Raum geteilt wird, und deren Ursprung nicht Gewalt ist, die Ideologien durchsetzt, sondern Gründe sind, die freie Reflexion überzeugen.

Gerade die Analyse zur Tatsachenbegründung durch Gewalt und ihre Folgen sollte diejenigen für einen Moment der Selbstkritik innehalten lassen, die heute, auch in der Rechtswissenschaft, meinen, alle Erkenntnisse und Erkenntnismaßstäbe beruhten auf Gewaltverhältnissen und nicht erkennen, welche gravierenden Defizite eine solche Analyse hat und welchen Kräften gegenüber sie sich mit einer unhaltbaren Erkenntnistheorie der Mittel der Kritik berauben. Vgl. z.B. zu einer einflussreichen Analyse, die Recht durch Gewalt einschließlich „performativer" Gewalt gegründet sieht und damit den kategorialen Unterschied zwischen einem Grund, der überzeugt, und einem Gewaltakt, der Menschen zwingt, verwischt, *Jacques Derrida* Gesetzeskraft. Der ‚mystische Grund der Autorität', 1991, 27 f. Dazu und zu weiteren Beispielen *Matthias Mahlmann* Law and Force: 20th Century radical legal philosophy, post-modernism and the foundations of law, Res Publica 9 (2003), 19 ff.

Bezugsrahmens des Wirklichkeitsverständnisses auch in der Gegenwart fortschreiten kann. Es ging ja nicht nur um falsche Annahmen über Wahlfälschungen, sondern sogar um die Nicht-Anerkennung von Instanzen möglicher Korrektur falscher Vorstellungen, der Medien, der staatlichen Wahlbehörden und selbst von Gerichten. Auch in Bezug auf die Pandemie sind solche Entwicklungen zu beobachten, in den USA, aber auch anderswo, wie in Brasilien. Bis zu einem gewissen Grade, so muss man konstatieren, wurden in beträchtlichen Teilen verschiedener Gesellschaften auf dieser Welt die Brücken abgebrannt, über die Menschen in Verständigungsprozessen zueinander finden können. In Anbetracht von Herausforderungen wie dem Klimawandel können solche selbstverschuldeten Irrationalitätssubkulturen[50] katastrophale Folgen haben.

2. Einsicht und Autonomie

Diese Entwicklungen sind aber nicht nur für den Inhalt von politischen Entscheidungen wichtig. Sie unterhöhlen auch das Autonomieversprechen, dass in der Demokratie liegt,[51] denn massenhafte, häufig strategisch erzeugte Selbsttäuschung dient der Selbstbestimmung nicht.

Eine Demokratie, die es ernst meint, bildet eine epistemische Respektskultur. In der Akzeptanz von Mehrheitsentscheidungen liegt ja nicht nur Achtung vor den anderen als Personen, sondern auch als denkende Gegenüber, die die überzeugendere Einsicht gewonnen haben könnten. Demokratie impliziert in jeder akzeptierten Mehrheitsentscheidung eine

---

[50] Diese Prozesse werden strukturell erleichtert, in wichtigen Hinsichten überhaupt erst ermöglicht durch neue digitale Infrastrukturen der Kommunikation, strategisch gefördert von politischen und gesellschaftlichen Akteuren wie etwa Medienimperien.

[51] Diese Einsicht wurde in den letzten Jahren mit neuem Nachdruck formuliert, vielleicht, weil der Angriff auf Wahrheit nicht mehr eine praktisch folgenlose akademische These blieb, sondern für alle sichtbar die Demokratie unterhöhlte und sogar solche Überlebensfragen wie den genannten Klimawandel betraf. Vgl. z.B. *Timothy Snyder* On Tyranny, 2017, 65 f.: „To abandon facts is to abandon freedom. If nothing is true, the no one can criticize power, because there is no basis upon which to do so. If nothing is true, then all is spectacle. The biggest wallet pays for the most blinding lights. You submit to tyranny when you renounce the difference between what you want to hear and what is actually the case. This renunciation of reality can feel natural and pleasant, but the result is your demise as an individual – and thus the collapse of any political system that depends on individualism." *Sajó* Governance (Fn. 16), 326: „The logic of illiberalism and the attachment to cheating will drive even unwilling leaders to be less and less modest in their autocracy […]. Despotism exists by the verdict of our souls and by the consent of the citizens who accept it as their own regime and love it as their mirror image".

epistemische Selbstdistanzierung,[52] die eine normative Konsequenz hat. Sie ist Folge und Ausdruck des Respekts vor anderen als gleichberechtigt reflektierenden und entscheidenden Wesen. Das heißt aber nicht, dass die Relevanz von Gründen bezweifelt würde, die alle binden. Ein bestimmter Grad von Subjektivismus in der Begründungskultur kann sogar herrisch werden: Die Gründe, die allgemeine Erkenntnisvorgänge anleiten, werden aufgegeben und an ihrer Stelle eigene Begründungsfiktionen gepflegt. Das YouTube-Video verdrängt dann eine wissenschaftlich gehärtete These, die anderen wandeln sich von Partnern und Partnerinnen im gemeinsamen demokratischen Selbstbestimmungsprojekt zu Verschwörern, die Lügen spinnen, um ihre Herrschaft zu sichern. Die epistemische Anomie der postfaktischen Politik ist auch das Ende der demokratischen Respektskultur.

V. Demokratische Lektionen der Pandemie

1. Die Anziehungskräfte der Autonomie

Die Lektion, die die Pandemie erteilt hat, besteht mithin nicht darin, zu zeigen, auf welch tönernen Füssen demokratische Verfassungsstaaten wie die Schweiz oder Deutschland stehen. Sie haben sich als resilient genug erwiesen, wenn auch mit einigen Kratzern und tieferen Schrammen, selbst diese Krise zu bestehen. Die zentrale Lektion liegt vielmehr darin, zu erkennen, dass diese Widerstandsfähigkeit durch die globale Krise der Demokratie ihre Selbstverständlichkeit verloren hat und deshalb prinzipiengeleiteter Stärkung bedarf. Nicht nur die Salven des Militärs in Myanmar bedrohen die Demokratie. Auch das leise Werk des allmählich ins Orientierungslose taumelnden Zweifels am Sinn der Demokratie kann selbst freie Menschen Unfreiheit wählen lassen.[53]

---

[52] *Kelsen* weist darauf hin, dass im tastenden, sich selbst korrigierenden Modus demokratischer Entscheidungsfindung eine Parallele zum allmählich Erkenntnis gewinnenden Wissenschaftsgang zu finden ist, vgl. *Hans Kelsen* Wissenschaft und Demokratie, in: ders. Verteidigung der Demokratie, 2006, 238 ff.

[53] Ein besonders besorgniserregendes Phänomen der Krise der Demokratie liegt ja darin, dass Menschen, die noch in freien politischen Verhältnissen leben, politische Kräfte wählen, ohne Zwang, Druck oder Drohung, die diese Freiheit gerade beseitigen. Der Ursprung dieser Bereitschaft zur Selbstentmachtung ist zweifellos eine Schlüsselfrage nicht nur für das Verständnis der gegenwärtigen Prozesse, sondern auch für die Identifikation von Gegenmaßnahmen.
Eine wichtige Voraussetzung dafür, eine anspruchsvolle Kultur wie die Demokratie zu erhalten, liegt darin, selbst von der Rechtfertigungsfähigkeit dieser Kultur überzeugt zu sein. Das war und ist aber keine Selbstverständlichkeit. Ein wesentlicher machtpolitischer Aktivposten der Feinde der Demokratie ist die schwankende Unsicherheit einiger, ob

Die beste Werbung für die Demokratie ist dabei eine Praxis der Demokratie, die die Bürgerinnen und Bürger immer wieder für sich durch ihr Gelingen einnimmt. Deswegen kommt viel darauf an, dass nicht nur die

eigentlich gute Gründe auf Seiten der Demokratie stehen, die, wenn man der Herrschaft von Gründen überhaupt verpflichtet ist, zwingend sind, oder Demokratie nur eine unter vielen Herrschaftsformen sei, von denen keine, in letzter Konsequenz, weil es keine Letztbegründung gebe, größere normative Legitimation als andere für sich beanspruchen könne. In Bezug auf den Begriff des Ausnahmezustands wurde oben (Fn. 7) daran erinnert, dass er ein Kristallisationspunkt von verschiedenen rechtstheoretischen, aber auch rechtsdogmatischen Grundlagenfragen bildet. Eine wiederkehrende These ist dabei, dass sich im Ausnahmezustand zeige, dass die letzte Wurzel normativer Ordnungen arationale Entscheidungen seien. Das ist eine Variante der diskutierten Ansätze, die die Rechtfertigungsfähigkeit von Normen in Ethik und Recht verneinen und ein gutes Beispiel für das genannte Problem: Die Demokratie verliert Anhänger durch die scheinbare Alternativlosigkeit der Schlussfolgerungen einer tatsächlich unzureichenden rechtswissenschaftlichen und philosophischen Reflexion. Eine interessante Frage liegt dabei darin, woher eigentlich genau die Attraktivität solcher dünn gewobenen Theorien stammt. Eine Antwort liegt vermutlich in dem rekonstruierten Missverständnis der wirklichen Lehren der kritischen Analyse von Letztbegründungsproblemen und der sich daraus ergebenden scheinbar unbezweifelbaren Unbegründbarkeit von Normen. Eine Konsequenz, die aus diesem Missverständnis gezogen wird, besteht darin, sich irrationalem Dezisionismus zu überlassen – oder ihm jedenfalls nicht zu widerstehen. Eine andere Antwort liegt in der imaginierten, das Selbstgefühl schmeichelnden Teilhabe an einer durch nichts, auch nicht durch Normen, in ihrer Herrschaft begrenzten Macht, die in der ursprünglichen Entscheidung über den Gehalt aller normativen Ordnungen und anderen Entscheidungen des politischen Lebens ihre Stärke beweist. Gründe begrenzen die Willkür denkender Subjekte – wenn sie maßgeblich sind, ist man nicht frei, für wahr und normativ gerechtfertigt zu halten, was einem beliebt und den eigenen Interessen dient. Die Wahrheit ist häufig unbequem und die Einsicht in das Gerechtfertigtsein von Normen nötigt regelmäßig Abstandnahme von den eigenen Egoismen ab. Ein demokratischer Verfassungsstaat, der eine universale Freiheitsordnung schaffen will, ist ein Beispiel für eine institutionelle und normative Verkörperung solcher Begrenzung ungebundener Willkür der Einzelnen im Namen wohlbegründeter normativer Prinzipien. Politischer Irrationalismus, in Rechtskonzeptionen verkörpert, lockt durch Abschütteln solcher Rücksichten. Auch ein ästhetisches Element spielt womöglich eine Rolle – das Dunkel-Irrationale gefällt. Selbstverständlich sind viele der rechtswissenschaftlichen und philosophischen Diskussionen um diese Gegenstände für die politische Entwicklung der großen Menge von Menschen gleichgültig, weil sie wenige überhaupt zur Kenntnis nehmen. Aber auch diese Debatten formen die kulturelle Entwicklung mit. Die Rechtswissenschaft kann deshalb ihren Teil zur Erhaltung einer demokratischen Rechtskultur beitragen, indem sie nicht nur die normative Infrastruktur der Demokratie im Recht pflegt, sondern auch immer wieder an die große Idee erinnert, die hinter dem demokratischen Verfassungsstaat steht.
Die imaginierte Teilhabe an Macht, in den ethno-nationalistischen Varianten autoritärer Strömungen der Gegenwart gepaart mit der Phantasie, vermittelt durch Gruppenzugehörigkeit eine höhere, in größerem Umfange berechtigte Menschenform zu bilden, spielt sicherlich jenseits wissenschaftlicher Debatten faktisch eine große Rolle bei der Selbstauslieferung breiter Bevölkerungsgruppen an autoritäre politische Kräfte der Gegenwart.

Pandemie bewältigt wird, sondern dass es auf eine Weise geschieht, die Vertrauen in die Demokratie nicht untergräbt. Eine erkenntnistheoretisch aufgeklärte Legitimationstheorie der Demokratie steht dabei auf Seiten derer, die in Hong Kong oder in Myanmar vermutlich häufig schon verzweifelt für die Demokratie kämpfen. Dieser Kampf ist auch für uns aufschlussreich, denn er weist auf die wesentlichen Legitimationsquellen von Demokratie hin, die jenseits des Erzielens von konkreten sachlichen Erfolgen in der für Menschen befreienden Wirklichkeit politischer Autonomie als Gleiche unter Gerechtigkeitsprinzipien assoziierter Subjekte liegen.[54]

2. Was wir verlieren können

Wir haben angedeutet, dass ein Teil der Bedeutung der Krise in der Erinnerung an die prekäre existentielle Lage von Menschen als verletzliche Wesen liegt. Das ist keine süßliche Besinnungsprosa in peinlich-gehobenem Laienpredigerton, sondern eine nüchterne Bestandsaufnahme zur *conditio humana* mit harten normativen Konsequenzen. In Bezug auf weitere Pandemien, aber auch in Bezug auf andere Großprobleme wie die Klimakrise ist das Bewusstsein nützlich, dass mit der Natur nicht zu spaßen ist. Für derartig verletzliche, in derartig prekärer Lage sich findende Wesen wie die Menschen sollte auch Respekt voreinander, weil wir diese schwierige Lage teilen, und Solidarität, die sich daraus ergibt, eigentlich selbstverständlich sein. Respekt und Solidarität gehören aber ebenfalls zu den Grundlagen der Demokratie. Demokratie ist, wie wir gesehen haben, eine Respektkultur, eine Kultur der Gleichheit, eine Kultur von Gleichen in Einsichtsfähigkeit und Rechten.[55] Solidarität liegt ebenfalls im Kern der Demokratie, nämlich in der Idee, gemeinsam Entscheidungen zu treffen und sie dann auch gemeinsam zu tragen. Der Rahmen dieser Gemeinsamkeit, auch das hat die Pandemie deutlich gemacht, ist kein nationaler mehr.[56] Diese Einsicht kann

---

[54] Dieses Einstehen für „asiatische Werte", allerdings von unten, gegen Parteioligarchien und Militärdiktatur, zeigt zudem, dass die „Tugend im politischen Leben", die „eigentlich Liebe zur Gleichheit im Mächtigsein ist", *Arendt* Elemente (Fn. 49), 974, kein „westliches" Privileg bildet.

[55] Vgl. *Kelsen* Demokratie (Fn. 52), 238 f.: „Es ist der tiefste Sinn des demokratischen Prinzips, daß das politische Subjekt die Freiheit, auf die es abzielt, nicht nur für sich selbst, sondern auch für die andern, daß das Ich die Freiheit auch für das Du will, weil das Ich das Du als wesensgleich empfindet. Eben darum muß die Idee der Gleichheit zu der Idee der Freiheit, diese beschränkend, hinzutreten, damit demokratische Gesellschaftsform zustandekommen kann" (Herv. i. Org.).

[56] Es ist keine leichte Aufgabe, demokratische Prinzipien auch institutionell in supranationalen Organisationen oder gar im internationalen Staatenbund zu verankern. Das heißt

auch dazu dienen, unsere Verbundenheit als Menschengeschlecht in der Welt neu zu unterstreichen – in einer Zeit neuer destruktiver Nationalismen vielleicht keine unwichtige Lehre.

Die Pandemie mit all ihrem Schrecken kann deshalb vielleicht eine Erinnerung zur rechten Zeit daran sein, auf welchen anspruchsvollen Grundlagen die Demokratie beruht, welche Werte und welch fragile Lebenswelt sie tragen und was wir verlieren, wenn wir diese Idee aufgeben, aus strategischen kurzsichtigen Interessen schwächen oder nachlässig verkümmern lassen, weil wir anderen, trügerischen politischen Sehnsuchtsbildern erlegen oder im großen unterscheidungslosen Grau der normativen Gleichgültigkeit versunken sind.

---

aber nicht, dass man nicht wichtige Schritte machen kann, auch in dieser Hinsicht demokratischen Grundgedanken Wirkung zu verschaffen, wie etwa die Schritte zur stärkeren Parlamentarisierung der Entscheidungsfindung der EU in den letzten Jahren illustrieren, wofür Art. 294 AEUV bespielhaft steht.

Leitsätze des Referenten über:

3. Demokratie im Notstand? Rechtliche und epistemische Bedingungen der Krisenresistenz der Demokratie

I. Die doppelte Krise der Demokratie

(1) Die mangelnde Beteiligung von Parlamenten bildet eines der vieldiskutierten Probleme der Strategien zur Bewältigung der Pandemie in Verfassungsstaaten. Exekutives Handeln bestimmt das Bild, Parlamenten bleibt häufig nur die Rolle der nachträglichen Legitimation post-hoc schon vollzogenen Exekutivhandelns.

(2) Befürchtungen, dass es aufgrund der Pandemiemaßnahmen zu einer Selbstentmachtung des Parlaments und dauerhaften Schwächung der normativen Infrastruktur der Demokratie kommt, werden immer wieder geäußert, in Deutschland nicht zuletzt aufgrund der unterschiedlichen historischen Erfahrungen schärfer und dringlicher als in der mit exekutiven Sonderbefugnissen unbesorgter umgehenden Schweiz.

(3) In internationaler Perspektive zeigen verschiedene Beispiele, wie die Pandemie zum Zwecke der Machtkonsolidierung autoritärer Systeme genutzt werden kann.

(4) Entscheidungsfindung in demokratischen Verfahren ist kein Garant für die inhaltliche Richtigkeit des Entschiedenen. Es muss deshalb genauer begründet werden, was die Forderung nach mehr Demokratie unter den Extrembedingungen der Pandemie verfassungsrechtlich und legitimationstheoretisch stützt und welche konkreten verfassungsrechtlichen Verwirklichungsmöglichkeiten bestehen.

(5) Man erfasst die Herausforderungen, die die Pandemie für den demokratischen Verfassungsstaat schafft, nur richtig, wenn man sie vor dem Hintergrund der fundamentalen internationalen Krise der Demokratie der Gegenwart liest. Diese Krise ist nicht zuletzt eine der normativen Orientierungen der Bürgerinnen und Bürger und der epistemischen Lebenswelt, die eine Demokratie trägt.

(6) Die Lebensform der Demokratie ist mit dem epochalen Versuch der materialen, nicht nur instrumentellen Rationalisierung von menschlicher Gesellschaftsgestaltung verknüpft, der die zwiespältige Moderne geprägt

hat und dessen Bedeutung die historischen Erfahrungen mit Massenideologien politischer Irrationalität unverkennbar unterstreichen.

II. Der umstrittene Begriff der Demokratie

(7) Es hat sich als begründungsbedürftig erwiesen, dass in einer Notlage wie der Pandemie nicht faktisch, gewaltenfunktional, verfassungsstrukturell und legitimationstheoretisch zwingend die zentrale Gestaltungsmacht bei der Exekutive liege.

(8) In Anbetracht einer lebhaften Debatte um den normativen Gehalt der Idee der Demokratie muss der Demokratiebegriff geklärt werden, an dem man die Maßnahmen zur Bewältigung der Pandemie misst.

(9) Demokratie als normativer Begriff muss von der Autonomie der Personen aus rekonstruiert werden, die sie verspricht, organisiert, prozedural bändigt, rechtlich einhegt, auf Dauer stellt und durch Institutionen nicht nur ermöglicht, sondern auch schützt.

III. Die Pandemie als Testfall der Krisenfestigkeit der Demokratie

(10) Die Pandemie erprobt die Krisenresilienz der Demokratie. Sie bildet eine Erinnerung an die prekäre existentielle Lage von Menschen, ihre Verletzlichkeit und die Grenzen ihrer Naturbeherrschung, die manche Illusionen der Gegenwartskultur von Wohlstandsgesellschaften vertreibt.

(11) In Verfassungsstaaten wie der Schweiz und Deutschland kann in zum Teil deutlich unterschiedenen rechtlichen Formen eine nachholende Parlamentarisierung und rechtliche Einhegung der z.T. verfassungswidrigen Maßnahmen festgehalten werden, die verfassungsrechtlich und demokratietheoretisch unbefriedigend bleibt.

(12) Trotz aller rechtlichen Fragwürdigkeiten haben sich demokratische Verfassungsstaaten in der Krise als widerstandfähig erwiesen.

IV. Demokratie als Lebensform

(13) Eine Demokratie setzt eine epistemische Lebenswelt voraus, in der ein gemeinsamer Raum der Gründe und Begründungsmaßstäbe Verständigungsmöglichkeiten dauerhaft offenhält.

(14) H. Arendts Begriff der „totalitären Fiktion" illustriert die politische Bedeutung der Epistemologie als Macht- und Ideologiekritik für die epistemische Lebenswelt der Demokratie.

(15) Die Erosion geteilter epistemischer Maßstäbe gefährdet nicht nur die Rationalität politischer Entscheidungen, in Anbetracht von Herausforderungen wie dem Klimawandel mit potentiell katastrophalen Folgen. Sie

unterhöhlt auch das Autonomieversprechen und die egalitäre Respektskultur der Demokratie.

V. Demokratische Lektionen der Pandemie

(16) Die in der Pandemie insgesamt bewiesene Belastbarkeit von Verfassungsstrukturen hat durch die globale Krise der Demokratie ihre Selbstverständlichkeit verloren und verlangt nach prinzipiengeleiteter rechtlicher und kultureller Absicherung.

(17) Die geteilte prekäre existentielle Lage der Menschen, die die Pandemie in Erinnerung gerufen hat, legt Respekt gegenüber anderen gleich verletzlichen Menschen und Solidarität mit ihnen nahe. Eine politische und rechtliche Kultur, die mit beidem ernst machte, wäre hilfreich, nicht zuletzt, weil Respekt und Solidarität die befreiende Wirklichkeit politischer Autonomie als Gleiche unter Gerechtigkeitsprinzipien in der Demokratie assoziierter Subjekte tragen.

4. Europa und die Pandemie. Zuständigkeitsdefizite und Kooperationszwänge

Referat von *Andreas Th. Müller*, Innsbruck*

Inhalt

		Seite
I.	Die Pandemie als europäisches Thema....................	105
II.	Die Union in der Pandemiebekämpfung...................	107
	1. Gesundheitsschutz: Defizite in der Zuständigkeitsverteilung.........................	107
	2. Freizügigkeit und Schengen: Defizite in der Zuständigkeitsausübung.........................	114
III.	Die Union in der Pandemiefolgenbekämpfung.............	118
IV.	Die Pandemieantwort der Union als Indikator ihrer Krisenresilienz..................................	122
V.	Die Ambivalenz des Kooperationszwangs: Von der Reaktion in die Aktion..	128
VI.	Fazit	134

I. Die Pandemie als europäisches Thema

Von *Platon* ist uns die Buchstabenmetapher überliefert, die er im *Staat* seinem Protagonisten *Sokrates* in den Mund legt. Demnach seien für die Kurzsichtigen kleine Buchstaben aus großer Entfernung schwer zu lesen.

---

* Für wertvolle Anregungen und Hinweise bedankt sich der Verfasser herzlich bei *Maria Bertel, Christoph Bezemek, Markus Frischhut, Daniel H. Halberstam* und *Werner Schroeder*. Dank für die Unterstützung bei der Recherche und Dokumentation dieses Beitrages gilt *Alice Falkner, Lukas Jäger, Janine Prantl* und *Theresa M. Weiskopf*.

Leichter fiele ihnen das Entziffern, wenn sie dieselben Buchstaben woanders größer geschrieben vorfänden.[1] Nachdem unser Gegenstand vornehmlich aus der einzelstaatlichen Perspektive behandelt wurde, soll sich der Blick nunmehr auf die überstaatliche Ebene richten. Vielleicht wird mancher Zug der Pandemie im europäischen Kontext deutlicher erkennbar.

Der Fokus auf Europa fördert sogleich eine eigentümliche Ambivalenz zu Tage: Die Pandemie ist zwar ihrem Begriff[2] wie Wesen[3] nach grenzüberschreitend und insofern ein europäisches Thema.[4] Gleichzeitig spielt Europa[5] in der Pandemiebekämpfung eine im Vergleich zur nationalen (und subnationalen) Ebene bloß nachgeordnete Rolle.[6]

Der Befund ist freilich auch ein zwiespältiger, insofern die Union in der Pandemiebekämpfung Erfolge verbuchen kann, sich aber auch Fehlleistun-

---

[1] Vgl. *Platon* Der Staat, 2007, 97, 172 (368d, 434d) (übersetzt und hrsg. von *Gernot Krapinger*). In seiner eigentlichen Form zielt das Bild von den kleineren und größeren Buchstaben (γράμματα) auf die Gerechtigkeit, die sich leichter an Hand der Polis als des Einzelmenschen erkennen lasse.

[2] Von griechisch πανδήμιος („das ganze Volk betreffend").

[3] Vgl. WHO, Pandemic Influenza Risk Management. A WHO Guide to Inform & Harmonize National & International Pandemic Preparedness and Response, 2017; <https://www.who.int/influenza/preparedness/pandemic/influenza_risk_management_update2017/en/> (Stand: 30.4.2021), 14. Am 11.3.2020 erklärte der Generaldirektor der WHO COVID-19 zur Pandemie; <https://www.who.int/director-general/speeches/detail/who-director-general-s-opening-remarks-at-the-media-briefing-on-covid-19---11-march-2020> (Stand: 30.4.2021). Bereits am 30.1.2020 hatte er eine „gesundheitliche Notlage von internationaler Tragweite" („public health emergency of international concern" – PHEIC) i.S.d. Art. 1, 12 der International Health Regulations 2005, 2509 UNTS 79, erklärt; <https://www.who.int/director-general/speeches/detail/who-director-general-s-statement-on-ihr-emergency-committee-on-novel-coronavirus-(2019-ncov)> (Stand: 30.4.2021). Vgl. dazu und den sechs bisherigen Fällen einer PHEIC-Erklärung *Armin von Bogdandy/Pedro A. Villarreal* Die Weltgesundheitsorganisation in der COVID-19 Pandemie, ZaöRV 2020, 293 (296 f., 301, 307); *Federica Paddeu/Michael Waibel* The Final Act: Exploring the End of Pandemics, AJIL 115 (2020), 698 (700 ff.).

[4] Vgl. Vorschlag für eine Verordnung zu schwerwiegenden grenzüberschreitenden Gesundheitsgefahren, COM(2020) 727 endg., 3; *Alberto Alemanno* The European Response to COVID-19: From Regulatory Emulation to Regulatory Coordination?, EJRR 2020, 307 (307). Die Pandemie reicht aber gleichzeitig über Europa hinaus und ist damit ein genuin globales Thema; dazu noch bei Fn. 161.

[5] Gemeint ist damit vorrangig die EU; zur Reaktion anderer europäischer internationaler Organisationen vgl. etwa für die OECD <https://www.oecd.org/coronavirus/en/> (Stand: 30.4.2021) sowie *Mark L. Flear/Anniek de Ruijter* Guest Editorial, EJRR 2019, 605 (605) für den Europarat.

[6] So übereinstimmend *Jens Kersten/Stephan Rixen* Der Verfassungsstaat in der Corona-Krise, 2020, 137; *Rudolf Mögele* Die EU und COVID-19: Befugnisse und Initiativen, EuZW 2020, 297 (297); *Alemanno* Response (Fn. 4), 307.

gen vorhalten lassen muss. Dies lädt, wie der Untertitel bereits suggeriert, zu einer kritischen Lektüre ein. Angesichts der ungekannten[7] Wucht und Dynamik der Pandemie und bleibender Unsicherheiten hinsichtlich ihres weiteren Verlaufs erscheint es angebracht, Antworten mit gewisser Vorsicht zu formulieren.

Der folgende Denkweg führt über eine kurze Vergewisserung über den unionalen Beitrag zur Pandemiebekämpfung (II.) und Pandemiefolgenbekämpfung (III.) zur Frage, was sich aus der Pandemieantwort der Union für die Bewertung ihrer Krisenresilienz gewinnen lässt (IV.) Darüber hinaus ist zu klären, wie die Pandemieantwort von der Reaktion in die Aktion überführt werden kann (V.).

II. Die Union in der Pandemiebekämpfung

1. Gesundheitsschutz: Defizite in der Zuständigkeitsverteilung

Die Union wird zu Recht an den Grundsatz der begrenzten Einzelermächtigung erinnert, der die Zuständigkeitsverteilung zwischen ihr und ihren Mitgliedstaaten regelt.[8] Die für die Pandemiebekämpfung nächstliegende[9] Zuständigkeit ist der Gesundheitsschutz (Art. 168 AEUV).[10] Er

---

[7] Vgl. *Alberto Alemanno* Taming COVID-19 by Regulation, EJRR 2020, 187 (187 f.).

[8] Art. 4 Abs. 1, Art. 5 Abs. 1 und 2 EUV; vgl. auch Art. 7 Abs. 1 AEUV.

[9] Zur Relevanz von Art. 168 AEUV für Prävention und Bekämpfung von Epidemien und Pandemien vgl. etwa *Frank Niggemeier* in: Hans von der Groeben/Jürgen Schwarze/Armin Hatje (Hrsg.) Europäisches Unionsrecht III, 7. Aufl. 2015, Art. 168 AEUV Rn. 10, 14, 56 ff.

[10] Die Überschrift zu Titel XIV lautet „Gesundheitswesen", wofür in der englischen und französischen Vertragsfassung „public health" bzw. „santé publique" stehen. Zum Fokus der unionalen Gesundheitspolitik auf Belange der öffentlichen Gesundheit vgl. *Niggemeier* in: von der Groeben/Schwarze/Hatje (Fn. 9) Art. 168 AEUV Rn. 10 ff.; *Thorsten Kingreen* in: Christian Calliess/Matthias Ruffert (Hrsg.) EUV/AEUV, 5. Aufl. 2016, Art. 168 AEUV Rn. 11; *Kersten/Rixen* Verfassungsstaat (Fn. 6), 135 („bevölkerungsbezogenes Gesundheitswesen"); für ein weiteres Verständnis vgl. *Anniek de Ruijter* EU Health Law & Policy, 2019, 55 f.; *Kai P. Purnhagen/Anniek de Ruijter/Mark L. Flear/Tamara K. Hervey/Alexia Herwig* More Competences than You Knew? The Web of Health Competences for European Union Action in Response to the COVID-19 Outbreak, EJRR 2020, 297 (303); *Vincent Delhomme* Emancipating Health from the Internal Market: For a Stronger EU (Legislative) Competence in Public Health, EJRR 2020, 747 (748); instruktiv zum Verhältnis von „public health" und „healthcare" im unionsrechtlichen Kontext *Mary Guy/Wolf Sauter* The History and Scope of EU Health Law and Policy, in: Tamara K. Hervey/Calum Alasdair Young/Louise E. Bishop (Hrsg.) Research Handbook on EU Health Law and Policy, 2017, 17 (21 f.).

verkörpert zugleich das Lehrbuchbeispiel für den schwächsten Zuständigkeitstypus: jenen der Unterstützungs-, Koordinierungs- und Ergänzungskompetenz (Art. 2 Abs. 5 i.V.m. Art. 6 lit. a AEUV). Gem Art. 168 Abs. 5 AEUV darf die Union zwar zur frühzeitigen Meldung und Bekämpfung schwerwiegender grenzüberschreitender Gesundheitsgefahren verbindliche Maßnahmen setzen,[11] aber nicht rechtsangleichend tätig werden.[12] Seit der Einführung der Gesundheitskompetenz durch den Vertrag von Maastricht[13] behält das Primärrecht die zentralen gesundheitspolitischen Entscheidungen ausdrücklich den Mitgliedstaaten vor (Art. 168 Abs. 7 AEUV),[14] und das gilt auch für die Pandemiebekämpfung.[15]

---

[11] Vgl. etwa Beschluss 1082/2013/EU zu schwerwiegenden grenzüberschreitenden Gesundheitsgefahren, ABl. 2013 L 293, 1; dazu noch bei Fn. 32. Dass Art. 168 Abs. 5 AEUV von „Fördermaßnahmen" spricht, steht der Annahme verbindlicher Rechtsakte schon deshalb nicht entgegen, weil diese gemäß dem ordentlichen Gesetzgebungsverfahren erlassen werden, das auf die Annahme einer Verordnung, einer Richtlinie oder eines Beschlusses gerichtet ist (Art. 289 Abs. 1 AEUV); vgl. *Werner Berg/Steffen Augsberg* in: Ulrich Becker/Armin Hatje/Johann Schoo/Jürgen Schwarze (Hrsg.) EU-Kommentar, 4. Aufl. 2019, Art. 168 AEUV Rn. 33; *Kingreen* in: Calliess/Ruffert (Fn. 10), Art. 168 AEUV Rn. 15; *Astrid Wallrabenstein* Gesundheitspolitik, in: Bernhard W. Wegener (Hrsg.) Europäische Querschnittspolitiken (Enzyklopädie Europarecht Bd. 8), 2014, § 8 Rn. 122.

[12] Art. 2 Abs. 5 UAbs. 2 AEUV i.V.m. Art. 168 Abs. 5 AEUV; zu den insb. in unterschiedlichen Traditionen, Strukturen und Finanzierungsmodi der nationalen Gesundheitssysteme liegenden Gründen vgl. etwa *Hans Vollaard/Hester van de Bovenkamp/Dorte S. Martinsen* The Making of a European Healthcare Union: a Federalist Perspective, JEPP 2016, 157 (163); *Alessio M. Pacces/Maria Weimer* From Diversity to Coordination: A European Approach to COVID-19, EJRR 2020, 283 (286); *Kersten/Rixen* Verfassungsstaat (Fn. 6), 135.

[13] Art. 129 EGV, mit dem Vertrag von Amsterdam Art. 152 EGV; zu Entwicklung und Ausbau der Gesundheitskompetenz *Niggemeier* in: von der Groeben/Schwarze/Hatje (Fn. 9), Art. 168 AEUV Rn. 1; *Berg/Augsberg* in: Becker/Hatje/Schoo/Schwarze (Fn. 11), Art. 168 AEUV Rn. 3 ff.; *Tamara Hervey/Anniek de Ruijter* The Dynamic Potential of European Union Health Law, EJRR 2020, 726 (728 ff.); *Guy/Sauter* History (Fn. 10), 29 ff.

[14] Vgl. bereits Art. 152 Abs. 5 EGV (i.d.F. des Vertrags von Amsterdam); vgl. dazu *Kingreen* in: Calliess/Ruffert (Fn. 10), Art. 168 AEUV Rn. 25 („Kompetenzausübungsgrenze"). *Berg/Augsberg* in: Becker/Hatje/Schoo/Schwarze (Fn. 11), Art. 168 AEUV Rn. 16 zufolge bleiben die Mitgliedstaaten insofern die „Herren der Gesundheitspolitik".

[15] Vgl. *Birgit Schmidt am Busch* Die Gesundheitssicherung im Mehrebenensystem, 2007, 71; *Mögele* EU und COVID-19 (Fn. 6), 297; zur Folge der heterogenen Regelungslandschaft in der Pandemiebekämpfung bereits *Scott L. Greer* The European Center for Disease Prevention and Control: Hub or Hollow Core?, JHPPL 2012, 1001 (1003); *Robyn Martin/Alexandra Conseil* Public Health Policy and Law for Pandemic Influenza: A Case for European Harmonization?, JHPPL 2012, 1091 (1095).

Dies ist indes bloß die halbe Wahrheit.[16] Denn gestützt auf Art. 114 AEUV[17] wurden in vielen Bereichen nationale Gesundheitsvorschriften im Namen der Binnenmarktverbesserung[18] harmonisiert.[19] Die Vorschrift liegt in ihrer funktionalen Architektur[20] quer zu Bereichszuständigkeiten wie Gesundheits-, Umwelt- oder Verbraucherschutz. Primärrechtlich ausdrücklich legitimiert – und verstärkt – wird der Zugriff auf den Gesundheitsbereich durch mehrere Querschnittsklauseln,[21] die das Gebot kohärenten Handelns über die verschiedenen Politikbereiche hinweg (Art. 7 AEUV) konkretisieren. Die Gesundheit ist für den Harmonisierungsgesetzgeber mithin nicht „off limits".[22] Angesichts dieser indirekten[23] Gesetzgebung

---

[16] Vgl. *Alemanno* Response (Fn. 4), 307; *Tobias P. Maass/Florian Schmidt* Die Entwicklung des EU-Gesundheitsrechts seit 2012, EuZW 2015, 85 (85), wonach es falsch wäre, auf einen bloß minimalistischen Einfluss der EU auf das nationale Gesundheitsrecht zu schließen.

[17] Vgl. aber auch andere Harmonisierungskompetenzen wie Art. 43, 48, 53, 62 AEUV; dazu *Kingreen* in: Calliess/Ruffert (Fn. 10), Art. 168 AEUV Rn. 26 ff. Der in der Vergangenheit bedeutsame Art. 352 AEUV lässt nunmehr eine Harmonisierung in den Fällen, in denen die Verträge eine solche ausschließen, ausdrücklich nicht mehr zu (Art. 352 Abs. 3 AEUV) und hat namentlich in Hinblick auf die Rspr. des BVerfG an Bedeutung verloren; vgl. BVerfGE 123, 267 (394 f.); *Sacha Garben* Competence Creep Revisited, JCMS 2019, 205 (208).

[18] Siehe etwa EuGH, 5.10.2000, Deutschland/Parlament und Rat, Rs. C-376/98, Rn. 83, wonach „Maßnahmen gemäß [Art. 114 Abs. 1 AEUV] die Voraussetzungen für die Errichtung und das Funktionieren des Binnenmarktes verbessern sollen"; vgl. auch ebd., Rn. 84, wonach entsprechende Maßnahmen „tatsächlich den Zweck haben [müssen], die Voraussetzungen für die Errichtung und das Funktionieren des Binnenmarktes zu verbessern".

[19] Vgl. insb. die auf Art. 114 und 168 AEUV gestützte Richtlinie 2011/24/EU, ABl. 2011 L 88, 45 (Patientenmobilitäts-Richtlinie); die auf Art. 53, 62 und 114 AEUV gestützte Richtlinie 2003/33/EG, ABl. 2003 L 152, 16 (Tabakwerbe-Richtlinie) und Richtlinie 2014/40/EU, ABl. 2014 L 127, 1 (Tabakprodukte-Richtlinie).

[20] Vgl. etwa *Garben* Competence Creep (Fn. 17), 207; *Jörg P. Terhechte* in: Matthias Pechstein/Carsten Nowak/Ulrich Häde (Hrsg.) Frankfurter Kommentar EUV/AEUV/GRC III, 2017, Art. 114 AEUV Rn. 7; *Meinhard Schröder* in: Rudolf Streinz (Hrsg.) EUV/AEUV, 3. Aufl. 2018, Art. 114 AEUV Rn. 5.

[21] Insb. Art. 9 AEUV, demzufolge die Union bei der Festlegung und Durchführung ihrer Politik und Maßnahmen „einem hohen Niveau […] des Gesundheitsschutzes Rechnung [trägt]"; ähnlich Art. 114 Abs. 3 und Art. 168 Abs. 1 UAbs. 1 AEUV sowie Art. 35 S. 2 GRCh. Zum Charakter als Querschnittsklausel etwa *Eberhard Eichenhofer* in: Rudolf Streinz (Hrsg.) EUV/AEUV, 3. Aufl. 2018, Art. 9 AEUV Rn. 1; *Claus D. Classen* in: Hans von der Groeben/Jürgen Schwarze/Armin Hatje (Hrsg.) Europäisches Unionsrecht III, 7. Aufl. 2015, Art. 114 AEUV Rn. 176 ff.

[22] Ihr darf nach der Judikatur sogar „maßgebende Bedeutung" zukommen, sofern die Voraussetzungen für die Heranziehung von Art. 114 AEUV als Rechtsgrundlage vorliegen; vgl. EuGH, 5.10.2000, Deutschland/Parlament und Rat, Rs. C-376/98, Rn. 88; EuGH (GK), 12.12.2006, Deutschland/Parlament und Rat, Rs. C-380/03, Rn. 39, 92.

[23] So *Sacha Garben* Restating the Problem of Competence Creep: Tackling Harmonisation by Stealth and Reinstating the Legislator, in: dies./Inge Govaere (Hrsg.) The Division

wurde eine „stille Revolution"[24] diagnostiziert, die die Gesundheit heute zu jener Unterstützungszuständigkeit macht, die am schwersten von einer geteilten zu unterscheiden ist.[25]

Man mag den „competence creep",[26] die schleichende Zuständigkeitserweiterung zu Gunsten der Union, problematisieren,[27] nicht aber beim gegebenen Thema. Der Harmonisierungsgesetzgeber hat (ähnlich wie beim allgemeinen Rauchverbot[28]) keine Handlungsbefugnis für die Pandemiebekämpfung i.S. operativer Maßnahmen wie Schutzmaskenpflicht, Quarantäneregeln, Ausgangssperren oder Impfstoffverteilungsregeln.[29] Den

---

of Competences between the EU and the Member States, 2017, 300 (303); *Garben* Competence Creep (Fn. 17), 207; *Vollaard/van de Bovenkamp/Martinsen* The Making (Fn. 12), 165.

[24] *De Ruijter* EU Health Law (Fn. 10), 1; *Delhomme* Health (Fn. 10), 748; vgl. auch zur „verdeckten" Integration *Giandomenico Majone* Dilemmas of European Integration: The Ambiguities and Pitfalls of Integration by Stealth, 2009; *Adrienne Héritier* Covert Integration of Core State Powers: Renegotiating Incomplete Contracts, in: Philipp Genschel/Markus Jachtenfuchs (Hrsg.) Beyond the Regulatory Polity? The European Integration of Core State Powers, 2014, 230; *Sophie Meunier* Integration by Stealth: How the European Union Gained Competence over Foreign Direct Investment, JCMS 2017, 593.

[25] Vgl. *Sacha Garben* Supporting Policies, in: Pieter J. Kuijper u.a. (Hrsg.) The Law of the European Union, 5. Aufl. 2018, 1199 (1208); *Delhomme* Health (Fn. 10), 750.

[26] Vgl. etwa *Paul Craig* Competence: Clarity, Conferral, Containment and Consideration, ELR 2004, 323; *Stephen Weatherill* Competence Creep and Competence Control, YEL 2004, 1; *Sacha Prechal* Competence Creep and General Principles of Law, REALaw 2010, 5; *Garben* Restating (Fn. 23), 300; jüngst *Garben* Competence Creep (Fn. 17), 205. Dies gilt namentlich für den Gesundheitsbereich, zumal die Einführung der Gesundheitskompetenz samt Harmonisierungsverbot durch den Vertrag von Maastricht (vgl. Fn. 13) von den Mitgliedstaaten auch als Mittel gesehen wurde, der Ausweitung der EU-Gesetzgebung mit Gesundheitsbezug Grenzen zu setzen; vgl. *Delhomme* Health (Fn. 10), 751 m.w.N.

[27] Zu den Problemen indirekter Gesetzgebung gehört auch die mit der Inanspruchnahme binnenmarktfördernder Harmonisierungskompetenzen verbundene Gefahr, Gesundheitsprobleme einseitig aus Binnenmarktperspektive anzugehen. Zu den aus einem derartigen „bias" erwachsenden Asymmetrien vgl. etwa *Hervey/de Ruijter* Potential (Fn. 13), 733 sowie bereits *Fritz W. Scharpf* The Asymmetry of European Integration or Why the EU Cannot Be a Social Market Economy, Socio-Economic Review 2010, 211. Dies zeigt sich bezeichnenderweise noch im Kommissionsprojekt einer „Europäischen Gesundheitsunion" (dazu noch bei Fn. 135), das prominent damit begründet wird, dass es „zu einem widerstandsfähigeren EU-Binnenmarkt und einer nachhaltigen wirtschaftlichen Erholung beitragen wird"; COM(2020) 724 endg., 3; vgl. *Alberto Alemanno* Towards a European Health Union: Time to Level Up, EJRR 2020, 721 (723).

[28] Empfehlung über rauchfreie Umgebungen, ABl. 2009 C 296, 4.

[29] So auch *Christian Calliess* Braucht die Europäische Union eine Kompetenz zur (Corona-)Pandemiebekämpfung?, NVwZ 2021, 505 (509); vgl. dagegen zum beherzten – freilich methodisch vielfach nicht überzeugenden – Versuch, über ein „Netz" an Kompeten-

Unionsorganen bleibt insoweit nur der Rückgriff auf unionales *soft law*. An einschlägigen Empfehlungen und Leitlinien hat es denn im letzten Jahr auch nicht gefehlt.[30] Diese haben jedoch eine bloß geringe Steuerungswirkung in Bezug auf die Mitgliedstaaten entfaltet. Ihr Handeln war und ist heterogen.[31]

Dem konnte auch der Rahmen für schwerwiegende grenzüberschreitende Gesundheitsgefahren[32] einschließlich Pandemien[33] nicht Abhilfe schaffen, der Unionsgesetzgeber 2013 immerhin die Form eines verbindlichen Beschlusses gegeben hat. Er enthält allerdings vornehmlich allgemein gehaltene Koordinationspflichten.[34] Das darin verankerte Frühwarn- und Reaktionssystem[35] hat in der Pandemie jedenfalls nur suboptimal funktioniert.[36] Auch der infolge des Koordinationsversagens in der „Schweine-

---

zen bereits *de lege lata* einer breiten Zuständigkeitsbasis in der Pandemiebekämpfung das Wort zu reden *Purnhagen/de Ruijter/Flear/Hervey/Herwig* Competences (Fn. 10), 298, vor allem 303 ff. Insb. kann Art. 35 GrCh nicht zu diesem Zweck herangezogen werden, da gem. Art. 6 Abs. 1 S. 2 EUV sowie Art. 51 Abs. 1 S. 2 und Abs. 2 GrCh die in den Verträgen festgelegten Zuständigkeiten der Union durch die GrCh in keiner Weise erweitert werden.

[30] Vgl. Leitlinien, ABl. 2020 C 111 I, 1; Leitlinien, ABl. 2020 C 116 I, 1; Gemeinsamer europäischer Fahrplan, ABl. 2020 C 126, 1; Empfehlung (EU) 2020/1595, ABl. 2020 L 360, 43; Empfehlung (EU) 2020/1743, ABl. 2020 L 392, 63; Empfehlung, ABl. 2021 C 24, 1.

[31] So etwa COM(2020) 724 endg., 7; vgl. in diesem Zusammenhang *Alemanno* Response (Fn. 4), 307. Das Argument, es sei nach anfänglicher Divergenz zu einer zunehmenden faktischen Konvergenz und wechselseitigen Nachahmung der von den Mitgliedstaaten getroffenen Maßnahmen gekommen (vgl. ebd., 310: „copycat coronavirus policies", „regulatory emulation"), ist im Rückblick auf die erste Welle der Pandemie formuliert und hat sich in der Folge nur in beschränktem Umfang bestätigt.

[32] Beschluss 1082/2013/EU (Fn. 11), 1, gestützt auf Art. 168 Abs. 5 AEUV. Vgl. schon davor Entscheidung 2119/98/EG über die Schaffung eines Netzes für die epidemiologische Überwachung und die Kontrolle übertragbarer Krankheiten in der Gemeinschaft, ABl. 1998 L 268, 1; zur Geschichte vgl. *Markus Frischhut/Scott L. Greer* EU Public Health Law and Policy – Communicable Diseases, in: Tamara K. Hervey/Calum Alasdair Young/Louise E. Bishop (Hrsg.) Research Handbook on EU Health Law and Policy, 2017, 315 (321 ff.).

[33] Art. 2 Abs. 1 lit. a sublit. i, Art. 2 Abs. 2 sowie Art. 6 des Beschlusses 1082/2013/EU (Fn. 11).

[34] Art. 1, 4 und 11 des Beschlusses 1082/2013/EU (Fn. 11).

[35] Zum „Early Warning and Response System" (EWRS) vgl. Art. 8 und 9 des Beschlusses 1082/2013/EU (Fn. 11), Art. 8 der Verordnung (EG) Nr. 851/2004 zur Errichtung eines Europäischen Zentrums für die Prävention und die Kontrolle von Krankheiten, ABl. 2004 L 142, 1 sowie Durchführungsbeschluss (EU) 2017/253, ABl. 2017 L 37, 23.

[36] COM(2020) 724 endg., 5 f. („Mangel an Kohärenz und Koordinierung"); COM(2021) 380 endg., 3; vgl. auch *Schmidt am Busch* (Fn. 15), 73 f.; *Andrea Renda/Rosa Castro* Towards Stronger EU Governance of Health Threats after the COVID-19 Pandemic, EJRR 2020, 273 (277).

grippe-Pandemie"[37] eingerichtete Mechanismus zur „gemeinsamen Beschaffung medizinischer Gegenmaßnahmen"[38] bietet eine durchwachsene Bilanz.[39] Anfangs als Prestigeprojekt der EU gefeiert,[40] wurden angesichts andauernder Zulassungsverfahren und substanzieller Lieferverzögerungen wieder nationale Sonderwege bei der Impfstoffbeschaffung verkündet und auch beschritten.[41]

Der Erfahrung des Kooperationszwangs zum Trotz erweisen sich die kohäsiven Kräfte als nicht übermäßig stark, sodass bei Misserfolgen

---

[37] Die sog. „Schweinegrippe" (2009/2010) wurde ähnlich wie die sog. „spanische Grippe" (1918–1920) durch das Influenza-A-Virus H1N1 ausgelöst; vgl. dazu *Angus Nicoll/Martin McKee* Moderate Pandemic, Not Many Dead – Learning the Right Lessons in Europe from the 2009 Pandemic, EJPH 2010, 486 (486). Speziell zum Koordinationsversagen der EU-Mitgliedstaaten vgl. Entschließung des Europäischen Parlaments, 8.3.2011, 2010/2153(INI), ABl. 2012 C 199 E, 7, ErwG. K, L und M; *Anne-Laure Beaussier/Lydie Cabane* Strengthening the EU's Response Capacity to Health Emergencies: Insights from EU Crisis Management Mechanisms, EJRR 2020, 808 (813); *Scott L. Greer/Anniek de Ruijter* EU Health Law and Policy in and after the COVID-19 Crisis, EJPH 2020, 623 (623).

[38] Art. 5 des Beschlusses 1082/2013/EU (Fn. 11). Vgl. auch Entschließung 2010/2153(INI) (Fn. 37), Nr. 12, sowie das in der Folge geschaffene Joint Procurement Agreement; vgl. Anh. zum Beschluss vom 10.4.2014, C(2014) 2258 endg. Weiterführend *Natasha Azzopardi-Muscat/Peter Schroder-Bäck/Helmut Brand* The European Union Joint Procurement Agreement for Cross-Border Health Threats, Health Economics, Policy and Law 2017, 43; *Emma McEvoy/Delia Ferri* The Role of the Joint Procurement Agreement during the COVID-19 Pandemic: Assessing Its Usefulness and Discussing Its Potential to Support a European Health Union, EJRR 2020, 851 (851).

[39] Zur Ambivalenz der im Beschaffungsverfahren in seiner gegenwärtigen Form fehlenden Exklusivitätsklausel, sodass die beteiligten Staaten das entsprechende Produkt parallel auch anderweitig beschaffen können, vgl. *Azzopardi-Muscat/Schroder-Bäck/Brand* Joint Procurement Agreement (Fn. 38), 49, 51, 53; *McEvoy/Ferri* Role (Fn. 38), 856 f. Dies soll nach dem Vorschlag der Kommission hinkünftig verunmöglicht werden; vgl. Art. 12 Abs. 2 lit. c des Verordnungsvorschlags, COM(2020) 727 endg.; dazu noch bei Fn. 142.

[40] Vgl. etwa die 2019 abgeschlossenen Rahmenverträge zu Grippeimpfstoffen. Im Rahmen der COVID-19-Pandemie wurden im Frühjahr 2020 sechs Ausschreibungen zum Erwerb persönlicher Schutzausrüstung, von Beatmungsgeräten und Diagnosematerial durchgeführt; vgl. *McEvoy/Ferri* Role (Fn. 38), 858. Das Hauptaugenmerk richtete sich aber auf die von der Kommission mit sechs aussichtsreichen Impfstoffproduzenten (AstraZeneca, BioNTech-Pfizer, CureVac, Johnson&Johnson, Moderna, Sanofi-GSK) ausgehandelten Abnahmegarantieverträge („advance purchase agreements") über ca. 2,3 Milliarden Impfdosen; COM(2020) 245 endg.; vgl. auch *Daniel Thym/Jonas Bornemann* Binnenmarktrechtliche Grundlagen des Infektions- und Gesundheitsschutzrechts, in: Stefan Huster/Thorsten Kingreen (Hrsg.) Handbuch Infektionsschutzrecht, 2021, 65 (Rn. 16 ff., 45); *Calliess* Kompetenz (Fn. 29), 507.

[41] Namentlich Ungarn entschied sich bereits im Januar 2021, die aus Russland bzw. China stammenden Vakzine Sputnik V und Sinopharm zuzulassen und zu verimpfen.

4. Europa und die Pandemie

schnell die Rückkehr zu unilateralem Handeln attraktiv erscheint. Man mag diesbezüglich mangelndes politisches Geschick und Engagement der Union bei der Koordinierung mitgliedstaatlichen Handelns beklagen.[42] Aus rechtlicher Sicht ist ihr dieses Unvermögen nicht vorzuwerfen.[43] Das Potenzial der Gesundheitskompetenz (Art. 168 AEUV) in der Pandemiebekämpfung[44] – wie übrigens auch jenes der Katastrophenschutzkompetenz (Art. 196 AEUV)[45] und der Solidaritätsklausel (Art. 222 AEUV)[46] – lässt sich gewiss noch konsequenter realisieren. Die Einführung echter unionaler Regelungsbefugnisse[47] stößt indes schnell an primärrechtliche Grenzen. Will man den kollektiven Ohnmachtsdiskurs überwinden und wünscht sich die Union als eigenverantwortliche Akteurin in diesem Bereich, kann durch eine – nach Subsidiaritätsmaßgaben (Art. 5 Abs. 3 EUV) auszuübende[48] – geteilte Zuständigkeit für Pandemiebekämpfung Abhilfe geschaffen werden.[49] Dies ist (Fragen politischer Umsetzbarkeit einmal beiseite las-

---

[42] Vgl. dazu auch COM(2020) 724 endg., 6.
[43] So auch *Kersten/Rixen* Verfassungsstaat (Fn. 6), 137.
[44] Vgl. Entschließung des Europäischen Parlaments, 10.7.2020, 2020/2691(RSP), Nr. 2, derzufolge das Primärrecht „deutlich mehr Maßnahmen auf europäischer Ebene ermöglicht, als in den letzten Jahren umgesetzt wurden"; dazu noch Fn. 135.
[45] Zum gegenwärtigen Rechtsbestand vgl. Beschluss 1313/2013/EU, ABl. 2013 L 347, 924; Beschluss (EU) 2019/420, ABl. 2019 L 77 I, 1; dazu *Beaussier/Cabane* Strengthening the EU's Response (Fn. 37), 813. Vgl. nunmehr den Reformvorschlag COM(2020) 220 endg., der u.a. den Ausbau des Zentrums für die Koordination von Notfallmaßnahmen (Emergency Response Coordination Centre – ERCC) (Art. 7), ein spezielles Instrument der Katastrophenresilienzplanung (Art. 10) sowie eine verstärkte Katastrophenschutzkapazität im Rahmen von rescEU, wenn alle oder die meisten Mitgliedstaaten gleichzeitig von derselben Notlage betroffen sind (Art. 11 und 12), vorsieht; vgl. *Thym/Bornemann* Grundlagen (Fn. 40), Rn. 66, 74.
[46] Vgl. Beschluss 2014/415/EU über die Vorkehrungen für die Anwendung der Solidaritätsklausel durch die Union, ABl. 2014 L 192, 53. Zum Verhältnis von Art. 196 und 222 AEUV vgl. *Michael Kloepfer/Fabian Schwartz* Katastrophenschutz in: Bernhard W. Wegener (Hrsg.) Europäische Querschnittspolitiken (Enzyklopädie Europarecht Bd. 8), 2014, § 5 Rn. 56 ff.; *Thym/Bornemann* Grundlagen (Fn. 40), Rn. 66.
[47] Vgl. bei Fn. 29. Der Schwerpunkt der unionalen Handlungsmöglichkeiten liegt in der Risikobeurteilung (*risk assessment*), während die Risikobewältigung (*risk management*) den Mitgliedstaaten überantwortet ist; vgl. *Pacces/Weimer* Diversity (Fn. 12), 286 f.
[48] Dazu könnte (etwa nach dem Vorbild des Art. 168 Abs. 4 lit. a AEUV) eine primärrechtlich verankerte Schutzverstärkungsklausel kommen, derzufolge die von der Union gesetzten Maßnahmen die Mitgliedstaaten nicht daran hindern, strengere Schutzmaßnahmen beizubehalten oder einzuführen; dazu *Calliess* Kompetenz (Fn. 29), 510.
[49] Dies wurde bereits von verschiedener Seite vorgeschlagen. Siehe etwa Entschließung 2020/2691/RSP (Fn. 44), Nr. 54; dazu *Niall Coghlan* Health Union and Bioethical Union: Does Hippocrates Require Socrates?, EJRR 2020, 766. Aus der Literatur vgl. insb. *Delhomme* Health (Fn. 10), 747, 754 f.; *Calliess* Kompetenz (Fn. 29), 511. Vgl. noch Fn. 149.

send[50]) kein revolutionärer Vorschlag, existieren doch bereits mehrere spezielle geteilte Zuständigkeiten im Gesundheitsbereich,[51] z.B. bei der Impfstoffzulassung.[52]

2. Freizügigkeit und Schengen: Defizite in der Zuständigkeitsausübung

Damit ist die Problematik unionaler Zuständigkeitsdefizite in der Pandemiebekämpfung indes nicht ausgelotet. Die eigentliche Schwäche der Union hat sich auf anderem Terrain gezeigt, nämlich bei den Themen Freizügigkeit und Schengen. Das Problem liegt dabei nicht bei der Verteilung, sondern bei der Ausübung der Unionszuständigkeiten.[53]

---

[50] Vgl. nur etwa *Timo Clemens/Helmut Brand* Will COVID-19 lead to a major change of the EU Public Health mandate?, EJPH 2020, 624 (624). Desungeachtet könnte eine allfällige Primärrechtsänderung nicht im Wege des vereinfachten Vertragsänderungsverfahrens (Art. 48 Abs. 6 EUV) verwirklicht werden, da es sich um eine Erweiterung der Zuständigkeiten der Union handelt, und nicht bloß um eine „Kompetenzergänzung" wie bei der Verankerung des Europäischen Stabilitätsmechanismus (ESM) in Art. 136 Abs. 3 AEUV; vgl. *Christian Calliess* Perspektiven des Euro zwischen Solidarität und Recht, ZEuS 2011, 213 (275 ff.). Einen Rahmen dafür könnte die laufende Konferenz zur Zukunft Europas bieten, im Zuge derer auch Primärrechtsänderungen diskutiert werden sollen; vgl. Entschließung 2020/2691/RSP (Fn. 44), Nr. 54; *Ursula von der Leyen* Rede zur Lage der Union, 16.9.2020, abrufbar unter <https://ec.europa.eu/commission/presscorner/detail/ov/SPEECH_20_1655> (Stand: 30.4.2021).

[51] Vgl. Art. 168 Abs. 4 AEUV. Zudem enthielt der Gesundheitsartikel des Verfassungsvertrages bereits eine geteilte Zuständigkeit für „Maßnahmen zur Beobachtung, frühzeitigen Meldung und Bekämpfung schwerwiegender grenzüberschreitender Gesundheitsgefahren" (Art. 278 Abs. 4 lit. d VVE), die aber nicht in den Vertrag von Lissabon übernommen wurde; vgl. *Niggemeier* in: von der Groeben/Schwarze/Hatje (Fn. 9), Art. 168 AEUV Rn. 47.

[52] Auf Grundlage von Art. 168 Abs. 4 lit. c AEUV („Festlegung hoher Qualitäts- und Sicherheitsstandards für Arzneimittel und Medizinprodukte"). Zu dieser mit dem Vertrag von Lissabon neu eingeführten Vorschrift und der vorherigen Rechtslage vgl. *Thomas Lübbig* in: Matthias Pechstein/Carsten Nowak/Ulrich Häde (Hrsg.) Frankfurter Kommentar EUV/AEUV/GRC III, 2017, Art. 168 AEUV Rn. 26; *Niggemeier* in: von der Groeben/Schwarze/Hatje (Fn. 9), Art. 168 AEUV Rn. 46. Impfstoffe stellen (immunologische) Arzneimittel i.S.d. Art. 1 der Richtlinie 2001/83/EG, ABl. 2001 L 311, 67 dar; vgl. auch *Thym/Bornemann* Grundlagen (Fn. 40), Rn. 48. Zur Rolle der Europäischen Arzneimittelagentur (European Medicines Agency – EMA) in diesem Zusammenhang vgl. etwa *Schmidt am Busch* (Fn. 15), 288 ff.; *Andreas Orator* Möglichkeiten und Grenzen der Einrichtung von Unionsagenturen, 2017, 143 ff.

[53] Die Frage der Kompetenzausübung betrifft nicht nur die – im Folgenden erörterten – geteilten, sondern auch die ausschließlichen Zuständigkeiten, namentlich die gemeinsame Handelspolitik (Art. 3 Abs. 1 lit. e AEUV). Zu den mit Durchführungsverordnung (EU) 2020/402, ABl. 2020 L 77 I, 1 eingeführten Beschränkungen für die Ausfuhr persönlicher Schutzausrüstung aus der Union vgl. etwa *Friso Bostoen/Caranina Colpaert/Wouter Devroe/Joris Gruyters/Lennard Michaux/Liesbet van Acker* Corona and EU Economic Law:

4. Europa und die Pandemie

In der Tat ermächtigen die einschlägigen primär[54]- und sekundärrechtlichen[55] Vorschriften die Mitgliedstaaten zu Freizügigkeitsbeschränkungen aus Gründen der öffentlichen Gesundheit.[56] Auch der Schengener Grenzkodex[57] ermöglicht, wiewohl nicht ausdrücklich angesprochen,[58] bei erheblichen Gesundheitsgefahren die vorübergehende Wiedereinführung von Grenzkontrollen an den Binnengrenzen.[59] Die Mitgliedstaaten haben sich

---

Competition and Free Movement in Times of Crisis, CoRe 2020, 72 (88 f.); *Luis Arroyo Jiménez/Mariolina Eliantonio* Masks, Gloves, Exports Licences and Composite Procedures, EJRR 2020, 382; *Benedikt Pirker* Rethinking Solidarity in View of the Wanting Internal and External EU Law Framework Concerning Trade Measures in the Context of the COVID-19 Crisis, European Papers 2020, 573; *Jelena Bäumler/Jörg P. Terhechte* Handelsbeschränkungen und Patentschutz für Impfstoffe: Europa- und völkerrechtliche Aspekte, NJW 2020, 3481 (3483 ff.).

[54] Art. 45 Abs. 3, Art. 52 Abs. 1, Art. 62 AEUV.

[55] Art. 27 Abs. 1 und Art. 29 der Richtlinie 2004/38/EG über das Recht der Unionsbürger und ihrer Familienangehörigen, sich im Hoheitsgebiet der Mitgliedstaaten frei zu bewegen und aufzuhalten, ABl. 2004 L 158, 77; vgl. auch Art. 18 und 19 der Richtlinie 2003/109/EG betreffend die Rechtsstellung der langfristig aufenthaltsberechtigten Drittstaatsangehörigen, ABl. 2004 L 16, 44.

[56] Dabei stellt Art. 29 Abs. 1 der Richtlinie 2004/38/EG (Fn. 55) unter der Überschrift „Öffentliche Gesundheit" explizit den Pandemiebezug her, namentlich hinsichtlich „Krankheiten mit epidemischem Potenzial im Sinne der einschlägigen Rechtsinstrumente der Weltgesundheitsorganisation". Vgl. dazu *Reinhard Klaushofer/Benjamin Kneihs/Rainer Palmstorfer/Hannes Winneret* Ausgewählte unions- und verfassungsrechtliche Fragen der österreichischen Maßnahmen zur Eindämmung der Ausbreitung des Covid-19-Virus, ZÖR 75 (2020), 649 (673 ff.); *Bostoen/Colpaert/Devroe/Gruyters/Michaux/van Acker* Corona (Fn. 53), 91 f.; *Daniel Thym/Jonas Bornemann* Schengen and Free Movement Law During the First Phase of the COVID-19 Pandemic: Of Symbolism, Law and Politics, European Papers 2020, 1143 (1162).

[57] Verordnung (EU) 2016/399 über einen Gemeinschaftskodex für das Überschreiten der Grenzen durch Personen, ABl. 2016 L 77, 1.

[58] Dies gilt im Zusammenhang mit den Binnengrenzen. Dagegen definiert Art. 2 Nr. 21 des Schengener Grenzkodex als „Gefahr für die öffentliche Gesundheit" u.a. eine „Krankheit mit epidemischem Potenzial im Sinne der Internationalen Gesundheitsvorschriften der Internationalen Gesundheitsorganisation (WHO)" und normiert deren Relevanz für die Einreisevoraussetzungen für Drittstaatsangehörige in den Schengenraum und für Grenzübertrittskontrollen (Art. 6 und 8 des Schengener Grenzkodex), also im Bereich der Außengrenzen.

[59] Im Falle einer „ernsthaften Bedrohung der öffentlichen Ordnung oder der inneren Sicherheit in einem Mitgliedstaat" können gem. Art. 25, 28 des Schengener Grenzkodex Grenzkontrollen an den Binnengrenzen vorübergehend wieder eingeführt werden. Nach ganz verbreiteter Auffassung sind trotz der gebotenen engen Auslegung des Ausnahmetatbestandes (grundlegend EuGH, 4.12.1974, van Duyn, Rs. 41/74, Rn. 18 f.) auch Gesundheitsnotlagen entsprechender Schwere, namentlich Pandemien, als ernsthafte Bedrohungen der „öffentlichen Ordnung" in einem Mitgliedstaat anzusehen; vgl. *Klaushofer/Kneihs/Palmstorfer/Winneret* Ausgewählte Fragen (Fn. 56), 665; *Stefano Montaldo* The COVID-19 Emergency and the Reintroduction of Internal Border Controls in the Schengen Area, European Papers 2020,

angesichts des hohen Ranges des Gesundheitsschutzes im Unionsrechtssystem[60] denn auch großzügig auf diese Schutzklauseln[61] berufen und neben der Wiedereinführung von Grenzkontrollen[62] die Einreise bestimmter Personengruppen erschwert oder überhaupt verunmöglicht.[63]

---

523 (527); *Thym/Bornemann* Schengen (Fn. 56), 1148; *Iris Goldner Lang* "Laws of Fear" in the EU, EJRR 2021, 1 (5); *Thym/Bornemann* Grundlagen (Fn. 40), Rn. 24 f.; ähnlich auch Leitlinien, ABl. 2020 C 86 I, 1, Nr. 18 („In an extremely critical situation, a Member State can identify a need to reintroduce border controls as a reaction to the risk posed by a contagious disease."). Dabei wird insb. darauf verwiesen, dass die Rspr. eine Gefährdung der öffentlichen Ordnung annimmt, wenn eine „tatsächliche und hinreichend schwere Gefährdung [vorliegt], die ein Grundinteresse der Gesellschaft berührt"; vgl. EuGH, 27.10.1977, Bouchereau, Rs. 30/77, Rn. 33, 35; EuGH, 13.9.2016, C.S., Rs. C-304/14, Rn. 38; EuGH, 12.12.2019, G.S. und V.G., verb. Rs. C-381/18 und C-382/18, Rn. 53. Speziell im Hinblick darauf, dass der Unionsgesetzgeber in Bezug auf den Schengener Grenzkodex „die Absicht hatte, sämtliche Bedrohungen der öffentlichen Ordnung zu bekämpfen" (EuGH, 12.12.2019, E.P., C-380/18, Rn. 45), wird ein Umkehrschluss aus Art. 2 Nr. 21 i.V.m. Art. 6 und 8 des Schengener Grenzkodex (vgl. Fn. 58) zu Recht abgelehnt; vgl. *Klaushofer/Kneihs/Palmstorfer/Winneret* Ausgewählte Fragen (Fn. 56), 666.

[60] Nach stRspr. „nehmen unter den vom AEU-Vertrag geschützten Gütern und Interessen die Gesundheit und das Leben von Menschen den höchsten Rang ein, und es ist Sache der Mitgliedstaaten, zu bestimmen, auf welchem Niveau sie den Schutz der Gesundheit der Bevölkerung gewährleisten wollen und wie dieses Niveau erreicht werden soll"; EuGH, 10.3.2021, Ordine Nazionale dei Biologi, Rs. C-96/20, Rn. 36. Vgl. bereits EuGH, 20.5.1976, de Peijper, Rs. 104/75, Rn. 14, 18; EuGH (GK), 19.5.2009, Apothekerkammer des Saarlandes, verb. Rs. C-171/07 und C-172/07, Rn. 19; in jüngerer Zeit EuGH, 21.9.2017, Malta Dental, Rs. C-125/16, Rn. 60; vgl. *Tamara Hervey* The role of the European court of justice in the Europeanization of communicable disease control: driver or irrelevance?, JHPPL 2013, 977 (982). Siehe auch EuGH, 4.5.2016, Polen/Parlament und Rat, Rs. C-358/14, SchlA GA *Juliane Kokott*, 23.12.2015, Rn. 130, unter Verweis auf EuGH (GK), 23.10.2012, Nelson, verb. Rs. C-581/10 und C-629/10, Rn. 81): „Zu bedenken ist allerdings, dass dem Schutz der menschlichen Gesundheit in der Werteordnung des Unionsrechts ein ungleich höherer Stellenwert zukommt als solchen im Wesentlichen wirtschaftlichen Interessen […], so dass der Gesundheitsschutz negative wirtschaftliche Folgen selbst beträchtlichen Ausmaßes für bestimmte Wirtschaftsteilnehmer rechtfertigen kann."

[61] Darüber hinaus lässt sich in der Pandemiesituation die Inanspruchnahme (indes eng auszulegenden) Art. 72 AEUV (und womöglich sogar des Art. 347 AEUV) andenken; vgl. *Thym/Bornemann* Schengen (Fn. 56), 1149; *dieselben* Grundlagen (Fn. 40), Rn. 25, 37. Dazu jüngst EuGH, 2.4.2020, Kommission/Polen, Tschechische Republik und Ungarn, verb. Rs. C-715/17, C-718/17 und C-719/17, Rn. 143 ff.

[62] Vor allem in der ersten Pandemiewelle im Frühjahr 2020, aber auch noch in der Folge; vgl. die Dokumentation unter <https://ec.europa.eu/home-affairs/sites/homeaffairs/files/what-we-do/policies/borders-and-visas/schengen/reintroduction-border-control/docs/ms_notifications_-_reintroduction_of_border_control.pdf> (Stand: 30.4.2021).

[63] Dabei wurde nach verschiedenen Kriterien differenziert, etwa nach Berufsgruppen, Angehörigenverhältnis, dem Vorliegen triftiger Reisegründe, der Anreise aus bestimmten Mitgliedstaaten oder Regionen derselben, die als Hochinzidenz- oder Virusvariantengebiet gewertet wurden, aber auch nach Staatsangehörigkeit und dem Staat des Wohnsitzes oder

4. Europa und die Pandemie

Die Reaktion der Unionsorgane darauf blieb schwach und oszillierte zwischen einer Rhetorik des Bedauerns und der Aufforderung zur Wiederherstellung der Reisefreiheit. Auch hier wurde lediglich „weich", d.h. mit Empfehlungen und Leitlinien operiert.[64] Dabei hätte, handelt es sich doch um geteilte Zuständigkeiten, der Unionsgesetzgeber korrigierend eingreifen können.[65] Die Kommission konnte sich – trotz Bedenken gegen verschiedene mitgliedstaatliche Maßnahmen[66] – nicht zu Aufsichtsmaßnahmen durchringen,[67] obwohl mit Verhältnismäßigkeitsgrundsatz und Diskriminierungsverbot rechtliche Schranken für Freizügigkeitsbeschränkungen bestehen.[68] Die Personenfreizügigkeit[69] sowie der Schengenraum mussten von

---

gewöhnlichen Aufenthaltes; vgl. dazu etwa Empfehlung (EU) 2020/1475, ABl. 2020 L 337, 3, Rn. 19; *Klaushofer/Kneihs/Palmstorfer/Winneret* Ausgewählte Fragen (Fn. 56), 671 ff.; *Thym/Bornemann* Schengen (Fn. 56), 1164 f.; *dieselben* Grundlagen (Fn. 40), Rn. 33 ff.; *Lando Kirchmair* Europäische Souveränität? Zur Autonomie des Unionsrechts im Verhältnis zum Völkerrecht sowie den Mitgliedstaaten am Beispiel der Corona-Krise, EuR 2021, 28 (34).

[64] Leitlinien, ABl. 2020 C 86 I, 1; Leitlinien, ABl. 2020 C 102 I, 12; Leitlinien, ABl. 2020 C 156, 1; Mitteilung, ABl. 2020 C 169, 30; Leitlinien, ABl. 2020 C 235 I, 1; Empfehlung (EU) 2020/1475 (Fn. 63); Empfehlung (EU) 2021/119, ABl. 2021 L 36 I, 1. Vgl. auch in Bezug auf die Außengrenzen: Mitteilung, COM(2020) 115 endg.; Empfehlung (EU) 2020/912, ABl. 2020 L 208 I, 1; Empfehlung (EU) 2020/2243, ABl. 2020 L 436, 72; Empfehlung (EU) 2021/132, ABl. 2021 L 41, 1.

[65] So auch *Daniel Thym* Travel Bans in Europe: A Legal Appraisal, Verfassungsblog 19.3.2020, abrufbar unter <https://verfassungsblog.de/travel-bans-in-europe-a-legal-appraisal/> (Stand: 30.4.2021), Nr. 8 („lex specialis"); ähnlich auch *Thym/Bornemann* Schengen (Fn. 56), 1157 (in Bezug auf die Außengrenzen). Die Eingriffsmöglichkeit des Unionsgesetzgebers manifestiert sich etwa in dem jetzigen – auf Art. 21 AEUV gestützten – Vorschlag für eine Verordnung über das digitale grüne Zertifikat, COM(2021) 130 endg.; dazu noch Fn. 99. Zum bislang ungenützten Potenzial tertiärrechtlicher Regelungen (Art. 290, 291 AEUV) vgl. *Thym/Bornemann* Schengen (Fn. 56), 1161.

[66] Vgl. etwa COM(2021) 35 endg., 8: „Grenzschließungen oder pauschale Reiseverbote und die Aussetzung des Flug-, Land- und Seeverkehrs sind nicht gerechtfertigt, da gezielte Maßnahmen wirksam genug sind und weniger Störungen verursachen."

[67] Vgl. dazu *Montaldo* COVID-19 Emergency (Fn. 59), 528 f.; *Thym/Bornemann* Grundlagen (Fn. 40), Rn. 27.

[68] Empfehlung (EU) 2020/1475 (Fn. 63), Rn. 1; Leitlinien, ABl. 2020 C 86 I, 1, Nr. 4; Mitteilung, ABl. 2020 C 169, 30, 7; vgl. dazu *Klaushofer/Kneihs/Palmstorfer/Winneret* Ausgewählte Fragen (Fn. 56), 674 ff.; *Thym/Bornemann* Schengen (Fn. 56), 1165; *dieselben* Grundlagen (Fn. 40), Rn. 26, 32 f.; *Goldner Lang* Laws of Fear (Fn. 59), 12, 20. Dies verlangt namentlich, dass Einreisebeschränkungen im Blick auf die jeweilige epidemiologische Situation im Vergleich zu den im Inland geltenden Mobilitätsregeln kohärent sind. Asymmetrien zwischen innerstaatlicher Reisefreiheit und strengen Einreisebestimmungen können daher unionsrechtswidrig sein; zum Kohärenzgebot etwa *Thym* Travel Bans (Fn. 65), Nr. 4; *Thym/Bornemann* Grundlagen (Fn. 40), Rn. 37 f.

[69] Vergleichsweise besser konnte die Integrität der Warenverkehrsfreiheit gewährleistet werden; vgl. COM(2020) 112 endg., 3 f., Anh. 2. Zur frühzeitigen Schaffung „grüner Kor-

daher signifikante Einschränkungen[70] samt den dadurch freigesetzten Erosivkräften[71] hinnehmen, ohne dass die Unionsorgane diese Kerngehalte der europäischen Integration effektiv zu schützen vermocht hätten.

III. Die Union in der Pandemiefolgenbekämpfung

Vergleichsweise besser hat sich die Union in der Pandemiefolgenbekämpfung geschlagen.[72] Dabei geht es um ihren Beitrag zur Bewältigung der massiven sozioökonomischen Folgen der COVID-19-Pandemie.[73]

Hier lässt sich zunächst das von der EZB bereits im März 2020 eingerichtete Pandemie-Notfallankaufprogramm (PEPP)[74] nennen. Ebenso

---

ridore" („green lanes") vgl. Leitlinien, ABl. 2020 C 86 I, 1; Mitteilung, ABl. 2020 C 96 I, 1; Mitteilung, COM(2020) 685 endg. Zur Problematik innerunionaler Handelsbeschränkungen in diesem Zusammenhang *Bäumler/Terhechte* Handelsbeschränkungen (Fn. 53), 3481 ff.

[70] Vgl. *Alemanno* European Health Union (Fn. 27), 721; *Thym* Travel Bans (Fn. 65), Nr. 5; *Goldner Lang* Laws of Fear (Fn. 59), 1, 3; wohlwollender in der Bewertung etwa *Stephen Coutts* Citizenship, Coronavirus and Questions of Competence, European Papers 2020, 429 (432).

[71] Vgl. *Pacces/Weimer* Diversity (Fn. 12), 288; *Montaldo* COVID-19 Emergency (Fn. 59), 528; *Thym/Bornemann* Schengen (Fn. 56), 1145, 1154. Derartige Erosionserscheinungen im Schengenraum sind bereits im Gefolge der Terroranschläge des letzten Jahrzehnts, vor allem aber in Zusammenhang mit der Asylkrise 2015/2016 zu beobachten.

[72] Vgl. insb. die bereits früh erfolgte Mitteilung, COM(2020) 112 endg. sowie die Nachweise in Fn. 74 und 78.

[73] Die Kommission sieht in der COVID-19-Pandemie sowohl eine „gravierende gesundheitliche Notlage" als auch einen „schwerwiegenden Schock" für die Volkswirtschaften der Welt und der Union; vgl. Befristeter Rahmen für staatliche Beihilfen zur Stützung der Wirtschaft angesichts des derzeitigen Ausbruchs von COVID-19, ABl. 2000 C 91 I, 1, Nr. 1. Vgl. *Kersten/Rixen* Verfassungsstaat (Fn. 6), 135, wo zwischen der Union als „Akteurin in der sanitären Krise" und als „Gestalterin der ökonomischen Folgen der Corona-Krise" unterschieden wird; ähnlich *Mögele* EU und COVID-19 (Fn. 6), 297; vgl. auch die Unterscheidung hinsichtlich des unionsrechtlichen Umgangs mit den wirtschaftlichen Pandemiefolgen bei *René Repasi* Europäische Solidarität in der Wirtschaftskrise nach der Pandemie, EuZW 2020, 345 (346), die die unionsrechtliche Begrenzung der mitgliedstaatlichen fiskalpolitischen Kraft, die Erweiterung der mitgliedstaatlichen fiskalpolitischen Kraft durch finanzielle Unterstützung und den Einsatz fiskalpolitischer Maßnahmen durch europäische Akteure kontrastiert.

[74] Pandemic Emergency Purchase Programme; vgl. Beschluss (EU) 2020/440 zu einem zeitlich befristeten Pandemie-Notfallankaufprogramm, ABl. 2020 L 91, 1. Das anfängliche Volumen des Programms von bis zu EUR 750 Milliarden wurde mittlerweile auf insgesamt bis zu EUR 1.850 Milliarden mehr als verdoppelt und in seiner Dauer bis Ende März 2022 erstreckt. Das Urteil des BVerfG zur Kompetenzwidrigkeit der EZB-Beschlüsse zum Public Sector Purchase Programme (PSPP), BVerfGE 154, 17, betrifft PEPP nicht direkt. Aufgrund von strukturellen Parallelen der Programme sind jedoch ähnliche Argumente hin-

4. Europa und die Pandemie

zügig[75] hat die Kommission die Beihilfekontrolle adaptiert, um den Mitgliedstaaten Fördermaßnahmen für pandemiegeschädigte Unternehmen zu ermöglichen.[76] Nach dem Vorbild der Finanzkrise[77] beschloss die Kommission einen Befristeten Rahmen[78] und genehmigte in Folge dessen billi-

---

sichtlich Verhältnismäßigkeit und Verbot monetärer Haushaltsfinanzierung (Art. 123 Abs. 1 AEUV) auch hinsichtlich PEPP denkbar; vgl. Bundestag, Zur Unionsrechtskonformität des Pandemic Emergency Purchase Programme (PEPP) der EZB, PE 6-3000-32/20, 8 f., 17 ff. Zur ambivalenten Rezeption des PSPP-Urteils vgl. nur *Franz C. Mayer* Der Ultra vires-Akt, JZ 2020, 725; *Frank Schorkopf* Wer wandelt die Verfassung?, JZ 2020, 734.

[75] In diesem Sinne *Patricia S. Stöbener de Mora* Beihilferecht: Befristeter Rahmen der EU-Kommission zur Bewältigung des COVID-19-Ausbruchs, EuZW 2020, 251; *Andreas Bartosch/Michael Berghofer* Die Covid-19-Beihilfemaßnahmen in Deutschland, EuZW 2020, 453; *Claudia Seitz/André S. Berne* Die Panazee gegen COVID-19: Das EU-Beihilferecht, EuZW 2020, 591 (597); *Andrea Biondi* Governing the Interregnum: State Aid Rules and the COVID-19 Crisis, M&CLR 2020, 17 (18, 22).

[76] Vgl. bereits Mitteilung, COM(2020) 112 endg., 10 f., Anh. 3, wo darauf hingewiesen wird, dass angesichts des begrenzten EU-Haushalts vor allem die nationalen Haushalte der Mitgliedstaaten gefordert sind, in der Pandemiekrise Mittel zur Verfügung zu stellen. Neben der Klarstellung, dass gewisse Unterstützungsmaßnahmen überhaupt nicht unter das Beihilfeverbot fallen (z.B. Maßnahmen für alle Unternehmen, direkte Finanzhilfen an Verbraucher; dazu etwa *Biondi* Interregnum (Fn. 75), 26 f.), macht die Kommission von Anfang an deutlich, dass zur Bewältigung der Pandemiekrise sowohl Legalausnahmen i.S.v. Katastrophenbeihilfen (Art. 107 Abs. 2 lit. b AEUV) als auch Ermessensausnahmen i.S.v. Beihilfen „zur Behebung einer beträchtlichen Störung im Wirtschaftsleben eines Mitgliedstaats" (Art. 107 Abs. 3 lit. b 2. Alt. AEUV) und Restrukturierungsbeihilfen (Art. 107 Abs. 3 lit. c AEUV) in Anspruch genommen werden können; weiterführend *Bostoen/Colpaert/Devroe/Gruyters/Michaux/van Acker* Corona (Fn. 53), 84 f.; *Seitz/Berne* Panazee (Fn. 75), 591 ff.; *Claudia Seitz/André S. Berne* Das EU-Beihilferecht und die Coronakrise, in: Astrid Epiney/Petru E. Zlatescu (Hrsg.) Schweizerisches Jahrbuch für Europarecht 2019/2020, 393 (401 ff.).

[77] Vorübergehender Gemeinschaftsrahmen für staatliche Beihilfen zur Erleichterung des Zugangs zu Finanzierungsmitteln in der gegenwärtigen Finanz- und Wirtschaftskrise, ABl. 2009 C 16, 1; ersetzt durch Vorübergehenden Unionsrahmen, ABl. 2011 C 6, 5; dazu *Raymond Luja* State Aid and the Financial Crisis: Overview of the Crisis Framework, EStAL 2009, 145; *Ulrich Soltész/Christian von Köckritz* Der „vorübergehende Gemeinschaftsrahmen" für staatliche Beihilfen – die Antwort der Kommission auf die Krise in der Realwirtschaft, EuZW 2010, 167; zur Vorbildwirkung *Bartosch/Berghofer* Covid-19-Beihilfemaßnahmen (Fn. 75), 454; *Seitz/Berne* Panazee (Fn. 75), 593 f.; *Seitz/Berne* EU-Beihilferecht (Fn. 76), 411 f.; *Ulrich Soltész/Aylin Hoffs* Staatliche Beihilfen im Rahmen der Coronakrise, NZKart 2020, 189 (190).

[78] Befristeter Rahmen für staatliche Beihilfen zur Stützung der Wirtschaft angesichts des derzeitigen Ausbruchs von COVID-19, ABl. 2020 C 91 I, 1 samt Erweiterungen am 3.4.2020, ABl. 2020 C 112 I, 1; 8.5.2020, ABl. 2020 C 164, 3; 29.5.2020, ABl. 2020 C 218, 3; 13.10.2020, ABl. 2020 C 340 I, 1 und 28.1.2021, ABl. 2021 C 34, 6; dazu *Bostoen/Colpaert/Devroe/Gruyters/Michaux/van Acker* Corona (Fn. 53), 85 ff.; *Biondi* Interregnum (Fn. 75), 20 ff.; *Soltész/Hoffs* Staatliche Beihilfen (Fn. 77), 189 ff.; *Seitz/Berne* Panazee (Fn. 75), 594 ff.; *Seitz/Berne* EU-Beihilferecht (Fn. 76), 412 ff.

onenschwere nationale Förderprogramme.[79] Dazu kommen weitere pandemiefolgenmildernde Flexibilisierungsmaßnahmen im Wettbewerbsrecht[80] sowie im Vergaberecht.[81]

Zu diesen Bemühungen, Linderungen der Negativfolgen der Pandemie in binnenmarktkompatibler Weise zu ermöglichen, treten eigene finanzielle Fördermaßnahmen der Union.[82] In der zweiten Jahreshälfte 2020 wurde im Zusammenhang mit den Verhandlungen für den mehrjährigen Finanzrahmen das EUR 750 Milliarden schwere Aufbaupaket „NextGeneration EU" (NGEU)[83] geschnürt, dessen Herzstück[84] die Aufbau- und Resilienzfazilität[85] ist. Diesbezüglich wurden verschiedentlich primärrechtliche Bedenken

---

[79] Siehe dazu Europäische Kommission, Coronvirus-Outbreak – List of Member State Measures approved under Articles 107(2)b, 107(3)b and 107(3)(c) TFEU and under the State Aid Temporary Framework, <https://ec.europa.eu/competition/state_aid/what_is_new/State_aid_decisions_TF_and_107_2b_107_3b_107_3c.pdf> (Stand: 30.4.2021). Laut Auskunft der Kommission hatte sie allein bis 13.4.2021 502 Beschlüsse über 617 nationale Maßnahmen im Umfang von EUR 3,03 Billionen gefasst (Schreiben der Kommission an den Verfasser vom 20.4.2021).

[80] Zu einschlägigen Maßnahmen im Kartell- und Marktmissbrauchsrecht sowie in der Fusionskontrolle vgl. etwa Mitteilung, ABl. 2020 C 116 I, 7 sowie *Bostoen/Colpaert/Devroe/Gruyters/Michaux/van Acker* Corona (Fn. 53), 73 ff.; *Christophe Hillion* Editorial Comments. Disease and recovery in (COVID-afflicted) Europe, CMLRev 2020, 619 (623 f.).

[81] Leitlinien, ABl. 2020 C 108 I, 1; weiterführend *Bostoen/Colpaert/Devroe/Gruyters/Michaux/van Acker* Corona (Fn. 53), 92 ff.; *Roberto Baratta* EU Soft Law Instruments as a Tool to Tackle the COVID-19 Crisis, European Papers 2020, 365.

[82] Zur anfänglichen Mobilisierung des EU-Haushalts und von Mitteln der Europäischen Investitionsbank vgl. Mitteilung, COM(2020) 112 endg., 6 f.; vgl. in diesem Zusammenhang namentlich die Investitionsinitiative zur Bewältigung der Coronavirus-Krise (CRII und CRII+) sowie das ReactEU-Paket.

[83] Vgl. Mitteilung, Die Stunde Europas – Schäden beheben und Perspektiven für die nächste Generation eröffnen, COM(2020) 456 endg. sowie Schlussfolgerungen der außerordentlichen Tagungen des Europäischen Rates vom 17.-21.7.2020, EUCO 10/20 sowie vom 10./11.12.2020, EUCO 22/20. Vom Gesamtvolumen von NGEU entfallen auf die Aufbau- und Resilienzfazilität EUR 672,5 Milliarden, auf ReactEU EUR 47,5 Milliarden, auf Horizont Europa EUR 5 Milliarden, auf InvestEU EUR 5,6 Milliarden, auf die Entwicklung des ländlichen Raums EUR 7,5 Milliarden, auf den Fonds für einen gerechten Übergang EUR 10 Milliarden und auf rescEU EUR 1,9 Milliarden; vgl. Art. 2 Abs. 2 der Verordnung (EU) 2020/2094 zur Schaffung eines Aufbauinstruments der Europäischen Union zur Unterstützung der Erholung nach der COVID-19-Krise, ABl. 2020 L 433 I, 23.

[84] Vorschlag für eine Verordnung zur Errichtung einer Aufbau- und Resilienzfazilität, COM(2020) 408 endg., 2.

[85] Verordnung (EU) 2021/241 zur Einrichtung der Aufbau- und Resilienzfazilität, ABl. 2021 L 57, 17. Art. 6 der Verordnung richtet die Recovery and Resilience Facility (RRF) mit einem Volumen von EUR 672,5 Milliarden ein, wobei EUR 312,5 Milliarden auf nicht

4. Europa und die Pandemie 121

artikuliert,[86] insbesondere gegen die Inanspruchnahme von Art. 122 AEUV für das Aufbauinstrument[87] und die Ermöglichung von Kreditaufnahmen durch die Union im neuen Eigenmittelbeschluss.[88] Damit ist eine Reihe schwieriger Rechtsfragen aufgeworfen, die im gegebenen Rahmen nicht geklärt werden können.[89] Jedenfalls lässt sich aus Art. 125 und 311 AEUV für die Union kein kategorisches Verschuldungsverbot ableiten.[90]

---

rückzahlbare Zuschüsse und EUR 360 Milliarden auf Darlehen entfallen. Art. 2 Nr. 5 der Verordnung enthält soweit erkennbar erstmals im Unionsrecht eine Legaldefinition von Resilienz als „Fähigkeit, wirtschaftlichen, gesellschaftlichen und die Umwelt betreffenden Schocks oder anhaltenden strukturellen Veränderungen auf faire, nachhaltige und inklusive Weise zu begegnen".

[86] Freilich nicht gegen die kohäsionspolitische Rechtsgrundlage (Art. 175 Abs. 3 AEUV) der Aufbau- und Resilienzfazilität, die *Frank Schorkopf* Die Europäische Union auf dem Weg zur Fiskalunion, NJW 2020, 3085 (3087 Fn. 30) für „unproblematisch" hält.

[87] Verordnung (EU) 2020/2094 (Fn. 83). Der Umstand, dass Art. 122 Abs. 2 AEUV von Schwierigkeiten „eines Mitgliedstaates" spricht, steht der Gewährung eines finanziellen Beistandes an mehrere Mitgliedstaaten nicht entgegen, wenn sie alle (wie in der gegenwärtigen Pandemie) von dem entsprechenden außergewöhnlichen Ereignis betroffen sind; zu diesem Gedanken in Bezug auf Art. 107 Abs. 3 lit. b AEUV vgl. EuGH (GK), 30.9.2016, Kotnik u.a., Rs. C-526/14, SchlA GA *Nils Wahl*, 18.2.2016, Rn. 56. Kritisch zu Art. 122 AEUV als Kompetenzgrundlage *Anja Hoffmann/Lukas Harta/Martina Anzini* Das Aufbauinstrument „Next Generation EU", cepAdhoc Nr. 7, 28.7.2020, 10 ff.; *Schorkopf* Europäische Union (Fn. 86), 3087 f.; *Dirk Meyer* Next Generation EU, EuZW 2021, 16 (19 f.).

[88] Gem. Art. 5 Abs. 1 lit. a des Beschlusses (EU, Euratom) 2020/2053 über das Eigenmittelsystem der Europäischen Union, ABl. 2020 L 424, 1 wird die Kommission ermächtigt, an den Kapitalmärkten im Namen der Union bis zu EUR 750 Milliarden zu den Preisen von 2018 aufzunehmen. Die Zulässigkeit dieser Ermächtigung ist Gegenstand einer Verfassungsbeschwerde gegen das deutsche Zustimmungsgesetz zum Eigenmittelbeschluss; vgl. BVerfG, 26.3.2021, 2 BvR 547/21; vgl. aber auch BVerfG, 15.4.2021, 2 BvR 547/21, Rn. 96 ff. zur Ablehnung des Erlasses einer einstweiligen Anordnung, da bei summarischer Prüfung nicht mit hoher Wahrscheinlichkeit ein Verstoß gegen Art. 79 Abs. 3 GG vorliege.

[89] Siehe insb. Gutachten des Juristischen Dienstes des Rates, 24.6.2020, Ratsdokument 9062/20 sowie die Stellungnahmen im Rahmen der Öffentlichen Anhörung des Ausschusses für die Angelegenheiten der Europäischen Union des Deutschen Bundestages am 26.10.2020; *Martin Nettesheim* „Next Generation EU": Die Transformation der EU-Finanzverfassung, AöR (145) 2020, 381; *Meyer* Next Generation EU (Fn. 87), 16.

[90] So zu Recht die hM; vgl. *Roland Bieber* in: Hans von der Groeben/Jürgen Schwarze/Armin Hatje (Hrsg.) Europäisches Unionsrecht III, 7. Aufl. 2015, Art. 311 AEUV Rn. 43; *Christoph Herrmann/Stephanie Dausinger* in: Matthias Pechstein/Carsten Nowak/Ulrich Häde (Hrsg.) Frankfurter Kommentar EUV/AEUV/GRC III, 2017, Art. 122 AEUV Rn. 22; *Rüdiger Bandilla* in: Eberhard Grabitz/Meinhard Hilf/Martin Nettesheim (Hrsg.) Das Recht der Europäischen Union, 71. EL 2020, Art. 122 AEUV Rn. 19; *Matthias Rossi* Finanz- und Haushaltsordnung der EU, in: Manfred Dauses/Markus Ludwigs (Hrsg.) Handbuch des EU-Wirtschaftsrechts, 51. EL 2020, Rn. 135; *Nettesheim* Next Generation (Fn. 89), 393; *Julian Pröbstl* Unions- und verfassungsrechtliche Zulässigkeit einer gemeinsamen fiskali-

IV. Die Pandemieantwort der Union als Indikator ihrer Krisenresilienz

Die Antwort der Union auf die COVID-19-Pandemie steht im größeren Rahmen einer Reihe von Krisenphänomenen. Der frühere Kommissionspräsident *Jean-Claude Juncker* hat diesbezüglich von einer „Polykrise"[91] gesprochen, denn die Union musste (bzw. muss) sich der Finanzkrise, Eurozonenkrise, Brexitkrise, Asylkrise, Rechtsstaatlichkeits- und Demokratiekrise sowie Klimakrise stellen.[92] Die Verortung im weiteren Krisenhorizont erscheint für die Bewertung der Resilienz der Union angesichts der Pandemie unabdingbar.[93] Denn sie ist beileibe nicht bloß Gesundheitskrise, sondern bemächtigt sich umfassend Politik, Gesellschaft und Wirtschaft.

---

schen Antwort der Eurozonen-Mitgliedstaaten auf COVID-19, EuZW 2020, 305 (310); *Meyer* Next Generation EU (Fn. 87), 18; im Ergebnis auch *Schorkopf* Europäische Union (Fn. 86), 3088; dagegen etwa *Ulrich Häde* in: Christian Calliess/Matthias Ruffert (Hrsg.) EUV/AEUV, 5. Aufl. 2016, Art. 122 AEUV Rn. 9; *Bernhard Kempen* in: Rudolf Streinz (Hrsg.) EUV/AEUV, 3. Aufl. 2018, Art. 122 AEUV Rn. 11. Zu Gunsten der Verschuldungsbefugnis wird auch die bisherige Anleihebegebungspraxis der Union ins Spiel gebracht; vgl. zuletzt die – ebenso pandemieinduzierte und auf Art. 122 AEUV gestützte – Verordnung (EU) 2020/672 zur Schaffung eines Europäischen Instruments zur vorübergehenden Unterstützung bei der Minderung von Arbeitslosigkeitsrisiken in einer Notlage (SURE), ABl. 2020 L 159, 1 zur Finanzierung nationaler Kurzarbeitsregelungen; dazu etwa *Bieber* in: von der Groeben/Schwarze/Hatje (Fn. 90), Art. 311 AEUV Rn. 44; *Pröbstl* Zulässigkeit (Fn. 90), 309; *Meyer* Next Generation EU (Fn. 87), 17 ff. Gesteht man der Union, die sich gem. Art. 311 Abs. 1 AEUV mit den erforderlichen Mitteln ausstattet, um ihre Ziele zu erreichen und ihre Politik durchführen zu können, auch grundsätzlich zu, sich auch der Anleiheemission als erforderliches Mittel zu bedienen, zumal Art. 311 Abs. 2 AEUV von keiner ausschließlichen Finanzierung durch Eigenmittel ausgeht (arg. „unbeschadet der sonstigen Einnahmen"), bleibt dennoch die Frage nach den Schranken der Verschuldungsbefugnis. Solche bestehen sowohl hinsichtlich der Höhe als auch hinsichtlich des Verbots der allgemeinen Defizitfinanzierung des EU-Haushalts sowie Art. 125 Abs. 1 AEUV; vgl. *Siegfried Magiera* in: Eberhard Grabitz/Meinhard Hilf/Martin Nettesheim (Hrsg.) Das Recht der Europäischen Union, 71. EL 2020, Art. 311 AEUV Rn. 23; *Nettesheim* Next Generation (Fn. 89), 394 ff.; *Pröbstl* Zulässigkeit (Fn. 90), 310.

[91] Rede von Kommissionspräsident *Jean-Claude Juncker* beim Europäischen Forum Alpbach, 21.8.2016, abrufbar unter <https://ec.europa.eu/commission/presscorner/detail/de/SPEECH_16_2863> (Stand: 30.4.2021); zum Begriff bereits *Edgar Morin* Der Weg, 2012, 21 (übersetzt von *Ina Brümann*; im Original: „La voie – Pour l'avenir de l'humanité").

[92] Aus der kaum zu übersehenden Literatur siehe etwa *Nicole Scicluna* European Union Constitutionalism in Crisis, 2015; *Desmond Dinan/Neill Nugent/William E. Paterson* (Hrsg.) The European Union in Crisis, 2017; *Michèle Knodt/Martin Große Hüttmann/Alexander Kobusch* Die EU in der Polykrise: Folgen für das Mehrebenen-Regieren, in: Andreas Grimmel (Hrsg.) Die neue Europäische Union, 2020, 119; *Marianne Riddervold/Jarle Trondal/Akasemi Newsome* (Hrsg.) The Palgrave Handbook of EU Crises, 2021.

[93] Vgl. *Hartmut Kaelble* Mehr als ein neues Krankheitsbild: Warum die Corona-Krise für die Europäische Union historisch neuartig ist, integration (43) 2020, 325.

4. Europa und die Pandemie

Zunächst zeigt sich, dass sich die Union unter Krisenbedingungen schwer damit tut, operative Maßnahmen „on the ground" zu beschließen und durchzusetzen. Die Schaffung der Bankenunion[94] im Gefolge der Eurozonenkrise firmiert hier eher als Ausnahme. Dagegen steht die Erfahrung der Asylkrise, wo die verbindliche Umsiedlung von Asylwerbern nach Länderquoten zwar unionsrechtlich verordnet wurde,[95] aber politisch gescheitert ist.[96] Von vornherein zurückhaltender ist das Unionshandeln in der Pandemiekrise: Projekte wie die europaweite „Corona-App"[97] und „Corona-Ampel"[98] sind nicht wirklich vom Fleck gekommen. Noch offen ist, welches Schicksal dem gerade diskutierten digitalen Impfpass beschieden sein wird.[99] Nun darf man sich im Lichte des angesprochenen Zuständigkeitsdefizits ohnehin keine starken Maßnahmen im Gesundheitsbereich erwarten. Aber auch beim Schutz von Freizügigkeit und Schengenraum

---

[94] Verordnung (EU) Nr. 1022/2013, ABl. 2013 L 287, 5; Verordnung (EU) Nr. 1024/2013, ABl. 2013 L 287, 63; Verordnung (EU) Nr. 806/2014, ABl. 2014 L 225, 1, zur Schaffung des Einheitlichen Aufsichtsmechanismus (Single Supervisory Mechanism – SSM) und des Einheitlichen Abwicklungsmechanismus (Single Resolution Mechanism – SRM).

[95] Beschluss (EU) 2015/1523, ABl. 2015 L 239, 146; Beschluss (EU) 2015/1601, ABl. 2015 L 248, 80. Der zweite der auf Art. 78 Abs. 3 AEUV gestützten Beschlüsse wurde von der Slowakei und Ungarn, unterstützt durch Polen, erfolglos mit Nichtigkeitsklage bekämpft; vgl. EuGH (GK), 6.9.2017, Slowakei und Ungarn/Rat, verb. Rs. C-643/15 und C-647/15. Vgl. auch jüngst EuGH, 2.4.2020, Kommission/Polen, Ungarn und Tschechien, verb. Rs. C-715/17, 718/17 und 719/17, in denen der Gerichtshof Vertragsverletzungen der drei Mitgliedstaaten in diesem Zusammenhang feststellte; dazu noch Fn. 124.

[96] Vgl. *Andreas Oberprantacher/Andreas Th. Müller* A Question of Solidarity: Re-Defining Europe Through the Rights of "Others"?, in: Joachim Hruschka/Jan C. Joerden (Hrsg.) Jahrbuch für Recht und Ethik, 2017, 257 (271).

[97] Zu Maßnahmen auf europäischer Ebene betreffend die Nachverfolgung von Kontaktpersonen vgl. COM(2020) 724 endg., 20; vgl. auch EuZW 2020, 780, 956.

[98] Empfehlung (EU) 2020/1475 (Fn. 63) i.d.F. der Empfehlung (EU) 2021/119 (Fn. 64), Rn. 10, wonach das Europäische Zentrum für die Prävention und die Kontrolle von Krankheiten (ECDC; vgl. noch Fn. 140) in einer nach Regionen aufgeschlüsselten Karte der EU-Mitgliedstaaten Gebiete nach drei Kriterien (kumulative 14-Tage-Melderate für COVID-19-Fälle, Testpositivitätsrate, Testquote) als grün, orange, rot oder dunkelrot (oder im Falle fehlender Informationen grau) markiert; vgl. auch ebd. Rn. 13 zur Berücksichtigung der „Prävalenz neuer besorgniserregender SARS-CoV-2-Varianten, insbesondere von Varianten, die eine erhöhte Übertragbarkeit aufweisen und zu mehr Todesfällen führen". *Thym/ Bornemann* Schengen (Fn. 56), 1166 sprechen diesbezüglich zu Recht von „an – albeit half-hearted – political coordination".

[99] Rechtsgrundlage für die Kommissionsvorschläge ist, je nachdem ob es um Unionsbürger oder Drittstaatsangehörige geht, Art. 21 Abs. 1 bzw. Art. 77 Abs. 2 AEUV; COM(2021) 130 endg.; COM(2021) 140 endg. Zu (letztlich aber nicht überzeugenden) Bedenken gegen die Inanspruchnahme von Art. 21 Abs. 1 AEUV als Rechtsgrundlage *Calliess* Kompetenz (Fn. 29), 509.

wirkt das Unionshandeln gegenüber mitgliedstaatlichen Unilateralismen zaghaft.[100]

Leichter fällt der Union das Schnüren von Anreizpaketen. Aus der Asylkrise sind insbesondere Bemühungen um eine (finanziell attraktivierte) flexible Solidarität geblieben.[101] Und auch in der Pandemie ist die profilierteste Antwort der Union im Rahmen einer Politik des goldenen Zügels erfolgt. Von NGEU können angesichts seiner Dimension erhebliche und im Vergleich zu den in der Eurokrise getroffenen Maßnahmen gezieltere Steuerungswirkungen ausgehen, gerade durch die strukturierte Einbindung ins Europäische Semester.[102] Die damit verbundenen Wohlstandstransfers[103] in Richtung des besonders pandemiegeplagten unionalen Südens stellen einen Akt finanzieller Solidarität dar.[104] Zugleich darf nicht übersehen werden,

---

[100] Dazu bereits Fn. 67 und 70.

[101] Vgl. den Vorschlag für eine Verordnung über Asyl- und Migrationsmanagement, COM(2020) 610 endg., Art. 61 („Finanzielle Unterstützung durch die Union") sowie Art. 72, wodurch die Verordnung (EU) Nr. 516/2014 zur Einrichtung des Asyl-, Migrations- und Integrationsfonds, ABl. 2014 L 150, 168, dahingehend geändert werden soll, dass den Mitgliedstaaten ein Betrag von EUR 10.000 für jede Person (EUR 12.000 für unbegleitete Minderjährige) zukommen soll, die im Rahmen der Neuansiedlung oder der Aufnahme aus humanitären Gründen aufgenommen wurde. Vgl. dagegen Verordnungsvorschlag, COM(2016) 270 endg., Art. 37 („Finanzielle Solidarität"), der noch eine Zuwendung von EUR 250.000 durch den nicht-solidarischen an den aufnehmenden Mitgliedstaat vorgesehen hatte.

[102] Gem. Art. 17 Abs. 3 der Verordnung (EU) 2021/241 (Fn. 85) müssen die zum Erhalt von finanziellen Förderungen notwendigen Aufbau- und Resilienzpläne (i.S.v. Art. 18 der Verordnung) mit den einschlägigen länderspezifischen Herausforderungen und Prioritäten, die im Rahmen des Europäischen Semesters ermitteln wurden, in Einklang stehen. Zum Europäischen Semester vgl. Art. 2-a der Verordnung (EG) Nr. 1466/97, ABl. 1997 L 209, 1, i.d.F. der Verordnung (EU) Nr. 1175/2011, ABl. 2011 L 306, 12; dazu etwa *Walter Obwexer* Das System der „Europäischen Wirtschaftsregierung" und die Rechtsnatur ihrer Teile: Sixpack – Euro-Plus-Pakt – Europäisches Semester – Rettungsschirm, ZÖR 67 (2012), 209 (229 ff.). Die im Rahmen des Europäischen Semesters ausgesprochenen länderspezifischen Empfehlungen (country-specific recommendations – CSR) können beachtliche Steuerungswirkungen entfalten (vgl. *Maass/Schmidt* Entwicklung (Fn. 16), 85), die indes mehrere Mitgliedstaaten zu sich in der Pandemie rächenden Einsparungen gerade im Gesundheitsbereich bewogen haben; mit dieser Kritik etwa *Renda/Castro* Stronger EU Governance (Fn. 36), 280; *Vollaard/van de Bovenkamp/Martinsen* The Making (Fn. 12), 170; *Guy/Sauter* History (Fn. 10), 34; *Tomislav Sokol/Nikola Mijatović* EU Health Law and Policy and the Eurozone Crisis, in: Tamara K. Hervey/Calum Alasdair Young/Louise E. Bishop (Hrsg.) Research Handbook on EU Health Law and Policy, 2017, 291 (295 ff., vor allem 299).

[103] Vgl. *Schorkopf* Europäische Union (Fn. 86), 3091, vor allem mit Blick auf die nicht rückzahlbaren Zuschüsse; dazu Fn. 85. Vgl. auch *Friedhelm Hase* Corona-Krise und Verfassungsdiskurs, JZ 2020, 697 (703).

[104] Der Solidaritätsgedanke liegt indes, wie sich in Art. 3 Abs. 3 UAbs. 3 EUV und Art. 174 AEUV manifestiert, der europäischen Kohäsionspolitik, in die sich NGEU einreiht

dass von der durch den Befristeten Beihilferahmen[105] signifikant erleichterten Möglichkeit ambitionierter nationaler Förderprogramme vor allem die wohlhabenden Mitgliedstaaten profitieren können, die so ihrerseits Umverteilungseffekte generieren.[106] In diesem Doppelsinne[107] hat die Union also durchaus Handlungsfähigkeit gezeigt.

Bemerkenswert ist darüber hinaus, dass die in der Eurozonenkrise zu konstatierende „Flucht aus dem Unionsrecht"[108] in der Pandemiekrise unterblieben ist.[109] Man mag, speziell im Blick auf NGEU, von „europarechtlichem Konstruktivismus"[110] sprechen. Dieser hat sich aber innerhalb, nicht außerhalb des Unionsrechtssystems realisiert. Letzteres wäre angesichts der unionalen Zuständigkeitsdefizite im Gesundheitsbereich nicht abwegig gewesen.[111] Auch für „Corona-Bonds" wurde eine völkerrechtliche Grundlage angedacht.[112] Der Appetit auf Strategien jenseits des

---

(vgl. Fn. 86), ausdrücklich zugrunde; vgl. dazu *Andreas Th. Müller* Solidarität als Rechtsbegriff im Europarecht, in: Clemens Sedmak (Hrsg.) Solidarität. Vom Wert der Gemeinschaft, 2010, 77 (91 f.).

[105] Vgl. Fn. 78.

[106] Zur Gefahr von Subventionswettläufen und Binnenmarktverzerrungen in diesem Zusammenhang vgl. *Hillion* Editorial Comments (Fn. 80), 624 f.; *Bostoen/Colpaert/Devroe/Gruyters/Michaux/van Acker* Corona (Fn. 53), 95; *Seitz/Berne* Panazee (Fn. 75), 597 f.; *Alessandro Rosanò* Adapting to Change: COVID-19 as a Factor Shaping EU State Aid Law, European Papers 2020, 621 (630); *Biondi* Interregnum (Fn. 75), 23. Die asymmetrische Inanspruchnahme des Befristeten Rahmens verdeutlichen etwa *Seitz/Berne* EU-Beihilferecht (Fn. 76), 425; vgl. auch die Aufstellung der genehmigten Beihilfemaßnahmen in Fn. 79.

[107] Den Zusammenhang ebenso betonend *Hillion* Editorial Comments (Fn. 80), 625: "[…] the rebuilding of a level playing field will also depend on determined initiatives towards, and investment in, the most affected economies. This is key to restore the integrity of the Single Market, and maintain the integration process it underpins." Vgl. auch *Charlotte Beaucillon* European Solidarity in Times of Emergency, European Papers 2020, 687 (688): "Solidarity […] will be central to the Union's response to the COVID-19 Crisis and the yardstick against which its failure or success will be measured."

[108] *Andreas Fischer-Lescano/Lukas Oberndorfer* Unionsrechtliche Grenzen völkervertraglicher Fiskalregulierung und Organleihe, NJW 2013, 9 (10), mit Verweis auf *Ulrich Häde* Ein Stabilitätspakt für Europa?, EuZW 1996, 138 (141); vgl. auch *Hannes Rathke* Sondervertragliche Kooperationen, 2019, 216; *Christiaan Timmermans* The Competence Divide of the Lisbon Treaty Six Years After, in: Sacha Garben/Inge Govaere (Hrsg.) The Division of Competences between the EU and the Member States, 2017, 19 (27 ff.); *Garben* Competence Creep (Fn. 17), 212.

[109] Vgl. *Kaelble* Krankheitsbild (Fn. 93), 330.

[110] *Schorkopf* Europäische Union (Fn. 86), 3087.

[111] Diese Möglichkeit denkt etwa *Calliess* Kompetenz (Fn. 29), 511 an.

[112] Vgl. *Pröbstl* Zulässigkeit (Fn. 90), 306 ff.; *Hillion* Editorial Comments (Fn. 80), 621. Die in der Diskussion verwendeten Begriffe („Corona-Bonds", „Eurobonds", „Stabilitätsanleihen", etc.) sowie das damit näherhin Gemeinte unterscheiden sich freilich markant.

Unionsrechts samt den damit verbundenen Herausforderungen hinsichtlich demokratischer Legitimierung[113] sowie Wahrung der Integrität des institutionellen Systems der Union scheint insoweit geringer geworden zu sein.

Auch betreffend das institutionelle Gleichgewicht lässt die Pandemieantwort der Union gegenwärtig keine nachhaltigen Verschiebungen erkennen. Natürlich kann man den allgegenwärtigen Topos der Exekutivlastigkeit von Krisenpolitik aktivieren.[114] Doch im Zusammenhang mit NGEU hat sich das Europäische Parlament relevante Mitsprachemöglichkeiten gesichert.[115] Auch wenn der Europäische Rat sein Mandat zur Impuls- und Prioritätensetzung (Art. 15 Abs. 1 AEUV) sehr sichtbar wahrgenommen hat, verfügt die Kommission über erheblichen Einfluss in der Operationalisierung des Aufbaupakets. Die EZB schließlich hat über ihre Rolle in der Eurozonenkrise hinaus noch an Bedeutung und Profil als europäische Krisenakteurin gewonnen.[116]

Wie hat sich die Union nun in der Pandemiekrise bewährt? Wie keine der bisherigen Krisen betrifft sie die Menschen direkt, ist für alle von uns, wenn auch in variierendem Maße, Alltags- und Lebensweltkrise. Demgegenüber stellten Finanz- und Eurozonenkrise aus Bürgersicht eher abstrakte Bedrohungen dar, und auch die Asylkrise hat die allermeisten nicht unmittelbar betroffen. Gleichwohl blieb die Union von den Negativreflexen der einschneidenden Pandemiebekämpfungsmaßnahmen weitgehend verschont, denn diese wurden auf Mitgliedstaatenebene gesetzt. In einer durch ein kaum gekanntes Maß an Ausübung staatlicher Hoheitsgewalt gekenn-

---

[113] Dazu etwa *Garben* Competence Creep (Fn. 17), 218.

[114] Zur Not als „Stunde der Exekutive" vgl. *Anna-Bettina Kaiser* Ausnahmeverfassungsrecht, 2020, 30 f.; *Hans M. Heinig/Thorsten Kingreen/Oliver Lepsius/Christoph Möllers/ Uwe Volkmann/Hinnerk Wißmann* Why Constitution Matters – Verfassungsrechtswissenschaft in Zeiten der Corona-Krise, JZ 2020, 861; *Kersten/Rixen* Verfassungsstaat (Fn. 6), 13, 95; *Michael Kloepfer* Verfassungsschwächung durch Pandemiebekämpfung?, VerwArch 112 (2021), 28; kritisch *Horst Dreier* Rechtsstaat, Föderalismus und Demokratie in der Corona-Pandemie, DÖV 2021, 229 (230) und *Volker Boehme-Neßler* Das Parlament in der Pandemie – Zum Demokratiegrundsatz am Beispiel von § 28a InfSchG, DÖV 2021, 243 (243), mit Hinweis auf *Tristan Barczak* Die „Stunde der Exekutive", RuP 56 (2020), 458. Vgl. auch *Hillion* Editorial Comments (Fn. 80), 622 („the tandem European Commission – European Council has taken centre stage").

[115] Vgl. Art. 25 und 26 der Verordnung (EU) 2021/241 (Fn. 85); Interinstitutionelle Vereinbarung über die Haushaltsdisziplin, die Zusammenarbeit im Haushaltsbereich und die wirtschaftliche Haushaltsführung sowie über neue Eigenmittel, einschließlich eines Fahrplans im Hinblick auf die Einführung neuer Eigenmittel, ABl. 2020 L 433 I, 28. Differenziert *Kaelble* Krankheitsbild (Fn. 93), 330; vgl. aber auch die kritische Bewertung bei *Nettesheim* Next Generation (Fn. 89), 396.

[116] Vgl. *Kaelble* Krankheitsbild (Fn. 93), 330.

zeichneten Zeit ist in der Pandemiekrise die relevante Problemkategorie für die Union nicht das Zuviel,[117] sondern vielmehr das Zuwenig. Dies gilt namentlich für den Schutz von Freizügigkeit und Schengenraum gegenüber dem unilateralen Zugriff der Mitgliedstaaten.[118] Die Wiederentdeckung der Staatsgrenzen im sanitären Kontext[119] weckt Erinnerungen an die Tradition der Pestsperren,[120] die sich auch völkerrechtlich manifestiert hat: Nach dem Vertrag von Bellinzona von 1585[121] etwa konnte das Mailänder Sanitätstribunal die Bandierung[122] von Schweizer Gebieten i.S. eines *cordon sanitaire* verfügen, was 1611 und 1628 zur Abschottung des gesamten Gebiets der Eidgenossenschaft führte.[123] Die Grenzsperren damals wie heute rufen in Erinnerung, dass sich im Ernstfall jenseits unionaler Solidaritätsdiskurse[124] die nationale als die relevante

---

[117] Wie etwa angesichts der Maßnahmen im Gefolge der Eurozonenkrise, wo der Vorwurf von Kompetenzüberschreitungen laut wurde; vgl. dazu insb. EuGH (Plenum), 27.11.2012, Pringle, Rs. C-370/12; EuGH (GK), 11.12.2018, Weiss u.a., Rs. C-493/17.

[118] Vgl. bei Fn. 70.

[119] Vgl. *Kersten/Rixen* Verfassungsstaat (Fn. 6), 137 f. zur „Renaissance klassischer Souveränitäts- und Seuchenbekämpfungssymbole wie der Staatsgrenze"; vgl. auch *Thym/Bornemann* Schengen (Fn. 56), 1144 f.; *dieselben* Grundlagen (Fn. 40), Rn. 22 zur Symbolkraft von Grenzen und Grenzschließungen.

[120] Dazu etwa *Manfred Vasold* Die Pest. Ende eines Mythos, 2003, 146.

[121] Vertrag von Bellinzona vom 12.8.1585 zwischen den Bevollmächtigten des Sanitätstribunals des Herzogtums Mailand mit Genehmigung des Gouverneurs einerseits und Vertretern der eidgenössischen Orte Zürich, Luzern, Uri, Schwyz und Nidwalden andererseits. Der 18 Artikel über den Handels- und Personenverkehr umfassende Vertragstext ist abgedruckt bei *Antonio Gili* L'uomo, il topo e la pulce, 1986, 218–223. Zu den Vertragsbeziehungen der Alten Eidgenossenschaft vgl. *Andreas R. Ziegler* Der völkerrechtliche Status der Schweiz, SZIER/SRIEL 2019, 549 (554 ff.).

[122] Zum *bando* als vollständigem Abbruch des Personen- und Warenverkehrs im Unterschied zur *suspensione*, bei der Menschen und Waren aus betroffenen Gebieten erst nach Absolvierung einer Quarantäne eingelassen wurden, vgl. *Bernhard Lauterburg* Die Transalpine Zusammenarbeit der alten Eidgenossenschaft mit dem Herzogtum Mailand in der Seuchenbekämpfung zwischen 1550 und 1750, 2016, 20.

[123] Zwischen 1565 und 1670 sprach das Mailänder Sanitätstribunal 63 Bandierungen über der Eidgenossenschaft zugehörige Gebiete aus. Dazu *Lauterburg* Zusammenarbeit (Fn. 122), 42 sowie die Liste der Bandierungen im Anhang ebd., 90 ff. (aus Bundesarchiv, PO 1000/1463, Bd. 167: Sanitätstribunal an Gouverneur, 29.11.1671). Im Vor- und Umfeld der Bandierung von 1628 ist *Alessandro Manzonis* Klassiker „I Promessi Sposi" (1827) angesiedelt; vgl. *Alessandro Manzoni* Die Brautleute. Mailändische Geschichte aus dem siebzehnten Jahrhundert, 2000 (übersetzt von *Burkhart Kroeber*).

[124] Vgl. *Christian Calliess* Subsidiaritäts- und Solidaritätsprinzip in der Europäischen Union, 2. Aufl. 1999; *Müller* Solidarität (Fn. 104); *Peter Hilpold* Solidarität als Rechtsprinzip – völkerrechtliche, europarechtliche und staatliche Betrachtungen, JöR 2007, 195; *Andreas Th. Müller* Solidarität in der gemeinsamen europäischen Asylpolitik, ZÖR 70 (2015),

Solidargemeinschaft zu behaupten scheint.¹²⁵ Damit kontrastiert die Pandemiefolgenbekämpfung, wo die Unionsorgane im bestehenden institutionellen Rahmen Handlungsfähigkeit gezeigt und sowohl ein beachtliches EU-Aufbaupaket als auch einen flexiblen Beihilferahmen für nationale Förderprogramme auf den Weg gebracht haben. Die Bilanz hinsichtlich der Resilienz der Union¹²⁶ in der Pandemiekrise fällt insofern durchwachsen aus.

V. Die Ambivalenz des Kooperationszwangs: Von der Reaktion in die Aktion

Dass in der Krise eine Chance liegt, ist ein fast banaler Topos geworden.¹²⁷ Gerade für die europäische Integration ist das Narrativ des Wachsens aus Krisen und den sich darin manifestierenden Kooperationszwängen wohletabliert.¹²⁸ In jüngerer Zeit hat es – einmal mehr vom neofunktio-

---

436; insb. zu Art. 80 AEUV und dem dort verankerten Grundsatz der Solidarität zwischen den Mitgliedstaaten EuGH (GK), 6.9.2017, Slowakei und Ungarn/Rat, verb. Rs. C-643/15 und C-647/15, Rn. 253, 291 ff., 304; EuGH, 2.4.2020, Kommission/Polen, Tschechische Republik und Ungarn, verb. Rs. C-715/17, C-718/17 und C-719/17, Rn. 80, 180 f.

[125] Vgl. in diesem Zusammenhang die von der WHO (zumindest anfänglich) artikulierten Zweifel an der Wirksamkeit von Grenzschließungen zur Pandemiebekämpfung: "In general, evidence shows that restricting the movement of people and goods during public health emergencies is ineffective in most situations and may divert resources from other interventions. Furthermore, restrictions may interrupt needed aid and technical support, may disrupt businesses, and may have negative social and economic effects on the affected countries. [...] Travel bans to affected areas or denial of entry to passengers coming from affected areas are usually not effective in preventing the importation of cases but may have a significant economic and social impact." Vgl. WHO, Updated recommendations for international traffic in relation to COVID-19 outbreak, 29.2.2020, abrufbar unter <https://www.who.int/news-room/articles-detail/updated-who-recommendations-for-international-traffic-in-relation-to-covid-19-outbreak> (Stand: 30.4.2021). Zur ambivalenten Rezeption in der EU vgl. *Goldner Lang* Laws of Fear (Fn. 59), 15; vgl. aber auch die Kritik an der Empfehlungen bei *Eyal Benvenisti* The WHO—Destined to Fail?, AJIL 115 (2020), 588; differenziert *von Bogdandy/Villarreal*, Weltgesundheitsorganisation (Fn. 3), 308, 310, 318 f., auch zur Modifizierung der WHO-Empfehlung im Mai 2020.

[126] Vgl. Fn. 85 zur Legaldefinition von Resilienz in Art. 2 Nr. 5 der Verordnung (EU) 2021/241 (Fn. 85).

[127] *Kersten/Rixen* Verfassungsstaat (Fn. 6), 25 sprechen diesbezüglich von der „Fahrstuhlmusik der modernen Gesellschaft".

[128] Vgl. *Greer/de Ruijter* EU Health Law (Fn. 37), 624; *Schorkopf* Europäische Union (Fn. 86), 3085, 3090 (Hervorhebung im Original): „Dass die EU über Krisenmaßnahmen bislang stetig *dauerhafte* Integrationsfortschritte gemacht hat, steht hingegen außer Frage."

nalistischen *spill over* inspiriert[129] – in der Idee eines „failing forward"[130] nach krisenhaften Erschütterungen Ausdruck gefunden. Dies habe sich bei der Schaffung der Bankenunion gezeigt[131] und wird verschiedentlich auch bereits für den Gesundheitsbereich antizipiert.[132] Vor diesem Hintergrund ist die Pandemieantwort der Union dahingehend zu befragen, wie sehr es im Zuge eines solchen „Nach-Vorne-Stolperns"[133] gelingt, einen reaktiven in einen aktiven Krisenbewältigungsmodus zu überführen.[134]

Diesbezüglich weckt das von der Kommission im November 2020 vorgelegte Projekt einer „Europäischen Gesundheitsunion"[135] Erwartungen.[136] Es erweist sich aber, vom ambitionierten Namen abgesehen, nicht als großer Wurf.[137] Der Vorschlag zielt insbesondere auf institutionelle Verbesserungen,[138] namentlich durch Aufgabenerweiterung und perso-

---

[129] Vgl. *Erik Jones/R. Daniel Kelemen/Sophie Meunier* Failing forward? The Euro crisis and the incomplete nature of European integration, Comparative Political Studies 2016, 1010 (1015); *Garben* Competence Creep (Fn. 17), 213.

[130] *Jones/Kelemen/Meunier* Failing forward (Fn. 129), 1012 ff.

[131] Vgl. *Elliot Posner* Financial Transformation in the European Union, in: Sophie Meunier/Kathleen R. McNarama (Hrsg.) Making History, 2007, 139 (143 ff.); *Jones/Kelemen/Meunier* Failing forward (Fn. 129), 1017 ff.; *Eirik T. Stenstad/Bent S. Tranøy* Failing Forward in Financial Stability Regulation, in: Marianne Riddervold/Jarle Trondal/Akasemi Newsome (Hrsg.) Palgrave Handbook of EU Crises, 2021, 401 (401 ff.).

[132] Vgl. *Scott L. Greer/Anniek de Ruijter/Eleanor Brooks* The COVID-19 Pandemic: Failing forward in Public Health, in: Marianne Riddervold/Jarle Trondal/Akasemi Newsome (Hrsg.) Palgrave Handbook of EU Crises, 2021, 747; *Greer/de Ruijter* EU Health Law (Fn. 37), 624; *Clemens/Brand* COVID-19 (Fn. 50), 624; vgl. bereits *Frischhut/Greer* Communicable Diseases (Fn. 32), 320.

[133] Teils liest man auch den Neologismus des „Vorwärts-Versagens".

[134] Zum Aufbau von Resilienz "by design, not by disaster" vgl. auch Europäische Kommission, Protect, prepare and transform Europe. Recovery and resilience post COVID-19, ESIR Policy Brief No. 1, 2020, 2.

[135] COM(2020) 724 endg.; vgl. bereits Entschließung des Europäischen Parlaments 2020/2691/RSP (Fn. 44), Nr. 1; *Ursula von der Leyen* Rede zur Lage der Union (Fn. 50).

[136] Zum Versuch des damaligen französischen Gesundheitsministers *Paul Ribeyre*, bereits in den frühen 1950er Jahren eine europäische Gesundheitsunion zu schaffen, instruktiv *Craig Parsons* A Certain Idea of Europe, 2003, 86 ff.; *Dorte S. Martinsen* Governing EU Health Law and Policy: On Governance and Legislative Politics, in: Tamara K. Hervey/Calum Alasdair Young/Louise E. Bishop (Hrsg.) Research Handbook on EU Health Law and Policy, 2017, 36 (36).

[137] Vgl. *Alemanno* European Health Union (Fn. 27), 724 ("won't entail a Copernican revolution").

[138] COM(2020) 724 endg., 6 ff.; *Clemens/Brand* COVID-19 (Fn. 50), 624 („incremental institutional change"). Diese betreffen neben EMA (Fn. 52) sowie ECDC (Fn. 140) insb. den Gesundheitssicherheitsausschuss (Health Security Committee – HSC) als zentrales Koordinationsorgan; vgl. gegenwärtig Art. 11, 17 des Beschlusses 1082/2013/EU (Fn. 11) sowie Art. 4 des Verordnungsvorschlags, COM(2020) 727 endg. Vgl. auch das speziell zur Bekämpfung der gegenwärtigen Pandemie von der Kommission eingerichtete „Advisory

nelle Verstärkung[139] des Europäischen Zentrums für die Prävention und die Kontrolle von Krankheiten (ECDC)[140] sowie die Errichtung einer EU-Behörde für Krisenvorsorge und -reaktion bei gesundheitlichen Notlagen (HERA).[141] Durch eine neue Verordnung zu schwerwiegenden grenzüberschreitenden Gesundheitsgefahren[142] sollen die unionalen Krisenpräventions- und -reaktionsstrukturen[143] ausgebaut werden, vor allem mittels eines EU-Vorsorge- und Reaktionsplans für Pandemien,[144] der Möglichkeit der förmlichen Feststellung einer unionalen Gesundheitsnotlage durch die Kommission[145] sowie verstärkter mitgliedstaatlicher Koordinationspflichten.[146]

Der dafür als Rechtsgrundlage herangezogene Art. 168 Abs. 5 AEUV[147] kann ungeachtet der ausgebauten Überwachung der mitgliedstaatlichen Akti-

---

Panel on COVID-19", Beschluss der Kommission, 16.3.2020, C(2020) 1799 endg. Vgl. auch für den Vorschlag der Einrichtung eines europäischen Chefepidemiologen COM(2021) 380 endg., 6. Zu den relevanten Akteuren in der unionalen Pandemiebekämpfungsstruktur vgl. *Frischhut/Greer* Communicable Diseases (Fn. 32), 326 ff.; *Alemanno* Response (Fn. 4), 312 f.; *Pacces/Weimer* Diversity (Fn. 12), 291 f.

[139] Zur schwachen Personal- und Finanzausstattung des ECDC, namentlich im Vergleich zu den Centers for Disease Control and Prevention (CDC) und zur Biomedical Advanced Research and Development Authority (BARDA) in den USA, vgl. *Greer* Centre (Fn. 15), 1002; *Renda/Castro* Stronger EU Governance (Fn. 36), 277; *Beaussier/Cabane* Strengthening the EU's Response (Fn. 37), 811.

[140] Das Europäischen Zentrum für die Prävention und die Kontrolle von Krankheiten (European Centre for Disease Prevention and Control – ECDC) wurde durch Verordnung (EG) Nr. 851/2004 (Fn. 35) in Folge der SARS-Pandemie 2002/2003 eingerichtet; zur Entstehungsgeschichte *Greer* Centre (Fn. 15), 1008 ff; vgl. auch *Schmidt am Busch* (Fn. 15), 74 f. Nach dem Kommissionsvorschlag soll das ECDC zu einer „echten EU-Gesundheitsagentur" werden; COM(2020) 724 endg., 5; vgl. auch ebd., 17 f.

[141] Health Emergency Preparedness and Response Authority; vgl. COM(2020) 724 endg., 24 f.; vgl. auch COM(2021) 380 endg., 9 f.

[142] COM(2020) 727 endg.; die Verordnung soll den bisherigen Beschluss Nr. 1082/2013/ EU (Fn. 11) ersetzen. Zur Wahl der Verordnung als Instrument vgl. COM(2020) 727 endg., 4.

[143] Zum neuen Frühwarn- und Reaktionssystem (Early Warning and Response System – EWRS) vgl. Art. 18 ff. des Verordnungsvorschlags, COM(2020) 727 endg.

[144] Art. 5 des Verordnungsvorschlags, COM(2020) 727 endg.

[145] Zur formellen Feststellung einer „Notlage im Bereich der öffentlichen Gesundheit auf Unionsebene" und zur diesbezüglichen Liaison mit der WHO vgl. ErwG. 18 f. und Art. 23 des Verordnungsvorschlags, COM(2020) 727 endg. Zur schon bestehenden Möglichkeit der Feststellung einer gesundheitlichen Krisensituation vgl. Art. 12 des Beschlusses Nr. 1082/2013/EU (Fn. 11); dazu *Filipe B. Bastos/Anniek de Ruijter*, EJRR 2019, 610 (626).

[146] Vgl. Art. 6, 10, 21 des Verordnungsvorschlags, COM(2020) 727 endg. Zur Neuregelung der gemeinsamen Beschaffung medizinischer Gegenmaßnahmen in Art. 12 des Verordnungsvorschlags vgl. Fn. 39.

[147] Zu Art. 168 Abs. 5 AEUV als Rechtsgrundlage bereits Fn. 11, 32.

4. Europa und die Pandemie

vitäten und Unterlassungen[148] diese Maßnahmen tragen. Über Kapazitätsaufbau und Schutzmaßnahmen im Pandemiesektor wird weiterhin dezentral entschieden.[149] Eher stellt sich die Frage, inwieweit die maßvollen Fortschritte, die von diesem Reformvorschlag für die Stärkung der Union als Gesundheits- und Pandemieakteurin zu erwarten sind, eine signifikante zusätzliche Bürokratisierung und Bindung von Administrativressourcen der Mitgliedstaaten kompensieren können. Ob Europa damit tatsächlich „pandemiefit" gemacht werden kann, darf bezweifelt werden, zumal angesichts des globalen Bevölkerungswachstums, Klimawandels und Biodiversitätsabbaus[150] ein „Zeitalter der Pandemien"[151] bevorstehen soll.

---

[148] Zu Berichtspflichten und Audits hinsichtlich der nationalen Vorsorge- und Reaktionspläne und ihrer Kohärenz mit dem Vorsorge- und Reaktionsplan der Union vgl. Art. 7 und 8 des Verordnungsvorschlags, COM(2020) 727 endg. Die dabei vorgesehenen Empfehlungen der Kommission (Art. 9 Abs. 2) sind zwar nicht verbindlich, können aber ähnliche Steuerungswirkungen wie jene im Europäischen Semester entfalten; vgl. Fn. 102.

[149] Die von der Kommission erstatteten Vorschläge wollen sich ausdrücklich „im Rahmen der geltenden Vertragsbestimmungen" halten; COM(2020) 724 endg., 4. Freilich ist diesbezüglich von „ersten" Vorschlägen die Rede, was auf die erst zu führende Diskussion über die Adaptierung der Kompetenzgrundlagen der Union in Bezug auf grenzüberschreitende Gesundheitsgefahren, namentlich Pandemien verweist; dazu Fn. 50. Die – im Lichte der Erfahrungen mit der gegenwärtigen Pandemie womöglich erstrebenswerte (und jedenfalls diskussionswürdige) – unionsweite Normierung von Mindestkapazitäten für eine effektive Pandemiebekämpfung (z.B. hinsichtlich Krankenhaus- und Intensivbetten, Schutzausrüstung und medizinischem Fachpersonal, Zugänglichkeit der Gesundheitsversorgung, nachgerade für vulnerable Bevölkerungsgruppen; vgl. *Alemanno* European Health Union (Fn. 27), 725, aber auch Entschließung des Europäischen Parlaments 2020/2691/RSP (Fn. 44), Nr. 10) ist angesichts des Harmonisierungsverbots in Art. 168 Abs. 5 AEUV nicht zulässig; zu den Grenzen der Unionskompetenz *Wallrabenstein* Gesundheitspolitik (Fn. 11), § 8 Rn. 142. Die durch Schaffung einer speziellen Rechtsangleichungskompetenz zur Pandemiebekämpfung (vgl. Fn. 51) ermöglichte Mindestharmonisierung könnte mit einer Schutzverstärkungsklausel ausgestattet werden (vgl. Fn. 48) und würde i.S.d. Art. 168 Abs. 7 AEUV die Verwaltung, Organisation und Finanzierung der nationalen Gesundheitssysteme im Übrigen weiterhin den Mitgliedstaaten überlassen; vgl. auch *Martin/Conseil* Health Policy (Fn. 15), 1098.

[150] Nachdem pandemische Erkrankungen regelmäßig Zoonosen („Tier-zu-Mensch-Seuchen") darstellen, kommt dem Verlust an Artenvielfalt, der Reduktion natürlicher Lebensräume, dem immer engeren Nebeneinanderleben von Menschen untereinander ebenso wie von Mensch und Tier für die Entstehung und Verbreitung von Pandemien erhebliche Bedeutung zu. Den von der WHO praktizierten „One Health"-Zugang, der in holistischer Sicht die vielschichtige Wechselwirkung von menschlicher Gesundheit, Tiergesundheit und Umweltschutz und einen entsprechenden Koordinationsbedarf anerkennt, hat sich auch die EU zu eigen gemacht; vgl. etwa Entschließung des Europäischen Parlaments 2020/2691/RSP (Fn. 44), Nr. 38; COM(2020) 724 endg., 3; COM(2020) 727 endg., 3; aber auch ECDC, Technical Report. Towards One Health Preparedness, Expert consultation 11.-12.12.2017, 2018.

[151] Vgl. etwa Rede von Kommissionspräsidentin *Ursula von der Leyen* beim „One Planet Summit 2021" in Paris, 11.1.2021, abrufbar unter <https://ec.europa.eu/commission/presscorner/detail/en/speech_21_61> (Stand: 30.4.2021), wo sie von einer möglicherweise

Vor diesem Hintergrund muss sich die Pandemieantwort der Union im zuvor gezeichneten Krisenpanorama auch zur forderndsten von allen ins Verhältnis setzen: der Klimakrise. Die neue Kommission ist Ende 2019 mit dem europäischen „Grünen Deal" angetreten, der Europa bis 2050 zum ersten klimaneutralen Kontinent machen soll.[152] Hier bietet sich für die Union die Chance, den durch die Pandemie zunächst in den Hintergrund gedrängten Grünen Deal als „Kompass"[153] aus der Krise zu nutzen.[154] Zur Unterstützung des ökologischen und digitalen Wandels hat die Union im Rahmen der Pandemiefolgenbekämpfung bereits signifikante Akzente gesetzt,[155] sowohl im einschlägigen Beihilferahmen[156] als auch bei NGEU.[157] Man mag darin eine (auch primärrechtlich[158]) problematische Verquickung unterschiedlicher Politikvorhaben sehen oder aber, was mehr überzeugt, eine durch das unionsverfassungsrechtliche Kohärenzprinzip (Art. 7 AEUV)[159] angeleitete Förderung verschiedener, aber aufeinander bezogener Politikbereiche.[160]

---

bevorstehenden „era of pandemics" spricht, sofern nicht – einmal mehr unter Berücksichtigung des „One Health"-Ansatzes (Fn. 150) – entsprechend gegengesteuert werde.

[152] Vgl. *Ursula von der Leyen* Politische Leitlinien für die künftige Europäischen Kommission 2019–2024, 5 ff.; Mitteilung der Kommission, Der europäische Grüne Deal, COM(2019) 640 endg.

[153] Vgl. *Ursula von der Leyen* Videobotschaft vom 28.4.2020, abrufbar unter <https://twitter.com/vonderleyen/status/1255070973814071296> (Stand: 30.4.2021).

[154] In diesem Zusammenhang ist auch auf Art. 2 Abs. 1 lit. c des neuen Eigenmittelbeschlusses hinzuweisen, der die Einnahmen aus einer Abgabe von EUR 0,80/kg nicht recycelter Kunststoffverpackungsabfälle als neue Eigenmittelkategorie der Union einführt; vgl. Beschluss (EU, Euratom) 2020/2053 (Fn. 88).

[155] Vgl. allgemein *Walter Frenz* Klimaeuroparecht zwischen Green Deal und Corona, EuR 2020, 605.

[156] Zum Befristeten Beihilferahmen vgl. bereits Fn. 78. Die Zweite Erweiterung des Befristeten Rahmens sieht vor, dass Unternehmen, die von Rekapitalisierungsmaßnahmen profitieren, darüber Bericht erstatten müssen, inwieweit die erhaltenen Beihilfen den ökologischen und digitalen Wandel, namentlich das EU-Ziel der Klimaneutralität bis 2050, unterstützen. Darüber hinaus werden die Mitgliedstaaten angehalten, bei der Gestaltung nationaler Unterstützungsmaßnahmen den ökologischen und digitalen Wandel zu berücksichtigen; vgl. Änderung des Befristeten Rahmens, ABl. 2020 C 164, 3, Rn. 2, 9, 37; *Seitz/Berne* Panazee (Fn. 75), 596 f.; *Biondi* Interregnum (Fn. 75), 26, 36 f.

[157] Vgl. Verordnung (EU) 2020/2094 (Fn. 83), ErwG. 4, 7; Verordnung (EU) 2021/241 (Fn. 85), ErwG. 11 f., 23 sowie Art. 3 f., 16, 18 f., wonach die Aufbau- und Resilienzpläne im Umfang von mindestens 37 % zum ökologischen Wandel und im Umfang von mindestens 20 % zum digitalen Wandel beitragen müssen.

[158] Vgl. die Bedenken bei *Schorkopf* Europäische Union (Fn. 86), 3088 („ohne Pandemie-Zusammenhang").

[159] Freilich unter ausdrücklichem Hinweis auf die Einhaltung des Grundsatzes der begrenzten Einzelermächtigung (Art. 5 Abs. 2 EUV). Art. 7 AEUV fordert inhaltliche

4. Europa und die Pandemie

Kohärenz ist indes nicht nur im horizontalen Politikenverhältnis geboten, sondern auch vertikal, also in Bezug auf das auswärtige Handeln der Union.[161] Auf ihrer Agenda stehen sowohl die WHO-Reform[162] als auch ein Internationaler Pandemievertrag.[163] Allerdings muss die Union sich gewahr sein, dass sie diese Projekte in einem herausfordernden internationalen Umfeld vorantreiben muss, das sich keineswegs so klar zum Multilateralismus bekennt wie die Unionsverfassung.[164] So förderlich das Engagement

---

Kohärenz der Maßnahmen der Union im Blick auf den „Gesamtzusammenhang der Unionspolitik"; *Matthias Ruffert* in: Christian Calliess/Matthias Ruffert (Hrsg.) EUV/AEUV, 5. Aufl. 2016, Art. 7 AEUV Rn. 3. Zur „Maßnahmekohärenz im Sinne eines Gebots, die Unionspolitiken in den Handlungen der Organe der Union in einem Gesamtzusammenhang zu einer harmonischen Handlungseinheit abzustimmen und zu implementieren", *Rainer Schröder* in: Matthias Pechstein/Carsten Nowak/Ulrich Häde (Hrsg.) Frankfurter Kommentar EUV/AEUV/GRC II, 2017, Art. 7 AEUV Rn. 4. Insofern kann Art. 7 AEUV auch als „anspruchsvolle Querschnittsgeneralklausel" verstanden werden; *Peter-Christian Müller-Graff* Strukturmerkmale des neuen Verfassungsvertrages für Europa im Entwicklungsgang des Primärrechts, in: Matthias Jopp/Saskia Matl (Hrsg.) Der Vertrag über eine Verfassung für Europa, 2005, 87 (104). Weiterführend *Kirsten Siems* Das Kohärenzgebot in der Europäischen Union und seine Justitiabilität, 1999; *Eberhard Schmidt-Aßmann* Der Kohärenzgedanke in den EU-Verträgen: Rechtssatz, Programmsatz oder Beschwörungsformel?, in: Ivo Appel/Georg Hermes/Christoph Schönberger (Hrsg.) Öffentliches Recht im offenen Staat. FS Rainer Wahl zum 70. Geburtstag, 2011, 819.

[160] Ähnlich auch *Frenz* Klimaeuroparecht (Fn. 155), 606, 620.

[161] Zum spezifischen Gebot außenpolitischer Kohärenz vgl. Art. 21 Abs. 3 UAbs. 2 EUV.

[162] Dies betrifft sowohl die von 2005 datierenden International Health Regulations (Fn. 3) als auch institutionelle Fragen wie Verantwortlichkeit, Transparenz und Finanzierung; dazu etwa *José E. Alvarez* The WHO in the Age of the Coronavirus, AJIL 114 (2020), 578 (582 ff.); *Benvenisti* WHO (Fn. 125), 588 ff.; *Renda/Castro* Stronger EU Governance (Fn. 36), 275; *Kersten/Rixen* Verfassungsstaat (Fn. 6), 141 f.

[163] Vgl. den Gemeinsamen Aufruf von Präsident *Charles Michel*, WHO-Generaldirektor *Tedros A. Ghebreyesus* und mehr als 20 Staats- und Regierungschefs, 30.3.2021, abrufbar unter <https://www.consilium.europa.eu/de/press/press-releases/2021/03/30/pandemic-treaty-op-ed/> (Stand: 30.4.2021), auf einen neuen internationalen Vertrag über Pandemievorsorge und -reaktion hinzuarbeiten. Über die genaueren Konturen des Vertragsprojekts ist bislang wenig bekannt, außer dass es „auf der Verfassung der Weltgesundheitsorganisation fußen" solle. Dafür kommt insb. Art. 19 der WHO-Verfassung in Frage, der sich von Art. 21 und 22 der WHO-Verfassung unterscheidet, auf denen die International Health Regulations (Fn. 3) basieren.

[164] Vgl. Art. 21 Abs. 2 lit. h EUV, demzufolge die Union eine Weltordnung fördert, die „auf einer verstärkten multilateralen Zusammenarbeit und einer verantwortungsvollen Weltordnungspolitik beruht". Zum unionsverfassungsrechtlichen Bekenntnis zur strikten Einhaltung und Weiterentwicklung des Völkerrechts vgl. darüber hinaus Art. 3 Abs. 5 und Art. 21 Abs. 2 lit. b EUV.

von „Team Europe" in der globalen Impfallianz COVAX[165] ist,[166] so sehr muss sich die Union ihrerseits Unilateralismen vorhalten lassen, namentlich den Vorwurf des „Impfstoffnationalismus".[167] Darüber hinaus stellen die angesprochenen Renationalisierungstendenzen[168] im Binnenkontext der Union in den globalen Zusammenhang gewendet weder ein Rezept für eine koordinierte europäische Außenpolitik dar[169] noch erhöhen sie Dritten gegenüber die Glaubwürdigkeit europäischer Multilateralismusschwüre.

VI. Fazit

Die Pandemie und die daraus erwachsenden Herausforderungen liegen quer zur unionalen Zuständigkeitsordnung. Defizite haben sich vor allem in der Pandemiebekämpfung gezeigt, während die Union in der Pandemiefolgenbekämpfung mehr Handlungsfähigkeit an den Tag gelegt hat.

Im Sinne der eingangs angesprochenen Buchstabenmetapher macht die Auseinandersetzung mit der Pandemieantwort der Union deutlich, dass jenseits des Tagesgeschäfts operativer Maßnahmen, auf das die innermitgliedstaatlichen Debatten vielfach fokussiert sind, große Herausforderungen anstehen, die über das Ende der gegenwärtigen Pandemie hinausweisen. Sie betreffen die unionalen Solidaritätsressourcen angesichts zentrifuga-

---

[165] COVID-19 Vaccines Global Access (COVAX) ist eine Initiative, die einen global gleichmäßigen und gerechten Zugang zu Impfstoffen gegen COVID-19 gewährleisten soll; vgl. <https://www.who.int/initiatives/act-accelerator/covax> (Stand: 30.4.2021); zur Beteiligung der Union auch EuZW 2020, 779.

[166] Zu dieser Stoßrichtung bereits COM(2020) 245 endg., 1, und zwar aus gleichermaßen egoistischen wie altruistischen Motiven: „Die derzeitige Lage ist nicht nur eine europaweite, sondern eine globale Herausforderung. Alle Regionen der Welt sind betroffen. Die Ausbreitung des Virus hat gezeigt, dass keine Region sicher ist, bis das Virus nicht überall unter Kontrolle gebracht wurde." Vgl. auch Schlussfolgerungen des Europäischen Rates, EUCO 22/20 (Fn. 83), Nr. 9 zur Impfung als „weltweites öffentliches Gut" (in diesem Sinne bereits WHO, 73th World Health Assembly, 19.5.2020, WHA 73.1, Nr. 6: „global public good") und zu den Anstrengungen der Union im Rahmen von COVAX.

[167] Vgl. nur Committee on Economic, Social and Cultural Rights, Statement on universal affordable vaccination for COVID-19, international cooperation and intellectual property, 12.3.2021, E/C.12/2021/1, Nr. 4: "The Committee regrets the current unhealthy race for COVID-19 vaccines among States, which has created a sort of temporary monopoly of the first vaccines produced for some developed States, particularly in the next crucial months, because the production capacity currently available is already sold out through public procurement of such States."

[168] Dazu auch *Kersten/Rixen* Verfassungsstaat (Fn. 6), 141; vgl. auch *Klaushofer/Kneihs/Palmstorfer/Winneret* Ausgewählte Fragen (Fn. 56), 652 („völker- und unionsrechtliche De-Solidarisierung und Vereinzelung").

[169] Vgl. Art. 21 Abs. 3 UAbs. 2 und Art. 22 EUV.

4. Europa und die Pandemie

ler Kräfte[170] ebenso wie die die Pandemiekrise in ihrer Tragweite überflügelnde Klimakrise.[171] In einem internationalen Umfeld, in dem Europa relativ an Bedeutung einbüßt, bestehen für die Mitgliedstaaten ohnehin massive Kooperationszwänge. Die Frage bleibt, ob mit unmittelbaren Reaktivmaßnahmen auf die Pandemie das Auslangen zu finden ist oder ob beherzte Schritte gelingen, damit sich Europa als Ganzes kommenden Pandemien und anderen Krisen am Horizont besser zu stellen vermag.

---

[170] Vgl. etwa *Repasi* Europäische Solidarität (Fn. 73), 345, bezüglich der Pandemiefolgenbekämpfung. *Kersten/Rixen* Verfassungsstaat (Fn. 6), 27 weisen zu Recht darauf hin, dass gewisse Mitgliedstaaten, namentlich Polen und Ungarn, unter Berufung auf die Notwendigkeit der Pandemiebekämpfung Garantien der Verfassungsstaatlichkeit untergraben; in dieselbe Kerbe schlagend *Hillion* Editorial Comments (Fn. 80), 625 f. Zum Zusammenhang von Pandemiekrise und Rechtsstaatlichkeits- und Demokratiekrise vgl. bei Fn. 92. Zu diskriminierenden Freizügigkeitsbeschränkungen in diesem Kontext vgl. *Thym/Bornemann* Schengen (Fn. 56), 1165.

[171] Der oben angesprochene „One Health"-Zugang (Fn. 150) verlangt auch einen vernetzt-integrierenden Blick auf Pandemiegefahren, Klimawandel und Ursachen von Flucht und Migration; dazu *Kersten/Rixen* Verfassungsstaat (Fn. 6), 141.

Leitsätze des Referenten über:

4. Europa und die Pandemie. Zuständigkeitsdefizite und Kooperationszwänge

I. Die Pandemie als europäisches Thema

(1) Die Pandemie ist ihrem Begriff wie Wesen nach grenzüberschreitend und insofern ein europäisches Thema. Gleichzeitig spielt die EU in der Pandemiebekämpfung eine im Vergleich zur nationalen Ebene bloß nachgeordnete Rolle.

II. Die Union in der Pandemiebekämpfung

1. Gesundheitsschutz: Defizite in der Zuständigkeitsverteilung

(2) Der Gesundheitsschutz (Artikel 168 AEUV) unterfällt dem schwächsten unionalen Zuständigkeitstypus, jenem der Unterstützungs-, Koordinierungs- und Ergänzungskompetenz. Die Union darf zwar zur Bekämpfung schwerwiegender grenzüberschreitender Gesundheitsgefahren einschließlich Pandemien verbindliche Maßnahmen setzen, aber nicht rechtsangleichend tätig werden.

(3) In vielen Bereichen wurden nationale Gesundheitsvorschriften im Namen der Binnenmarktverbesserung harmonisiert. Artikel 114 AEUV liegt in seiner funktionalen Architektur quer zu Bereichszuständigkeiten wie Gesundheit. Angesichts dessen ist der Gesundheitsschutz jene Unterstützungszuständigkeit, die am schwersten von einer geteilten zu unterscheiden ist.

(4) Die Kritik an der damit verbundenen schleichenden Zuständigkeitserweiterung zu Gunsten der Union greift beim gegebenen Thema nicht. Bei der Pandemiebekämpfung i.S. operativer Maßnahmen wie Schutzmaskenpflicht, Quarantäneregeln, Ausgangssperren oder Impfstoffverteilungsregeln existiert keine Handlungsbefugnis für den Harmonisierungsgesetzgeber.

(5) Den Unionsorganen bleibt insoweit nur der Rückgriff auf unionales soft law. Die zahlreichen Empfehlungen und Leitlinien zur Pandemiebekämpfung haben jedoch eine bloß geringe Steuerungswirkung entfaltet.

(6) Dies gilt auch für den vom Unionsgesetzgeber geschaffenen Rechtsrahmen für schwerwiegende grenzüberschreitende Gesundheitsgefahren. Das darin verankerte Frühwarn- und Reaktionssystem hat in der gegenwärtigen Pandemie nur suboptimal funktioniert. Auch der Mechanismus zur gemeinsamen Beschaffung medizinischer Gegenmaßnahmen bietet, wie sich bei der Impfstoffbeschaffung gezeigt hat, eine durchwachsene Bilanz.

(7) Das Potenzial der Gesundheitskompetenz in der Pandemiebekämpfung lässt sich noch konsequenter realisieren. Die Einführung echter unionaler Regelungsbefugnisse stößt indes schnell an primärrechtliche Grenzen. Wünscht man sich die Union als eigenverantwortliche Akteurin in diesem Bereich, kann durch eine – nach Subsidiaritätsmaßgaben auszuübende – geteilte Zuständigkeit für Pandemiebekämpfung Abhilfe geschaffen werden.

2. *Freizügigkeit und Schengen: Defizite in der Zuständigkeitsausübung*

(8) Die einschlägigen primär- und sekundärrechtlichen Vorschriften ermächtigen die Mitgliedstaaten zu Freizügigkeitsbeschränkungen und zur vorübergehenden Wiedereinführung von Grenzkontrollen an den Binnengrenzen aus Gründen der öffentlichen Gesundheit. Die Mitgliedstaaten haben sich in der gegenwärtigen Pandemie großzügig auf diese Schutzklauseln berufen.

(9) Die Reaktion der Unionsorgane beschränkte sich auf Empfehlungen. Dabei hätte der Unionsgesetzgeber korrigierend eingreifen können. Die Kommission konnte sich trotz Bedenken hinsichtlich Verhältnismäßigkeit und Diskriminierungsverbots nicht zu Aufsichtsmaßnahmen durchringen. Die Personenfreizügigkeit und der Schengenraum mussten von daher signifikante Einschränkungen samt den dadurch freigesetzten Erosivkräften hinnehmen.

III. *Die Union in der Pandemiefolgenbekämpfung*

(10) Vergleichsweise besser hat sich die Union in der Pandemiefolgenbekämpfung geschlagen. Die Kommission hat die Beihilfenkontrolle zügig adaptiert, um den Mitgliedstaaten Fördermaßnahmen für pandemiegeschädigte Unternehmen zu ermöglichen. Dazu kommen eigene finanzielle Fördermaßnahmen der Union, namentlich in Gestalt des Aufbaupakets „Next Generation EU", dessen Herzstück die Aufbau- und Resilienzfazilität ist.

IV. Die Pandemieantwort der Union als Indikator ihrer Krisenresilienz

(11) Der Union fällt es unter Krisenbedingungen schwer, operative Maßnahmen zu beschließen und durchzusetzen. Leichter tut sie sich mit dem Schnüren von Anreizpaketen. Dabei können von NextGeneration EU erhebliche Steuerungswirkungen ausgehen. Die damit verbundenen Wohlstandstransfers stellen einen Akt finanzieller Solidarität dar. Von der gelockerten Beihilfenkontrolle können im Gegenzug wohlhabendere Mitgliedstaaten durch Auflegen ambitionierter nationaler Förderprogramme profitieren.

(12) Eine „Flucht aus dem Unionsrecht" ist in der Pandemiekrise unterblieben, wodurch sich die damit verbundenen Herausforderungen hinsichtlich demokratischer Legitimierung und Wahrung der Integrität des institutionellen Systems der Union nicht stellen. Auch betreffend das institutionelle Gleichgewicht lassen sich keine nachhaltigen Verschiebungen erkennen.

(13) Von den Negativreflexen der einschneidenden Pandemiebekämpfungsmaßnahmen auf mitgliedstaatlicher Ebene blieb die Union weitgehend verschont. Die relevante Problemkategorie in der Pandemiekrise ist für sie nicht das Zuviel, sondern das Zuwenig. Dies gilt angesichts der Wiederentdeckung der Staatsgrenzen im sanitären Kontext namentlich für den Schutz von Freizügigkeit und Schengenraum gegenüber dem unilateralen Zugriff der Mitgliedstaaten. Damit kontrastiert die Pandemiefolgenbekämpfung, wo die Unionsorgane im bestehenden institutionellen Rahmen Handlungsfähigkeit gezeigt haben. Die Bilanz hinsichtlich der Resilienz der Union in der Pandemiekrise fällt insofern durchwachsen aus.

V. Die Ambivalenz des Kooperationszwangs: Von der Reaktion in die Aktion

(14) Für die europäische Integration ist das Narrativ des Wachsens aus Krisen wohletabliert. Von daher ist die Pandemieantwort der Union dahingehend zu befragen, wie sehr es im Zuge des „failing forward" gelingt, einen reaktiven in einen aktiven Krisenbewältigungsmodus zu überführen.

(15) Das von der Kommission vorgelegte Projekt einer „Gesundheitsunion" stellt keinen großen Wurf dar. Inwieweit die maßvollen Fortschritte, die für die Stärkung der Union als Gesundheits- und Pandemieakteurin zu erwarten sind, eine signifikante zusätzliche Bürokratisierung und Bindung von Administrativressourcen kompensieren können, ist fraglich.

(16) Angesichts eines durch Bevölkerungswachstum, Klimawandel und Biodiversitätsabbau induzierten „Zeitalters der Pandemien" muss sich die

Pandemieantwort der Union auch zur forderndsten Krise ins Verhältnis setzen: der Klimakrise. Den europäischen Grünen Deal als „Kompass" aus der Pandemie zu verwenden, lässt sich als eine durch das Kohärenzprinzip angeleitete Förderung verschiedener, aber aufeinander bezogener Unionspolitiken verstehen.

(17) Kohärenz ist nicht nur im horizontalen Politikenverhältnis geboten, sondern auch in Bezug auf das auswärtige Handeln. Die Union muss ihre Vorhaben in einem herausfordernden internationalen Umfeld vorantreiben, das sich keineswegs so klar zum Multilateralismus bekennt wie die Unionsverfassung und in dem die Union sich ihrerseits mit dem Vorwurf unilateralen Handelns konfrontiert sieht („Impfnationalismus").

VI. Fazit

(18) Die Pandemie und die daraus erwachsenden Herausforderungen liegen quer zur unionalen Zuständigkeitsordnung. Defizite haben sich vor allem in der Pandemiebekämpfung gezeigt, während die Union in der Pandemiefolgenbekämpfung mehr Handlungsfähigkeit an den Tag gelegt hat.

(19) Große Herausforderungen, die über das Ende der Pandemie hinausweisen, betreffen die unionalen Solidaritätsressourcen ebenso wie die Klimakrise. In einem internationalen Umfeld, in dem Europa relativ an Bedeutung einbüßt, bestehen massive Kooperationszwänge für die Mitgliedstaaten. Die Frage bleibt, ob mit unmittelbaren Reaktivmaßnahmen auf die Pandemie das Auslangen zu finden ist oder ob beherzte Schritte gelingen, damit sich Europa als Ganzes kommenden Pandemien und anderen Krisen am Horizont besser zu stellen vermag.

5. Aussprache und Schlussworte

Ewald Wiederin: Willkommen nach der Pause, wir schreiten zur Diskussion. In ihr läuft es grundsätzlich ab wie gewohnt: Sobald Sie an der Reihe sind, werde ich Ihnen das Wort erteilen, und ich werde fortlaufend die weitere Reihenfolge avisieren, damit Sie es sich einrichten können. Bevor Sie beginnen, müssen Sie das Mikrophon einschalten, mitunter auch die Kamera, damit alle Sie sehen und hören können. Es liegen viele Wortmeldungen vor, aber zum Glück nicht zu viele, etwas mehr als 20. Die Redezeit beträgt also drei Minuten, und diese drei Minuten gilt es auch zu effektuieren. Die Ampel haben wir erst gar nicht nach Wien transferiert, weil sie in Zoom ihren Zweck ohnehin nicht erfüllen könnte. Stattdessen greifen wir auf ein Instrument zurück, das Sie aus Assistenzzeiten kennen – auf den Gong aus der „Kleinen", der Assistententagung. Sobald die drei Minuten vorüber sind, wird der Gong ertönen, und danach bleiben Ihnen weitere zehn Sekunden, um zum Ende zu kommen. Nachdem auch diese zehn Sekunden vorüber sind, werden Sie stumm geschaltet, ohne Gnade, wenn auch nicht von mir. Ich brächte das nicht übers Herz und habe es deshalb besser delegiert.

Wir beginnen mit übergreifenden Wortmeldungen, die zu mehreren Themenblöcken Stellung nehmen. In aller Regel sind es Wortmeldungen zu den Referaten von Frau Mangold und Herrn Rixen. Hinnerk Wißmann wird den Anfang machen, gefolgt von Friedhelm Hufen und Uwe Volkmann. Der Vierte wird, um auch das schon anzukündigen, Markus Kotzur sein. Damit geht das Wort nach Münster.

Hinnerk Wißmann: Sehr herzlichen Dank! Zunächst ein Dank an den Vorstand: Besondere Zeiten erfordern besondere Maßnahmen. Und dass die Sonderlage, in der wir uns befinden, durch eine Sondertagung abgebildet wird, verdient große Unterstützung. Dank auch an die vier Referentinnen und Referenten, die alle unseren gemeinsamen Zugriff, das fachlich ruhige Votum, eingebracht haben und damit vor allem auch die verbindende Basis der Staatsrechtslehre stärken.

Ich möchte mich beziehen auf die Referate von Anna Katharina Mangold und Stephan Rixen. Frau Mangold hat einen schulmäßigen Gesamtüberblick über die einschlägigen Grundrechtslagen gegeben und Stephan Rixen hat mit dem Ruf nach einem Resilienzverwaltungsrecht eine pointierte Verortung angeboten. Bei Frau Mangold ist nun die relationale Grundrechtslage gleichzeitig ein besonderer Freiheitstatbestand wie auch eine besondere Rechtfertigung für Eingriffe. Mein Eindruck war, das hebt sich gegenseitig auf und es bleibt dann nur noch die Formel von letzten Grenzen aus These 11. Wo die nun allerdings liegen, das würde ich gerne doch genauer wissen. Gibt es da einen materiellen Gehalt oder sind die Grundrechte tatsächlich insoweit nur Rahmenordnung, dass sie auch einen allgemeinen und dauerhaften Infektionsabwehrvorbehalt tragen würden? Dann wäre letztlich die Zubilligung von Freiheit eben doch *en passant* zum Privileg geworden. Bei Stephan Rixen wird das dann operationalisiert. Ein Resilienzverwaltungsrecht ist Verwaltung, nicht Recht; ist Politik, nicht Gericht. Auch dort ist die verfassungsstaatliche Aufhängung zu besprechen. Sind wir nicht immer vulnerabel? Ja, ganz zweifellos. Müssen wir nicht immer bereit sein? Wann kommt also das Resilienzverwaltungsrecht zum Einsatz und wann nicht? Ist das eine politische Entscheidung? Ist das eine rechtliche Entscheidung? Auch dazu würde ich gerne noch mehr erfahren.

Kurzum: Es ist im letzten Jahr öfter zu dem Missverständnis gekommen, in der Staatsrechtslehre würde vor allem über die Zulässigkeit von Einzelmaßnahmen gestritten. Das trifft nicht den Kern. Es geht und ging vorrangig um die Kategorien, in denen wir die Sonderlage „Pandemie" verhandeln. Wirklich besorgniserregend sind aus meiner Sicht die Gewöhnungseffekte, zu denen die spezifisch deutsche, streng rechtspragmatische Handhabung der Corona-Situation führen kann. Wir sind es ja aus guten Gründen gewohnt, auch Sonderlagen in den Abläufen des Verwaltungsstaats abzuarbeiten. Alles ganz normal. Wir halten vieles für machbar und vertrauen auf checks and balances zweiter Ordnung. Wäre es aber nicht in einer Situation, in der die Vermutung für die Freiheit zugunsten des Gesundheitsschutzes außer Kraft gesetzt ist, vielleicht doch heilsam, die tatsächliche Ausnahmelage auch rechtlich Ausnahmelage zu nennen? Dann könnte man manchen Maßnahmen leichter zustimmen, ohne befürchten zu müssen, dass sie mit der Logik der Unbeendetheit der Gefahr und der Vergleichbarkeit von Herausforderungen auf Dauer gestellt werden. Vielen Dank.

Friedhelm Hufen: Lieber Herr Wiederin, liebe Kolleginnen und Kollegen! Das ist ja eine bemerkenswerte Situation, in der wir hier tagen. Ich finde aber, es klappt ganz großartig und mein erster Dank gilt deswegen dem Vorstand, dass Sie die Sondertagung nicht nur gestartet haben, sondern wie großartig das auch organisiert ist. Deshalb mein Dank auch an Ihre Mitarbeiter. Es ist hohe Zeit, dass sich das Verfassungsrecht in der Pandemie noch etwas deutlicher zu Wort meldet, als das bisher der Fall ist. Ich denke, wenn in der ominösen Nachtsitzung der Kanzlerin und der Ministerpräsidenten, in der die „Osterruhe" beschlossen wurde, auch nur ein Verfassungsrechtler am Tisch gesessen hätte, wäre das Ergebnis nicht passiert und der peinliche Rückzug nicht notwendig geworden. Während wir hier diskutieren, wurde ein bundesweites „Notbremsengesetz" angekündigt, und ich bin gespannt was die Kollegen dazu zu sagen haben werden. Vielleicht machen wir da auch unseren Einfluss noch ein bisschen geltend, denn schon eine solche Idee zeigt, wie vielfältig die Probleme sind, über die wir hier reden.

Nun aber zu den vorzüglichen Referaten, die wir gehört haben. Sicher ist es richtig, den Aspekt der Resilienz einzuführen, mir fallen aber auch ganz traditionelle Begriffe und Funktionen der Verfassung – wie etwa Integration und Akzeptanz ein. Gerade letztere scheint in der Bevölkerung ja zunehmend in Frage gestellt, und wir sind in einer Situation, in der es wirklich sehr darauf ankommt, dass das Verfassungsrecht sich auch in den Expertengremien neben Virologen und Medizinern noch etwas hörbarer macht.

Ich habe zwei konkrete Fragen – eine an Frau Mangold und eine an Herrn Rixen: Sie haben unter Anwendung der traditionellen Grundrechtsdogmatik ja sehr schön die Probleme aufgezeigt. Über die vorgeschlagene Wiederauferstehung – wir sind ja noch in der österlichen Woche – der Wesensgehaltsgarantie (wenn ich richtig rechne, fast 60 Jahre nach Herrn Häberles Dissertation), muss ich noch etwas nachdenken. Ich gehöre ja auch zu denen, die bis jetzt immer gesagt haben, dass die Verhältnismäßigkeit präziser ist. Aber vielleicht ist das eine ganz gute Idee, denn es muss einen unantastbaren Kernbereich wesentlicher Grundrechte geben. Sie haben ja die Beispiele genannt: In deutschen Altenheimen und Krankenhäusern wird immer noch einsam gestorben. Ehen und Familien werden auseinandergerissen. Da drohen wirklich Kernbereiche verletzt zu werden. Deshalb frage ich Sie konkret: Ist da nicht auch irgendwo die Menschenwürde angesprochen? Frage an Herrn Rixen: Da interessiert mich vor allen Dingen der von Ihnen postulierte Funktionsvorbehalt der Verwaltung. Ist damit auch ein Beurteilungsspielraum gegenüber der Gerichtsbarkeit gemeint? Viele der Pannen und Widersprüchlichkeiten der Corona-Politik sind auf der Regierungsebene passiert. Aber wenn ich mir so angucke, wie es in den Impfzentren läuft, die Intransparenz dieser Reihenfolge der Priorisierung vor Ort, wie schlecht die Schulverwaltung auch nach einem Jahr auf neue Wellen der Pandemie vorbereitet ist, dann wird nicht viel Begeisterung herrschen, wenn ausgerechnet der Verwaltung ein nur beschränkt kontrollierbarer Funktionsspielraum eingeräumt wird. Oder sehe ich das falsch?

Insgesamt aber meine ich, dass alle vier Referate einen schönen Bogen geschlagen und die Probleme aus verschiedenen Perspektiven aufgezeigt und auch Lösungen angezeigt haben. Und ich denke, dass wir alle damit auch zu dem wichtigen Thema der „Integration durch Verfassung in der Pandemie" beitragen. Vielen Dank.

Uwe Volkmann: Zunächst einmal ein kurzes Wort des Dankes an Vorstand und Referenten: Ich hatte eigentlich überhaupt keine Lust, mich wieder an einer online-Veranstaltung zu beteiligen, weil ich es langsam wirklich nicht mehr ertragen kann. Aber ich muss sagen, es hat sich doch gelohnt; ich habe aus allen Referaten viel gelernt. Ansetzen möchte ich mit einer Bemerkung zum Referat von Katharina Mangold, nämlich zu dem Satz: „Es gibt in dieser Pandemie keinen Ausnahmezustand." Das ist ein Satz, den ich jetzt überall zu lesen bekomme. Und er ist natürlich juristisch voll und ganz zutreffend. Aber er ist natürlich auch trivial, es heißt immer zugleich auch, wir sollen jetzt an dieser Stelle besser mit dem Nachdenken aufhören. Das ist aber vielleicht ein Fehler. Was gerade die Ausnahmelage oder die Ausnahme insgesamt als Kategorie angeht, so gibt es darauf bezogen ja zwei mögliche Sichtweisen. Die eine besagt, die Ausnahme ist sozusagen das ganz Andere. Und wenn sie vorbei ist, dann machen wir wieder das, was vorher war. Die zweite, entgegengesetzte Sichtweise sagt: Die Ausnahme macht eigentlich nur in besonderer Weise sichtbar, was zuvor auch schon da war; sie spitzt es nur in besonderer Weise zu, trägt es dadurch aber zugleich weiter in die Normallage hinein. Es könnte dann sein, dass diese Sichtweise sich als zutreffend erweist und dass die Ausnahmelage auf einige Folgeprobleme aufmerksam macht, über die wir vielleicht nachdenken sollten. Ich will das an zwei, drei Beispielen deutlich machen:

Erstes Beispiel: Das Konzept der relationalen Freiheit an sich. Das ist, Katharina, Du hast das sicherlich auch aufgearbeitet, als Konzept selbst nicht neu. Es ist grundgelegt worden von Dieter Suhr. Der hat ein Buch geschrieben über die „Entfaltung des Menschen durch die Menschen", ein anderes Buch über „Gleiche Freiheit", einen Aufsatz über „Freiheit und Geselligkeit". Es ist seinerzeit aber überhaupt nicht rezipiert worden. Jetzt kommt es wieder. Warum kommt es wieder? Könnte es sein, dass es deshalb wiederkommt, weil es – Hinnerk Wißmann hat das angedeutet – implizit auch die Eingriffsmöglichkeiten des Staates in grundrechtliche Freiheiten stärkt und dass hier möglicherweise auch die entscheidende Pointe dieses Konzepts liegen könnte? Zweiter Punkt: Krise als Stunde der Exekutive, lesen wir nun immer wieder. Auch da könnte man fragen, war das eigentlich vorher anders? Und was bedeutet das eigentlich? Im Nachhinein wird sich das möglicherweise ja auch fortsetzen.

Aussprache und Schlussworte 145

Markus Kotzur: Ganz herzlichen Dank auch an den Vorstand und die Referentin bzw. die Referenten für dieses wunderbare Panorama. Ich darf an das Referat von Frau Mangold anknüpfen sowie an zwei Bemerkungen von Herrn Wißmann und von Herrn Hufen. Zum einen möchte ich gerne, was bei Ihnen, liebe Frau Mangold, auch angeklungen ist, an einen grundrechtssensiblen Sprachgebrauch in den Zeiten der Pandemie erinnern und dabei die besondere Verantwortung der Wissenschaft vom öffentlichen Recht unterstreichen. Wenn in der Politik, wenn in den Medien davon die Rede ist, dass denjenigen, die geimpft sind, die nicht mehr infektiös sind, Freiheiten eingeräumt oder Grundrechte zurückgegeben werden, ist die Terminologie schief. Sie verkennt nämlich das Wesen des grundrechtsgeprägten Verfassungsstaates. Es ist nicht der Staat, der Freiheiten zu gewähren oder einzuräumen hat. Die Freiheiten sind dem Staat vielmehr vorgegeben. Und auch wenn es sich nur um sprachliche Nuancierungen handelt, erscheint es mir besonders wichtig, auf diese Nuancierungen hinzuweisen.

Das nur ein kleines Monitum, nun meine eigentliche Frage. Sie haben, Frau Mangold, sehr schön dargestellt, welch komplexe Abwägungsprozesse unter Unsicherheitsbedingungen die Pandemie der Politik und der sie kritisch begleitenden Grundrechtswissenschaft abverlangt. Und Sie haben uns am Beispiel des geimpften, nicht mehr infektiösen Maskenträgers auch sehr schön gezeigt, dass die Abwägungsprozesse hier außerordentlich komplex sind. Es gilt eben nicht nur widerstreitende Grundrechtspositionen anderer in den Abwägungsprozess einzubinden, sondern das Gesamtgefüge demokratischer Herrschaftsorganisation. Was ist praktikabel, was kann noch auf Akzeptanz der Bürgerinnen und Bürger hoffen, wann gerät die Integrationsfunktion der Verfassung als solche unter Druck, wie hoch sind, wenn die Formulierung erlaubt ist, die demokratischen Kosten? Was bedeutet diese Überkomplexität für den Abwägungsprozess? Stoßen die gängigen dogmatischen Maßstäbe der Verhältnismäßigkeitsprüfung an ihre Grenzen? Muss die Politik mehr Freiräume bekommen, die Einschätzungsprärogative des Gesetzgebers weiter gefasst werden? Oder sollte, wie Sie es angedeutet haben, das Umgekehrte gelten? Eine Neu- und Wiederentdeckung der Wesensgehaltslehre oder aber eine noch konsequentere Aktivierung des Menschenwürde-Gedankens, um so streng grundrechtsgebunden konkrete Maßstäbe zu bilden. Was wäre ihre Tendenz: Die Grundrechte eher als Rahmenordnung, die letzte, unhintergehbare Grenzen zieht, oder aber eine pointierte, sehr viel konkretere Maßstabsbildung anhand von Wesensgehaltsgarantie und eventuellen Menschenwürdeimplikationen? Ganz herzlichen Dank!

Ute Sacksofsky: Guten Morgen. Ich würde gerne anknüpfen an den Vortrag von Katharina Mangold, weil mich die relationale Dimension der Grundrechte auch schon seit einiger Zeit beschäftigt. Ich möchte Katharina Mangold sehr darin unterstützen, diese relationale Dimension weiterzuentwickeln und weiter zu entfalten. Sie hat mit dem Begriff der relationalen Grundrechtsdimension einen wichtigen Punkt benannt: Es geht nicht darum, die Grundrechte zu betrachten, deren kollektive Ausübung allgemein bekannt ist, also beispielsweise die Religions- oder Versammlungsfreiheit, sondern man muss über eine relationale Grundrechtsdimension auch bei anderen Grundrechten nachdenken. Uwe Volkmann hat in seinem Diskussionsbeitrag die Frage gestellt, ob diese relationale Seite nicht wesentlich als Eingriffstitel dienen soll. Das glaube ich nicht und ich möchte dies an einem Beispiel verdeutlichen, wobei ich an einen Vortrag anknüpfen kann, den ich passenderweise an diesem Ort, nämlich in Wien, gehalten habe. Als Beispiel nehme ich das allgemeine Persönlichkeitsrecht. Relationalität im Hinblick auf das allgemeine Persönlichkeitsrecht hat Folgen für die Bestimmung des Schutzbereiches; der Schutzbereich erstreckt sich dann auch darauf, den Einzelnen die Wahl zu überlassen, welche intensiven Beziehungen zu anderen sie aufnehmen oder pflegen wollen. Damit komme ich zum ersten Teil der Frage an Katharina Mangold: In Deiner These 8 klingt es so, als ob es Dir primär um die allgemeine Handlungsfreiheit geht. Wäre es für Dich vorstellbar, jedenfalls für Nähebeziehungen, das allgemeine Persönlichkeitsrecht heranzuziehen? Bejaht man eine solche relationale Dimension beim allgemeinen Persönlichkeitsrecht, dann wird sehr deutlich, dass eine Corona-Bekämpfungs-Politik außerordentlich problematisch ist, die sich an Haushalten statt an Zahlen von Personen orientiert; denn damit wird in intimste Bereiche, nämlich in Entscheidungen über die gewählte Lebensform, eingegriffen. Und anders als es bei Friedhelm Hufen anklang, geht es dann nicht nur um die bisher anerkannten Formen von Nähebeziehungen in Form der traditionellen Ehe, sondern der Schutz bezieht sich auch auf andere Lebensformen. Ein ähnliches Beispiel stellt die Ausgangssperre dar. Die durch eine Ausgangssperre betroffenen Grundrechtspositionen bekommen ein noch viel höheres Gewicht, weil nicht nur Mobilität eingeschränkt wird, sondern auch die Möglichkeit der Wahrnehmung der – wie man im Mangold'schen Sinne formulieren könnte – relationalen Dimension des allgemeinen Persönlichkeitsrechts. Damit komme ich zu meiner Abschlussfrage an Katharina Mangold: Wenn wir Relationalität als relevante Grundrechts*dimension* begreifen, weisen dann alle oder jedenfalls viele Grundrechte eine solche relationale Dimension auf? Am Beispiel des allgemeinen Persönlichkeitsrechts habe ich gerade skizziert, wie sie spezifiziert werden könnte. Gibt es weitere Beispiele, an die Du gedacht hast, wo wir durch die Anerkennung einer relationalen Grundrechtsdimension die Freiheitsgehalte neu bestimmen müssten? Zustimmen möchte ich Dir schließlich in der Forderung, über den Wesensgehalt neu nachzudenken. In der Pandemie wird die Diskussion um die

Wesensgehaltsgrenze völlig neu aufgerufen. Ich habe da selbst einen Lernprozess durchgemacht; bisher war ich sehr skeptisch gewesen, ob sich der Wesensgehalt hinreichend bestimmten lässt. In der Pandemie, die so massive Grundrechtseinschränkungen mit sich bringt, scheint es mir aber ein sehr weiterführender Ansatz. Vielen Dank!

Christian Calliess: Vielen Dank auch von meiner Seite. Erst einmal möchte ich mich dem Dank an Vorstand und Referenten anschließen. Ich finde, es ist ein gelungenes, den Umständen entsprechendes Format und es ist, glaube ich, wichtig, dass wir tatsächlich auch einmal in dieser Runde diese Fragen, die uns alle beschäftigen, diskutieren. Ich möchte zunächst an das Referat von Frau Mangold anknüpfen. Hier standen die Grundrechte als Abwehrrechte im Fokus. Das liegt auch nahe. Das rechtsstaatliche Verteilungsprinzip war angesprochen und das mündet klassischerweise in der uns bekannten dreistufigen Verhältnismäßigkeitsprüfung, dem sogenannten Übermaßverbot. Nun spielt in der Debatte auch die grundrechtliche Schutzpflicht eine Rolle, die hier eng gekoppelt ist mit dem Gemeinwohlbelang „Gesundheitsschutz" und – in diesem Kontext – Überlastungen des Gesundheitswesens. Wenn ich das auf die grundrechtliche Ebene hebe, dann geht es hier um Schutzpflichten im Hinblick auf Art. 2 Abs. 2 GG und da haben wir – das fehlte mir in Ihrem Vortrag – das Untermaßverbot. Und damit sind wir bei einem Klassiker, der mich in meiner Habilitationsschrift mit Blick auf das Umweltrecht beschäftigt hat, dem Verhältnis zwischen Übermaßverbot und Untermaßverbot. Insoweit bin ich Anhänger der Korridortheorie: Beide Verbote definieren zusammen die Wände eines Korridors. Mit diesem wird das Verfassungsrecht als Rahmenordnung beschrieben, nicht nur für den Gesetzgeber, sondern – wir haben das bei Herrn Rixen gehört – auch in Ausführung der Gesetze für die Exekutive. Um diesen Korridor zu bestimmen – und darum geht es mir – muss ich nun Übermaßverbot und Untermaßverbot zusammenführen. Aus meiner Sicht könnte und sollte dies vermittelt über eine mehrpolige Verhältnismäßigkeitsprüfung geschehen. Freiheit ist eben mehrdimensional, dem ist dogmatisch Rechnung zu tragen. Bei Herrn Rixen klang das mit der multipolaren Verhältnismäßigkeitsprüfung ein wenig an und deswegen richtet sich meine Frage auch an ihn. Müssten wir daher grundrechtsdogmatisch nicht klarer konturieren, wenn wir die freiheitsbeschränkenden Maßnahmen in der Corona-Krise aufarbeiten?

Einen kurzen Satz möchte ich noch zum Referat Nummer 4 von Herrn Müller machen, aus der europarechtlichen Perspektive. Sie beklagen zu Recht natürlich die Grenzkontrollen und Grenzschließungen. Aber sind diese Konsequenzen im Binnenmarkt für die Freizügigkeit nicht logische Folge der fehlenden Zuständigkeit der Europäischen Union in der Gesundheitspolitik? Wenn die Europäische Union eben keine europäische Strategie vorstellen und durchsetzen kann, dann machen die Mitgliedsstaaten, wie wir gesehen haben, eben was sie wollen: Die einen öffnen die Skiorte und die Geschäfte, auf der anderen Seite der Grenze kommt es im Zuge dessen notgedrungen zu Grenzschließungen, da man die eigenen Schutzmaßnahmen ja ansonsten ad absurdum führen würde. Vielen Dank.

Thomas Groß: Guten Tag allerseits. Ich habe eine konkrete Nachfrage zum Referat von Frau Mangold. Sie haben völlig zu Recht gesagt, dass Grundrechtseingriffe einer Begründung bedürfen. Die meisten, gerade auch die gravierendsten Maßnahmen im Rahmen der Pandemiebekämpfung sind aber erfolgt durch Rechtsverordnungen, in der Regel der Landesregierung. Solche Rechtsverordnungen bedürfen nach allgemeiner Auffassung aber keiner Begründung, anders als Verwaltungsakte, wo man es aus dem Gebot effektiven Rechtsschutzes ableitet, obwohl dasselbe Problem natürlich auch bei diesen Rechtsverordnungen entsteht. Bei der Normenkontrollklage stochern Kläger erstmal im Nebel. Was hat sich jetzt eigentlich die Landesregierung bei der Maßnahme X oder der Beschränkung Y gedacht? Auf welchen Prognosen beruht das? Welche Verhältnismäßigkeitsüberlegungen liegen zugrunde? Das ist der Verordnung selber nicht zu entnehmen.

Das Bundesverfassungsgericht hat ja sogar für bestimmte Gesetzgebungsverfahren eine Begründungspflicht abgeleitet. Das halte ich aus anderen Gründen für problematisch, weil es mit der Natur eines politischen Verfahrens schwer vereinbar ist. Aber der dahinterstehende Gedanke war ja auch, dass die gerichtliche Überprüfung von Grundrechtseingriffen erleichtert werden soll. Daneben gibt es die legitimatorische Funktion der Begründung. Zumindest hat sich ja jetzt eingespielt, dass z.B. Landesregierungen auf Pressekonferenzen oder in Regierungserklärungen vor dem Landtag erläutern, was sie mit ihren Rechtsverordnungen meinen. Das ist aber natürlich nur ein Indikator des Problems, keine wirkliche Lösung, weil nicht jede einzelne Maßnahme hinreichend detailliert und auch schriftlich nachvollziehbar begründet wird. Ich fasse also zusammen: Muss nicht aus sowohl grundrechtlichen wie auch demokratischen Gründen eine Begründungspflicht für solche Rechtsverordnungen eingeführt werden?

Kai von Lewinski: Grüß Gott aus Passau. Auf etwas, das man bei der Überschrift „Relationale Freiheit" auch herauslesen kann, zielt meine Frage – nämlich auf die Kontaktstelle zwischen Freiheit und Gleichheit: Welche Bedeutung könnte hier eine gruppenbezogene Betrachtung mit Blick auf die Grundrechte in der Pandemie haben? Die ja im Referat Angesprochenen – die Geimpften, die besonders Vulnerablen, die Schüler, die Eltern –, müssen die nicht auch quotal irgendwie berücksichtigt werden?

Könnten die Argumente, die zuletzt im Wahlrecht (und der Quotendiskussion überhaupt) angeführt worden sind, hier nicht auch angedacht werden? Es ist das Infektionsgeschehen natürlich fluider als die Geschlechterordnung, aber auch die Gruppeninteressen können doch überindividuell verhandelt werden. Und die Frage, ob man das institutionalisiert, könnte auch eine Frage an Herrn Mahlmann sein. Konkret also zu dem Vortrag von Frau Mangold: Dort sind ja in These 15 und 16 „Maßnahmenpakete" als eine Betrachtungsperspektive angesprochen worden und auch in ihrer Wechselwirkung thematisiert, nicht aber „Personen-Pakete", also Gruppen (Schule, Arbeitswelten, Friseure, Baumärkte usw.). Deshalb: Werden die gleichheitsrechtlichen Fragen, die hier drinstecken, durch einen Freiheitsdiskurs – und das war ja wohl die Perspektive hauptsächlich von dem Vortrag – nicht vielleicht verdeckt? Bleibt nicht die Gleichheit bei so einer primär freiheitsrechtlichen Betrachtung auf der Strecke? (Und das meint gar nicht so sehr eine schematische Freiheit, sondern gerade auch die Ungleichheit und Ungleichbehandlung von Gruppen gemäß ihrer Ungleichheit.)

Anne Peters: Hallo aus Heidelberg! Obwohl alle schon Dank gesagt haben, möchte ich mich anschließen, weil ich finde, dass sowohl die Thematik als auch die Logistik wirklich hervorragend ist. Es ist sehr interessant und es klappte alles bis jetzt perfekt. Ich habe eine Frage an Frau Mangold, die sich letztlich an alle richten kann, und zwar zum relationalen Grundrechtsverständnis. Hier hatte ich an die Arbeiten von Jennifer Nedelsky gedacht; der von Uwe Volkmann genannte deutsche Autor war mir nicht bekannt. Dies könnte illustrieren, wie die Amerikaner alles neu erfinden. Und jetzt die Frage: Was für konkrete Auswirkungen ergeben sich aus dem Konzept für die so genannte „Privilegierung" von Geimpften? Wie würden Sie das beurteilen? Herr Rixen hat vielleicht aus Verwaltungs- und verwaltungsrechtlicher Perspektive auch eine Meinung dazu. Die Frage steht ja jetzt im Raum.

Meine zweite Frage geht an Matthias Mahlmann, der ein sehr klassisches, liberales, rationalistisches Demokratieverständnis vertreten hat. Ich habe die aktuelle Diskussion so aufgenommen, dass dieses „out" ist. Ist nicht jetzt ein „republikanisches" Demokratieverständnis, bei dem es mehr auf Kontestation und Opposition ankommt, angesagt? Wie siehst Du das? Für wie relevant hältst Du dieses neue oder vielleicht in Wirklichkeit nicht so neue Konzept in der Pandemie und auch im Kontext europäischer und globaler Demokratie? Dankeschön!

Andreas Kulick: Ganz herzlichen Dank auch von meiner Seite an den Vorstand und an die Referentin und die Referenten. Meine Frage geht auch an Katharina Mangold. Du hast ja, wie es ebenfalls schon von anderen Diskussionsteilnehmern hervorgehoben worden ist, die relationale Freiheit stark gemacht. Und ich wollte in diesem Zusammenhang vielleicht nochmal etwas über einen weiteren Aspekt im Zusammenhang mit der, wie du es genannt hast, Gemeinschaftsgebundenheit und Gemeinschaftsbezogenheit der Grundrechte hervorheben oder zumindest ansprechen. Dass der Mensch ein soziales Wesen ist, ist erst einmal eine Trivialität. Aber was folgt daraus für die Grundrechte und das Verständnis der Grundrechte? Du hast zutreffend gesagt, Art. 2 Abs. 1 als Auffanggrundrecht wird angesprochen, wird andiskutiert. Wenn man sich die Entscheidungen der Gerichte anschaut, dann werden darüber Fragen wie Ausgangssperren, Reisebeschränkungen und so weiter adressiert. Du hast als Möglichkeit der Aktivierung den Wesensgehalt angesprochen und dann besonders die individuelle Betroffenheit, Pflichtexemplar-Entscheidung usw.

Meine Frage ist allerdings, wenn wir über die relationale Freiheit nachdenken und damit über die Individualperspektive der Grundrechte etwas hinausblicken, dann stellt sich für mich auch die Frage: Wie ist das denn mit der Addition oder der Kombination von Effekten? Also zum Beispiel: Dass ich abends nicht mehr nach acht Uhr hinausgehen darf, ist als solches erst einmal unangenehm, aber für sich genommen keine allzu große Einschränkung. Dass ich nicht mehr ins Theater gehen kann, ist auch sehr schade, aber für sich genommen auch keine so große Einschränkung. Dass ich nicht so viel reisen kann, auch nicht und so weiter und so fort. Aber in der Kombination bedeutet das eine erhebliche soziale Verkümmerung. Also meine Frage, was sind Möglichkeiten, um dieses Phänomen grundrechtlich zu erfassen? Was wir alle durchaus tagtäglich erleben, stellt in der Kombination durchaus erhebliche Einschränkungen dar oder kann solche bedeuten. Welches wären also Möglichkeiten, was wären dogmatische Zugriffe, um dies einzuhegen? Ich will dazu drei Stichworte nennen: Häufigkeit, Vielgestaltigkeit und Dauer als mögliche Anknüpfungspunkte. Also, wie häufig finden diese Eingriffe statt, wie vielgestaltig sind sie, d.h. wie viele verschiedene Aspekte des Lebens betreffen sie, und wie lange dauern sie an? Insoweit würde mich interessieren, wie man dies evaluieren kann – wahrscheinlich weniger über den Wesensgehalt, sondern eher über die Verhältnismäßigkeit. Vielen Dank!

Frank Schorkopf: Danke, Herr Vorsitzender! Grüße aus Göttingen. Frau Mangold, Sie haben über die Betroffenheit in unterschiedlichen Lebenslagen durch die Corona-Maßnahmen gesprochen und das Beispiel Alleinstehender angebracht, das kontrastiert etwa mit Familien oder jedenfalls mit Menschen, die nicht alleine sind und zu Hause leben. Ich habe dann in Ihrem Thesenpapier nachgeguckt; These 27 ist das, wenn ich richtig sehe. Sie haben die Aussage in den Zusammenhang gestellt mit Ihrer These der relationalen Freiheit, dass – unter Zitierung der Plichtexemplar-Entscheidung – wenn das monetarisierbar sei, ausgleichpflichtige Beschränkungen vorliegen. Das ist dann These 28. Nun lassen sich weitere solche Unterscheidungen treffen. Man könnte denken an Angestellte, Beamte, Kleinunternehmer oder denken sie etwa auch an Mieter und Grundstückseigentümer in ihrer unterschiedlichen Betroffenheit. Ich möchte Sie fragen und Sie auch bitten, wenn noch Zeit ist und es geht, etwas weiter auszubuchstabieren, was das vor dem Hintergrund des Diskriminierungsverbots in Art. 3 Abs. 3 GG, das sie in der Forschung auch intensiv beschäftigt, bedeutet. Denn wenn wir von der Betroffenheit denken, dass jemand, der alleine ist, von einer Ausgangsbeschränkung vielleicht viel stärker betroffen ist als ein Familienmitglied, leuchtet die Argumentation auf den ersten Blick ein. Wobei es auch das eine oder andere Familienmitglied geben kann, das vielleicht vom Zusammengepferchtsein mit vielen Personen in einer kleinen Wohnung sich durchaus belastet fühlt. Also kurzum: Das Ganze hat eine soziale Dimension. Und vor allem wenn wir es in der Wirklichkeit denken, denken Sie an die Wohnungsfrage, hat das unmittelbar etwas mit den Diskriminierungsverboten zu tun. Wie verhält sich das also, insbesondere wenn wir noch weitergehen und z.B. so etwas sehr Unangenehmes wie verschiedene Sterberisiken nehmen. Es wird in der Pandemie wenig diskutiert, dass Frauen und Männer unterschiedlich betroffen sind von den Gefahren. Wie verhält sich Ihr Konzept der relationalen Freiheit zu den Diskriminierungsverboten? Oder etwas pointierter ausgedrückt, wieviel Quadratmeter sind der Eichpunkt für diese gleiche Freiheit? Was ist der Bezugspunkt, der Vergleichsmaßstab, wenn sie unterschiedliche Betroffenheit in das Verhältnis zueinander setzen?

Benjamin Kneihs: Ich begrüße auch alle, bedanke mich auch wie schon meine Vorredner beim Vorstand und bei der Referentin und den Referenten. Auch meine Fragen gehen an Frau Mangold. Ich stimme Ihnen ja ganz zu, was den Grundrechtsschutz der zwischenmenschlichen Beziehungen angeht und ich halte auch das wirklich für nachdenkenswert, was Sie über die Differenzierungsplicht des Normsetzers gesagt haben, an die ja auch mein Vorredner gerade angeknüpft hat. Und wie Christian Calliess wollte ich Sie aber auch danach fragen, wie Sie das staatliche Dilemma lösen wollen, der ja nicht nur Freiheiten achten, sondern eben auch Grundrechte schützen muss? Also die Frage nach der grundrechtlichen Schutzpflicht. Ich bin ja nicht ganz so überzeugt vom Untermaßverbot als geeignete Methode, um die Schutzpflicht sozusagen zu operationalisieren. Aber da bin ich vielleicht in der Minderheit.

Eine andere Frage, die sich mir aufgedrängt hat oder die Sie mir aufgedrängt haben, Frau Mangold: Sie haben gesagt, wenn wir uns alle vereinzeln, dann ist das das Ende aller Freiheit. Ich finde, das ist eine Überpointierung. Es ist wohl nicht das Ende aller Freiheit. Es gibt noch eine Reihe anderer Freiheiten als die des zwischenmenschlichen Kontaktes. Und das hat mir in Ihrem Referat ein wenig gefehlt.

Zu Herrn Groß ganz spontan, weil er die Begründungspflichten des Verordnungsgebers angesprochen hat. Die hat bei uns in Österreich der Verfassungsgerichtshof ganz einfach erfunden, obwohl sie nirgends stehen und hat in seiner Rechtsprechung zur Pandemie Verordnungen deswegen aufgehoben, weil ihre Begründung entweder gefehlt hat oder nicht ausreichend dokumentiert war. Das nur so als Information.

Dietrich Murswiek: Frau Mangold hat zu Recht gesagt, dass die Pandemiebekämpfung durch die Grundrechte nicht gesteuert, sondern nur begrenzt werden könne. Aber in der gerichtlichen Praxis läuft die Begrenzungsfunktion der Grundrechte weitgehend leer. Das Verteilungsprinzip funktioniert nicht mehr, wenn als Begründung für die umfangreichsten Freiheitseinschränkungen, die wir bisher erlebt haben, nicht überprüfbare Prognosebehauptungen ausreichen. Damit müssen wir leben, soweit die Notwendigkeit, unter Ungewissheit zu entscheiden, unvermeidbar ist. Ein Problem ist es aber, wenn der Staat nichts oder zu wenig unternimmt, um Erkenntnisdefizite zu beseitigen. Der Staat darf nicht in selbstgewählter Unwissenheit verharren. Bevor er Freiheitseinschränkungen anordnet, muss er den Sachverhalt so weit wie möglich aufklären. Und wenn er auf der Basis von Ungewissheit andauernd wirkende Freiheitseinschränkungen angeordnet hat, ist er verpflichtet, sich so bald wie möglich Gewissheit zu verschaffen, um gegebenenfalls Freiheitseinschränkungen aufzuheben oder abzumildern, falls sie sich bei genauerer Kenntnis der relevanten Umstände als nicht erforderlich oder als unverhältnismäßig erweisen. Diese Pflicht zur Informationsgewinnung haben die Staatsorgane in Deutschland in vielfacher Hinsicht verletzt und verletzen sie noch immer.

Nur ein paar Beispiele: Es fehlt an einer systematischen Erfassung und Ermittlung von Kollateralschäden der Corona-Maßnahmen. Was man nicht kennt, weil man nicht hinschaut, fällt bei der Abwägung unter den Tisch. Es fehlt an repräsentativen Testungen. Daher kennt man weder die Prävalenz in der Gesamtbevölkerung, noch kann man abschätzen, wie groß der Anteil der Menschen ist, die bereits eine natürliche Immunität erworben haben. Es werden auch keine Daten über die Lebensumstände der Infizierten und Kranken erhoben. Wüsste man genauer, wo die Menschen sich infizieren, könnte man mit zielgenauen Maßnahmen größere Effekte erzielen als mit allgemeinen Freiheitseinschränkungen. Nach mehr als einem Jahr Pandemie müsste man eigentlich wissen, wie viele Menschen aus welchen Milieus sich bei Familientreffen, im Restaurant oder im Hotel, im Theater, im

Museum oder in der Schule anstecken. Mangels empirisch erfasster Daten stützt man sich jetzt auf Modellierungen, die so gut oder so falsch sein können wie die Annahmen, die man ihnen zugrunde legt. Der Staat schickt die ganze Bevölkerung in den Lockdown, weil er gar nicht wissen will, wie er präziser und freiheitsfreundlicher schützen könnte. Verfassungsrechtlich ist das ein Skandal.

Ich würde jetzt gerne noch Herrn Calliess widersprechen, insofern, als er meint, dass sich aus den Schutzpflichten etwas ableiten lässt für die Steuerung der Pandemiebekämpfung. Dazu fehlt die Zeit. Ich verweise aber darauf, dass ich zu diesem Thema einen Aufsatz geschrieben habe, der demnächst in der DÖV erscheinen soll.

Lothar Michael: Vielen Dank! Auch ich stimme Katharina Mangold zu, dass die Vereinsamung mancher Menschen durch Kontaktverbote ein fundamentales Grundrechtsproblem ist, dass diese zu den spezifischen Pandemieerfahrungen gehört. Auch dass es dagegen einen spezifischen Grundrechtsschutz geben sollte, der mindestens in der Abwägung schwer wiegt. Katharina Mangold schlägt nun vor, im Auffanggrundrecht der allgemeinen Handlungsfreiheit einen Wesensgehalt zu suchen. Ich frage mich, ob das nicht dem Wesen des Auffanggrundrechts widersprechen würde, nämlich erstens unspezifisch zu sein in seinem Schutzbereich und zweitens ein geringeres Schutzniveau zu genießen. Eine andere Lösung könnte meines Erachtens daran liegen, die Pandemie zum Anlass zu nehmen, einmal mehr darüber nachzudenken, in Art. 8 GG ein Grundrecht auf Sozialität, ein Grundrecht auf Begegnung zu verorten. Meine Frage an die Referentin wäre aber auch auf das Ergebnis gerichtet. Nach These 25 soll der Wesensgehalt die Grenze der Inkommensurabilität darstellen und d. h. auch Kontaktbeschränkungen wären dann gegebenenfalls nicht nur ein schwerwiegender Grundrechtseingriff, sondern in bestimmten Konstellationen auch absolut verfassungswidrig. Gibt es dafür außer Beispielen, die durchaus eine hohe Plausibilität haben, auch greifbare Kriterien? Und welche Vorteile hat dann hier ein Wesensgehaltsansatz gegenüber einer Anknüpfung an die Menschenwürde, wie sie Friedhelm Hufen vorgeschlagen hat? Wenn die Verfassungsrechtslehre einen Beitrag liefern will, dann sollte sie, glaube ich, darauf eine Antwort entwickeln. Oder stößt die Dogmatik im Sinne einer Systematisierung hier an ihre Grenzen? Mit anderen Worten: Sind die Beispiele hier nicht nur die Problemfälle und Gegenstände unserer Anstrengungen, sondern im Sinne eines zu entwickelnden Fallrechts bereits die Antwort auf die These der Inkommensurabilität. Danke!

Franz Reimer: Herzlichen Dank für die Erweckung aus dem Status passivus. Meine Frage betrifft die Entscheidungsarchitektur, und sie richtet sich vornehmlich an Herrn Rixen und Herrn Mahlmann. Sie, lieber Herr Rixen, haben die These aufgestellt, dass „auch die derzeitige föderale Struktur die effektive Pandemieregulierung erschwert". Sie sind fortgefahren mit dem Satz, eine Stärkung der zentralstaatlichen Befugnisse dränge sich auf. Ich habe schon an der Analyse tiefgreifende Zweifel. Pandemiebekämpfung geht immer zu langsam, ist immer in vielerlei Hinsicht defizitär. Aber ist wirklich die föderale Struktur, insbesondere auch die Anvertrauung der Rechtsverordnungssetzung an die Landesregierungen kausal? Meine Gegenthese lautet: Der Föderalismus ist nicht nur ein großer Steuerungsvorteil durch Dezentralität und Flexibilität, sondern auch ein wichtiger Mechanismus der Akzeptanzsicherung. Machen wir die Gegenprobe: Wäre es ein Vorteil, wenn alle Verhaltensgebote aus Berlin kämen, sozusagen aus der Hand des Bundesgesundheitsministers? Positiv gewendet, und das wäre eine Frage, die ich gerne Herrn Mahlmann stellen würde, ist Föderalismus nicht Demokratie, in die Nähe geholt? Diese Überlegenheit des Föderalismus, die wir insbesondere als Deutsche ungern wahrhaben, kommt meines Erachtens darin zum Ausdruck, dass die Pandemiebekämpfung durch die Landesregierungen weniger reduktionistisch ist, als es eine zentralistische Pandemiebekämpfung wäre. Meines Erachtens sind die Landesregierungen prädestiniert dafür, auch andere Gesichtspunkte als bloß den Infektionsschutz zur Geltung zu bringen. Sie sind sozusagen näher dran, sie sind responsiver. Meine Frage ist, ob wir auf diese Weise nicht einer Eindämmung der Pandemie um buchstäblich jeden Preis entgegenwirken können. Und was wäre Ihre Einschätzung zu den aktuell für die Bundesrepublik diskutierten Zentralisierungsplänen? Vielen Dank!

Martin Burgi: Es ist gut, dass der Vorstand zu diesem Thema eine Sondertagung gemacht hat. Anders als in der jüngeren Vergangenheit teilweise gefordert, war das dieses Mal gerechtfertigt. Ich möchte zum Rechtschutz sprechen, sowohl vor den Verwaltungsgerichten als auch vor dem Bundesverfassungsgericht. Diese beiden Akteure, die jahrzehntelang unsere Tagungen mit beherrscht haben, sind heute bemerkenswerterweise noch überhaupt nicht vorgekommen. Frau Mangold und Herr Rixen haben beide immerhin das Thema Einschätzungsprärogative berührt. Das ist auch richtig. Aber noch viel problematischer ist die Struktur des Rechtsschutzes in diesen ganzen Verfahren. Über Jahrzehnte hinweg wurde das Verwaltungsrecht zentral über den Schutz des Einzelnen und über den Rechtsschutz entfaltet. Nicht zuletzt die „Neue Verwaltungsrechtswissenschaft" hat uns gelehrt, dass man natürlich auch die Erfüllung der Verwaltungsaufgaben, die Durchsetzung des Allgemeininteresses im Blick haben muss. Aber nun schlägt das Pendel offenbar völlig in die andere Richtung aus, und der Rechtsschutz des Einzelnen spielt womöglich gar keine Rolle mehr. So heißt es in These 20 bei Herrn Rixen, dass Verwaltungsrecht in der vulnerablen Gesellschaft in erster Linie Verwaltung sei, dann offenbar in zweiter Linie Verwaltungsrecht und dem Rechtsschutz bleibt ja dann nur noch die dritte Linie. Meine These geht, entgegengesetzt, dahin, dass die vergangenen Monate erhebliche strukturelle Rechtsschutzdefizite offenbart haben, die das Verwaltungsrecht der vulnerablen Gesellschaft nicht länger verschütten sollte, sondern explizit verarbeiten muss. Das erste Defizit betrifft die Normenkontrolle nach § 47 VwGO. Der gesamte Rechtschutz richtet sich momentan gegen die Verordnungen der Landesregierungen, und zwar im Eilverfahren. Wir haben noch keine einzige Hauptsacheentscheidung. Das heißt, alles, was wir hier diskutieren über Grundrechte, wird momentan verarbeitet in einer Folgenabwägung. Sehr oberflächlich, sehr kursorisch, in der Tendenz eher verwaltungsfreundlich. Wir werden möglicherweise erst am Jahresende Hauptsacheentscheidungen erleben. Bis dahin sind unzählige soziale Beziehungen, kulturelle Kontexte und auch Geschäfte im wahrsten Sinne des Wortes gestorben. Wenn der Vorschlag, das jetzt alles durch Rechtsverordnungen des Bundes zu regeln, Gehör findet, wird auch diese Verfahrensart verschwinden. Denn der Rechtsweg über § 47 VwGO ist nur möglich gegen Landesverordnungen, eine Konsequenz, die bisher die politische Diskussion noch gar nicht erreicht hat. Was folgt daraus? Die VwGO muss das Pandemieproblem effektiver verarbeiten können. Wünschenswert wären prokuratorische Verfahren oder Musterverfahren, wo frühzeitig ein OVG in einer Sache gewissermaßen Leitplanken vorgeben könnte. Und bei den Leitplanken sind wir nun beim Bundesverfassungsgericht, um das es seit Monaten merkwürdig still geworden ist. Unbedarfte glauben ja schon, dass der Deutsche Ethikrat an seine Stelle getreten ist. Das mag personelle Gründe haben, aber es hat auch prozessuale Gründe. Denn das Verfassungsgericht kann eben nur tätig werden, wenn der Rechtsweg erschöpft ist und der Rechtsweg hängt gegenwärtig, wie gesagt, noch im Eilverfahren. Das dauert alles viel zu lange und bedeutet, dass man auch insoweit über neue Zugriffsmöglichkeiten nachdenken muss. Ein resilientes Verwaltungsrecht darf einen effektiven Rechtsschutz nicht als Risiko begreifen, sondern muss ihn integrieren. Dann wird es noch resilienter.

Oliver Lepsius: Schöne Willkommensgrüße auch von meiner Seite und erneut ein Dank an den Vorstand, dass er sich zu dieser Sondertagung durchgerungen hat. Wir sind schon reich belohnt worden durch die Referate. Ich möchte mich auf das interessante Referat von Herrn Rixen beziehen, das ja den Titel „Verwaltung" trägt, aber ich finde, um Verwaltung ist es gar nicht gegangen. Für mich ist Verwaltung, wenn ich das institutionell herunterbrechen darf, in erster Linie mal das Landratsamt. Bei Herrn Rixen ging es aber, tja um die Exekutive?, nein, es ging doch eigentlich genauer um die Gubernative. Es ging im Grunde um Regierung und nicht um Verwaltung. Und in dem Moment, in dem die Fragen konkreter wurden, ging es auch um das Verhältnis der Regierung zu den anderen Gewalten. Es war eigentlich ein klassisches Gewaltenteilungsreferat. Und in den Thesen nun ist die Tendenz so, dass die Regierung auf Kosten des Parlaments und auf Kosten der Judikative bevorzugt wird. Die Verantwortung, das Wissen und die Erfahrung von drei Gewalten wird also reduziert zugunsten von einer Gewalt. Hinzu kam noch eine föderative Komponente, nämlich die Bundesexekutive soll gegenüber den Landesregierungen bevorzugt werden, also von 17 Verwaltungen bleibt am Ende nur noch eine maßgeblich übrig. Das ist ein doppelt reduktionistischer Ansatz. Das verstehe ich jetzt nicht, weil ich sagen würde, in der Situation einer Unsicherheit wird die Handlungsfähigkeit eines Gesamtsystems nicht dadurch erhöht, dass ich die Akteure und die Verfahren reduziere. Das ist für mich, um das deutlich zu sagen, ein antipluralistischer Ansatz, einer, der die Artikulationsmöglichkeiten und die Partizipationsmöglichkeiten der Zivilgesellschaft bewusst reduzieren möchte. Ich verstehe jetzt nicht, das ist die Frage, die ich an Herrn Rixen richte, worin der Mehrwert eines antipluralistischen, doppelt reduktionistischen Ansatzes liegen soll, gerade in einer Situation der Unsicherheit. Denn, wenn wir nach 12 Monaten Pandemiebekämpfung etwas wissen, dann, dass die Gubernativen für Abwägungsentscheidungen aufgrund ihrer personellen Zusammensetzung und ihres Verfahrens strukturell besonders ungeeignet sind. Deswegen würde ich sagen, die Erfahrung, die wir gemacht haben, spricht nicht dafür, noch mehr Kompetenz bei den Gubernativen anzusiedeln. Das sehen wir auch, wenn wir die Gubernativen selbst befragen auf ihre Handlungsfähigkeit. Man kann ja sozusagen in dem momentanen Diskurs einen Hilferuf erkennen, dass die Gubernative am Ende ist mit ihrem Wissen, weil sie im Grunde genommen nur noch eine Verbotskultur zur Hand hat, die sich in Lockdown-Maßnahmen erschöpft. Was machen dann die Gubernativen, um Maßnahmen zu begründen? Sie wenden sich an Wissenschafts- oder Ethikräte. Dort entsteht das Partizipations- und Pluralismusproblem, das Herr Rixen beseitigt hat, natürlich von neuem. Herr Rixen ist ja selbst Mitglied des Ethikrates und kann darüber sicherlich auch Auskunft geben. Insofern ist das eigentlich nur eine große Verantwortungsverlagerung, die auf Kosten der Gesellschaft geht. Und wenn am Ende dann das Modell „gesamtgesellschaftliche Verantwortung des Staates" heißt, dann ist das doch ein Staat ohne Gesellschaft.

Claus Dieter Classen: Liebe Kolleginnen und Kollegen, ganz herzlichen Dank! Vielleicht ganz unmittelbar vorab eine Bemerkung im Anschluss an Oliver Lepsius. Zumindest für das Land Mecklenburg-Vorpommern kann ich sagen, dass dort die zentralen Landesverordnungen immer im

Anschluss an einen sogenannten MV-Gipfel beschlossen wurden, an dem auch eine Reihe von Verbänden, gesellschaftlichen Organisationen (Unternehmerverbände, Gewerkschaften usw.) und Experten beteiligt waren. Da bemüht man sich wenigstens um Pluralismus, wenn auch natürlich ohne rechtlich institutionalisierte Absicherung.

Ich habe an sich zunächst zwei Bemerkungen zu Herrn Rixen, zur Rolle der Parlamente, Thesen 17 und 19. Zum einen, These 17, da taucht das Stichwort Verwaltungsvorbehalt auf. Dass die Verwaltung, oder etwas präziser, die Regierung, in der Sache hier aus verschiedenen Gründen funktional besser als das Parlament zur Normsetzung geeignet ist, ist kein Thema. Aber mit dem Stichwort „Verwaltungsvorbehalt" verbinde ich auch eine Art Interventionsverbot für die anderen Gewalten. Und da kommen bei mir doch Fragen auf. Unabhängig davon, wie man politisch den von Herrn Mahlmann für die Schweiz geschilderten Versuch bewertet, über das Parlament zu intervenieren, sehe ich rein rechtlich da keine Schwierigkeiten. Von daher war ich über diesen Begriff etwas überrascht.

Und zu These 19, zur parlamentarischen Begleitung, nur ein Hinweis. Weil die Maßnahmen ja alle auf Zeit begrenzt sind, ist natürlich jede nachträgliche Diskussion über eine Maßnahme zum Zeitpunkt X zugleich de facto eine Diskussion über die Frage, was in vier Wochen beschlossen werden kann oder soll, oder wie bestimmte Abwägungen dann vorgenommen werden sollen, welche Probleme in Zukunft angesprochen werden sollen. Also hat jede Diskussion auch eine präventive Wirkung, sodass man auch insoweit eine parlamentarische Mitsteuerung hat.

Da ich noch ein bisschen Zeit habe, möchte ich im Anschluss an die bisherige Diskussion noch zwei Bemerkungen zu Frau Mangold, konkret zum Thema Wesensgehalt, machen, da bitte ich um Verständnis. Zum einen ist es ja interessant, dass dieses Instrument zwar in Deutschland erfunden worden ist, aber außerhalb von Deutschland beim EuGH und im internationalen Verfassungsvergleich eine wesentlich größere Karriere gemacht hat als bei uns. Zum anderen habe ich hier aber auch gewisse Zweifel, nicht zuletzt im Anschluss an das, was Herr Michael gesagt hat. So dramatisch die Fälle sind, die Sie geschildert haben: beim Wesensgehalt geht es nach meinem Verständnis darum, dass die konkrete Freiheit prinzipiell infrage gestellt wird, die Wissenschaftsfreiheit, die Versammlungsfreiheit, die Religionsfreiheit. Das ist bei der allgemeinen Handlungsfreiheit natürlich schwierig. So wichtig also die relationalen Aspekte der Freiheit sind, die Sie angesprochen haben, Frau Mangold, so geht es doch immer nur um einen Teilaspekt der Freiheit. Von daher frage ich mich, ob nicht, Herr Hufen hat das schon angesprochen, im vorliegenden Zusammenhang die Menschenwürde ein besseres Instrument der Kernbereichssicherung wäre. Ansonsten müsste man jawohl, Herr Kneihs hat das auch angedeutet, für die allgemeine Handlungsfreiheit eine Sonderdogmatik mit Blick auf den Wesensgehalt entwickeln. Vielen Dank!

Anna Leisner-Egensperger: Guten Tag! Auch von mir ganz herzlichen Dank an den Vorstand für die hervorragende Organisation dieser Tagung, die gerade im Moment meines Erachtens besonders wichtig ist. Ich hätte drei kurze Fragen an Sie, lieber Herr Rixen, und zwar zur Gewaltenbalance in der Pandemie. Das sind Ihre Thesen 17 bis 19.

Erstens: In der Tat braucht die Verwaltung zur effektiven Bewältigung der Pandemie gewisse funktionelle Spielräume. Doch was bedeutet es genau, dass, wie Sie es ja in Ihrem Vortrag ausgeführt haben, bei der Wesentlichkeitstheorie keine strengen Maßstäbe anzulegen seien? Welcher Stellenwert soll dann, Ihrer Meinung nach, den Grundrechten im Rahmen des Art. 80 Abs. 1 Satz 2 GG zukommen?

Zweite Frage, die betrifft Ihre These 19: Die nachgelagerte Parlamentsbeteiligung. Wenn man die Beteiligung des Bundestags jetzt in einem strengen Sinn versteht, im Sinn eines Zustimmungs- oder Aufhebungsvorbehalts, besteht da nicht das Problem, dass durch die Konstruktion einer auflösend bedingten exekutivischen Freiheit die Effektivität der Gefahrenabwehr, um die es ja letztlich geht, wenn man die funktionellen Spielräume der Verwaltung erweitert, dann wiederum in Frage gestellt wird?

Dritte Frage: Die Rücknahme der gerichtlichen Kontrolldichte. Auch da bin ich skeptisch, ähnlich wie Herr Burgi. Ich sehe es auch so, dass die Gerichte, die Verwaltungsgerichte, eher gestärkt werden sollten. Gerade wenn wir uns die letzten Monate ansehen, so ist doch die Gewaltenbalance zwischen der ersten und zweiten Gewalt vor allem durch das wiederholte Eingreifen der Verwaltungsgerichte gewahrt worden. Und immerhin wirkt dies nach wie vor als eine Drohkulisse. Vielen Dank!

Christian Walter: Vielen Dank. Ich wollte gerne eine Bemerkung zu dem schönen Referat von Herrn Müller machen und eine Frage an ihn richten. Man hat ja den Eindruck, dass die Europäische Union in dem Komplex „Pandemiebekämpfung" nicht so richtig gut dasteht. Das ist auch im Vortrag angeklungen. Sie haben auch nach möglichen Ursachen gesucht. Und dabei spielt sicher die unklare Kompetenzverteilung eine Rolle. Ich habe mich aber gefragt, ob nicht eine Unterscheidung, die Sie gemacht haben, nämlich die zwischen Pandemiebekämpfung und Pandemiefolgenbekämpfung, noch viel stärkeres Gewicht verdient hätte, indem man sie nämlich nutzt, um vielleicht auch die Erwartungen an das, was die EU leisten kann, ein Stück weit zu reduzieren. Und dann steht sie vielleicht auch nicht mehr so schlecht da, wenn die Erwartungen nicht zu hoch sind. Ich glaube, die

Erwartungen müssten eher bei der Pandemiefolgenbekämpfung als bei der Pandemiebekämpfung liegen.

Vielleicht könnte man diese Unterscheidung dann auch mit Blick auf mögliche Krisen in der Zukunft fruchtbar machen. Ist es nicht vielleicht so, dass doch so erhebliche Unterschiede zwischen dem, was wir jetzt bei Covid-19 als Problem sehen, und dem, was die Klimakrise bedeutet, erkennbar werden, dass man vielleicht vorsichtig sein muss, aus einem teilweisen Scheitern bei der einen Krise, auf Probleme bei der anderen zu schließen? Denn, dass die Pandemiebekämpfung jetzt ins Kleine, Territoriale drängt und die Inzidenzzahlen im Landkreis gemessen werden und nicht in der EU, das ist ja vielleicht auch genau den faktischen Herausforderungen des Infektionsgeschehens geschuldet. Wenn das richtig ist, dann kann man vielleicht dort gar nicht erwarten, dass die große Einheit EU die geeigneten Maßnahmen ergreift, während für den Klimaschutz möglicherweise dagegen gerade die große Einheit aktiv werden muss. Insofern wollte ich nochmal nachfragen, ob man nicht ein bisschen stärker betonen müsste, an welchen Stellen man vielleicht einfach keine allzu großen Erfolge erwarten sollte, weswegen sich dann auch keine Verantwortung für das Ausbleiben dieser Erfolge zuschreiben lässt und vielleicht eher der Blick auf die Pandemiefolgenbekämpfung gerichtet werden müsste. Kurz: Ich fand die Unterscheidung zwischen Pandemiebekämpfung und Pandemiefolgenbekämpfung sehr wertvoll und ich glaube, man könnte aus ihr noch weitergehende Folgerungen ziehen. Vielleicht könnten Sie dazu noch ein bisschen etwas sagen? Vielen Dank.

Karl-Peter Sommermann: Vielen Dank. Staat und Verwaltung stehen im Moment in einem Stresstest. Die Frage, welche Schlüsse daraus für den Umgang mit künftigen Krisen gezogen werden können, wird einer bald zu leistenden Bilanz vorbehalten bleiben. Sicher ist, dass in der zweiten Jahreshälfte eine Reihe von Reformvorschlägen auf den Tisch kommen werden. Sowohl Herr Rixen als auch Herr Mahlmann haben im Hinblick auf die Krisenbewältigung an den Leitbegriff der Resilienz angeknüpft, der aus der Psychologie stammt, aber sich auch, gleichsam metaphorisch, auf den Umgang mit kollektiven Krisen übertragen lässt. Bezogen auf die Rechtsordnung geht es dabei nicht zuletzt darum, dass die Institutionen und Rechtsregime, die üblicherweise auf den Normalzustand ausgerichtet sind, mit der nötigen Elastizität auf die neue Lage reagieren können. Herr Mahlmann hat sehr eindrücklich gezeigt, dass dabei nicht allein das Recht, sondern auch die kulturellen Voraussetzungen einer Gesellschaft eine Rolle spielen. Auf das Verwaltungsrecht bezogen ist damit die Verwaltungskultur angesprochen, die in hohem Maße durch die Grundeinstellungen, Werthaltungen und Verhaltensmuster der Akteure geprägt ist. Entsprechend geht es im Falle der Demokratie um die politische Kultur, die eine Demokratie in der Krise stabilisieren oder aber weiter aus dem Gleichgewicht bringen kann. Herr Mahlmann hat insoweit die „epistemische Hintergrundkultur", die konsensuelle Anerkennung bestimmter Fakten, als einen wichtigen Faktor ausgemacht. Daran anknüpfend stellt sich die Frage, inwieweit stabilisierende kulturelle Voraussetzungen herbeigeführt oder gestärkt werden können. Kann oder soll das durch unsere demokratischen Institutionen selbst geschehen? Ist es überhaupt deren Aufgabe? Was die Änderung der Verwaltungskultur anbetrifft, so werden dazu in vielen Ländern seit Längerem klassische Aus- und Weiterbildungsziele durch solche der Verwaltungsethik ergänzt. Bei den von Herrn Rixen angesprochenen rechtlichen Handlungsspielräumen der Verwaltung könnte zudem die Erweiterung der Kooperationsoptionen zwischen den Behörden weiterführend sein; Kooperationsdefizite traten in der aktuellen Krise deutlich zutage. Könnte entsprechend die die Demokratie tragende politische Kultur durch eine Weiterentwicklung der repräsentativen Demokratie gestärkt werden, etwa im Wege der häufig geforderten Ergänzung durch zusätzliche deliberative und partizipative Elemente?

Martin Hochhuth: Ich danke für vier sehr informative Referate. Und falls ich zu hören bin, danke ich auch dem Vorstand, dass er das so organisiert hat.

Ich knüpfe an das an, Matthias, was Du gesagt hast: Zur Demokratie und an die Warnung vor autoritären Tendenzen. Der Sturm auf das Kapitol, der uns ja alle vollkommen entsetzt hat. Ein autoritärer Schreckensnarr wie Donald Trump ist die eine schlimme Möglichkeit autoritären Absturzes der Demokratie. Aber: Wie konnte ein solcher erratischer Schwätzer in einem der Mutterländer der Demokratie gewählt werden? Der Grund dafür liegt in einer anderen autoritären Tendenz, die wir, die meisten von uns hier, wahrscheinlich gar nicht so leicht bemerken können, weil wir zum Teil alle ein bisschen dazugehören, einer autoritären Tendenz, die in der gesamten westlichen Welt wirkt, besonders massiv aber in Deutschland und in den USA, soweit ich sehe. Diese autoritäre Tendenz liegt an drei Elementen. Das erste Element ist die Zentralisierung in den Medien. Als die Älteren unter uns jung waren, gab es eine unübersehbare Vielfalt selbstständiger Blätter und Sender. Aus finanziellen Gründen ist das weg. Die haben kein Geld mehr für Reklame, denn die ist im Internet. So bleiben wenige und personell und qualitativ ausgedünnte Zentralen, es sind ganz wenige „Meinungsmacher". Das Zweite ist eine Beschleunigung der Entscheidungen des politisch-medialen Komplexes und der Reaktionen, auch der Hysterie, durch das Internet, weil wir die ganze Zeit jede oberflächliche Information sofort kriegen können. Niemand kann mehr in Ruhe über etwas nachdenken. Und dazu kommt das neue Scherbengericht, der sogenannte *Shitstorm* im Internet. Wer etwas „Falsches" sagt, der muss mit den schlimmsten Schmähungen rechnen, mit moralischer Existenzvernichtung. Und es braucht noch nicht einmal „falsch" zu sein. Es genügt schon Missverständlichkeit für eine öffentliche Verdammung. Die dritte Tendenz, zu der nun die meisten von uns gehören, ist der linksgrüne Mainstream. Hier hat sich ein elitärer, unpluralistisch illiberaler Demokratiebegriff eingeschlichen, und im dominierenden Teil des politisch-medialen Komplexes sogar schon durchgesetzt. Wer nämlich gegen etwas ist, was die meinungsstarken, leicht losschreibenden oder lossprechenden Meinungsmacher wollen – ich rede nicht von *spin doctors*, das wäre dann so eine Art bewusste Entscheidung, das meine ich nicht – sondern die, die eben schnell eine Meinung haben und das raushauen. Wer da auch nur zögert, wird schon verdächtig. Und wer zweifelt, wer sagt: „Nee, also so glaube ich das nicht.", der wird erst recht verdächtigt, rechts zu sein. Und wer aber rechts ist, ist nach den Gräueln des Nationalsozialismus natürlich draußen, und zwar zu Recht moralisch draußen. Die Argumente zählen dann aber auch nicht mehr mit und die Argumente, die seinen Positionen auch nur nahestehen könnten, sind nicht mehr zulässig. Das hat mit dazu geführt, dass jemand wie Trump gewählt wurde. Und in der Pandemie ist das jetzt auch so, schon die Skepsis gegen bestimmte Maßnahmen führt zur Frage, „Sind Sie ein Corona-Leugner" oder so, und das wird dann mit „rechts" gleichgestellt, also mit dem schlimmsten Vorwurf, den es aus besagtem Grund in Deutschland geben kann. Wir brauchen Liberalität und das Recht auch zu einer allgemein zögerlichen Haltung. Bedacht muss erlaubt bleiben, der sich weigert, schnell eine scharfe Position einzunehmen. Ich habe hier in Aachen Demonstrationen gesehen, mit Regenbogenfahnen, Klampfen, Friedensliedern und habe gefragt: „Was haben Sie denn da für ein Anliegen?" Da haben sie mir gesagt: „Gegen die Corona-Diktatur". Da habe ich gedacht: So ein Quatsch. Aber das waren eindeutig keine Rechten. Und hier ist der Mainstream autoritär geworden. Davor wollte ich warnen, denn damit vertreiben wir die Leute aus der Demokratie.

Andreas Müller: Vielen Dank! Bestätigt hat sich vor allem der erste Leitsatz, dass das Unionsrecht in der Pandemie-Diskussion bloß eine Nebenrolle spielt, und das entspricht den gegenwärtigen Realitäten. Trotzdem gibt es eine Reihe von europäischen Herausforderungen.

Eine davon ist in der Diskussion angesprochen worden: die Gefährdung des europäischen Freizügigkeitsraumes und des Schengen-Raumes. Trotz wesentlicher rechtlicher Unterschiede fasse ich die beiden einmal zusammen. Herr Calliess hat in diesem Zusammenhang die Frage gestellt, ob die Schwäche der Union nicht einfach die logische Folge ihrer fehlenden Zuständigkeit im Gesundheitsbereich ist. Und natürlich spielt das eine wesentliche Rolle. Allerdings ist im Referat auch betont worden, und das dürfen wir nicht vergessen, dass Schengen ebenso wie das Freizügigkeitsrecht geteilte Zuständigkeiten darstellen; dies im Gegensatz zur Gesundheitskompetenz. Und im Rahmen dieser geteilten Zuständigkeiten hätte die Union mehr tun können – und aus meiner Sicht auch mehr tun sollen. Es gibt in der Literatur ja bereits verschiedene Vorschläge in diese Richtung, angefangen bei einer *lex specialis* zu den relevanten Gesetzgebungsakten. Das hätte man sich wohl nicht schon in der ersten Welle erwarten können, aber wohl für die zweite und nunmehr die dritte Welle der Pandemie. Die Unionsorgane, die Gesetzgebungsorgane, sind ja intakt und funktionsfähig, vielleicht nicht ganz so im Laufen wie sonst, aber sie sind intakt und funktionsfähig. Es wird darüber hinaus angedacht, Tertiärrechtsermächtigungen (Art. 290 und 291 AEUV) zu aktivieren, und hier reden wir überall von verbindlichem Recht, das Freizügigkeit und offene Grenzen unter Pandemiebedingungen stabilisieren könnte. Denken wir, Katharina Mangold hat es angesprochen, zu Recht angesprochen, an Tests als gelinderes Mittel, um zusätzliche Freiheiten zu bekommen. In Europa haben wir die Situation, dass es nach wie vor ganz unterschiedliche Regelungen gibt, welche Tests gelten, wie lange sie gelten, ob Antigentests oder PCR-Tests anerkannt sind. Es wäre sehr wohl möglich, z.B. solche Fragen im Rahmen des Freizügigkeitsregimes im Sinne wechselseitiger Anerkennung einheitlich oder zumindest besser koordiniert zu regeln. Anne Peters hat das Impfthema im innerstaatlichen Bereich adressiert, aber das haben wir mit dem digitalen Impfpass natürlich auch auf europäischer Ebene. Auch hier wird man sehen, ob man dessen freizügigkeitsförderndes Potenzial im europäischen Kontext wirklich gewährleisten kann.

Auch Aufsichtsmaßnahmen der Kommission wurden angesprochen. Solche waren möglich und wären auch wichtig gewesen, um die Erosionstendenzen in diesen gemeinsamen Räumen, die wir ja schmerzhaft beobachten, hintanzuhalten, besser zu bändigen. Diese Erosionstendenzen sind ja nicht erst mit der Pandemie aufgekommen. Sie sind schon älter und vor allem in der Asylkrise deutlich sichtbar geworden. Die Freizügigkeits- und Schengenräume wären also Bereiche, die in diesen Tagen besondere Pflege und Zuwendung benötigen würden. Dies ist nicht nur ein Akt von *creatio*, sondern auch von *continuatio in esse*. Allerdings, und das muss man dazusagen, gibt es hier rechtliche Schranken. Wenn man an die Gesundheitskompetenz im engeren, im eigentlichen Sinne denkt, dann ist im Moment ohne Primärrechtsänderung nicht viel zu machen. Da sind klare Grenzen gesteckt. Aber gerade im Freizügigkeitsbereich wäre vieles möglich und wichtig.

Und damit bin ich schon bei der Bemerkung und Frage von Christian Walter. Dabei ging es ja um den Hinweis, dass die EU im Moment nicht so gut dasteht. Es werden ja oft Eurobarometer-Umfragen zitiert, denen zufolge die EU gar nicht so schlecht abschneidet. Allerdings beziehen sich diese auf die Zeit nach der ersten Welle und man muss wohl sagen, dass, wenn sie jetzt gemacht würden und wohl auch gemacht werden, die Lage wahrscheinlich anders ausschaut. Der Hauptpunkt, die Hauptfrage von Herrn Walter war ja die, ob man die Unterscheidung zwischen Pandemiebekämpfung und Pandemiefolgenbekämpfung nicht überhaupt so anlegen sollte, dass man sagt, in der Pandemiebekämpfung habe die Union eben keine echte Kompetenz, sodass wir gar keine zu großen Erwartungen aufbauen und wir unser Interesse und den Fokus auf die Pandemiefolgenbekämpfung richten sollten. Ganz so würde ich es eigentlich nicht verstehen wollen. Es stimmt für jenen Teil der Pandemiebekämpfung, den ich unter der Gesundheitskompetenz abgehandelt habe, aber gerade nicht für den zweiten Bereich, den vorher angesprochenen Freizügigkeits- und Schengenbereich. Jetzt kann man natürlich sagen: „Ja, müsste man das dann nicht konsequenterweise dem Pandemiefolgenrecht zuschlagen? Sind wir da nicht in einem Bereich, in dem Freizügigkeitsrechte als Folge des Virus eingeschränkt werden?" Aber dazu würde ich sagen, dass dies für mich schon zum Pandemiebekämpfungsrecht gehört. Denn das ist der Beitrag der Union: ein differenziertes Freizügigkeits- und Schengenregime, das auch Gesundheitsausnahmen zulässt. Das ist der Beitrag der Union zur Bekämpfung und Reduktion des Pandemierisikos.

Die eigentlichen pandemiefolgenrechtlichen Regelungen betreffen die sozioökonomischen Konsequenzen der Pandemie, und hier verweisen viele zu Recht auf die Erfolgsgeschichte „Beihilferahmen" sowie andere wettbewerbsrechtliche Regelungen, wo die Kommission sehr schnell und sehr umfassend gehandelt hat. Es ist bezeichnend, dass die Befürwortung dieser Maßnahmen vor allem in unseren Breiten stark artikuliert wird. Diese Maßnahmen werden hier besonders gerne entgegengenommen. Diffiziler schaut die Sache aus, wenn es um die andere Seite der Solidarität geht: Stichwort „NextGeneration EU" und Aufbaupaket. Hier ist allerdings auch in den Kompetenzgrundlagen eine viel diffizilere, viel differenziertere Debatte erforderlich als beim Freizügigkeitsthema. Im Rahmen der jetzigen Verträge ist diesbezüglich einiges möglich. Aber auch hier gibt es nach wie vor klare Grenzen.

Und damit sind wir beim Thema Verfassungsdebatte. Stichwort: Zukunftskonferenz. Natürlich ist es im Moment nicht populär, Primärrechtsänderungen anzudenken und vorzuschlagen. Allerdings ist klar: Will man die Union als echte, eigenverantwortliche Akteurin in Pandemien sehen, dann kommt man an der Verfassungsdebatte nicht vorbei. Ist das nötig?

Ich habe Christian Walter so verstanden, dass er denkt, eher nicht. Die Pandemie ist dann vielleicht eher etwas für den kleineren Rahmen und die Klimakrise tatsächlich für den großen europäischen Rahmen. Diesbezüglich erinnere ich jedoch nur daran, wie Herr Rixen in seinem Referat von „Preparedness" und „Kapazitätsaufbau" gesprochen hat. Ich denke schon, dass es auf der obersten, also der unionalen (und globalen) Ebene relevante Vorbereitungs- und Strukturierungshandlungen gibt, die uns für kommende Pandemien besser gerüstet machen. Aber das gehört mit all seinen komplexen Nebenwirkungen und Implikationen in eine größere und strukturiertere Debatte. Herzlichen Dank!

Matthias Mahlmann: Vielen Dank für die interessanten Fragen und Kommentare. Ich hätte noch zwei Stunden weiter zuhören können. Ich habe folgende Anmerkungen zu machen:

Zunächst zu Herrn von Lewinski, zu der Frage der Repräsentation von Gruppeninteressen. Ich glaube, es ist wichtig, sich in diesem Kontext immer wieder daran zu erinnern, dass Demokratie nicht reduziert werden kann auf einzelne Abstimmungsentscheidungen, sondern ein komplexes Gefüge und eben auch zeitlich komplex gestaffeltes Gefüge von Prozeduren und auch Entscheidungsfindungsmechanismen bildet. Dazu gehört z.B. der politische Prozess. Der Schutz von Grundrechten ist ein wesentliches Element von Demokratie; ebenso die Artikulation in einem öffentlichen Raum und eine funktionierende Öffentlichkeit, d.h. auch eine durch entsprechende Medien einigermaßen pluralistisch strukturierte, sozusagen permeable Öffentlichkeit. Aber dazu gehören dann eben aber auch harte Entscheidungsmechanismen, die in der einen oder anderen Weise zu Entscheidungen führen, die kontrovers bleiben und zu dem gehören, was man als Demokrat, als Demokratin schlicht und ergreifend verarbeiten muss. Es ist sehr wichtig, dass in diesem Prozess Gruppen repräsentiert sein sollten und dass wir sensibel sein sollten, keine Stimmen zu unterschlagen, sondern sie hörbar zu machen. Wir alle kennen die Diskussionen aus dem amerikanischen Verfassungsrecht, dass Wahlkampfspenden quasi unbegrenzt möglich sein müssen, weil das zu geschützter Rede gehöre. Das birgt natürlich die Gefahr, Asymmetrien der Repräsentation in der Öffentlichkeit von verschiedenen Stimmen zu erzeugen. Also in diesem Sinne ist die Repräsentation von verschiedenen Gruppen ganz sicher wichtig. Ganz sicher nicht dagegen, jedenfalls aus meiner Sicht, im Sinne von – wenn man so sagen darf – Betroffenheitsräten, also im Sinne, dass einzelne Gruppen eigene Repräsentationsinstrumente gewinnen. Ich glaube, die Wahrung des Gemeinwohls, also das, worum wir hier alle so kontrovers und so ernst und so verständigungsorientiert ringen, muss das Mandat von allen sein, die an einem demokratischen Prozess mitwirken. Diese Bemerkung ist vielleicht in Bezug auf bestimmte Tendenzen, die wir alle kennen, nicht ohne Bedeutung, diese Reduktion von politischen Fragen auf Betroffenheiten zu übertreiben.

Der zweite Punkt wurde von Herrn Reimer genannt, die Frage Demokratienähe durch Föderalismus. Das halte ich für eine wichtige Bemerkung. Wenn man hier aus der Schweiz auf die deutschen Diskussionen schaut, dann fällt einem auf, dass zum Teil sehr unterschiedliche Welten der Pandemiebewältigung existieren. Die Schulfrage tauchte auf, die sei nur kurz erwähnt, weil ich nicht so viel Zeit habe, hier näher auf andere Beispiele einzugehen. Und in dieser Hinsicht gibt es sehr unterschiedliche Politiken und es ist interessant, wie wenig das zum Teil in der Diskussion der verschiedenen Länder rezipiert wird. Allein diese Art von Differenzierung der Politiken ist schon produktiv und das gilt auch für die sozusagen europäisch quasi-föderalistische Perspektive, die uns ja auch allen am Herzen liegen sollte.

Man sollte aber zwei Sachen nicht vergessen. Die erste ist, dass es natürlich darauf ankommt, wie die Entscheidungsbefugnisse auf der unteren föderalen Ebene ausgestaltet sind. Wenn Sie Landesregierungen ermächtigen, Verordnungen zu erlassen ohne Beteiligung von Landesparlamenten, dann haben sie keinen Demokratiegewinn. Das heißt also, entsprechende demokratische Kontrollmechanismen sind wichtig. Und Sie alle, wir alle wissen, dass es da ja diverse Vorschläge gibt, etwa von Vetos oder Ähnlichem, um demokratische Beteiligung sicherzustellen. Das gilt auch in der Schweiz. Es gibt auf den kantonalen Verfassungsebenen sogar weitergehende Ermächtigungen als auf Bundesebene, gewissermaßen echte Notstandsbefugnisse. Sie haben vielleicht gemerkt, dass ich von exekutiven Sonderbefugnissen auf der Bundesebene geredet habe und damit war durchaus eine Stellungnahme impliziert, wie man nämlich diese Maßnahmen eigentlich nüchtern konzipieren sollte. Und dann ist noch wichtig, immer auch die faktische Grundlage der Entscheidungsprozesse nicht zu vergessen. Es macht einen Unterschied, ob Sie in der Schweiz föderale Vielfalt genießen, in der die Leute in Zürich arbeiten, im Aargau leben und in Graubünden Skifahren gehen oder in den USA, wo sie in einem Staat wie Montana arbeiten, Urlaub machen und leben. Diese Art von ganz realen Unterschieden muss man berücksichtigen. Als Folge gelangt man zu einem relativ schwierig zu treffenden Mix eines zwar starken Föderalismus auf der einen Seite, und da bin ich ganz bei Ihnen, Herr Reimer, mit dieser demokratischen Dimension, und belastbaren übergreifenden Strukturen auf der anderen, zu einem Föderalismus also, der sich nicht verlieren darf, ohne Blick auf das Ganze.

Der letzte Punkt ist sozusagen eine Antwort auf das, was Anne Peters, Herr Sommermann und Martin Hochhuth angemerkt haben. Zunächst zu diesem kontestatorisch-republikanischen Demokratiebegriff. Eine meiner

Standardbemühungen ist es, sich nicht durch Begriffe von dem ablenken zu lassen, was in diesen Begriffen ausgedrückt wird. Ich nehme an, Anne, Du beziehst dich auf Philip Pettit und diese Strömung der Demokratietheorie, in der es ein Cluster von Annahmen gibt, nämlich dass es sich um eine konkrete politische Gemeinschaft handele und dass es um einerseits Kontrolle von Regierung, andererseits aber auch um contestation geht, das heißt, dass also gewissermaßen ein Feedback-Loop oder Ähnliches existiert, mit der Folge dass man Entscheidungen auch wirksam beeinflussen kann. Schließlich haben diese Ansätze auch eine gewisse kontraktualistische Tendenz. – So verstehe ich die Frage. Du hast gesagt, ich habe eine klassisch liberale Position vertreten. Das ist für mich keine Beleidigung. Nicht zuletzt, weil ich glaube, dass wir in einer Zeit leben, in der wir uns einmal kritisch fragen sollten, was wir eigentlich mit unseren hochtrabenden Theorien genau sagen und was das normative Herz dessen ist, was wir unbedingt und zwar über Partei- und politische Grenzen hinweg verteidigen wollen und verteidigen müssen. Und dazu gehört aus meiner Sicht, das glaube ich, ist deutlich geworden, ein bestimmter Freiheitsbegriff, aus der Menschenwürde geboren, aber einer, der nicht atomistisch ist und insofern durchaus klassisch liberal, wenn man an jemanden wie Wilhelm von Humboldt denkt, sondern sich eben sehr stark auch auf gesellschaftliche Solidarität bezieht und dabei normativen Biss behält. Und diese Prinzipien sind, so meine ich, auch ein Testfall für Institutionen. Dabei habe ich, als offensichtlicher Ur-Schweizer, natürlich auch etwas übrig für direktdemokratische Instrumente, die den demokratischen Prozess noch einmal unbequemer machen.

Was aus meiner Sicht zu dieser Perspektive hinzugetreten ist, ist die Erfahrung politischer Irrationalität, die keine neue ist, die wir aber im 20. Jahrhundert in diesen destruktiven Massenideologien mit einer neuen Qualität gemacht haben. Damit ist ein Stück aufklärerischer Optimismus unmöglich geworden. Wir können uns nicht einfach ungesehen auf ganz basale Verständigungsweisen verlassen. Man muss einfach zur Kenntnis nehmen, dass eine große Zahl von Menschen bestimmte Brücken abgebrannt haben, auf denen Menschen in Verständigungsprozessen zueinander finden können. Und mit diesem Befund müssen wir rechnen.

Damit bin ich bei der Frage von Herrn Sommermann, die ich für ausgesprochen wichtig halte, wie wir eigentlich vorangehen sollen. Es wird Sie nicht wundern, dass ich auch keine Patentlösung habe. Ich glaube aber in der Tat, dass bestimmte Institutionen wichtig sind, um demokratische Kulturen lebendig zu erhalten. Man sollte etwa die direktdemokratische Erfahrung nicht zu sehr auf die seltsamen Eidgenossen hin domestizieren, sondern erkennen, dass dahinter eine echte und vielfältige politische Lebensform steht, die aus meiner Sicht sehr wichtig ist, weil sie nämlich diese Art von epistemischen Kulturen einübt und greifbar macht. Und das wäre auch der Kommentar zu Martin Hochhuth. Es kommt darauf an, um es mit Cassirer zu sagen, die „constitution that is written in the citizens' minds" zu pflegen und auch an uns als Verfassungsrechtler und Verfassungsrechtlerinnen die Aufgabe zu stellen, dazu einen Beitrag zu leisten. Vielen Dank.

Stephan Rixen: Vielen Dank für die vielen Rückmeldungen, die vielen wertvollen Anmerkungen und Anregungen. Ich habe versucht, die ganzen Gedanken anhand von sechs Stichpunkten zu ordnen.

Ich beginne mit dem Gegenstand des „Resilienzverwaltungsrechts", so wurde es genannt. Da stellte sich ja die Frage, ob das nicht ein bisschen zu weit gerät, was eigentlich der Gegenstand dieses Resilienzverwaltungsrechts ist. Droht das nicht ein Passepartout zu werden? Da würde ich gerne daran erinnern, dass ich Großkrisen im Blick habe, die die Funktionsfähigkeit aller Subsysteme einer Gesellschaft beeinträchtigen. Insofern scheint mir das eine gewisse Richtung vorzugeben, es geht also nicht um jede Lappalie, auch nicht um all das, was man mit dem Katastrophenrecht, dem Katastrophenschutzrecht bewältigen kann, sondern es geht um Großkrisen mit einer bestimmten Qualität.

Der zweite Punkt hat zu tun mit der Frage nach dem Verhältnis von Normalität und Ausnahme, auch mit der Frage, ob es nicht sinnvoll sein könnte, einen rechtlichen Ausnahmezustand zu verhängen. Das sind beides, glaube ich, sehr wichtige Gedanken. Da fällt mir zunächst ein, dass es gerade im Nachgang zu Ulrich Becks „Risiko-" bzw. „Weltrisikogesellschafts"-Büchern eine große Debatte außerhalb der Rechtswissenschaft gegeben hat, ob eigentlich diese Unterscheidung von Normallage und Ausnahmelage noch sinnvoll ist. Mir scheint es eine Überlegung wert zu sein, einmal zu fragen, ob denn unsere Realitätsvorstellungen, die wir mit „Normalität" verbinden und damit auch die Normalitätsvorstellungen, die uns leiten, nicht weiterentwickelt werden müssen. Das ist jetzt nicht irgendwie eine „Anstiftung" dazu, besonders dramatische Situationen schönzureden, sondern es geht um einen, wenn Sie so wollen, kritischen Umgang damit, wie wir eigentlich Normalität konstruieren. Das führt dann über zu der Frage: Brauchen wir einen expliziten, rechtlich sanktionierten Ausnahmezustand? Ich glaube nicht, weil wir auf der Basis der gegebenen Verfassung hinreichend flexibel auch auf solche Großkrisen reagieren können. Vor allen Dingen bin ich dagegen, einen rechtlichen Ausnahmezustand zu installieren, weil dann die disziplinierende Kraft der normalitätsverbürgenden Verfassung verloren geht, bewusst suspendiert wird. Ich glaube, der disziplinierende Charakter, dass wir im Rahmen der geltenden Verfassung auch versuchen, solche Großkrisen zu bewältigen, der wird deutlicher, wenn wir uns gerade nicht auf den Weg einer expliziten Suspendierung von Verfassungsregeln, insbesondere der Grundrechte, begeben.

Der dritte Punkt, der war vielleicht der umstrittenste, dem möchte ich die Überschrift „Neurelationierung der Teilstaatsgewalten" geben. Da hieß es, der Titel meines Vortrages enthalte das Wort „Verwaltung". Das ist nicht ganz richtig, es heißt ja „Verwaltungsrecht der vulnerablen Gesellschaft". Möglicherweise aufgrund dieses Irrtums ist das Missverständnis entstanden, ich hätte hier doppelt-reduktionistische, antipluralistische Thesen zum Besten gegeben. Das scheint mir doch ein multireduktionistisches Missverständnis jenseits aller Pluralismus-Debatten zu sein. Ich glaube, es ist nicht ganz so dramatisch. Es ist so, dass sich – die Beobachtung habe ich natürlich auch gemacht – die Frage stellt: Ist nicht das, was die Verwaltung jetzt in der Krise leistet, vor allen Dingen eine Leistung der Gubernative? Wenn wir uns aber die Regelungspraxis genau ansehen, dann ist das immer ein Wechselverhältnis. Das heißt, auch die erwähnten Landratsämter spielen eine Rolle, weil sie nämlich häufig die Rechtsverordnungen der Landesregierungen und Landesministerien ergänzen. Insofern habe ich mich entschieden, dieser Debatte – Verwaltung und Gubernative – nur in den Fußnoten Raum zu geben und in der Sache übergreifend von einem Verwaltungsrechtsproblem zu sprechen. Wenn Sie sich die Thesen, die ich vorgelegt habe, in Erinnerung rufen, dann spielt ja gerade, siehe Leitsatz 19, das Parlament eine große Rolle. Ich bin ja gerade gegen eine völlig entsicherte, administrative Etatismus-Phantasie, sondern ich will ja, dass das Handeln der Verwaltung parlamentarisch eingehegt wird. Insofern glaube ich, ist es wichtig, sich noch einmal in Erinnerung zu rufen, dass es mir gerade darum geht, diese Teilstaatsgewalten neu zu relationieren. Mir geht es gerade nicht um eine völlige, sozusagen absolutistische Stärkung der Exekutive. So betrachtet, ist auch die Einschätzung, dass der Staat hier gegen die Gesellschaft in Stellung gebracht wird, abwegig. Es geht, diese Formulierung habe ich verwendet, um die „Gesellschaft der Grundrechtssubjekte", und die staatliche Verwaltung hat hier eine starke, dienende Funktion. Und diese Funktion nochmal genau in den Blick zu nehmen, das ist mein Anliegen.

Ich komme gleich noch zum Rechtsschutz und zu den Beurteilungsspielräumen. Zunächst etwas zur Frage nach dem Föderalismus. Mir geht es um dessen Stärkung im Wechselspiel von Bund und Ländern. Mir geht es nicht um eine Abschaffung des Föderalismus, nicht darum, die Länder gerade auch auf der lokalen Ebene auszuschließen, schon operativ sind sie unverzichtbar. Aber es gibt nun einmal Entscheidungsblockaden. Es ist historisch interessant zu sehen, dass schon das sogenannte – es hieß nicht offiziell so, wird aber meistens so genannt – Reichsseuchengesetz von 1900, das auch eine Reaktion auf das tatsächliche oder vermutete Versagen einzelner deutscher Länder bei Cholera-Epidemien war, bereits ein relativ starkes Weisungsrecht der zentralstaatlichen Ebene kannte. Die Stärkung der zentralstaatlichen Ebene trägt auch präventiv dazu bei, Entscheidungsblockaden zu vermeiden bzw., wenn das nicht reicht, sie auch aufzulösen. Mir geht es nicht so sehr darum, dass der Bund permanent operativ durchgreift. Ich halte es für völlig illusorisch, dass dies effektiv gelingen kann. Jeder, der sich mit dem Verhältnis von Programmierung und Umsetzung von Recht beschäftigt, wird einsehen, dass auf der parlamentsgesetzlichen Regelung solcher Detailfragen kein Segen liegen kann, und dass vermutlich auch eine Bundesrechtsverordnung die lokalen Besonderheiten nicht hinreichend berücksichtigen kann mit der Folge, dass es wahrscheinlich Öffnungsklauseln gibt und am Ende nichts anderes herauskommt als das, was wir jetzt haben.

Der nächste Punkt: Grundrechte. Da stellt sich etwa die Frage nach der Wesentlichkeitstheorie: Brauchen wir sie noch, gerade auch mit Blick auf die Grundrechte? Die Debatte darüber, ob wir nicht einen Abschied von der Wesentlichkeitstheorie brauchen, ist schon länger im Gange. Franz Reimer hat vor gut zehn Jahren in den „Grundlagen des Verwaltungsrechts", diesen Abschied, wie ich finde, gut begründet, aber auch gesagt, das ist kein Abschied vom Grundrechtsschutz. Im Gegenteil, wenn ich ihn richtig verstehe, ist es eine Reformulierung des von der Wesentlichkeitstheorie vermittelten Schutzes anhand der Grundrechtsnormen, der sich dann auch differenzierter umsetzen lässt, ein vernünftiger Ansatz. Der Grundrechtsschutz ginge also nicht verloren, wenn wir uns, vorsichtig formuliert, über eine dogmatische Lebenslüge wie die Wesentlichkeitstheorie noch einmal Gedanken machen, fragen, ob es sie wirklich braucht. Weiter kam die Frage auf, so habe ich es jedenfalls verstanden, welche Bedeutung bei den multipolaren Abwägungen den unterschiedlichen Grundrechtsdimensionen zukommt, wie also mit der Schutzpflicht-Dimension und wie mit der abwehrrechtlichen Dimension umzugehen ist. Insofern möchte ich dafür werben, dass man die unterschiedliche Weite der Gestaltungsspielräume, die gemeinhin bei Schutzpflichten weiter ausfallen, angleicht, also nicht mit unterschiedlichen Maßstäben arbeitet. Das lässt sich bei den von mir erwähnten pandemiespezifischen Abwägungen auch gar nicht durchhalten; die Gestaltungsspielräume sind anzugleichen.

Der letzte Punkt ist der Rechtsschutz, das ist natürlich eine ganz entscheidende Frage. Zunächst zum Thema „Rücknahme der Kontrolldichte". Da geht es selbstverständlich nicht um eine vollständige Rücknahme. Es geht um eine differenzierte Rücknahme. Das lässt sich beispielhaft mit Blick auf § 5 Abs. 1 des deutschen Infektionsschutzgesetzes illustrieren, wo es um die Feststellung der epidemischen Lage von nationaler Tragweite geht. Da findet sich etwa die Formulierung „ernsthafte Gefahr für die öffentliche Gesundheit". Man könnte überlegen, ob insoweit – aber eben nur insoweit, nicht für den ganzen Tatbestand – ein gewisser gerichtsfreier Beurteilungsspielraum der Verwaltung anerkannt wird, es im Übrigen aber bei einer Vollprüfung durch die Verwaltungsgerichte bleibt. Ein schlichter Parlamentsbeschluss löst hier Eingriffsbefugnisse der Verwaltung erst aus. Das ist ja eine ziemlich ungewöhnliche Konstruktion. Da muss es auch möglich sein, dass dann ein solcher Parlamentsbeschluss von den Gerichten beachtet wird, denn hier sagt das Parlament mit seiner spezifischen Verantwortung für das Allgemeinwohl „Ja, genau so und nicht anders ist die Lage". Aber das Parlament darf das nicht in jeder Hinsicht sagen, so dass nicht für alle Tatbestandsmerkmale ein Beurteilungsspielraum anzuerkennen ist, weil sonst der Rechtsschutz illusorisch würde. Das ist für mich ein Beispiel dafür, dass man die Rücknahme der Kontrolldichte differenziert gestalten kann.

Letzter Punkt: Völlig richtig, ich glaube, dass sich auch in der Pandemie, aber nicht nur in der Pandemie, einmal mehr strukturelle Rechtsschutzdefizite zeigen. Was wir erleben, ist ja letztlich mit Blick auf die Grundrechte ein einziger riesiger, normativer Streuschaden. Das lässt sich, wenn wir den reinen individuellen Rechtschutz betrachten, nicht in den Griff kriegen. Ich glaube, auch wenn ich mir da ein bisschen wie Cato mit seinem „ceterum censeo" vorkomme, weil ich das nicht zum ersten Mal sage, ich glaube, dass wir ohne Scheuklappen darüber nachdenken müssen, ob sich Grundrechtsschutz, nicht nur in einer Pandemie, effektiv nur mittels anderer Instrumente erreichen lässt. Musterverfahren wurden erwähnt. Ich möchte an den altruistischen, advokatorischen Rechtsschutz erinnern, vielleicht brauchen wir spezielle Grundrechtsbeauftragte mit Klagerechten, die sehr schnell gerichtlichen Rechtsschutz aktivieren können. Wir müssen endlich einsehen, dass effektiver Rechtsschutz, Grundrechtsschutz in bestimmten Konstellationen nicht gelingen wird, wenn wir weiter nur vom Individuum her denken, das den Rechtsschutz in Gang bringen darf. Abschließend vielen, herzlichen Dank an den Vorstand für die Chance, einen Beitrag zu leisten zu diesem Suchprozess, an dem wir uns alle in der Hoffnung beteiligen, besser zu verstehen, worauf es bei der Regulierung der Pandemie juristisch ankommt. Vielen Dank!

Anna Katharina Mangold: Zunächst vielen Dank für die zahlreichen Anmerkungen. Ich weiß sehr zu schätzen, dass Sie sich so intensiv mit meinen Überlegungen auseinandersetzen.

Der Ausnahmezustand ist erwähnt worden von Herrn Wißmann und Herrn Volkmann. Und zu Recht ist die Frage aufgeworfen worden, was eigentlich der Normalzustand ist, der da kontrastiert wird. Dass wir uns in einem außergewöhnlichen Zustand befinden, steht außer Frage. Aber, was Sie gesagt haben, Herr Wißmann: Kann man hier Gewöhnungseffekten dadurch entgehen, dass wir aufhören, diesen Zustand als Normallage zu bezeichnen? Müssten wir ihn nicht deswegen als Ausnahmezustand bezeichnen? Das scheint mir von dem Wunsch getragen, dass ein Ende der Pandemie in Aussicht sein möge. Doch wir wissen nicht, wie sich die Lage entwickeln wird. Dieses faktische Problem, dass das Ende der Pandemie nicht absehbar ist, können wir nicht dadurch lösen, dass wir es in den Ausnahmezustand verschieben. Ich glaube, dass es einfach wichtig ist, hier an den rechtlichen Mechanismen festzuhalten. Dies auch zu Deinen Anmerkungen, Uwe Volkmann: Du hast entgegengesetzt, dass es ein Ausnahmeverständnis gebe, das etwas ganz anderes als das Normale bezeichne, und eines, das schon immer auch da war, gewissermaßen der verdrängte Ausnahmezustand. Ich glaube doch, dass ein Kernelement dieses Denkens vom Ausnahmezustand ist, dass Not kein Gebot kenne, „necessitas non habet legem". Dieses Verständnis resultiert letztlich daraus, dass eine gerichtliche Kontrolle nicht mehr möglich ist, weil eben nicht mehr rechtliche Maßstäbe das Handeln leiten. Das ist eine Vorstellung, der ich entschieden entgegentreten möchte. Wir brauchen auch die Grenzen, die wir jetzt im Moment haben. Jetzt kann man sagen: Das sind zu wenig Grenzen. Aber ich möchte doch sagen, dass es nicht *gar keine* Grenzen sind. Und das ist vielleicht auch etwas: Wir haben neben der Verhältnismäßigkeitsfrage ganz klassische Fragen nach der Ermächtigungsgrundlage, die durchaus zu Veränderungen im Rechtsregime geführt haben, nach der Transparenz, und letztlich eben die Bedingung, dass der Staat sich rechtfertigen muss für Einschränkungen der Grundrechte.

Das ist auch der Hintergrund meiner Überlegungen zur Begründungspflicht von Rechtsverordnungen. Im Moment mag sie noch nicht herrschende Meinung sein. Bei Art. 80 GG wurde aber auch schon bisher diskutiert, dass grundrechtlich und aus der Sicht des Rechtsschutzes Begründungspflichten für Rechtsverordnungen geboten sein können. Hier würde ich wiederum die grundrechtliche Radizierung rechtsstaatlicher Anforderungen wie der Begründungspflicht ins Feld führen. Denn wir können eben nur dann tatsächlich effektiv kontrollieren, wenn wir solche Begründungen haben. Das ist das, was wir an Transparenz verlangen können im Moment.

Diese Begründungen spiegeln dann auch die Auseinandersetzungen mit der Unsicherheit, die Herr Kotzur und Herr Murswiek zu Recht angesprochen haben. Die Grundrechte selbst können nicht determinieren, aber sie werden umgesetzt in politische Entscheidungen, im Moment in allererster Linie in Rechtsverordnungen auf Basis der Ermächtigungsgrundlage in §§ 28, 28a und 32 Infektionsschutzgesetz. Und hier ist dem Umstand Rechnung zu tragen, dass der Wissensstand über die Pandemie sich ändert, dass sich auch die Entwicklung der Pandemie verändern kann durch neue faktisch hinzutretende Möglichkeiten wie Impfungen und Tests und so weiter. Das ist etwas, das gespiegelt werden kann, wenn die Begründungen offengelegt werden. Und wenn immer wieder begründet wird: „Wir haben uns auseinandergesetzt. Es gibt keine Alternative zu dem, wie wir gerade handeln."

Die Schutzpflichten sehe ich hier, obwohl das Einige anders gedacht haben mögen, da ich nun schon einmal etwas über Schulen und Schutzpflichten geschrieben habe, doch relativ zurückhaltend. Ich bin der Auffassung, dass das Untermaßverbot vor allem in besonderen Zwangssituationen aktiviert wird, wenn der Staat gewissermaßen in eine Ingerenzstellung gegenüber den Einzelnen eingetreten ist und sich ihnen gegenüber in einer besonderen Verantwortung befindet. Das gilt etwa für Schulen mit der Schulpflicht, für Gefängnisse oder auch Asylbewerberunterkünfte, wo die Leute sich zwangsweise aufhalten. Dass hier der Staat besondere Vorkehrungen treffen muss, die auch effektiv sein müssen, scheint mir aus dieser besonderen Garantenstellung abzuleiten. Aber festzuhalten bleibt doch, dass der Schutz durch Eingriff im unmittelbaren Rückgriff auf Grundrechte nicht überzeugen kann, sondern es kann nur der Schutz von Leib und Leben als Zweck, den sich die Verwaltung, den sich die Politik setzen kann, herangezogen werden als Rechtfertigung von Eingriffen, aber natürlich vermittelt durch eine gesetzliche Regelung. Es braucht also eine gesetzliche Grundlage für Eingriffe.

Zur relationalen Dimension, die ich hier entwickelt habe: Da habe ich versucht herauszuarbeiten, und das zu Deiner Frage, Ute Sacksofsky, dass in allen Grundrechten letztlich eine solche soziale, eine relationale Dimension angelegt ist. Im allgemeinen Persönlichkeitsrecht ist das besonders bedeutsam, weil wir gesehen haben, dass die Beispiele, die ich aufgeführt habe, wohl sehr nahe sind an der Menschenwürde. Dass dann die Freiheit, sich selbst zu entfalten, im Intimbereich liegt, das liegt, glaube ich, besonders auf der Hand. Beziehungen sind extrem wichtig weil wir eben nicht Einzelwesen sind, sondern uns gerade aus der Beziehung heraus entwickeln. Gleichwohl bleibt es wichtig zu sehen, dass die relationale Dimension etwa von Ehe und Familie auch eine relationale Dimension ist, die besonders geschützt werden muss. Die Freiheitsrechte haben also eine relationale Dimension. Sie zeigen damit aber auch, das möchte ich an dieser Stelle schon einmal sagen, ich komme gleich darauf zurück, dass Würde, Freiheit und Gleichheit in einem intrinsischen Verhältnis zueinander stehen und aufeinander bezogen sind und dass die Pandemie dies herausarbeitet oder diesen impliziten Bezug deutlicher macht, den diese drei Grundwerte haben.

Zu der Frage der Privilegierung von Geimpften, Frau Peters, habe ich vorgetragen, was ich dazu aus grundrechtlicher Perspektive denke. Es handelt sich grundrechtlich schlichtweg nicht um eine Debatte, die so geführt werden kann, dass hier eine Privilegierung vorläge. Beschränkungen sind einfach nicht mehr rechtfertigbar, wenn von Personen keine Gefahren mehr ausgehen. Andere Zwecke sind denkbar. Darauf hat insbesondere Uwe Volkmann Bezug genommen. Ich habe mich allerdings nicht auf Moral als Steuerungsressource bezogen, sondern auf das Kontrollproblem. Das Kontrollproblem kann darin liegen, dass die Einzelnen nicht jeweils gefragt werden können, ob sie nun eine gültige Impfung haben, sondern dass eine effektive Kontrolle stattfinden können muss, ohne dass man den Einzelfall anguckt. So gucken wir auch im Straßenverkehr nicht, ob die Einzelnen vielleicht doch schneller als 50 Stundenkilometer fahren und ihr Gefährt noch gut steuern können, sondern wir statuieren eine generelle Pflicht, dass die 50 km/h-Geschwindigkeit eingehalten werden muss.

Zu der Frage des komplexen Abwägungsvorgangs. Hier möchte ich zunächst festhalten, dass ich nicht gesagt habe, wenn wir eine vorübergehende Beschränkung oder Vereinzelung hätten, dies das Ende aller Freiheit wäre, sondern dies gewissermaßen ein Denken vom Endpunkt her wäre: Wenn wir Leib und Lebensschutz als Endpunkt nähmen, dann ließe sich alles rechtfertigen. Das ist das Grundproblem in der Abwägung, mit dem muss irgendwie umgegangen werden. Andreas Kulick, Du hast dazu diese Frage gestellt: „Wie ist eigentlich mit der Schwere der Grundrechtseingriffe umzugehen in dieser Abwägung?" Das ist genau das, womit die Gerichte sich befassen müssen, dass sie diesem Problem Rechnung tragen. Aber ich möchte noch einmal festhalten, was ich auch vorhin gesagt habe, dass das faktische Geschehen der Pandemie nicht dazu führt, dass wir sagen könnten, nur weil das jetzt schon sehr lang andauert und es sehr schwere Grundrechtseingriffe sind, können diese jetzt nicht mehr gerechtfertigt werden. Es bleibt von dem faktischen Geschehen abhängig.

Herr Lewinsky, soweit Sie auf die gruppenbezogenen Regelungen Bezug genommen haben, so scheinen Sie mir die Systemalternativfrage aufgeworfen zu haben, ob auch ganz andere Regelungensätze möglich wären. Das wäre zu durchdenken, ist, glaube ich, aber nicht aus den Grundrechten zu radizieren. Grundrechte geben nur Freiräume für politische Entscheidungen und setzen äußerste Grenzen, was möglich ist.

Zu der Frage des Wesensgehalts, zunächst zum Verhältnis zur Menschenwürde. Auch hier erscheinen Würde, Freiheit, Gleichheit als miteinander verflochtene Werte. Ich habe hier Folgendes gemeint: Nicht nur den Menschenwürdekern, wie manche vielleicht sagen würden, der Grundrechte, der Einzelgrundrechte zu achten, sondern wirklich einen Abwägungsstopp einzubauen, bei jedem einzelnen Grundrecht. Das ist, was ich vielleicht nicht genau genug ausgedrückt habe. Meine Wesensgehaltgarantie oder das Plädoyer, diese wieder zu aktivieren, bezieht sich nicht allein auf das Auffanggrundrecht, sondern auf alle Grundrechte, weil wir diese Inkommensurabilität herstellen müssen. Und das bedeutet, dass ich doch sehr stark diese individualrechtliche Radizierung hervorheben möchte, anders als Sie, Herr Classen, wohl. Sie haben gesagt: „wenn die Freiheit prinzipiell in Frage gestellt sei". Es scheint mir in der Pandemic deutlich geworden zu sein, dass das nicht ausreicht als Schutz, sondern es kann die Grenze auch erreicht sein, wenn *für Einzelne* die Freiheitsbetätigung ganz unmöglich gemacht wird und wenn sie aber zugleich sehr essenziell ist.

Der letzte Punkt betrifft die gleiche Freiheit. Herr Schorkopf, Sie haben die Frage aufgeworfen nach dem Verhältnis zu den Diskriminierungsverboten. Zunächst einmal habe ich das jetzt so gedacht, dass diese Ungleichbehandlungen nicht kategorial bezogen sein müssen. Es müssen nicht notwendigerweise kategorial bestimmbare Personengruppen sein, die da ungleich behandelt werden oder auf die sich Maßnahmen ungleich auswirken. Denn das Beispiel der Alleinstehenden ist schon relativ deutlich: das ist keine Kategorie, die in Art. 3 Abs. 3 Satz 1 GG aufgeführt wäre. Was hier wichtig ist für die Beispiele, die Sie genannt haben, etwa bei der stärkeren Auswirkung der Pandemie, der Erkrankungen auf Männer als auf Frauen, ist die Frage der Verantwortlichkeit des Staates. Das ist vielleicht Anlass, danach zu gucken: Warum wirkt das Virus so unterschiedlich? Aber ich würde da schon sagen, dass natürlich das Virus selbst nicht grundrechtsgebunden ist. Selbstverständlich ist das eine interessante Frage, nachzugucken, wie diese Forderung nach gleicher Freiheit, nach Berücksichtigung unterschiedlicher Auswirkungen, sich zu den Diskriminierungsverboten verhält. Vielen Dank.

Vorsitzender: Vielen Dank auch von meiner Seite, einmal an die Referentin und an die Referenten, sodann natürlich an alle, die sich so rege und leidenschaftlich an der Diskussion beteiligt haben. Ein sehr anregender, dichter Vormittag geht zu Ende. Wir haben jetzt Mittagspause bis 15 Uhr, und ich darf unsere Sitzung beschließen mit einem Gruß, der in Wien zu dieser Tageszeit angebracht ist: Mahlzeit!

6. Corona als Motor: Transformationen und öffentliches Recht

Podiumsdiskussion mit
Franz Merli, Wien (Moderation)
Klaus Ferdinand Gärditz, Bonn
Hans Michael Heinig, Göttingen
Gertrude Lübbe-Wolff, Bielefeld
Armin Nassehi, München
und Aussprache

Franz Merli: Guten Tag, liebe Kolleginnen und Kollegen! Ich bin Franz Merli und ich begrüße Sie zu unserer Nachmittagsdiskussion, leider nicht gemeinsam in einem summenden Wiener Hörsaal, sondern getrennt, vereinzelt, vermutlich in Ihren stillen Büros in leeren Universitätsgebäuden, Ihren bücherschweren Altbauwohnungen und Ihren umgebauten Bauernhöfen oder im familiensicheren Arbeitszimmer unter dem Dach. Das ist alles nicht normal – und damit sind wir eigentlich schon beim Thema.

Krisen schaffen oder verlangen Veränderungen. Und das gilt für diese Pandemie ganz gleich wie etwa für die Klimakrise. Große gesellschaftliche Veränderungen sind aber gar nicht immer leicht zu erkennen, wenn man mitten drinnen steckt. Wir wollen uns heute vergewissern, was eigentlich passiert, unsere Eindrücke dazu austauschen und danach fragen, welche Rolle das öffentliche Recht dabei spielt. Treibt es solche Veränderungen an? Wird es von ihnen getrieben? Fördert oder hemmt es Veränderungen? Verzögert oder verhindert es sie gar? Und muss es sich selbst verändern, um der Krise gerecht zu werden?

Als Impulsgeber für die Diskussion haben wir auf dem virtuellen Podium drei herausragende Mitglieder unserer Vereinigung gewonnen, die ich nicht vorstellen muss. Gertrude Lübbe-Wolff, Hans Michael Heinig und Klaus Gärditz. Dazu kommt – und das ist auch ein Stück Krisentransformation unserer Tagung – ein Externer. Armin Nassehi ist einer der renommiertesten Soziologen Deutschlands, Professor an der LMU München und auch der Öffentlichkeit gut bekannt aus Film und Funk. Allein zur Pandemie, habe ich gesehen, hat er mehr als 20 Medienauftritte absolviert. Und was das Besondere daran ist; er sagt immer wieder etwas Neues. Heute wird er uns die Gesellschaft erklären und eine Außensicht auf das öffentliche Recht vermitteln. Ich bin ihm besonders dankbar, dass er zu uns gekommen ist, denn das ist keine Selbstverständlichkeit. „Unter Staatsrechtslehrern" klingt ja wie ein Roman von Juli Zeh.

Dann bleibt mir nur noch, den Ablauf zu schildern. Wir beginnen mit den Eingangsstatements der Podiumsteilnehmer von etwa fünf Minuten und einer kurzen Reaktionsrunde der auf dem Podium Sitzenden und setzen dann fort mit Beiträgen aus dem Publikum. Dann gibt's eine Zwischenrunde auf dem Podium, eine zweite Publikumsrunde und dann die Schlussbemerkungen der Podiumsteilnehmer.

Die Wortmeldungen funktionieren wie am Vormittag: Sie können sich nach den Eingangsstatements über die Fragen und Antworten-Funktion melden. Bevor sie dann dran sind, werden sie von uns zum Diskussionsteilnehmer oder zur Diskussionsteilnehmerin befördert. Das dauert einige Sekunden und sieht möglicherweise sogar so aus, als wären sie rausgeflogen. Lassen Sie sich davon nicht irritieren; einfach nichts tun! Und wenn ich Sie dann aufrufe, schalten Sie bitte Ihr Mikrofon und Ihre Kamera ein. Wir haben insgesamt ca. 90 Minuten, allerhöchstens zwei Stunden Zeit. Damit sich viele Wortmeldungen ausgehen, bitte ich Sie, sich auf zwei Minuten pro Beitrag zu beschränken. Staatsrechtslehrer können ja bekanntlich alles; vielleicht auch das. Und zur Erleichterung gibt es wieder den Gong.

Damit können wir beginnen. Wir haben uns darauf verständigt, dass Frau Lübbe-Wolff als Erste sprechen wird, und dann folgen die Herren Heinig, Gärditz und Nassehi. Frau Lübbe-Wolff, Sie haben das Wort.

Gertrude Lübbe-Wolff: Vielen Dank, Herr Merli! Ich freue mich, dabei zu sein. Ja, Corona als Motor von Entwicklungen mit Relevanz für das öffentliche Recht – allein schon wenn man auf das guckt, für das Corona bisher schon Motor gewesen ist, fällt einem ja ziemlich vieles auf: Motor der Digitalisierung, der Verlagerung von Kontakten ins Virtuelle, Motor ungeheurer Schuldenaufnahmen, Motor kollektiver Selbsterkenntnisse von welthistorischer Bedeutung, und, das kann man wahrscheinlich sagen, ohne den ungeheuren Aufwand geringzuschätzen, mit dem unsere Sozialstaaten da gegengesteuert haben, auch: Corona als Motor von Ungleichheit. Auf diesen letzteren Punkt möchte ich mich mit wenigen Bemerkungen konzentrieren.

In der Pandemie hat mich vor allen Dingen frappiert die verbreitete hohe Intoleranz gegen Ungleichbehandlung, viel mehr als gegen Freiheitseinschränkung. Trivial, könnte man sagen, steht ja schon bei Tocqueville, dass in der Demokratie die Gleichheit zum Höchsten wird. Aber so einfach liegen die Dinge, scheint mir, nicht, denn die verbreitete scheinbare Gleichheitsvorliebe zeigt sich bei näherer Betrachtung als hoch selektiv, weil die Aversion gegen Ungleichbehandlungen sich vor allen Dingen an der Erscheinung festmacht. Was sich phänomenal, dem äußeren Erscheinungsbild nach, als nicht gleiche Behandlung darstellt, das wird *prima facie* negativ bewertet und womöglich trotz vorhandener guter Differenzierungsgründe abgelehnt. Differenzierungsvorschläge z.B. dahin, dass man bestimmte Beschränkungen auf Ältere oder allgemeiner auf Risikogruppen fokussiert, oder sie für Geimpfte lockert, werden vielfach reflexartig abgelehnt, und zwar nicht mit pragmatischen Argumenten, die natürlich unbedingt zu diskutieren wären. Sondern es wird einfach die erwogene Ungleichbehandlung *per se* als unerträglich, stigmatisierend oder gar menschenwürdewidrig zurückgewiesen. Ich habe sogar gehört von einem Privatgymnasium, bei dem erwogen wurde, dass man, wenn ein Schüler positiv getestet wurde, nicht nur diesen Schüler, sondern die ganze Klasse nach Hause schickt, weil sonst der Schüler stigmatisiert werden könnte. Das ist keine Gleichheitsvorliebe mehr, sondern exzessiver Individualismus auf Kosten der Gleichheiten, auf die es besonders ankäme. Bei all dem geht es ja auch gar nicht mehr um Ungleichbehandlung im normativen Sinne dessen, was – in Deutschland von Art. 3 GG – verboten ist; solche Ungleichbehandlung kann man ja erst feststellen, wenn geklärt ist, ob keine vernünftigen Differenzierungsgründe vorhanden sind. Sondern missbilligt wird eben schon die bloße Ungleichbehandlung, die phänomenale Ungleichbehandlung, die Differenzierung als solche.

Das hat übrigens auch ein interessantes Pendant in der Dogmatik des Gleichheitsgrundrechts, die seit geraumer Zeit ja zunehmend analog zur Eingriffsdogmatik bei Freiheitsgrundrechten konzipiert wird. Die bloße Ungleichbehandlung der Erscheinung nach avanciert dabei zu einer Art – bestenfalls rechtfertigbarem – Eingriff in das Gleichheitsgrundrecht. Als ich studiert habe, hätte man mit so einem Aufbau noch die Klausur versiebt.

Wie die Tendenz zu grundrechtlich unterfütterten Überempfindlichkeiten mittelbar letztlich ungleichheitsverschärfend wirkt, das könnte man auch noch an vielen anderen Punkten illustrieren: Datenschutz, Sanktionierungsaversion, Rechtsdurchsetzungsscheu und so weiter. Ich belasse es bei diesem Antippen, um ganz kurz etwas Zweites auch noch antippen zu können: Welche Lehren sind in Bezug auf Lastentragung und sozialen Ausgleich nach der Pandemie zu ziehen? Da kursiert ja schon das Stichwort vom Lastenausgleich, in Anknüpfung an den Ausgleich von Kriegs- und Vertreibungsschäden in der Nachkriegszeit. Das ist sicher insofern ein gutes Modell, als es an harte materielle Fakten anknüpfte, aber kein gutes insofern, als es sich, damals vernünftigerweise, um ein reines Umverteilungsprogramm handelte. Zum Abbau der harten Ungleichheiten in den

Arbeitsverhältnissen, Wohnungsverhältnissen, Bildungsverhältnissen und so weiter, die unter der Pandemie in ihrer ganzen Schärfe hervorgetreten sind und sich teilweise auch noch verschärft haben, ist dagegen strukturelle Transformation in all diesen Bereichen gefordert. Das wird nicht ohne Abschöpfung bei den von der Pandemie wenig Geschorenen oder sogar von ihr besonders Begünstigten abgehen. Aber das Entscheidende sind doch dann die damit voranzutreiben strukturellen Transformationen, und die verlangen vom öffentlichen Recht viel mehr als bloß verfassungsrechtliche Begleitung. Wenn es um bezahlbaren Wohnraum geht, um kind- und jugendgerechte Quartiere für die Leute, die die Pandemie nicht im Haus mit Garten verbracht haben, wenn es darum geht, wie man dem Klimawandel begegnet, ohne dafür die Mobilität besonders für die noch weiter einzuschränken, die ohnehin schon schlechtergestellt sind, und all diese Dinge – da sind Öffentlichrechtler gefragt als Experten für das Baurecht, für das Planungsrecht, für das Verkehrsrecht, für die Kapitalverkehrsfreiheit der Wohnimmobilieninvestoren, für das kritische Sichten internationaler Handelsverträge, und so weiter und so fort.

Mit dieser Bemerkung will ich schließen und nur noch darauf hinweisen, dass mir insofern auch eine Transformation der Wertschätzungskriterien in der Wissenschaft vom öffentlichen Recht erforderlich scheint, nämlich ein Ende der Hierarchievorstellungen, die diese ungeheure Sogwirkung hin zum theoretischen Überbau und zum Allgemeinsten des juristischen Stoffs entfalten, während die Details der Spezialmaterien so ein bisschen als Niederungen gelten, in denen die großen Geister nichts verloren haben. Diese Hierarchievorstellungen, die sollten wir jetzt als das erkennen, was sie sind, nämlich antiquierte Überreste eines Systems der Professorenbesoldung, bei der derjenige am meisten Hörergeld kriegte, der die großen Vorlesungen hielt, die jeder Anfänger mitmachen musste. Also: „Ab in die Details!" möchte ich uns zurufen.

Franz Merli: Herzlichen Dank! Herr Heinig, Sie sind der Nächste.

Hans Michael Heinig: Ja, vielen Dank, ich hoffe, ich enttäusche Frau Lübbe-Wolff nicht, wenn ich jetzt nicht in die Details gehe, sondern vier doch eher abstrakte Perspektiven auf unser Thema aufzeige.

Zunächst eine Bemerkung zur verfassungsrechtlichen Volatilität in Krisen. Soziale Transformationen sind ja das Signum moderner Gesellschaften. Moderne Gesellschaften sind hoch dynamisch und diese Dynamiken werden zuweilen als krisenhaft wahrgenommen. Solche „Krisen" bieten Möglichkeiten der Gestaltung sozialer Transformation, die sonst, im Normalbetrieb, strukturell verstellt sind. Krisen können in diesem Sinne den Bedarf und die Wirkmächtigkeit politischer Steuerung steigern, bis hin zu einem Moment autoritärer Versuchung. Und spätestens an dem Punkt wird das Verfassungsrecht relevant. In der Corona-Pandemie blieb das autoritäre Potenzial der Krise in Westeuropa meines Erachtens ungenutzt. Die politische Kultur, wir sprachen heute Vormittag schon darüber, und auch die Rechtskultur erwiesen sich hierzulande robust. Unser Alltag hat sich grundlegend verändert; die Verfassungsordnung wurde aber nicht aus den Angeln gehoben. Diese Erfahrung erlaubt freilich nur bedingt Rückschlüsse darauf, wie sich künftige Konflikte und Krisen auswirken. Wir richten heute Nachmittag den Blick ja auch in die Zukunft, blicken auf den Klimawandel und Ähnliches. Wie petrifizierend, wie elastisch das Verfassungsrecht wirkt, wie prekär eine Verfassungsordnung letztlich ist, da haben wir jetzt eine aufschlussreiche Erfahrung gemacht, deren Bedeutung für weitere Prognosen man aber nicht überschätzen sollte.

Zweiter Punkt: Verfassung und die Epistemisierung des Politischen. Transformative Krisen können nicht nur politische Möglichkeitsräume eröffnen, sondern auch zur politischen Depotenzierung führen: Wenn eine vermeintliche Sachlogik oder ein Imperativ des Wissens so dominant werden, dass politische Wertkonflikte dahinter zurücktreten. Die „Epistemisierung des Politischen", ein Buchtitel von Alexander Bogner, kann so weit gehen, dass der Sinn für die Kontingenz demokratischen Entscheidens, für das voluntative Element im demokratischen Willensbildungsprozess, Schaden nimmt. Tendenzen dazu waren in der Corona-Pandemie zu beobachten und sie zeichnen sich auch für die Bewältigung des Klimawandels ab. Das verfassungsrechtliche Demokratieprinzip und seine Ausgestaltung sollen dem entgegenwirken. „Follow the science" ist eine von der Meinungsfreiheit geschützte Parole, aber in dieser Simplifizierung kein verfassungsrechtliches Gebot. Grundrechte wirken, darüber haben wir heute Vormittag etwas gehört, irrationalen Eingriffen entgegen, weil Eingriffe begründet werden müssen. Demokratische Verfahren haben auch eine qualitäts- und rationalitätssichernde Funktion. Auch darüber haben wir heute gesprochen. Aber die Demokratie ist zugleich eine Ordnung epistemischer Bescheidenheit, wenn Sie mir diese Referenz an Hans Kelsen im Rahmen einer Wiener Tagung erlauben. Eine liberale Verfassungsordnung garantiert das Recht auf wissenschaftlichen Dissens. Sie weiß um wissenschaftliche Irrtümer. Sie baut darauf, dass Wertkonflikte und Interessenkonflikte legitim sind. Und sie zielt darauf, solche Konflikte auf friedliche Weise auszutragen, gerade auch in transformativen Krisen.

Dritte Bemerkung: Recht als knappe Ressource. Das öffentliche Recht spielt für die transformative Krisenbewältigung, für staatliches Risiko- und Präventionsmanagement eine wichtige Rolle. Das kann sogar neue Staatsziele generieren, wie wir heute Vormittag gehört haben. Das öffentliche Recht befiehlt, verbietet, organisiert Entscheidungen, Leistungen, Infrastruktur und setzt Grenzen. Wie alle Ressourcen ist aber auch das öffentliche Recht nur begrenzt verfügbar und einsetzbar. Es stößt an Grenzen, die sich aus der funktionalen Differenzierung der Gesellschaft, aus der liberaldemokratischen Verfassungsordnung und aus der anthropologischen Verfasstheit des Menschen ergeben. Und das zurückliegende Jahr legt von allen drei Dimensionen beredtes Zeugnis ab.

Und eine letzte Bemerkung, eine Selbstbetrachtung unserer Wissenschaftscommunity: Zu den Krisen hermeneutischer Leitunterscheidungen der Staatsrechtslehre. Nach meinem Eindruck spielt für die rechtswissenschaftliche Bewertung staatlichen Handelns in der Pandemie das politische Rechts-Links-Schema, anders als in den Finanz- und Währungskrisen der letzten Jahre, keine Rolle. Auch die Spaltung zwischen liberalem Kosmopolitismus und Kommunitarismus, den wir in der Staatsrechtslehre eigentlich auch nur in einer liberalen und nicht in einer rechtspopulistischen Variante kennen, in der Flüchtlingskrise noch markant sichtbar, ist nur von untergeordneter Bedeutung. Prägend scheint mir nun eher eine Distinktion zwischen Verfassungs- und Verwaltungstheorien, zwischen einer Orientierung an demokratie- und grundrechtstheoretischen Paradigmen einerseits, sowie steuerungs- und governancetheoretisch geprägter neuer Verwaltungsrechtswissenschaft andererseits. Das war auch heute Vormittag sichtbar. Wenn wir jetzt nach der Rolle des öffentlichen Rechts in krisenbedingten Transformationen fragen, thematisieren wir also implizit auch Identitätsfragen unseres Wissenschaftskollektivs. Die mitlaufende, reflexive Bearbeitung solcher paradigmenabhängigen Positionierungen hat sich allerdings, meine ich, noch nicht als rechtswissenschaftlicher Diskursstandard etabliert. Der Luhmann'schen Unterscheidung zwischen Teilnahme an und Beobachtung von Kommunikation wohl bewusst, würde ich sagen, wir beobachten uns zu wenig. Um dem abzuhelfen haben wir vielleicht Herrn Nassehi eingeladen. Vorher aber gebe ich das Wort an den Kollegen Gärditz weiter.

Franz Merli: Danke, Herr Heinig. Bitte, Herr Gärditz!

Klaus Gärditz: Der Umgang mit der Pandemie war seit März 2020 das Dauerthema des Öffentlichen Rechts. Aber ist Corona auch Motor spezifisch rechtlicher Transformationen mit Zukunftswirkung? Im Großen und Ganzen hat sich die Architektur des Öffentlichen Rechts auch in der Pandemie bewährt. Zugleich sind aber auch Schwächen im Argumentationstableau der Staatsrechtslehre zu Tage getreten. Dazu eine Zwischenbilanz in sechs Beobachtungen:

Erstens Freiheitsgrundrechte: Dass Freiheitsgrundrechte in ihrer Schutzfunktion in der Pandemie versagt hätten, wird man nicht behaupten können.

Grundrechte spielten von Anfang an eine zentrale Rolle. Eine funktionierende gerichtliche Kontrolle hat das – vor allem anfangs teils erratische – Verwaltungshandeln nachrationalisiert, indem valide Rechtfertigungen für Maßnahmen eingefordert wurden. Der Wert der Verhältnismäßigkeit bemisst sich dann auch nicht in Abschussquoten für Verwaltungsakte und Rechtsverordnungen. Nicht gut vorbereitet war die Grundrechtsdogmatik aber auf die Verarbeitung von 1) Summationseffekten flächendeckender Freiheitsbeschränkungen, 2) intertemporalen Herausforderungen raschen Erkenntniswandels, 3) relational-gleichheitsrechtlichen Folgen und 4) diffusen Risiken. Dies zu beheben erfordert aber keine Transformation, sondern ein schlichtes Nachjustieren. Einen wertvollen Aufschlag hat heute Vormittag Frau Mangold gemacht.

Zweitens Parlamentsverantwortung: Die parlamentarische Gesetzgebung hat ihre besondere Leistungsstärke bewiesen, indem sie auch unter Pandemiebedingungen seit über einem Jahr einen legislativen Normalbetrieb aufrechterhält. Den legistischen Jahresringen des Bundesgesetzblatts merkt man das Krisenjahr 2020 jedenfalls nicht an. Eher im Modus des Dilettantismus durch die Krise gestolpert sind hingegen die Bundesregierung und ihre von Vollzugserfahrung abgekoppelten Ministerialverwaltungen. Beispielsweise wurde die im März 2020 hastig verabschiedete Blanko-Verordnungsermächtigung – soweit ersichtlich – erstmals Mitte Dezember 2020 überhaupt in Anspruch genommen. In dieser Zeit hatte der Deutsche Bundestag im parlamentarischen Verfahren das Infektionsschutzgesetz bereits fünf Mal geändert. Die Pandemie dürfte daher vor allem letzte Überbleibsel einer alt-etatistischen Regierungsromantik beerdigt haben.

Drittens Tatsachenblindheit: Schon lange wurde kritisiert, dass die Verarbeitung von Tatsachenwissen ein blinder Fleck in der juristischen Methodik ist. Tatsachen werden zwar vom Recht permanent benötigt, aber schlicht vorausgesetzt, ihre Konstruktion in Verfahren wird methodisch nicht eingefangen. Expertise hat man zu haben. Die Pandemie hat gezeigt, dass sich das Öffentliche Recht solche intellektuelle Bequemlichkeit nicht mehr leisten kann. Verhältnismäßigkeit fängt im Konkreten an. Wenn man ihr kritisches Potential über die Eignung und Erforderlichkeit abrufen will, braucht man einen methodisch validen Umgang mit Tatsachen, keine empiriefreie Spekulation. Der ausgeprägte Angemessenheits-Eskapismus ist hier vor allem Flucht vor Verantwortung und Überforderung. Transformationspotential der Pandemie läge insoweit darin, eine empirische Wende in der Rechtswissenschaft zu katalysieren und mehr echte, d.h. grenzsensible Interdisziplinarität zu wagen. Auch hier gilt: Man muss das Rad nicht neu erfinden, sondern könnte zunächst einmal von anderen Rechtsordnungen lernen.

Viertens Föderalismusblindheit: Bundesstaatsrecht und juridische Föderalismustheorie fristen zu Unrecht ein Schattendasein im Hinterhof der

Staatsrechtslehre. Die „Berliner Republik" ist eher Chiffre für einen epistemischen Provinzialismus, der den Horizont auf ein paar Quadratkilometer Mitte und seine Salon-Monokultur verengt. Die Pandemie hat die Bedeutung von Dezentralität und Unterschiedlichkeit in der Fläche wie im Sozialen drastisch vor Augen geführt. Wenn zu Recht gesellschaftlicher Vielfalt und Komplexität mehr Aufmerksamkeit gewidmet wird, hat auch der pluralistische Bundesstaat hier seinen richtigen Platz. Offenkundige europäische Mehrebenen-Probleme und Bundesstaatsvergleich wären perspektivenerweiternd zu integrieren.

Fünftens Politisierungsfalle: Die Staatsrechtslehre ist nur dann Wissenschaft, wenn ihre Argumente einen wissenschaftlichen Mehrwert gegenüber den politischen Debatten und Agenden bieten. Wissenschaft setzt hinreichende De-Politisierung, kritische Distanz und die Bereitschaft voraus, rational begründete Erkenntnis auch dann noch konsequent zu akzeptieren, wenn sie einmal nicht den eigenen politischen Präferenzen entspricht. Die Pandemie hat hier strukturelle Schwächen nur noch einmal verdeutlicht.

Sechstens Disziplinäre Demut: Mit dem hölzernen Handschuh des Rechts lässt sich nicht jedes Problem angemessen lösen. In der Pandemie haben sich die Gewichte von einer Staatsrechtswissenschaft wegverlagert, die oft zur Selbstüberschätzung neigt und den Zumutungen des Uneindeutigen gerne ausweicht. Der Fokus ist stärker zu anderen Disziplinen gewandert – namentlich zu Medizin und Naturwissenschaften. Die damit einhergehende Bedeutungsrelativierung wirft die Staatsrechtslehre eher auf eine angemessene Rolle zurück. Recht kann weder politische Verantwortung ersetzen, noch ist es der Nabel der Welt. Einsicht in die eigenen Leistungsgrenzen und mehr Demut gegenüber anderen Disziplinen würde vor allem dem Staatsrecht guttun und dazu beitragen, das eigene Profil gerade als Wissenschaft (und einmal nicht als politischer Player) auszuschärfen.

Armin Nassehi: Zunächst möchte ich mich sehr, sehr bedanken für Ihre Einladung, die ja offensichtlich doch etwas Besonderes ist, wenn Sie sonst tatsächlich keine Soziologinnen und Soziologen oder gar noch schlimmere Fächer einladen. Das ist eine große Ehre für mich, dass ich hier mit Ihnen zusammen diskutieren darf. Und ich werde gar nicht den Versuch unternehmen, auf Ihrem Feld zu dilettieren. Das heißt, die Frage, die als Grundfrage hier jetzt im Raum steht, will ich gar nicht beantworten. Ich dilettiere lieber in meinem eigenen Feld. Und wenn man ein bisschen auf die Frage sieht, dann liegt es tatsächlich nahe, die jetzige Krise als einen Anlass für etwas völlig Neues anzusehen. Herr Heinig hat darauf gerade hingewiesen: Krisen oder zumindest Situationen, die wir so nennen, sind Anlässe dafür, die Dinge neu zu ordnen oder zumindest neu zu beobachten. Ich will versuchen, ganz andersherum zu argumentieren und zunächst einmal festzustellen, dass diese Gesellschaft erstaunlicherweise mithilfe der Bordmittel, die sie hat, vergleichsweise erwartbar reagiert hat. Sie hat also getan, was sie tun kann, im Hinblick auf ein Geschehen, das tatsächlich nicht erwartbar gewesen ist. Als die Gefahr zunächst einmal, das war noch kein Risiko, als die Gefahr auftauchte, haben die unterschiedlichen Teile der Gesellschaft so reagiert, wie man das erwarten kann. Und daraus kann man, wenn man ein Soziologe ist, der mit der Theorie funktionaler Differenzierung arbeitet, durchaus sehen, dass es so etwas wie einen Konsens darüber, worin diese Krise eigentlich besteht, in der Gesellschaft bis heute nicht gibt und nicht geben kann.

Konsens wäre schon möglich, wenn man sich auf bestimmte Hinsichten beschränkt. Aber wenn man die Gesellschaft als Ganze beobachtet, muss man tatsächlich feststellen, dass aus den unterschiedlichen Funktionssystemen heraus ganz unterschiedliche Krisen aufgetaucht sind. Was Sie heute den ganzen Vormittag diskutiert haben, worum es jetzt auch geht, ist tatsächlich die Brechung der Krise aus der Perspektive des Staatsrechts und des öffentlichen Rechts und im Hinblick auf bestimmten Regelungsbedarf. Und interessanterweise sind die Punkte, an denen Sie selbst die Krise beobachten, gar nicht Sie selbst, sondern die Schnittstellen zu anderen Teilen der Gesellschaft.

Ich will mal ganz naiv formulieren als ein Nichtjurist: Das Interessanteste ist ja, dass Sie zunächst einmal ein Grundproblem haben, nämlich das Grundproblem lösen müssen, konsistente Entscheidungslagen in nicht konsistenten Realitäten herzustellen, und dies in einer Situation, die mit anderen Routinen arbeitet, als das vorher der Fall gewesen ist. Und diese Krise ist ja ein wunderbarer Testfall genau dafür, wie sie auf der einen Seite ungewöhnliche Formen in Anspruch nehmen können, auf der anderen Seite das aber in sich konsistent bleiben muss, weil sonst die Funktion des Rechts, nämlich normative Erwartungssicherheit herzustellen und das auch noch in inkonsistenten Entscheidungslagen, überhaupt nicht möglich ist. Und das hört sich jetzt an, als wäre das eine Minimalisierung des Problems. Aber das ist genau das Problem einer funktional differenzierten Gesellschaft, dass die Funktionssysteme eben, und auch ihre Reflexionstheorien, um die es ja jetzt hier geht, kaum andere Möglichkeiten haben, als mit diesen eigenen Bordmitteln zu arbeiten. Worauf Sie gestoßen sind, ist ja dann doch, wie denn eigentlich ein gesellschaftlicher Regelungsbedarf erstens tatsächlich rechtlich begründet werden kann, zweitens politisch durchsetzbar ist und drittens innerhalb der Gesellschaft durchsetzbar ist. Also, der Staat kann nicht nur die Voraussetzungen nicht garantieren (das zitiert jeder, der kein Jurist ist, weil das das Einzige ist, was er aus juristischen Texten kennt), sondern er kann noch nicht einmal garantieren, was mit den eigenen Entscheidungen in anderen Funktionssystemen oder im Rest der Gesellschaft eigentlich passiert.

Und das gleiche Problem haben andere Funktionssysteme auch. Also, die Politik lebt von der Konstruktion einer regierbaren Welt und kann eigentlich nur davon leben, dass sie nicht von vornherein die Welt reguliert, sondern die Welt nur so beobachtet, dass daraus regierbare neue Probleme entstehen. Und jetzt stellen wir auf einmal fest, dass politische Entscheidungen in einen Raum hineinmüssen, der sich als nicht regierbar erweist, und zwar in doppelter Hinsicht: Einmal in der Hinsicht, dass Informationen schwer zu verarbeiten sind. Herr Rixen hat das heute morgen in seinem Vortrag, wie ich finde, sehr spannend dargelegt, als er darauf hingewiesen hat, dass, wenn es um die Frage der Einschätzung der Gefahr geht, man zwischen Irrtum und Fehler in wissenschaftlicher Erkenntnis nicht so einfach unterscheiden kann. Das kann noch nicht einmal die Wissenschaft selbst, weil sie intern pluralistisch ist. Und das hat nicht nur etwas mit der Liberalität der Gesellschaft, Herr Heinig, wie Sie das formuliert haben, zu tun, sondern das hat natürlich etwas damit zu tun, dass Wissenschaft auch erforschbare Probleme erfinden muss, damit man überhaupt über bestimmte Dinge etwas sagen kann. Und dann hat man das Problem, dass die Regulierbarkeit in den anderen Funktionssystemen an die Grenzen derer Regeln gerät und nicht der Regeln, die man sich selbst aufstellt. Wir können das auch durchspielen mit anderen Funktionssystemen, wenn sie etwa an die Ökonomie denken. Die muss sich eine Welt konstruieren, in der es so etwas wie einen Knappheitsausgleich in der Zukunft gibt. Die größte Demütigung, die wir in der Wirtschaftswelt wahrscheinlich gesehen haben, ist, was passiert, wenn nur zwei oder drei Monate der Cashflow unterbrochen wird und damit Strukturen, die zum Teil über Jahrzehnte aufgebaut worden sind, tatsächlich in Gefahr geraten. Übrigens in Parenthese formuliert: In großen Unternehmen war das Jahr 2020 zumindest in Deutschland eine große Chance für interne Strukturveränderungen, weil man auf einmal Zeit hatte, die Dinge, die man im normalen Geschäft nicht machen konnte, entsprechend anzugehen. Wenn Sie sich die Unternehmenszahlen angucken, werden Sie feststellen, dass das für die gar nicht so schlecht ausgegangen ist. Aber das war nur ein Hinweis darauf, dass auch dort mit den je eigenen Mitteln gearbeitet wird.

Man könnte noch die Medien nennen. Die Medien haben vielleicht am wenigsten gelitten, weil die Medien sich eine darstellbare Welt konstruieren müssen und vor allem auf Konflikte angewiesen sind. Und ich glaube, dass viele Konflikte, die über diese Pandemie in der Öffentlichkeit diskutiert werden, zum Teil gar nicht die Konflikte sind, die in den konkreten, Frau Lübbe-Wolff Sie haben auf Konkretion hingewiesen, die in konkreten Situationen eine Rolle spielen, sondern mit der Darstellbarkeit von Konfliktmöglichkeiten in den Medien. Und das ist keine Schuldzuweisung an bestimmte Presseerzeugnisse, sondern das liegt an der Medienlogik selbst. Worauf will ich hinaus in den letzten anderthalb Minuten? Ich will darauf hinaus, dass wir aus der Krise lernen können, wie fragil schon in Nichtkrisensituationen das Zusammenspiel dieser unterschiedlichen Perspektiven in der Gesellschaft ist und wir doch feststellen müssen, wie stark wir von Routinen abhängen, die davon leben, dass wir davon absehen (Parsons hätte das das Latenzproblem genannt), dass wir davon absehen, die Bedingungen der Möglichkeit der Einwirkung vom einem Funktionssystem ins andere überhaupt genau in den Blick zu nehmen, weil wir in Routinen drin sind, indem wir uns daran gewöhnt haben, dass die Dinge wahrscheinlich funktionieren. Es ist im politischen System überhaupt kein Problem mit dem Satz „Wir erhöhen die Steuern" zu sagen, dass mehr Arbeitsplätze entstehen oder mit dem Satz „Wir senken die Steuern", dass mehr Arbeitsplätze entstehen. Man hat sich an beide Sätze gewöhnt. Man hat sich sogar daran gewöhnt, dass man später nicht nachgucken muss, ob einer der Sätze gestimmt hat oder nicht, weil das sozusagen in der Gegenwartsorientierung einer modernen Gesellschaft schon aufgehoben wird. In der Krise ist das nicht möglich. Und deshalb denke ich, dass die Krise eine wunderbare Chance ist, nicht die Gesellschaft strukturell zu verändern, sondern eine Lupe gewissermaßen zu haben, zu sehen, wo die Fragilität dieser Gesellschaft eigentlich liegt. Sie liegt vor allem darin, dass sie so unglaublich stabil ist. Hört sich bescheuert an, der Satz, ich weiß, aber die Stabilität besteht tatsächlich darin, dass die Brutalität der unterschiedlichen Codes der Funktionssysteme sich tatsächlich durchsetzt und business as usual nicht nur im Business stattfindet, sondern man sagen muss, dass die Koordination dieser unterschiedlichen Funktionslogiken ganz offensichtlich nicht so einfach herzustellen ist.

Wer glaubt, aus dieser Krise eine Art Blaupause für die Bearbeitung z.B. der Klimakrise zu bekommen, das ist am Anfang der Pandemie ja von vielen diskutiert worden, vor allem von linker Seite diskutiert worden, „man kann also doch durchregieren", das war der Satz, den man gesprochen hat, wer das also glaubt, wird sich spätestens in dem Moment eines Besseren belehrt gesehen haben, wenn er es denn wollte, als man mit Öffnungen begonnen hat, und dann der Motor der Gesellschaft, Frau Lübbe-Wolff, Sie haben die wunderbare Metapher des Motors nochmal verwendet, in verschiedener Hinsicht, auch hier kann man sagen der Motor der Gesellschaft selbst ist angegangen wieder. Und das heißt, so etwas wie ein koordiniertes Verhalten war offenbar außerordentlich schwierig, was übrigens bei der Pandemiebewältigung ein riesengroßes Problem ist. Ihr Problem ist, die Konsistenz der Rechtsregeln und der Konsistenz der Rechtsbegründungen herzustellen, aber mit einer inkonsistenten Welt umzugehen, die dann darüber diskutiert, dass man offensichtlich das nicht in ein Gesamtkonzept bringen kann, das dann sowohl rechtlich als auch politisch als auch lebensweltlich gefallen kann. Vielen Dank.

Franz Merli: Herzlichen Dank! Ja, da liegt schon sehr viel auf dem Tisch. Ich schlage vor, wir machen eine kurze Reaktionsrunde auf dem Podium, bevor wir dann ins Publikum gehen. Aber Sie können sich jetzt schon für Fragen oder Diskussionsbeiträge anmelden, über die Funktion Fragen und Antworten. Klicken Sie das Icon da unten in der Mitte an und dann kommen Sie dran. Frau Lübbe-Wolff, vielleicht in zwei bis drei Minuten eine kurze Reaktion, falls Sie das möchten?

Gertrude Lübbe-Wolff: Danke. Ich würde gerne anknüpfen an das, was Herr Gärditz gesagt hat. Das Verhältnis von Recht und Tatsachen – ein sehr wichtiges Thema, das in der Pandemie auch eine große Rolle gespielt hat. Ich würde noch hinzunehmen die Rechtsdurchsetzung, die ja selbst wieder auf Tatsachenfeststellungen angewiesen ist. Das wird oft vollkommen vernachlässigt, wenn z.B. gesagt wird, jetzt müssen aber alle, die geimpft sind, alle ihre Beschränkungen loswerden. So ist es nicht, sondern man muss auch darauf achten, bei welchen Differenzierungen die Beschränkungen, die noch aufrechtzuerhalten nötig ist, überhaupt noch durchgesetzt werden können. Wenn die Hälfte der Bevölkerung ohne Maske herumläuft und die andere mit, wer will dann noch feststellen, wer das berechtigterweise tut?

Interessant ist auch die Frage, ob wir uns eigentlich hinreichend mit den Tatsachen beschäftigt haben? Ich denke, da muss man die Kritik von Herrn Murswiek ernst nehmen, die heute Morgen kam, dass wir vielleicht manche Tatsachen nicht wirklich ermittelt haben, weil wir kein Interesse hatten, etwas darüber herauszufinden. Zum Beispiel: Gibt es bestimmte Bevölkerungskreise, die besonders beteiligt sind an der Verbreitung der Pandemie? Da ist wohl auch aus lauter Sorge, das könnte sich in Aggression oder Stigmatisierung von Bevölkerungsgruppen verwandeln, nicht geforscht worden. So achtsam man gegen Stigmatisierung sein muss – die Abwehr von Tatsachenerkenntnissen zur Vermeidung solcher Probleme ist langfristig immer keine gute Strategie. Es befördert das Misstrauen und die Verschwörungstheorien. Ich finde es insgesamt bedauerlich, dass man nicht stärker auch sozialempirisch geforscht hat. Und was man da möglicherweise herausfindet, das kann man erklären und daraus lernen. Und man weiß ja auch nicht, was man herausfindet. Insofern ist wirklich die beste Strategie, scheint mir, Offenheit für die Tatsachen, wie sie sind.

Franz Merli: Danke. Herr Heinig.

Hans Michael Heinig: Ich will da direkt anknüpfen. Die Frage ist doch dann, wie geht man mit Wissenslücken und Forschungsdefiziten um? Gibt es rechtliche Möglichkeiten der Sanktionierung, wenn die Politik ihrerseits nicht hinreichende Aufklärungsanstrengungen unternommen haben sollte? Die rechtlichen Probleme liegen doch weniger beim Umgang mit Tatsachen als vielmehr beim Umgang mit Ungewissheit und Unwissen. So musste sich das Recht in der ersten Phase der Pandemie vor einem Jahr überhaupt erst einmal auf hochgradiges Unwissen – über das Virus, über Infektionswege, über die Ansteckungsdynamik, über die Gefährlichkeit des Virus – neu einstellen. Heute kann man sagen: seitdem hätte man mehr sozialempirisches Wissen generieren müssen. Das ist in Teilen wohl nicht geschehen. Aber was folgt daraus für eine rechtliche Bewertung? Da kommen wir wieder an die Grenzen des Rechts. An der Stelle kann man politisch appellieren oder moralisch werden. Aber das Recht kann sozialempirisches Wissen in der Pandemie nicht selbst erzeugen und nicht erzwingen – und das Fehlen solchen Wissens auch nicht sanktionieren. Man kann ja nicht in der Pandemie sagen: Diffuses Infektionsgeschehen muss sozialwissenschaftlich besser aufgearbeitet werden und bis dahin sind Grundrechtseingriffe zum Infektionsschutz unverhältnismäßig. Wie heißt es immer so schön: Mit dem Virus kann man nicht verhandeln und die Pandemie schert sich herzlich wenig um unsere Grundrechtsdogmatik.

Franz Merli: Herr Gärditz, wenn Sie noch etwas ergänzen möchten oder reagieren möchten?

Klaus Gärditz: Sehr gerne zu zwei Punkten, und zwar von Herrn Heinig und Frau Lübbe-Wolff: Hinsichtlich der Tatsachen, denke ich, haben wir nicht ausgereizt, was aus einem verantwortungsvollen, methodengeleiteten Umgang, den rechtliche Verfahren sicherstellen sollen, möglich gewesen wäre. Das fängt zum Beispiel damit an, dass man einen extrem unterkomplexen Blick auf den ganzen Bereich „Medizin – Naturwissenschaften" richtet. Dieser wird immer in Slogans abgearbeitet. „Die Wissenschaft" ist Chiffre für den gesamten Komplex einer Vielzahl von Disziplinen, die sehr unterschiedlich strukturiert sind, etwa sind Biophysik oder Infektiologie etwas ganz anderes als Epidemiologie. Epidemiologie ist ein statistisch-mathematisches, sozialwissenschaftliches Fach. Das wird verwechselt mit Infektiologie und Virologie. Dies wird alles durcheinandergewirbelt und es wird daraus verkürzend: „die Wissenschaft sagt". Am Ende haben wir irgendwie ein Datum des Robert-Koch-Instituts, das dann geschluckt wird, ohne dass wir uns überhaupt über die normative Funktion dieser Behörde und der dahinterstehenden Wissensgenerierungsprozesse Gedanken machen. Ich denke nicht, dass wir das als Juristinnen und Juristen einfach ausblenden können, wenn in der Frage, wie Wissen generiert wird, auch normative Wertungen stecken. Welches Wissen soll eigentlich relevant sein? Wann akzeptieren wir etwas als valide? Dann müssen wir natürlich zudem aus der Ebene der Rechtsanwendung fragen: Was wird dort benötigt? Und welches Wissen? Das Landratsamt Traunstein braucht nicht die die Aminosäure-Sequenz eines Spike-Proteins eines Corona-Virus, die brauchen praktische Hilfestellungen, etwa wie sie mit Schulschließungen, mit Hygiene in Räumen, mit Lüftung umgehen. Das sind völlig verschiedene Ebenen, für die auch ganz unterschiedliche Disziplinen zuständig sind. Die Rechtswissenschaft hat sich hier eigentlich wie der Elefant im Porzellanladen durchweg denkbar unbeholfen verhalten und damit leider auch keine kritischen Potenziale aufgebaut.

Das hängt vielleicht auch noch mit einem zweiten Punkt neben dieser epistemischen Frage zusammen, den Frau Lübbe-Wolff ganz zu Recht angesprochen hat: die implizite Hierarchisierung in unserem Fach. Es gibt einen Trend zum einen zur Feuilletonisierung und zum anderen zur Abstraktion. Wenn man sich ansieht, wie viele von unseren Kolleginnen und Kollegen in der Nachwuchsgeneration aktiv Verwaltungsrecht machen, dann ist das leider eine Minderheit. Fächer wie das Infektionsschutzrecht hat niemand in der Staatsrechtslehrervereinigung vor mehr März 2020 überhaupt gemacht. Mit dem Asylrecht war es übrigens sehr ähnlich, da gab es auch nur ganz wenige, während zum Telekommunikationsgesetz schon fünf Kommentare vorhanden sind, obgleich die Bundesnetzagentur hier vielleicht zwanzig Verwaltungsakte im Jahr erlässt. Nun sind wir nicht der Dienstleister für die Praxis, und so würde ich auch nicht missverstanden werden wollen. Aber wenn wir an den wesentlichen sozialen Strukturierungen, die das Recht in der Gesellschaft bewirken kann, als Wissenschaft teilhaben wollen, dann sollten wir vielleicht doch ein bisschen mehr das Augenmerk darauf legen, wo gewichtige Realprobleme bestehen. Die kann man auch theoretisieren und mit wissenschaftlichem Handwerkszeug erforschen. Und ich habe den Eindruck, dass die Dosierung unserer Energien dort nicht immer in die richtige Richtung geleitet worden ist.

Franz Merli: Dankeschön. Herr Nassehi, eine kurze Bemerkung zur ersten Runde?

Armin Nassehi: Ich mache gerne eine kurze Bemerkung. Ich nehme auch die Diskussion jetzt auf. Was Sie jetzt gerade vorgeführt haben, wenn ich das so sagen darf, alle drei, das ist eigentlich eine Empirisierung dessen, was ich versucht habe, zu beschreiben. Sie versuchen sich gewissermaßen aus rechtlicher Perspektive einen Reim zu machen, brauchen aber am Ende Sätze, die nicht weiter befragbar sind. Es gibt einen Unterschied zwischen dem Tatsachenbegriff, dem rechtlichen Tatsachenbegriff wohlgemerkt, und einem Begriff von Erkenntnis. Und zwischen beiden gibt es keine Brücke. Es gibt keine Brücke insofern, als das Problem immer nur pragmatisch gelöst werden kann. Was wir derzeit erleben, das ist all das, was Sie gerade gesagt haben, Herr Gärditz, Sie haben vollkommen recht mit dem, was Sie sagen, aber sie müssen irgendwann auch, um zu Entscheidungen zu kommen, diese Beobachtung stoppen. Und zurzeit ist sie vollkommen sichtbar. Wir erleben eine Gesellschaft, die ihre Strukturen einer Öffentlichkeit sichtbar macht, und dadurch funktionieren sie nicht mehr. Wie oft geben wir uns denn nicht zufrieden mit Tatsachen, die als Tatsachen deshalb gelten, weil sie innerhalb eines Verfahrens nicht weiter befragt werden, damit man sie entsprechend verwenden kann? Das ist ja eigentlich der tiefere Sinn von Verfahren, irgendwann eine Entscheidung treffen zu müssen, die dann einfach gilt, nicht weil sie die beste Entscheidung ist, sondern weil sie gilt. Und all das wird jetzt in der Krise quasi außer Kraft gesetzt.

Wenn ich noch eine kurze Bemerkung zu dem Problem der Gleichheit machen darf: Frau Lübbe-Wolff, Sie haben völlig recht, dass die Frage der ungleichen Behandlung eine sehr stark kulturell öffentlich aufgeladene Frage ist, was viel mit kulturellen Veränderungen in den letzten Jahrzehnten zu tun hat, überhaupt so etwas wie den Grundsatz, Ungleiches ungleich zu behandeln, eigentlich für unplausibel hält auf allen möglichen Gebieten der Gesellschaft. Das hat viel auch mit Experten-Klienten-Kontakt zu tun, mit Expertise im Hinblick auf Nichtexpertise und übrigens auch mit der Unterscheidung von Tatsachen und Erkenntnissen. Danke.

Franz Merli: Herzlichen Dank! Wir haben ja schon viel auf dem Tisch liegen, und wenn ich versuche, das ein bisschen zu vereinfachen, dann betrifft es ja sozusagen den Input und Output des Rechts. Also wie gehen wir mit der Wirklichkeit um? Wie ist die Rolle der Experten? Wie bewerten wir Unsicherheit und wie funktioniert diese Schnittstelle hier an der einen Seite? Wir haben z.B. am Vormittag darüber gesprochen, dass der österreichische Verfassungsgerichtshof jetzt auf einmal Begründungen und Dokumentationen für Verordnungen verlangt. Vorher war es so, dass sie nur gerechtfertigt werden mussten, wenn sie angefochten wurden. Jetzt reicht es, dass schon bei ihrer Erlassung keine Dokumentation da ist, um sie aufzuheben. Das ist z.B. eine Reaktion auf diese Unsicherheit. Und die zweite Geschichte ist: Wie ist es mit der Akzeptanz? Also dann, wenn wir aus dem rechtlichen Mechanismus wieder herauskommen. Da sind auch viele Dinge, die wir mit dem Recht allein nicht beeinflussen können. Und das wird uns jetzt deutlicher, wie wir überhaupt sehr viel über die Funktionsweise von Recht lernen, das auch sonst gilt, aber anhand dieser Pandemie viel deutlicher wird. Gut. Wir sind bei der ersten Publikumsrunde und gemeldet hat sich Frau Iliopoulos-Strangas. Julia, bitte. Du bist am Wort.

Julia Iliopoulos-Strangas: Danke schön. Ich bin froh wieder mit den deutschen Kollegen in Kontakt zu sein und möchte zu wirklich hervorragenden Referaten heute Morgen und Statements heute Nachmittag gratulieren. Allerdings, wenn ich den Titel der Tagung lese, „Staat und Gesellschaft in der Pandemie", muss ich offen hinzufügen, dass bei allen Referaten und Statements sowie bei den Diskussionen, die Frage der sozialen Grundrechte zu kurz gekommen ist. An sich hat die Pandemie als solche fatale Auswirkungen und führt zu weiteren Ungleichheiten im Sozialbereich. Daher denke ich, dass es wichtig ist, uns als Verfassungsrechtler daran zu erinnern, dass die Funktion der Grundrechte nicht nur die Abwehrfunktion ist, welche verfahrensrechtliche und inhaltliche Grenzen für Eingriffe des Staates setzt, und heute fast ausschließlicher Gegenstand unserer Diskussionen war. Mir fehlt es, etwas zu hören über die Verpflichtung des Staates, schon jetzt während der Pandemie für die Funktion der Grundrechte als Leistungsrechte etwas zu tun, und dies nicht nur für die Wirtschaft. Natürlich ist die Wirtschaft wichtig, weil davon das ganze Leben abhängt, und das will ich nicht bezweifeln. In diesem Zusammenhang möchte ich aber auch die Judikatur des Bundesverfassungsgerichts zur Sozialstaatsklausel des Grundgesetzes hervorheben und insbesondere auf die EGMR-Rechtsprechung verweisen, die bekanntlich aus den klassischen Abwehrrechten der EMRK konkrete positive Verpflichtungen sozialer Natur für den Staat abgeleitet hat. Und das ist für mich wichtig, dass wir uns jetzt damit beschäftigen und unterstreichen, es geht nicht nur um die Grenzen des staatlichen Eingriffs, sondern auch um die verfassungsrechtliche Verpflichtung des Staates, während und nach der Pandemie denjenigen, die in Not sind, zu helfen. Ich danke Ihnen. Schönen Gruß aus Luxemburg nach Wien.

Franz Merli: Dankeschön. Ich sehe, dass niemand mehr auf der Liste der Diskutanten ist. Das ist in meiner Gegenwart bei den Staatsrechtslehrern noch nie passiert. Deswegen bin ich ganz überrascht.

Wenn ich vielleicht eine Frage stellen kann, bevor sich andere melden, dann möchte ich gerne noch ein bisschen auf diese Akzeptanz eingehen. Das eine ist die Empirie. Wie gehen wir damit um? Das andere ist, wenn wir dann daraus etwas machen, mit den rechtlichen Möglichkeiten, die wir haben: Wie funktioniert das dann? Es ist für uns sehr deutlich geworden, habe ich den Eindruck, dass das reine Command and Control nicht funktioniert und vielleicht hier noch weniger funktioniert als sonst, aus verschiedenen Gründen, über die man nachdenken könnte.

Auffallend ist auch die Kommunikation über Recht. Was uns deutlich geworden ist, ist, dass wir unsere Kenntnis des Rechts als normale Bürgerinnen und Bürger ja nicht aus dem Gesetzblatt beziehen, sondern aus öffentlichen Verlautbarungen. Und das führt dazu, dass dann oft ganz anderes verlautbart wird, als tatsächlich gilt. Diese Erfahrungen haben wir in Österreich gemacht: Dass das, was verbindlich ist, verbunden wird mit sehr vielen Appellen oder Empfehlungen, die man dann sehr schwer von den Geboten auseinanderhalten kann. Das ist eine Geschichte, die uns zeigt, dass das reine Anschaffen nichts hilft; wie wird uns hier klarer. Vielleicht können wir das auch noch in die Analyse einbeziehen. Ja, jetzt habe ich eine Wortmeldung von Herrn Classen.

Claus Dieter Classen: Vielen Dank. Ich möchte eine Bemerkung machen im Anschluss an den Punkt, den Herr Heinig angesprochen hat. Was machen wir, wenn die Tatsachen nicht vernünftig festgestellt werden? In den vielen Fällen, in denen es um Normenkontrollen ging, war ja immerhin die jeweilige Landesregierung am Verfahren beteiligt. Da können natürlich die Richter eine konkrete Norm schlecht einfach deshalb für nichtig erklären, weil die Risiken nicht ausreichend untersucht worden sind. Das Problem ist aber doch auch aus verfassungsrechtlichen Verfahren bekannt. Man kann dann sagen: Okay, wir sehen, dass im Moment die Tatsachenfeststellung schwierig ist, und deswegen akzeptieren wir eine Norm für die nächsten vier Wochen. Wir weisen aber auch darauf hin, dass an bestimmten Punkten in tatsächlicher Hinsicht Nachbesserungsbedarf besteht. Und deswegen erwarten wir, wenn wir das nächste Mal mit einer ähnlichen Frage konfrontiert werden, dass da entsprechend nachgebessert wird. Das wird zwar wahrscheinlich nur in der Hälfte der Fälle funktionieren, aber das wäre jedenfalls eine Möglichkeit, wie man prozessual mit so etwas umgehen kann. Darauf wollte ich kurz hinweisen. Ich gebe allerdings zu, dass das, soweit ich weiß, nie je in dieser Form thematisiert wurde – obwohl ich ja sogar nebenbei am OVG Mecklenburg-Vorpommern tätig bin, sogar dem Senat angehöre, der Corona-Eilentscheidungen macht, an denen ich allerdings nicht beteiligt war, weil ich prinzipiell nicht an Eilverfahren mitwirke. Aber man hätte vielleicht doch hoffen können, dass jemand einmal einen Versuch macht. Jetzt ist es wohl wahrscheinlich auch ein bisschen spät dafür, weil jetzt allmählich doch eine Perspektive besteht, dass das Ganze aufhört. Vielen Dank.

Franz Merli: Vielen Dank. Ich darf vielleicht sagen, dass der Österreichische Verfassungsgerichtshof das genauso gemacht hat. Er hat gesagt, zu dieser Verordnung gibt es keine Dokumentation der Fakten, Grundlagen und Abwägungsentscheidung, die da getroffen wurde. Und allein, weil die Dokumentation fehlt, hat er die Verordnung aufgehoben. Das ist uns vielleicht vertraut von Planungsakten, da verlangen wir auch mehr Dokumentation.

Claus Dieter Classen: Und was war dann? War 24 Stunden später alles offen in Österreich?

Franz Merli: Naja, diese Aufhebung tritt bei uns nicht sofort in Kraft, sondern da gibt es eine Frist. Und in der Frist kann natürlich eine neue Verordnung mit der richtigen Begründung erlassen werden. Zum anderen hat es oft Verordnungen betroffen, die schon wieder überholt waren durch neuere. Also, das faktische Problem war nicht so groß, aber interessant ist der Zugang dazu: „Wenn ihr nichts Dokumentiertes vorlegt, dann schauen wir uns das gleich gar nicht an, sondern heben es auf." Es ist irgendwie ein Versuch des Gerichts, mit dieser schwer bewältigbaren Empirie umzugehen, indem man die Last verschiebt. Inzwischen habe ich drei Wortmeldungen. Herr Schulze-Fielitz, Sie sind der Nächste.

Helmuth Schulze-Fielitz: Mich hat auch heute Vormittag die Kritik von Herrn Murswiek beeindruckt, wie Frau Lübbe-Wolff, weshalb es an bestimmten Kenntnissen über Zusammenhänge empirischer Art fehlt und dass es da kein Interesse gegeben habe. Meine Frage ist, da ich nicht davon ausgehe, dass es ein bewusstes Nichtwissenwollen ist: Warum ist das so? Könnte es nicht sein, dass das ein Anwendungsfall dessen ist, was Herr Nassehi zu Beginn gesagt hat, dass man nur Probleme bearbeiten kann, die man problematisieren kann? Anders gefragt: Ist nicht die Wissensgenerierung auf bestimmte Infrastrukturen angewiesen, die gar nicht da sind, um für all die Fragen, die Herr Murswiek beantwortet wissen will, das Wissen entsprechend zu generieren? Wenn wir überlegen, wie schwierig es ist, zum Beispiel die Information über die Zahl von Infektionen überhaupt halbwegs zeitgerecht an eine zentrale Einrichtung zu bringen – es geht nur um ein einziges Datum, die Zahl der Infizierten – und ich mir die Komplexität der sozialen Fragestellungen überlege, die hinter den Fragestellungen von Herrn Murswiek stehen, dann frage ich Herrn Nassehi: Ist eigentlich die Infrastruktur unseres Wissenschaftssystems (nicht bei der Ressortforschung, die kann das schon gar nicht, aber auch innerhalb der der Sozialwissenschaften an den Universitäten), ist die überhaupt dazu eingerichtet, in so kurzer Zeit so komplexe Fragen zu beantworten, die man haben müsste, um so rational zu handeln, wie das hier in den verschiedenen Diskussionsbeiträgen vom grundrechtseingreifenden Staat erwartet wird?

Franz Merli: Dankeschön. Die nächsten beiden sind Herr Hufen und Herr Lepsius. Herr Hufen, bitte.

Friedhelm Hufen: Ich habe eine Anmerkung zu Herrn Gärditz. Sie haben natürlich völlig recht: Wir Verfassungsrechtler sind nicht der Nabel der Welt. Aber wir dürfen auch nicht zu bescheiden sein. Wir erleben nämlich im Moment, dass andere der Nabel der Welt sind. Genauer: Wir erleben ein großes Übergewicht der Virologen und Intensivmediziner, die die Diskussion um Freiheitseinschränkungen ziemlich deutlich beherrschen, und zwar nicht nur die Diskussion, sondern auch den Zugang zu den praktischen Entscheidungsträgern. Das ist eine fachliche Einseitigkeit, die sich auch in den Regelungen niederschlägt. Andere als medizinische Belange werden dabei ausgeblendet und der Auftrag zur praktischen Konkordanz unterschiedlicher Rechte und Verfassungsgüter wird verfehlt. So wird in vielen Kreisen so gut wie nicht mehr über die Kollateralschäden diskutiert. Typisches Beispiel ist das Notbremsengesetz, das jetzt auf uns zukommt. Deshalb müssen Ethik und Verfassungsrecht stärker zum Zuge kommen, und wir sind ja dankenswerterweise interdisziplinär aufgestellt. Wir haben viele interdisziplinäre Argumente gehört und der Einwand von Herrn Murswiek, was die Tatsachen angeht, ist sehr wichtig. Herr Schulze-Fielitz hat natürlich recht. Wir können nicht alles erfahren. Aber wir erfahren weniger als wir könnten. Deshalb müssen wir die unterschiedlichen Belange in die Diskussion einbringen. Und das hat nichts mit Nabel der Welt zu tun, sondern es ist die genuine Funktion des Staatsrechts. Im Übrigen weist Frau Iliopoulos-Strangas, die ich herzlich grüße, zu Recht darauf hin, dass die Corona-Pandemie erhebliche soziale Ungleichheiten verstärkt und zu fortwirkenden Grundrechtseingriffen führt, die uns wahrscheinlich noch alle lange beschäftigen werden. Und insofern glaube ich, dass wir als Verfassungsrechtler eine wichtige Funktion in diesem Konzert der Meinungen haben.

Franz Merli: Vielen Dank! Jetzt haben wir Herrn Lepsius und dann Herrn Rixen und dann, würde ich vorschlagen, machen wir eine Zwischenrunde auf dem Podium.

Oliver Lepsius: Wir haben schon ein Problem, dass Gerichte zu zurückhaltend entscheiden. Zugleich vertrauen wir als Rechtswissenschaftler darauf, dass Recht in den politischen Instanzen dadurch wirkt, dass Gerichte die politischen Instanzen zwingen, es zu befolgen. Wenn dieser Wirkmechanismus aber schwächelt, und es gibt ja Anzeichen dafür, dann stellt sich für uns die Frage: Was machen wir, wenn die Erfahrung zeigt, dass die Erste und die Zweite Gewalt sich an Recht halten, wenn sie durch Gerichte dazu gezwungen werden? Das ist die Erfahrung des letzten Jahres. Und warum sollte das anders sein? Dann stellt sich für uns als Wissenschaftler aber jetzt die Frage: Was können wir als Rechtswissenschaftler gewissermaßen kompensierend für den teilweisen Kontrollausfall durch die Verwaltungsgerichte tun? Ich meine das gegenüber den Verwaltungsgerichten jetzt gar nicht negativ. Sie entscheiden im Eilrechtsschutz, und im Eilrechtsschutz gilt eben der Maßstab – wenn ich das nur für Deutschland sagen darf – des § 47 Abs. 6 VwGO. Wir landen dann bei den Erfolgsaussichten der Hauptsache. Selbst wenn diese von den OVGs sogar positiv prognostiziert wurden, führte das aber in der Regel nicht zum Erfolg im Eilrechtsschutz, weil in der anschließenden Folgenabwägung die Gesundheit alles andere übertraf. Diese Folgenabwägung ist meines Erachtens nicht unbedingt eine Frage der fehlenden Tatsachendimensionen, sondern es ist eine Frage, die sich auch im Kontrollmaßstab dieses verwaltungsprozessualen Rechtsschutzes abspielt. Deswegen liegt das Dilemma auch in dem Umstand, dass Verwaltungsgerichte zuständig sind und, das muss ich dann schon mal sagen, deren Erfahrung mit Verfassungsrecht begrenzt ist. Der Kontrollmaßstab, der zu § 47 VwGO entwickelt wurde, beruht auf der institutionellen Erfahrung mit Bebauungsplänen oder Kampfhunde-Satzungen. Grundrechtsabwägungen wurden bei § 47 VwGO selten gemacht. Woher sollten die Gerichte das jetzt können? In NRW gibt es die Normenkontrolle gegenüber Verordnungen überhaupt erst seit 2019. Normenkontrollen von generell-abstrakten Normen zählen zur genuinen Aufgabe der Verfassungsgerichte. Und wir sehen ja dann im Kontrast, dass der österreichische Verfassungsgerichtshof anders an die Fragen rangeht als deutsche Verwaltungsgerichte. Folglich stellt sich die Frage, was wir machen sollen, um die Bindung des Rechts in der Ersten und Zweiten Gewalt zu erhöhen. Das ist doch die interessante Frage. Was bleibt dann als sich jetzt auch in den Medien ein bisschen hinauszuwagen – es ist gar nicht leicht, da überhaupt zu Wort zu kommen, denn es sind kaum Juristen in der Öffentlichkeit wahrgenommen worden und wir hatten als Juristen erhebliche Schwierigkeiten, überhaupt zu Wort zu kommen. Diejenigen, die das taten, sind dann aber tendenziell von den Fachkollegen für dieses Engagement, die Bindung der Ersten und Zweiten Gewalt sicherzustellen, auch noch getadelt worden. Meine Frage, die sich jetzt an das Fach richtet, ist dann, was machen wir denn bitteschön mit der Bindung an die Grundrechte und das Verfassungsrecht, wenn die Erste und Zweite Gewalt durch die Dritte dazu nicht gezwungen werden? Und darauf müssen gerade die Kollegen mal eine Antwort geben, die hier immer meinen, es sei alles normal und der Rechtsstaat funktioniere, weil irgendwo irgendwann ein Gericht mal irgendwas entscheidet und vielleicht in der Hauptsache auch erst im Jahr 2023. Dazu würde mich die Einschätzung des Podiums interessieren.

Franz Merli: Herr Rixen, Sie sind dran.

Stephan Rixen: Vielen Dank. Meine Fragen beziehen sich auch auf den Problembereich der Wissensgewinnung. Erste Frage: Wie geht man damit um – wie kann man das verfassungsrechtlich überhaupt greifen, etwa unter dem Aspekt der Verhältnismäßigkeit –, dass Wissen, das eigentlich verfügbar ist, nicht gewonnen wird? Wir hatten ja vor einigen Monaten eine interessante Intervention des früheren Direktors des Max-Planck-Instituts für Gesellschaftsforschung, Wolfgang Streeck, der in der FAZ zu Recht gefragt hat: Warum sind eigentlich nicht die Ressourcen der empirischen Sozialforschung genutzt worden? Da wäre offenbar vieles möglich gewesen, etwa bei der Ermittlung von Infektionsverläufen oder um ein klareres Bild von der psychologischen Belastung der Menschen zu gewinnen. Ich kann natürlich nicht einschätzen, ob das soziologisch zutrifft, aber es hat mich erst einmal nachdenklich gemacht. Er moniert letztlich, dass die Potentiale der empirischen Sozialforschung nicht abgerufen wurden. Die Frage ist: Lässt sich das Nichteinholen verfügbaren Wissens und vielleicht auch das Nichtwissenwollen verfassungsrechtlich sanktionieren? Die zweite Frage: Ich frage mich schon, ob wir in der verfassungsrechtlichen Diskussion mit der Pluralität auch des naturwissenschaftlichen Wissens hinreichend sensibel umgehen und ob wir die Vermischung der Rollen hinreichend differenziert reflektieren, die sich nicht zuletzt auch bei naturwissenschaftlichen Expertinnen und Experten beobachten lässt. Also: Geht es z.B. bei virologischem Wissen tatsächlich immer nur um virologisches Wissen? Wo handelt es sich um unstreitige, „harte" virologische Aussagen? Wo haben wir Aussagen, die vielleicht auch innerhalb der Virologie durchaus diskussionswürdig sind? Und wo kippt sozusagen die Rolle des Virologen, der Virologin in die des Bürgers bzw. der Bürgerin, der bzw. die mit dem Nimbus des Experten bzw. der Expertin politische Ansichten vertritt? Sind wir also fähig, mit der Pluralität des Wissens – auch da, wo es eben gerade nicht mehr lupenreines naturwissenschaftliches Wissen ist – umzugehen?

Franz Merli: Dankeschön. Ich glaube, es ist Zeit für eine Zwischenrunde. Wir beginnen in umgekehrter Reihenfolge. Das heißt, Herr Nassehi, Sie sind der Erste.

Armin Nassehi: Ja, sehr gerne. Herr Schulze-Fielitz, Sie hatten danach gefragt, ob die Infrastruktur des Wissenschaftssystems eigentlich ausreicht, um an das angemessene Wissen zu kommen, das man haben sollte. Herr Hufen, Sie haben gesagt, wir erfahren weniger als wir könnten. Das stimmt, wir erfahren in der Tat weniger, als wir könnten. Aber das gilt natürlich immer. Ich glaube nicht, dass es ein reines Infrastrukturproblem ist, sondern dass es auch ein epistemologisches Problem ist. Das epistemologische Problem kann man ja sehr schön daran beobachten, dass es noch nicht mal den Naturwissenschaften gelingt – es wurde gerade von jemandem gesagt, ich weiß nicht mehr, wer es erwähnt hat – überhaupt die Infektionszahlen wirklich eindeutig zu bestimmen. Und zwar nicht, weil man zu wenige Daten hat, sondern weil man Daten hat; weil man Daten hat, die auf sehr kontingente Weise zustande kommen und die Kontingenz des Zustandekommens dieser Daten letztlich wissenschaftlich schwer zu kontrollieren ist, weil es sich eben nicht um experimentelle Wissenschaft handelt, sondern man muss gewissermaßen die Daten nehmen, die die Gesellschaft einem gibt und sie gibt sie durch die eigenen Routinen. Wir haben ja breit diskutiert über die Frage, warum das in Deutschland so lange dauert, bis die Dinge kommen. Ich habe letztens eine Diskussion mit dem Leiter der israelischen Kampagne, der gesamten Covidfrage gehabt. Dort war es leichter, an Daten zu kommen, weil es andere Formen von Datensätzen gibt und eine digitale Infrastruktur, die darauf vorbereitet ist, in einem Land, das sozusagen vielleicht auch öfter mal damit beschäftigt ist, wie soll man sagen, kollektive Krisen dann auch bewältigen zu können. Also, es ist keineswegs so, dass es überhaupt kein sozialwissenschaftliches Wissen etwa über Kollateralschäden gäbe. Es gibt eine ganze Menge davon. Ich führe selbst ein Kolloquium jede Woche durch mit Jutta Allmendinger zusammen, indem wir sammeln, was es von den Sozialwissenschaften dazu gibt. Das ist unglaublich viel. Die spannende Frage ist, wird es abgerufen oder wird es nicht abgerufen? Also ich meine, ich sage das jetzt mal persönlich, ich warte selten darauf, ob ich abgerufen werde, sondern man muss auch etwas dafür tun, dass die Dinge gehört werden. Ich sitze in einigen Gremien, von denen ich jetzt nicht behaupten würde, dass ich sie irgendwie beeinflussen kann oder so, wie ich das möchte. Aber es ist durchaus möglich, dieses Wissen auch an den Mann und an die Frau zu bringen und durchaus in die Diskussion zu bringen.

Wenn Sie mir ein Beispiel erlauben: Allein die Tatsache, darüber nachzudenken, dass die Regulierung des Angemessenen, der angemessenen Abstandsregeln und des Verwendens einer Maske einfacher ist, als davon auszugehen, dass die Aufmerksamkeitsspanne bei Menschen in bestimmten Situationen, dort, wo die Dinge nicht eindeutig organisiert sind, genauso stark ist, wo es nicht so organisiert ist. Für uns Soziologen ist das eigentlich eine Banalität. Es gibt viele Forschungsfelder, in denen wir das wirklich genau zeigen können, dass das nicht funktioniert. Aber die Regeln, die daraus entstehen, gehen davon aus, dass Regel gleich Regelbefolgung ist. Das ist etwas, was Ihnen als Juristen jetzt nicht so ganz fremd ist. Also dieses Wissen, das wird tatsächlich distribuiert in der Gesellschaft. Aber die Selbstbeobachtung der Krise läuft fast nur virologisch.

Zum Virologischen vielleicht noch den Hinweis, dass das Virologische zurzeit ja gar nicht das Allerwichtigste ist, sondern das Epidemiologische und das Epidemiologische hat auch wiederum das gleiche Problem, dass man es nur mit den verfügbaren Daten zu tun hat. Ich habe in der letzten Zeit mit Viola Priesemann zusammengearbeitet, die ja noch nicht mal eine Epidemiologin ist, sondern eine Physikerin, deren Modelle spannenderweise sehr oft tatsächlich im Nachhinein dann funktioniert haben. Und ich habe selbst eine ganze Menge darüber gelernt, was es eigentlich bedeutet, mit Daten umzugehen, die man von dem einen Fall auf den anderen überträgt.

Könnte man das mit einer besseren Infrastruktur besser machen? Ich bin selbst Mitglied der ersten Leopoldina-Kommission, der interdisziplinären, gewesen im letzten Jahr, in der man das versucht hat und dann wird man an die Grenzen dessen stoßen, was dieses Wissen eigentlich ist. Ich sage es jetzt mal böse: Das ist eigentlich das Honoratiorenwissen älterer Leute gewesen, die früher eine wissenschaftliche Karriere gemacht haben – also, ich gehöre dazu; ich bin jetzt auch schon 61 – es ist sozusagen nicht Forschung gewesen. Würde man auf Forschung setzen, bräuchte man sehr lange. Wir setzen hier in München gerade einen Covid-Monitor für die Altenpflege auf und werden mit einem Wissen etwa frühestens im September auf den wissenschaftlichen Markt und den politischen Markt gehen können, wenn wir Erkenntnisse darüber haben, was denn eigentlich die Folgen der Impfkampagne in den Altenheimen gewesen sein wird. Im Futur II kann man da eigentlich nur leben. Und das Verrückte ist daran, dass diese Datenauswertung unglaublich lange dauert und richtig Forschung erfordert. Das ist vielleicht auch ein Selbstmissverständnis von Wissenschaftlern, dass wir manchmal denken, dass wir es schon wissen, weil wir schon mal etwas gewusst haben. Aber das ist nicht der Fall. Wir müssen Forschung machen, um zu gucken, wie das geht. Und Forschung dauert länger als es die Geschwindigkeitsformen anderer Funktionssysteme der Gesellschaft erwarten. Sowohl das Rechtssystem als auch das politische System müssen schnell entscheiden. Wir können nur langsam forschen.

Franz Merli: Danke! Herr Gärditz.

Klaus Gärditz: Vielen Dank. Ich fange einmal an mit der Frage der Wissensgenerierung. Warum war das Wissen nicht vorhanden, Herr Schulze-Fielitz? Ich würde es einmal umdrehen: Ich würde eher sagen, ich war überrascht, wie viel Wissen eigentlich abrufbar war, und zwar in relativ kurzer Zeit. Und wenn man sich ansieht, auf welche Erkenntnisse wir momentan die verschiedenen Pandemie-Reaktionen stützen, dann verdanken wir das im Wesentlichen naturwissenschaftlichen Orchideen-Fächern im Bereich der Grundlagenforschung an Universitäten. Spektakulär hat ein Mainzer Unternehmen einen Messenger-RNA-Impfstoff entwickelt. Überhaupt auf die Idee zu kommen, dass man mRNA einsetzen könnte, damit der Körper selbst ein Antigen produziert, entstammt ursprünglich überhaupt nicht der Medizin. Das haben biologische Grundlagenforscher gemacht, und zwar in einem Bereich, für den sich anfangs niemand interessiert hat, weil das nicht anwendungsbezogen war. Genauso unser Wissen, das wir jetzt über Corona-Viren haben: Das waren im Bereich der Mikrobiologie eher exotische Fächer. Hätte man die Forschungspolitik gefragt, dann wären diese Fächer wahrscheinlich „verhungert", weil man gar nicht den Blick für ihr Potential gehabt hätte. Das Nutzenkalkül, was immer in der Politik an den Wert von Wissenschaft angelegt wird, ist ein ganz anderes. Ja, das sind dann die Batterie-Fabriken für den Wahlkreis oder diejenige Forschung, bei der dann am Stammtisch gesagt werden kann, dass uns das jetzt sofort bei irgendeiner Aufgabe helfe. Mit üblicher Forschungspolitik und wie diese sich Wissenschaft vorstellt, stünden wir noch ganz am Anfang und könnten wohl überhaupt nicht reagieren. Insoweit ist das, was wir momentan gegen die Pandemie tun können, im Wesentlichen ein Produkt freier (universitärer) Grundlagenforschung, auf der dann anwendungsorientierte Forschung aufbauen konnte und kann. Wenn man sich ansieht, wie lang biomedizinische Forschung üblicherweise dauert, welche unglaublichen Datenmengen man braucht, wie z.B. klinische Prüfungen angelegt sind, wenn es um Arzneimittel geht, dann sind wir derzeit extrem schnell. Also schlicht zu fragen, warum das Wissen nicht vorhanden war, würde ich als schief bewerten. Ich hätte nie gedacht, dass wir so schnell Wissen anwendungsbezogen generieren können.

Ich wollte schließlich noch etwas zu Oliver Lepsius sagen. Das erschien mir jetzt eine sehr wichtige Frage: Was können wir machen, wenn die Dritte Gewalt schwächelt? Oliver, ich bin ganz mit Dir einer Meinung, dass wir die Dritte Gewalt brauchen, damit die Erste und die Zweite Gewalt die Beachtung des Rechts hinreichend verlässlich ernst nehmen. Du hast angesprochen, dass die Maßstäbe im Rahmen des § 47 Abs. 6 VwGO (Analoges würde bei § 80 Abs. 5 VwGO gegenüber Einzelmaßnahmen auch gelten) extrem schwach sind und eine wirksame Kontrolle von Abwägungen, jedenfalls wenn plausible Gründe vorliegen, nicht sonderlich intensiv ist. Da darf ich einmal den Ball zurückspielen: Das ist ein Produkt auch dieser Staatsrechtslehre, die sich über Jahrzehnte ständig über die zu große Prüfungsintensität der Verwaltungsgerichte aufgeregt hat; die die verfassungsgerichtliche Kontrolldichte bei Prognosen und Abwägung kritisiert hat, weil sie – aus plausiblen Gründen – argumentierte, dass sie der politischen Gesetzgebung zu wenig Spielraum lasse. Und jetzt haben wir Maßstäbe, die hier angewendet werden, die in der Pandemie nicht anders sind als sonst im Verfassungsrecht. Wer an einem Verwaltungsgericht Versammlungsrecht macht, hat im Übrigen fast nur mit Verfassungsrecht zu tun. Aber das sind die Maßstäbe, die wir bekommen haben als Ergebnis eines Diskurses, der in den letzten 20 Jahren zunehmend justizskeptischer wurde. Hätte man also auf die Staatsrechtslehre gehört, dann stünden wir eben genau dort, wo wir heute stehen. Was können wir dann machen? Das war Deine Frage, die finde ich berechtigt. Man sollte sich Gedanken machen, ob und ggf. wie wir die gerichtliche Kontrolle wieder ein Stück hochfahren und Standards entwickeln, die möglicherweise das bestehende Ungleichgewicht bei der Abwägungskontrolle etwas besser austarieren. Unsere Verwaltungsgerichte sind im Übrigen aber im internationalen Vergleich immer noch recht gut aufgestellt.

Das bedeutet dann auch, dass natürlich, Herr Hufen, die Staatsrechtslehre eine wichtige Funktion hat. Wir waren ja auch extrem erfolgreich. Die Popularisierung der Verhältnismäßigkeit etwa ist natürlich ein ganz großer Erfolg. Auch die Präsenz unserer Erwägungen in der Politik ist ja nicht zu bestreiten. Das soll auch so sein, aber manchmal, glaube ich, sind unsere Erwartungen sehr hochgesteckt und das, was andere Disziplinen zur Problemlösung beizutragen haben, wird manchmal zu Unrecht zu niedrig gehängt und belächelt. Vielleicht lernen wir daraus, künftig ein bisschen bescheidener zu sein.

Franz Merli: Dankeschön! Herr Heinig.

Hans Michael Heinig: Ich frage mich, ob wir nicht doch eine gewisse Sehnsucht nach Überkonstitutionalisierung der Pandemiepolitik den ganzen Tag über pflegen. Also, wenn ich mir das ganze Thema Wissen anschaue, das gerade aufgeworfen wurde: Betreiben wir nicht genau die „Epistemisierung des Politischen", vor der ich in meinem Eingangsstatement gewarnt habe? Es gibt doch Studien zum Infektionsgeschehen in der Schule, mit unterschiedlicher Akzentsetzung. Und das Infektionsgeschehen ist insgesamt diffus und dynamisch. Schlüsse aus Studien von gestern können morgen schon in die Irre führen. Damit muss man umgehen. Wir können politischen Fragen, Wertkonflikten nicht durch Verweis auf empirisches Wissen ausweichen. Ob man zum Beispiel staatlicherseits eine No-Covid-Strategie durchführt, Herdenimmunität anstrebt oder sich mit muddling through begnügt, orientiert an den Kapazitäten der Intensivbetten, ist im Kern keine verfassungsrechtliche Frage. Ich bin skeptisch, wenn man solche Fragen grundrechtlich steuern will, mit Instrumenten der Abwehrrechte oder der Schutzpflichten. Debattieren wir grundrechtszentriert und rechtsschutzorientiert, kommt das Regelungs- und Steuerungspotenzial des Staatsorganisationsrechts zu kurz: Die Ebenenverflechtung, die demokratische Verantwortlichkeit gar nicht mehr adressierbar macht. Die qualitätssichernden Instrumente des Parlamentarismus – auch im Vergleich mit der Leistungsfähigkeit informeller exekutiv-föderaler Koordination. Hier kennt das Verfassungsrecht Instrumente, um mit Augenmaß Einfluss zu nehmen auf das Pandemiemanagement.

Franz Merli: Danke! Frau Lübbe-Wolff.

Gertrude Lübbe Wolff: Wir kommen ja ganz am Schluss nochmal dran, nehme ich an? Dann verzichte ich.

Franz Merli: Vielen Dank. Dann machen wir weiter mit der Liste. Ich habe jetzt Franz Reimer auf der Liste, dann Herrn Wegener, Herrn Kotzur und Herrn Mahlmann.

Franz Reimer: Ich möchte mich nur kurz gegen die Bemerkung von Herrn Lepsius verwehren, der, ich denke: nicht nur metaphorisch, gesagt hat, die Erste und die Zweite Gewalt hielten sich nur dort an das Recht, wo sie von der Dritten Gewalt dazu gezwungen würden. Ich glaube, die von Ihnen, Herr Gärditz, vorgeschlagene wohlwollende Lesart steht uns nicht offen. Ich halte die These für keine Erfahrung, sondern für eine Diffamierung. Mich wundert sie, da wir doch alle auch Angehörige der zweiten Gewalt sind. Und ich denke, dem Ernst der Probleme, die wir hier miteinander verhandeln, ist sie nicht angemessen.

Franz Merli: Herr Wegener.

Bernhard Wegener: Das passt gut. Ich wollte mich auch gegen Oliver Lepsius' Thesen aussprechen und mich Klaus Gärditz anschließen. Klaus Gärditz hat am Anfang gesagt, wir bräuchten ein Stück mehr Demut der Staatsrechtslehre. Und das ist auch meine vorherrschende Empfindung gewesen in der ganzen Debatte, anders als Hans Michael Heinig das eben gesagt hat. Mich haben insbesondere die Diskussionen um die staatsorganisationsrechtlichen oder gewaltenteilenden Großkategorien „Parlamentsvorbehalt" und ähnliches eher gestört und oft peinlich berührt. Wenn hier ganz am Anfang schon im ersten halben Jahr der Pandemie der Verwaltung vorgeworfen wurde, sie würde den Parlamentsvorbehalt missachten oder dem Parlament vorgeworfen wurde, es würde sich nicht genügend engagieren und einmischen, und wenn dann Vergleiche gezogen wurden mit der Weimarer Republik, dem Weimarer Reichspräsidenten und dem Notverordnungsregime, dann schien mir das eine allzu große Hochzonung, geradezu ein Hinterherhecheln hinter dem eigenen staatsrechtlichen Bedeutungsverlust. Mit solchen Kategorien und auch mit manchen grundrechtlichen Fragen – da sind wir uns wieder einig, Michael – kommt man nicht wirklich weiter. Man muss hier im Einzelnen viel, viel genauer schauen, wo hier eigentlich die Probleme liegen.

Auch in Oliver Lepsius' Philippika eben klang das ja wieder so, als würden die Erste und die Zweite Gewalt sich in keiner Weise an Verfassung und Recht halten, so als würden sie permanente Rechtsverletzungen begehen. Daraus resultiert dann dieser pauschale Vorwurf, die ganze Pandemiebekämpfung oder zumindest größere Teile der in ihrem Zusammenhang getroffenen Maßnahmen seien im Grunde verfassungswidrig. Ich kann das in keiner Weise erkennen. Natürlich sind Fehler gemacht worden, natürlich gibt es einzelne Rechtsverstöße. Aber dass das ganze Pandemiebekämpfungsprogramm, auch nur annähernd in diese Ecke gestellt werden könnte, das kann ich nicht erkennen. Und das sollte man auch als Staatsrechtslehrer nicht postulieren, denn damit füttert man natürlich Verschwörungstheorien und Verschwörungstheoretiker. Wenn sich Aluhüte auf Staatsrechtslehrer berufen, dann ist das sicherlich meist eine ungerechte Vereinnahmung. Aber man muss trotzdem doch aufpassen, ob man mit seinen verfassungsrechtlichen Großkategorien nicht mit Kanonen auf kleine Fehler schießt. Das war mein vorherrschender Eindruck in der Debatte. Also mehr Demut der Staatsrechtslehrer. Vielen Dank.

Franz Merli: Danke! Markus Kotzur.

Markus Kotzur: Ganz herzlichen Dank! Ich würde gerne einen Faktor ansprechen, den Herr Nassehi auch angedeutet hat, nämlich den Zeitfaktor. Wir haben sehr ausführlich darüber diskutiert, welche Wissensgrundlagen es zu ermitteln gilt, um unsicheres Wissen zu beseitigen und wissensbasierte Deliberationsprozesse zu ermöglichen. Das braucht Zeit. Ich glaube aber, dass ein Akteur, Herr Nassehi hat das angedeutet, sehr zeitgetrieben handelt. Das ist die Politik. Die Politik hat nicht dieselbe Zeit, jedenfalls glaubt sie, nicht dieselbe Zeit zu haben, wie die Wissenschaft. Ihre Entscheidungsprozesse müssen sehr viel schneller gehen. Sie sind getrieben von einem hohen öffentlichen Erwartungsdruck. Entscheidungen müssen unter Zeitdruck gefällt werden, Politik muss entschlossene Handlungsfähigkeit beweisen. Wir können gewiss theoretisch und abstrakt über die Wissensbasierung diskutieren, darüber, was Natur- und Sozialwissenschaften möglich machen, wie viele Wissensschätze wir letztlich heben können und heben sollten. Das ist ein legitimes Anliegen und eine ganz zentrale Aufgabe von Wissenschaft. Eine andere Frage aber ist, wie viel gesichertes Wissen die Politik in den Zeitkorridoren, die ihr zur Verfügung stehen, dann am Ende des Tages tatsächlich nutzbar machen kann. Wir haben schon heute Morgen darüber spekuliert, ob in jener denkwürdigen Runde von Kanzlerin und Ministerpräsidentinnen bzw. -präsidenten, hätten nur versierte Verfassungsrechtlerinnen und Verfassungsrechtler mit am Tisch gesessen, die unglückliche Osterruhe rasch *ad acta* gelegt worden wäre und es so weit nicht gekommen wäre. Ich halte das, offen gesprochen, für eine große Illusion, weil in jenen Dynamiken, die unter großem Zeitdruck Entscheidungen produzieren, die Expertinnen und Experten genauso getrieben reagieren wie die politischen Akteure: Es geht um viel, wir müssen endlich zu einer Entscheidung kommen, Handlungsfähigkeit beweisen, zur Not also Fünfe gerade sein lassen und *ex post* ein plausibles Rechtfertigungsinstrument finden. Als Verfassungsrechtlerinnen und Verfassungsrechtler sollten wir, Herr Wegener hat es ja schon angedeutet, uns diese spezifische Herausforderung der Politik klar machen und nicht glauben, wir könnten es notwendig besser. Das heißt nicht, dass wir Politik nicht kritisieren sollten, im Gegenteil, aber wir sollten, wenn wir sie kritisieren, deren spezifisches Getriebensein jedenfalls mit in Erwägung ziehen. Ganz herzlichen Dank.

Franz Merli: Dankeschön. Ich habe jetzt auf der Liste Herrn Mahlmann, Herrn Volkmann, Herrn Kirste und Herrn Hochhuth. Ich glaube, ich muss dann die Liste schließen, damit wir noch Zeit für Schlussstatements haben. Aber die vier kommen jetzt sicher noch dran. Herr Mahlmann, Sie sind der Erste. Bitteschön.

Matthias Mahlmann: Vielen Dank. Ich möchte kurz anschließen an eine Bemerkung von Herrn Nassehi am Anfang, nämlich, dass aus seiner Sicht unser Problem als Rechtswissenschaftler und -wissenschaftlerinnen sei, dass wir konsistente Rechtssysteme entwickeln, auch konsistente Rechtsbegriffe und diese in Anbetracht einer inkonsistenten Wirklichkeit irgendwie auch zur Anwendung bringen müssten. Ich frage mich, ob das unser Problem wirklich erfasst. Mir scheint, wenn man auf unsere Tagung heute schaut und die Diskussionen, die wir hier führen, dann geht es eher darum, dass wir versuchen, so etwas wie eine in einem bestimmten normativen Prinzipienraum sinnvoll angesiedelte Lösung in unserem kleinen Bereich für diese Grundprobleme, die zur Debatte stehen, hinzubekommen. Und ich frage mich deswegen, ob nicht auch eine Gesellschaftstheorie, die mich persönlich sehr interessiert, eine Gesellschaftstheorie des Rechts, sich nicht sehr viel mehr auch für eine Gesellschaftstheorie von normativen Prinzipien, sozusagen eine Soziologie normativer Prinzipien, interessieren sollte, gerade weil wir vielleicht aus soziologischer Sicht in aufschlussreicher Weise, aus politischer Sicht in vielleicht unerfreulicher Weise ganz unterschiedliche Zielsetzungen beobachten können, nicht nur zwischen Gesellschaften, sondern auch von verschiedenen gesellschaftlichen Kräften. Und dazu gehört zumindest für mich z.b. auch das alte, ehrwürdige Thema der Ideologiekritik, die ich für extrem wichtig für eine Gesellschaftstheorie normativer Prinzipien halte.

Franz Merli: Herr Volkmann, Sie sind an der Reihe.

Uwe Volkmann: Vielen Dank! Ich könnte jetzt auch zu vielem etwas sagen. Vielleicht zunächst zu Bernhard Wegener: Das ist, glaube ich, einfach eine Fehlwahrnehmung, die habe ich jetzt häufiger gelesen: dass irgendjemand gesagt hat aus dem Kreis der Verfassungsrechtler, das ist alles einfach komplett verfassungswidrig. Ich kenne niemanden, der das so gesagt hat, sondern es gibt immer nur Hinweise auf einzelne punktuelle Fehlentwicklungen. Die mangelnde Parlamentsbeteiligung ist ein solcher Problembereich, auf den man von Anfang an hingewiesen hat. Der Grundrechtsbereich ist ein anderer. Aber auch da gibt es niemanden, der gesagt hat, das ist alles hier völlig unmöglich, das geht gar nicht, sondern es gibt immer nur Stimmen, die gesagt haben, hier geht es zu weit, an dieser Stelle geht es zu weit und an jener Stelle geht es zu weit. Etwas anderes haben wir nie gesagt. Bei allem anderen, glaube ich, muss man aufpassen, dass man da keinen Pappkameraden aufbaut, auf dem dann eine Politik, die bestimmte Bindungen vielleicht lieber beiseiteschieben als sie einhalten will, letztlich aufsetzen kann.

Man muss aber auf der anderen Seite natürlich sehen, dass die Verfassungsrechtswissenschaft, so wie es ja einige andere hinsichtlich der anderen Wissenschaften angesprochen haben, auch in sich selbst gespalten ist. Also, die Spaltungen, die wir in der Gesellschaft haben, in der Wahrnehmung der Krise, in der Frage des Umgangs mit der Krise, diese Spaltungen finden wir genauso innerhalb der Verfassungsrechtswissenschaft. Ich habe dazu gerade auf einem kleinen Blogbeitrag über eine Episode berichtet, die ich hier gern nochmal wiedergebe. Ich habe mich mit einem Kollegen in Frankfurt auf dem Flur über die Krise und auch meine Kritik an verschiedenen Maßnahmen unterhalten, und als die Diskussion dann schnell etwas hitziger wurde, sagte der mir: „Wenn erst einmal die Krankenhäuser volllaufen, interessiert Deine Verfassung sowieso niemanden mehr". Und das kennt man genauso woanders. Meine Frau ist Verwaltungsrichterin, wenn die mir von den Debatten dort erzählt, dann gibt es die, die sagen, wir haben bestimmte rechtliche Standards, die wollen wir einbringen. Und dann gibt es die andere Fraktion, die sagt, es geht ums Leben, es geht um die Gesundheit, da zählen die alle nicht mehr. Und das ist vielleicht erst einmal die Grundfrage, die wir klären müssen: Sind wir bereit, das Verfassungsargument zumindest punktuell stark zu machen? Und ich glaube, es ist auch eine Leistung von kritischer Verfassungsrechtswissenschaft in Deutschland, dass sie das auch in dieser Lage geschafft hat. Das wird deutlich, wenn wir das mit anderen Ländern vergleichen wie zum Beispiel Frankreich, wo auch offenkundig über das Ziel hinausschießende und sinnlose Maßnahmen angeordnet und durchgezogen werden, ohne dass es die Möglichkeit gibt, sich dagegen vor den Gerichten zur Wehr zu setzen. Das ist bei uns nicht der Fall, und das, würde ich sagen, ist etwas, was wir auch nicht kleinreden sollten. Das wäre dann der eine Beitrag, den Verfassungsrechtswissenschaft leisten kann: punktuell immer wieder Grenzen einzuziehen und anzumahnen. Und ich glaube, darüber müssen wir uns erst einmal selbst verständigen: Ist das auch in dieser Krise richtig? Das ist die Debatte, die wir intern führen müssen.

Zweiter Punkt: Was Verfassungsrechtswissenschaft auch leisten kann – das geht ein bisschen gegen die Spitze von Klaus Gärditz gegen das Feuilleton –, ist, die grundsätzlichen Orientierungen klarzumachen, auf die sich eine Gesellschaft verpflichtet hat. Denn die sind ja in der Verfassung wesentlich aufgehoben. Das ist ja ein Selbstzeugnis unserer kollektiven Identität, der Werte, denen wir uns verschrieben haben. Diese sichtbar zu machen, ist eine Aufgabe von Verfassungsrechtswissenschaft. Und das kann auch schon mal in Feuilletons passieren.

Franz Merli: Dankeschön! Stephan Kirste.

Stephan Kirste: Vielen Dank! Ich fühlte mich durch eine Bemerkung von Michael Heinig herausgefordert, etwas zu den von ihm betonten Grenzen von Verfassungsrecht und Verfassungsrechtswissenschaft anzumerken und dabei in dasselbe Horn zu blasen, in das Uwe Volkmann jetzt gerade auch gestoßen hat. Verfassungsgerichte und Verfassungsrechtswissenschaft haben eine Verantwortung für eine bestimmte Art von Wissen, das einerseits in den Jahren nach 2015 durch populistische Parteien als auch seit 2020 – ich glaube, Herr Rixen hat vorhin von „Expertokratie" gesprochen – durch ein zunehmendes naturwissenschaftliches Expertenwissen verdrängt zu werden droht: das normative Wissen. Sowohl der Populismus mit seiner Betonung von Fake News, von alternativen oder gefühlten Wahrheiten scheinbarer Fachleute auch in der Querdenkerbewegung und seinem besonders gegen Verfassungsgerichte gelenkten Anti-Institutionalismus einerseits, als auch der zunehmende unmittelbare Einfluss medizinisch-naturwissenschaftlichen Expertenwissens auf die Politik andererseits zeigen, dass dieses normative Wissen und die Akzeptanz seiner Bedeutung nachlassen. Gegenüber der populistischen Gefahr für die rechtliche Vermittlung von politischen Entscheidungsverfahren und dem naturwissenschaftlichen Expertenwissen ist wieder das normative Wissen zu betonen. Dieses normative Wissen stützt einerseits die Bedeutung und das Verfahren von gesellschaftlicher Wissensgenerierung durch Grundrechte, insbesondere der Kommunikation und überhaupt den Schutz einer pluralistischen Medienlandschaft, durch die Wissenschaftsfreiheit und damit den Pluralismus von empirischen und normativen Wissenschaften und orientiert andererseits durch die Zuordnung von Wissen zu den öffentlichen Gewalten auch deren verbindlichen Entscheidungsprozesse an gesamtgesellschaftlich konsentierten Zielen und Werten. Wie kann in der Öffentlichkeit das Bild entstehen, dass Israel in seiner Pandemie-Politik besser sei als die Bundesrepublik Deutschland oder Österreich, wenn dabei nicht berücksichtigt wird, dass Wissensgenerierung normativen Bindungen unterworfen ist? Ich glaube, dass die Verfassungsrechtswissenschaft hier eine Verantwortung hat, darauf hinzuweisen, dass normatives Wissen zerrieben zu werden droht zwischen der populistischen Verachtung gegenüber dem empirisch gesicherten Wissen einerseits und der unmittelbaren Einwirkung naturwissenschaftlichen Wissens auf Herrschaftsausübung andererseits. Das war mein Plädoyer gegen zu viel Demut der Staatsrechtslehre und gegen zu hohe Grenzen der Verfassungsrechtswissenschaft im öffentlichen Diskurs.

Franz Merli: Dankeschön. Der letzte aus dem Publikum ist Martin Hochhuth. Bitte schön.

Martin Hochhuth: Ich möchte die Demut der Wissenschaft, aber auch eine gewisse Sturheit der Wissenschaft und des Verwaltungsrechts verteidigen. Ich schließe mich Oliver Lepsius an, in seiner Kritik an der Exekutivspitze. Wir müssen als Juristen die Freiheit des Einzelnen verteidigen, wenn sie grundrechtswidrig eingeschränkt werden soll. Und wir müssen die Verwaltungsgerichte bei dieser Verteidigung unterstützen.

Wir haben ein katastrophales, ein *katastrophales* Versagen der Regierungen des Bundes, der sechzehn Bundesländer wie auch der Europäischen Union gehabt vor etwas mehr als jetzt einem Jahr. Selbst ich als normaler Zeitungsleser, der von Medizin damals noch weniger wusste als jetzt, habe mitgekriegt in Ostasien, in Wuhan, da ist irgendetwas. Und ich habe in den Zeitungen gelesen, was Taiwan, der Inselstaat gegenüber, schon im Januar 2020 tat, bei allen Flugzeugen aus der Provinz Wuhan: Wenn die in Taiwan landeten, dann ging schon damals die Gesundheitsbehörde in die Flugzeuge, maß das Fieber und ließ keinen einreisen, bei dem nicht ganz sicher war, dass er gesund ist. Bei uns hat es weit über ein halbes Jahr gedauert, bis sowas überhaupt diskutiert wurde. Bei uns sind monatelang Flugzeuge aus China (oder dem Iran, wo es auch schon früh schlimm war) gelandet und die Passagiere stiegen unkontrolliert aus. Erst spät bat man die Neuankömmlinge immerhin, aufzuschreiben, wo sie hinreisen, aber keiner kontrollierte die Angaben. Auch aus Oberitalien, wo schon Tausende gestorben waren, konnte man völlig unbefragt in die Bundesrepublik einreisen. Die ängstlichen Ministerialen in den Gesundheitsministerien, Minister, Staatssekretäre und die zwei Etagen darunter, hochbezahlte Leute, die wussten natürlich, was zu tun gewesen wäre. Aber sie dachten: „Ich kann doch nicht die Grenze zumachen, oh Gott". Sie hielten sich bedeckt, denn dadurch haben sie ja auch ihre Karrieren gemacht: sich bedeckt halten, nichts sagen, wodurch man aneckt. Deshalb haben wir nun viele Tausende von Corona-Toten anstatt nur weniger Dutzend. Aber wir können jetzt nicht zulassen, dass die siebzehn Regierungen aktionistisch alle möglichen Freiheitsbetätigungen verbieten, weil vielleicht manches davon so ein bisschen was helfen könnte. Wir dürfen jetzt nicht unser Amt verleugnen, weil andere von Dezember 2019 bis April 2020 ihre Pflicht verletzt haben. Wir müssen, für Herrn Nassehi sage ich es auf Luhmannisch, wir müssen „als Funktionssystem" sagen: Von Verfassungsrechts wegen kann man keinem das nächtliche Spazierengehen verbieten, der nur am Waldrand die Sterne beobachtet oder Zigaretten aus dem Automaten holt, wenn er sicherstellt, dass er niemanden anhustet und von keinem angehustet wird. Auch wenn Bundeskanzlerin Merkel dann vielleicht gar nichts mehr befehlen und dadurch nicht mehr so aktiv wirken kann, wie sie jetzt aber in den Medien wirkt. Also: Sturheit des Rechts.

Franz Merli: Danke für diese Empfehlung. Wir sind damit bei der Schlussrunde angelangt und ganz gut in der Zeit. Das heißt, fünf Minuten für ein Schlussstatement hat jeder zur Verfügung. Wir beginnen wieder in umgekehrter Reihenfolge. Herr Nassehi bitte.

Armin Nassehi: Ja, sehr gerne. Herr Hochhuth, ich nehme sehr gerne Ihre Sentenz auf mit der Demut. Das Problem geht noch viel weiter, wenn man es genau nimmt, wenn man gerade Taiwan und Deutschland vergleicht. Wir sind in Deutschland, vielleicht wäre das auch Anlass für eine kulturelle Selbstbeobachtung, eigentlich nicht gewöhnt, mit solchen Krisen umzugehen. Das ist zum Teil bei näheren Nachbarn anders gewesen. Wir konnten uns, und können es uns auch jetzt nicht vorstellen, dass die Dinge schieflaufen. Das ist eine ganz interessante politische Dimension, die das Ganze hat, die in vielen anderen Ländern ganz anders gelaufen ist. Und das korreliert nicht eindeutig mit Gelingen und Nichtgelingen. Also da ist noch einiges zu machen. Aber das führt weit, weit, weg eigentlich von unserer Diskussion. Aber ich finde das eine sehr wichtige Bemerkung. Zu dem Zeitproblem: Markus Kotzur, schön, Dich hier zu treffen. Ich denke, dass dieses Zeitproblem kombiniert werden muss mit dem Transparenzproblem. Also in der Tat, das politische System muss entscheiden. Ich meine, auch das Recht muss entscheiden. Sie sind ja nicht alle immer in der gleichen Rolle, aber hier in der Rolle zumindest der Reflexionstheorie, die hat viel Zeit. Aber die gerichtliche Entscheidung hat nicht so viel Zeit. Und sie muss auch mit einer sehr selektiven Form von Welt umgehen, mit der man entsprechend umgehen kann. Das ist ja sonst auch nicht anders gewesen. Vielleicht müsste man auch sagen, das ist gar nichts Neues. Das Neue ist tatsächlich die Transparenz. Also ich habe das vorhin in meinem Eingangsstatement auch gesagt, mir ist das sehr wichtig, wir unterschätzen gesellschaftstheoretisch auch die Funktion von Latenz. Also die Funktion, die es hat, dass wir das meiste von dem, was passiert, nicht sehen. Es gibt den schönen Witz mit der Wurst, dass wir sie nicht essen würden, wenn wir wüssten, was drin ist. Das gilt auch für die Gesellschaft. In der würden wir nicht leben wollen, wenn wir wüssten, wie sie wirklich funktioniert. Und das ist gar keine Kritik an der Gesellschaft, sondern das ist sozusagen ja, wie soll man sagen, Proseminar erstes Semester Komplexitätstheorie. Komplexität kann man eigentlich nur aushalten mit einer entsprechenden Form von Selektivität. Und ich glaube, dass wir von dieser Transparenz eine ganze Menge lernen müssen.

Herr Mahlmann, meine Bemerkung mit der Konsistenz-Inkonsistenz war gar nicht als Kritik am Recht gedacht, sondern es war eher ein Hinweis darauf, dass – ich wiederhole da auch nochmal das vom Eingangsstatement – dass Ihnen als Rechtssystem und ich würde sagen, Ihnen sowohl als Reflexionstheoretiker des Rechts als auch als Entscheider nichts anderes übrig bleibt, wenn es um rechtliche und normative Prinzipien geht, die Sie ja einklagen. Das Konsistenzprinzip ist hier vielleicht wichtiger als in allen anderen Bereichen der Gesellschaft. Wenn ich das Recht richtig verstehe, wahrscheinlich verstehe ich es nur sehr, sehr laienhaft, aber wenn ich es richtig verstehe, dann kapriziert sich sehr vieles darauf, dass die eine Entscheidung konsistent zur anderen ist. Selbst wenn sie ihr widerspricht, muss sie konsistente Gründe dafür nennen können, und zwar sowohl verfahrensrechtliche als auch materiale. Das ist ja doch eine spannende Form, die dann nochmal überformt wird durch die normativen Prinzipien. Sie haben gesagt, man bräuchte eine Gesellschaftstheorie des Rechts, das die normativen Prinzipien stark macht. Naja, das ist ja die spannende Frage: Wenn es Prinzipien sind, haben wir wieder das Konsistenzproblem. Wenn es normative Fragen sind, ist es dann entsprechend anders gelagert. Wahrscheinlich, und das ist in vielen Reflexionstheorien zu sehen, müssen Sie auch unterscheiden, wenn ich das so unverschämt von außen sagen darf, was Ihre Praxis ist und was Ihre Reflexionstheorie tut. Wahrscheinlich haben Sie doch auch, nehme ich mal an, eine Art internes Steuerungsproblem, wie viel Ihre Reflexionstheorie eigentlich in den eingespielten und eingelebten Rechtspraxen überhaupt ankommt. Üblicherweise sagt man, wenn man so was sagt, das System, indem es am Eklatantesten ist, ist das Bildungssystem. Es sei das System, in dem am wenigsten Erkenntnisse aus der Reflexionstheorie, nämlich aus der Pädagogik und Erziehungswissenschaft, letztlich in den Schulen ankommt, weil die eben so entsprechend als Behördenform sehr, sehr langsam sind. Und das könnte hier womöglich auch so sein. Herr Kirste, was Sie vorhin gesagt haben, geht ja in eine ganz ähnliche Richtung. Wenn wir Zeit hätten, würde ich Sie jetzt fragen, was Sie unter normativem Wissen verstehen. Vielleicht ist das ein feststehender Begriff bei Ihnen. Das wäre natürlich auch eine *contradictio in adiecto*, entweder normativ oder Wissen. Was Sie wahrscheinlich meinen, das ist, dass es so etwas wie eine Sensibilität überhaupt dafür gibt, dass Entscheidungslagen immer diese normative Spannungen haben, sonst wären sie keine Entscheidungen. Meine Beobachtung von außen ist, und die gilt vielleicht für mich selber auch, aber vor allem mit der jüngeren Generation, mit der ich auch als Universitätslehrer zu tun habe: Vielleicht können Sie sich gar nicht vorstellen, wie wenig Wissen in der Gesellschaft über Rechtspraktiken und vor allem über die Bedeutung von Verfahren überhaupt vorhanden ist. Das ist ja etwas, was wir jetzt während der Pandemie durchaus beobachten konnten. Dass man sagt: „Wenn es wirklich schlimm ist, dann interessieren mich Verfahrensfragen eigentlich gar nicht." Und viele Leute haben, glaube ich, jetzt in dieser Situation erst gelernt, dass die Verfahrensfragen sowohl für die politische Demokratie als auch für Rechtsentscheidungen vielleicht der Rationalitätsgenerator schlechthin sind, überhaupt, um so etwas, wie soll man sagen, wie Begründungsmöglichkeiten zu ermöglichen. Weil Begründungen ja spannenderweise eine Funktion ihrer Möglichkeit sind. Also: Wenn man sich die Verfahren der Demokratie anguckt, würde man ja sagen, eigentlich braucht man die Opposition nicht, weil die Regierung die Mehrheit hat. Aber die Opposition zwingt die Regierung dazu, Gründe für das zu nennen, was sie womöglich sowieso entschieden hätte. Und so etwas Ähnliches ist in Rechtsverfahren auch der Fall. Vielleicht ist das eine Art von normativem Wissen, was Sie meinen. Aber davon verstehe ich zu wenig. Deshalb ist das nur meine Beobachtung von außen. Da das mein letztes Statement ist, möchte ich mich nochmal sehr herzlich bedanken, dass ich mit Ihnen diskutieren durfte und darf. Das hat mir wirklich große Freude gemacht. Ihnen vielleicht auch, aber das kann ich nicht kontrollieren.

Franz Merli: Danke. Herr Gärditz, Sie sind der Nächste.

Klaus Gärditz: Vielen Dank. Ich würde noch zu drei Punkten ergänzend etwas sagen. Erstens: Debatten im Staatsrecht. Uwe Volkmann, natürlich sind Debatten notwendig und die können in sehr unterschiedlichen Formen geführt werden. Und sie sind ja geführt worden. Sie waren sehr wichtig auch für eine Selbstreflexion, was derzeit auf dem Spiel steht. Ich würde das Ganze rückblickend auch als produktiv bewerten. Beteiligt waren im Übrigen auch gar nicht so wahnsinnig wenige Stimmen. Wenn man die Diskussion mit verfassungsrechtlichen Bezügen verfolgt hat, dann sind in den letzten zwölf Monaten zig Artikel erschienen. Das war nicht nur die FAZ, sondern etwa auch der Verfassungsblog. Überall ist diskutiert worden, aber auch unsere Szene ist natürlich pluralistisch. Und während die einen eine bestimmte Maßnahme, Du hast es ja mit Deinem Flurgespräch angedeutet, sehr vehement kritisieren, haben andere eben eine andere Position eingenommen. Das ist völlig normal für eine Wissenschaft. Da haben wir, so glaube ich, allein dadurch, dass diese Diskussionen geführt worden sind, einen positiven Beitrag zur Rationalisierung von Pandemie-Maßnahmen getroffen, weil – das konnte man auf der Zeitachse beobachten – die für verfahrensabschließende Entscheidungen angegebenen Begründungen beständig besser geworden sind. Man kann mit Vielem unzufrieden sein. Aber wenn man sich das administrative Dilettieren am Anfang, die teilweise grotesken Maßnahmen im März/April 2020 ansieht und dann, wie später die Begründungen immer besser geworden sind, dann war auch die Politik getrieben von rechtlichen Erwägungen über Rechtsprechung, die beständig Druck aufgebaut hat, und über valide Argumente, die aus der Rechtswissenschaft gekommen sind. Das hat doch gut funktioniert. Aber man darf eben nicht erwarten, dass sich jedes rechtswissenschaftliche Argument am Ende durchsetzt. Das hat aber wohl auch keiner.

Im Übrigen wurde über manches, was im Laufe der Monate diskutiert worden ist, zuletzt rückblickend sehr unpräzise berichtet. Es ist auffällig, dass diejenigen, die nun die zurückliegende Debatte skandalisieren, durchweg keine konkreten Zitate bringen. Denn dann könnte ja eine kritische Öffentlichkeit nachlesen, was und wie wirklich diskutiert worden ist. Da müsste man Fairness walten lassen. Ich denke, wir als Staatsrechtslehre haben unsere Aufgabe erfüllt und die haben wir auch gar nicht schlecht erfüllt. Nur inzwischen haben wir wohl auch unser Reservoir ausgeschöpft.

Zweiter Punkt: Zeit und Reflexionstheorie. Herr Nassehi hat das zu Recht angesprochen. Natürlich arbeiten wir mit einem anderen Zeitfluss, als dies Gerichte müssen, erst recht als es die Verwaltung muss. Die Verwaltung steht an der vordersten Front, muss als erstes entscheiden. Schon die Gerichte haben mehr Zeit und zudem eine institutionelle Differenzierung zwischen Eilverfahren und Hauptsacheverfahren. Auch das macht nochmals einen Unterschied, verschafft zusätzlich Zeit. Das ist mit filigranen prozessualen Details verwoben. Allerdings ist damit das Problem nicht erledigt. Wenn wir in die Zukunft blicken, können wir sagen: Ja, wir müssen eben weiter über eine Verbesserung nachdenken. Wenn wir in die Vergangenheit blicken, kann man aber auch sagen, unsere Reflexionstheorie juristischer Art und das, was wir auf der operationalisierenden, anwendungsbezogenen Ebene damit gemacht haben, war offenbar nicht hinreichend vorbereitet für eine solche Situation. Nicht die Verfassung ist „Schönwetterverfassung". Aber vielleicht war die Staatsrechtslehre zum großen Teil vorher eben Schönwetterwissenschaft, weil wir uns mit Randszenarien dieser Art nie ernsthaft befasst haben. Dass z.B. beim Ausbruch der Corona-Krise in der ansonsten nachgerade fanatisch kommentierenden deutschen Staatsrechtslehre, die manchmal offenbar nichts anderes mehr zu tun hat, als den Rechtsanwendern Serviceleistung zu erbringen, kein einziger aktueller Kommentar zum Infektionsschutzgesetze existierte, war eine der vielen Auffälligkeiten. Dass wir über Krisen und Zumutbarkeitsschwellen in Extremsituationen nur dann nachgedacht haben, wenn die Fälle feuilletonistisch sexy waren (sprich: z.B. der Flugzeugabschuss und die schmutzige Bombe des Terroristen), aber für viele näher liegende Szenarien keine vorausschauenden Erwägungen angestellt haben, da muss sich auch die Staatsrechtslehre fragen lassen, ob wir im Vorfeld unsere Arbeit richtig gemacht haben. Denn überraschend kam diese Pandemie nicht. Etwa in einem Standardlehrbuch der Virologie aus dem Jahr 2014 steht, es sei damit zu rechnen, dass im Bereich zoonotischer Viren noch eine schwerwiegende Pandemie auf uns zukommen könnte. Man hätte an vielen Fronten vorbereitet sein können.

Der dritte Punkt ist ganz kurz: Am Ende, und das wurde ja auch angesprochen, liegt es an der Wissensverarbeitung in Verfahren. Wir müssen diese Wahrnehmung der Umwelt in juristische Verfahren und in juristische Argumente übersetzen. Fakten im Sinne etwa der Virologie sind etwas anderes als ein prozessuales Datum, das wir „verfaktet" haben, und zwar über eine innerprozessuale Selektionsleistung. Ich glaube, darüber bestehen auch sehr viele Missverständnisse. Wir können nicht erwarten, dass Wissen, wie es ein Forschungsinstitut erzeugt, dann ungefiltert im OVG Nordrhein-Westfalen ankommt. Vielen Dank für die Geduld.

Franz Merli: Dankeschön! Herr Heinig.

Hans Michael Heinig: Vielleicht darf ich noch einmal auf Bernhard Wegener reagieren und darauf hinweisen, dass wir natürlich als Disziplin nicht nur in Kategorien von verfassungswidrig und verfassungsgemäß denken sollten. Das ist hoffentlich Konsens und dann sollten wir uns auch wechselseitig zugestehen, dass die Leistung, die unsere Disziplin erbringt, über die Vorbereitung und Kommentierung von Gerichtsentscheidungen hinausgeht. Wir können natürlich lange über § 5 oder §§ 28a, 32 Infektionsschutzgesetz diskutieren und schauen, was Artikel 80 GG da hergibt. Man wird wohl sagen müssen, § 5 ist in Teilen verfassungswidrig und §§ 28a, 32 –

naja, da sind wir unterschiedlicher Ansicht. Warum sind wir unterschiedlicher Ansicht? Weil wir die Pandemiegefährdung individuell unterschiedlich einschätzen? Oder hat das eher wissenschaftsgetriebene Gründe? Wir können aber auch Vorzüge und Nachteile von unterschiedlichen Handlungsformen und Entscheidungsverfahren ausleuchten. Und das scheint mir schon eine originäre Aufgabe unserer Wissenschaft zu sein. Also, wir können uns anschauen, welche Leistungsfähigkeit und welche Grenzen hat informelle Koordination im Exekutivföderalismus? Welche Vor- und Nachteile hat eine Pandemiebekämpfung über das Instrument der Rechtsverordnung? Und welche Vor- und Nachteile hat demgegenüber eine stärkere Parlamentarisierung? Und für solche Fragen haben wir dann auch verfassungsrechtliche Kategorien. Etwa den Gesetzesvorbehalt, mit dem das Verfassungsrecht immer schon rechtliche Mikrosteuerung im parlamentarischen Regierungssystem betrieben hat. Wir diskutieren dann auch über Vor- und Nachteile unterschiedlicher Ansätze für die Zuschreibung, für die Erkennbarkeit demokratischer Verantwortung, insbesondere in der Ebenenverflechtung. Also: Wen muss ich eigentlich abwählen, wenn ich eine andere Pandemiepolitik haben will? Das ist im Moment schwer adressierbar, und das ist ein demokratisches Problem. Mit solchen Fragen, finde ich, sollte sich unsere Disziplin schon beschäftigen. Welche Rolle könnte Parlamentarisierung bei der Akzeptanz von Entscheidungen spielen? Franz Merli hatte ja gefragt, wie geht es weiter mit der Akzeptanz?

Das spannt den Bogen zum Thema politische Integration: Es ist schon bemerkenswert, wenn jetzt denen aus der Staatsrechtslehre, die eine stärkere Parlamentarisierung angeregt haben, das Entstehen einer außerparlamentarischen Opposition, einer Radikalopposition, Stichwort „Querdenker", vorgeworfen wird. Da haben wir eine ganz komische Debattenlage im Moment.

Ein letzter Aspekt betrifft das Zeitmanagement durch Recht: Parlamentarisierung heißt auch Verlangsamung, heißt aber auch weniger Sprunghaftigkeit. Und da könnte, nach der ersten Welle der Pandemie, eine Chance drinstecken: Der Einfluss des Rechts auf die Zeitstruktur des Krisenmanagements. Wir wollten ja eigentlich heute Nachmittag nicht nur über Corona reden. Üblich war lange Zeit, uns den Ausnahmezustand als Reaktion auf ein plötzliches Ereignis vorzustellen, als eine Art Sprint im Verfassungsrecht. Und jetzt sehen wir, nein, Katastrophen können auch in Zeitlupe ablaufen. Christian Drosten hat die Pandemie als Katastrophe in Zeitlupe bezeichnet. Oder wenn man an die Klimakrise denkt, eine Katastrophe in super slow motion, weil wir sie schon seit den Siebzigerjahren beobachten. Vor diesem Hintergrund könnte man fragen, welche Rolle spielt eigentlich das Recht für das Zeitmanagement politischer Entscheidungen in einer Gesellschaft? Wir müssten das Recht so justieren, meine ich, dass wir an der richtigen Stelle soziale Beschleunigung und an der richtigen Stelle soziale Entschleunigung unterstützen. Aus der Pandemie können wir lernen, ob und wo wir im Moment falsch aufgestellt sind. Mein Eindruck ist, dass wir an der falschen Stelle entschleunigen und an der falschen Stelle beschleunigen. Das sind Beobachtungskategorien, die die Staatsrechtslehre bereithalten kann. Das leistet keine andere Disziplin in dieser Weise und das leisten eben auch Gerichte nicht.

Franz Merli: Danke, Herr Heinig, für diese Erinnerungen. Frau Lübbe-Wolff, Sie haben das letzte Wort.

Gertrude Lübbe-Wolff: Danke. Noch einmal zur Frage der unzureichenden Wissensgenerierung. Ich denke, Herr Gärditz hat natürlich einerseits vollkommen recht, dass eine ungeheure Menge von Wissen sich tatsächlich schon als vorhanden gezeigt hat, die dann auch aktiv genutzt werden konnte, und einiges ist auch noch gesteigert worden. Ich glaube, die berechtigte Kritik bezog sich aber insbesondere darauf, dass es lange Zeit an Wissen darüber gefehlt hat, wie genau das Infektionsgeschehen verläuft, und zwar an Wissen, das ermöglicht hätte, dass man in der Pandemiebekämpfung, wie gesagt worden ist, eher mit dem Skalpell und nicht mit dem Holzhammer umgeht. Da hat man sehr lange auf die Kontaktverfolgung durch die Gesundheitsämter als hauptsächliche Erkenntnisquelle gesetzt. Aber dass da nicht viel bei rauskommt, dass z.B. der öffentliche Nahverkehr da nie als Erklärungsfaktor auftreten wird, war ja klar. Da hätte man ganz gezielt empirisch forschen müssen: Wer hat von den Erkrankten in letzter Zeit was gemacht? Hat er gearbeitet? Mit welchen Verkehrsmitteln ist er gefahren? Und so weiter und so fort. Das hätte man alles empirisch zu erfassen versuchen und dann gucken können, wie verhält sich das zu dem, wie die Normalbevölkerung sich durchschnittlich verhält. Dann hätte man vielleicht Anhaltspunkte gehabt, was für Aktivitäten besonders riskant sind und was für welche nicht. Aber natürlich muss man sehen, und deswegen könnte ich mir schon vorstellen, dass da schon ein gewisses Desinteresse an der an der genaueren Erkenntnis vorhanden war, dass uns das Unwissen davor geschützt hat, uns mit Differenzierungen auseinandersetzen zu müssen, die sehr schwierig gewesen wären. Natürlich hätte man herausgefunden, auf Golfplätzen und im Museum steckt man sich nicht so leicht an wie in der Spielhalle und beim Boxen. Aber wenn man dementsprechend dann auch das Verbotswesen kanalisiert, dann verschärft sich die soziale Schlagseite der ganzen Sache, und damit muss man auch irgendwie umgehen. Ich denke, wir waren einfach in der Kürze der Zeit auch nicht vorbereitet darauf, so eine Diskussion in vernünftiger Weise zu führen.

Und noch ein Wort zu der Frage, waren wir jetzt eigentlich als Juristen vorbereitet? Natürlich dürfen wir als Juristen nicht das Besteck, das Handwerkliche aus der Hand legen, nur weil es jetzt um Leben geht, und das schlägt alles andere. Das versteht sich von selbst. Die andere Frage ist aber, wie weit lassen sich unsere verfassungsrechtlichen Erkenntnisse justitiabilisieren? Und da gibt es, glaube ich, Grenzen und auch einen Bezug zu dem, was Frau Iliopoulos-Strangas gesagt hat: soziale Grundrechte bräuchte man doch jetzt besonders. Mit der Pandemiebekämpfung ist es ähnlich wie mit den sozialen Grundrechten oder mit der Realisierung sozialer Verhältnisse. Das ist ein großes, komplexes gesellschaftliches Programm. Große, komplexe gesellschaftliche Programme sind nicht das, was am sinnvollsten von der Justiz aus in Angriff genommen wird, mit ihrem punktuellen Zugriff, der nur in der Lage ist, irgendwo mal einen Stein herauszubrechen. Und dann kommt noch erschwerend hinzu, das Problem, dass die Justiz eben in dieser speziellen Situation auch schwerer als andere Gewalten in der Lage ist, die Verantwortung für das zu tragen, was passiert, wenn sie etwas falsch gemacht hat. Deswegen würde ich denken, das gewisse Maß an Zurückhaltung, das die Justiz entfaltet hat, ist im Prinzip nicht falsch. Ich glaube übrigens auch gar nicht, auch wenn ich die Verhältnisse in der Schweiz und in Österreich nicht so genau kenne, dass da so große Unterschiede sind, als hätte der österreichische Verfassungsgerichtshof da scharf zugepackt, während bei uns die Gerichte feige gewesen sind. Der österreichische Verfassungsgerichtshof hat beispielsweise gesagt, Ihr habt vier Wochen Zeit, die angegriffene Beschränkung zu begründen. Dann kann eben noch begründet werden, und die angegriffene Maßnahme kann dann womöglich weiter gelten. Oder es ging um Sachen, die schon längst außer Kraft getreten waren. Das ist auch einmal eine gute Gelegenheit, um Maßstäbe zu klären, die beim nächsten Mal zu beachten sind. Es liegt in gewissen Maß in der Natur der justiziellen Möglichkeiten, dass man sich da mit gutem Grund zurückhält, und insofern würde ich sagen, es ist sicher viel falsch gemacht worden, vieles auch verständlicherweise, aber aus meiner Sicht nicht in erster Linie von der Justiz. Danke!

Franz Merli: Herzlichen Dank! Ich glaube, wir haben jetzt viel Wissen gesammelt. Wir wissen nur noch nicht, wie wir es verwenden können. Ich glaube auch nicht, dass wir schon ein Schlusswort finden oder eine Bilanz ziehen können. Was für mich sehr deutlich geworden ist, ist, dass wir in einem Lernprozess drinstecken, in dem wir viel lernen über Dinge, die auch außerhalb der Krise gelten, in der wir diese Dinge aber deutlicher sehen. Es ist auch gut, dass dieser Pluralismus unter uns, der angesprochen wurde, wieder lebt, nachdem er ja eine Zeitlang verschwunden war, das muss man ja sagen. Ich halte das für eine der positiven Entwicklungen, dass es jetzt wieder eine differenzierte Auseinandersetzung mit diesen Fragen gibt, auch unter uns und auch unter Berücksichtigung unserer verschiedenen theoretischen und methodischen Standpunkte.

Mir bleibt, Ihnen allen zu danken, den Mitgliedern des Podiums, Ihnen allen, die mitdiskutiert haben, aus dem Publikum und auch denen, die vielleicht nicht drangekommen sind, aber mitgedacht haben. Und ich darf das Wort an unseren Vorsitzenden zurückgeben, damit diese besondere Tagung auch ihr ordentliches Ende findet. Dankeschön.

Ewald Wiederin: Liebe Kolleginnen und Kollegen! Ich darf mich noch einmal aufschalten, kurz nur, bevor ein langer Tag zu Ende geht. Denn bevor wir schließen, muss ich noch danken, will ich noch danken, herzlich und in viele Richtungen:

Der erste Dank geht naturgemäß an die Vortragenden, an die Personen auf dem Podium, an Franz Merli als Moderator, an die Rednerinnen und Redner in der Diskussion. Sie sind wunderbar miteinander ins Gespräch gekommen und haben uns reichlich Stoff zum Nachdenken mit auf den Weg gegeben.

Der zweite Dank gilt der Universität Wien, konkret dem Veranstaltungsmanagement und der Rechtswissenschaftlichen Fakultät, die die heutige Übertragung organisiert und finanziert haben.

Der nächste Dank geht an jene Personen, die im Hintergrund gewerkt und gewirkt haben, allen voran an Evelyne Marchsteiner und Luka Samonig, die sich um hundert Details gekümmert haben, weiters an Sidar Yaylagül und Josef Müllner in Wien, schließlich an Therese Neuffer in Osnabrück und an Broder Ernst in München.

Der größte Dank kommt zum Schluss, und er gilt Pascale Cancik und Christian Walter im Vorstand, mit denen die Zusammenarbeit ein Vergnügen war und ist. Sicher sind sie jetzt ebenso erleichtert wie ich, dass es technisch einigermaßen geklappt hat. Durch die Reaktionen, die eingelangt sind, können wir uns dem Grunde nach bestätigt sehen: Es war sinnvoll, dass wir uns als Vereinigung mit Corona befasst haben, und es war eine gute Gelegenheit, ein neues Format zu erproben.

Noch besser, noch ertragreicher und vor allem sehr viel angenehmer wäre es aber gewesen, wenn wir dies im Rahmen einer ganz normalen Tagung tun hätten können. Wir hoffen deshalb sehr, dass es im Oktober in Mannheim wieder möglich sein wird. Denn genau so, wie es kein richtiges Leben im falschen gibt, so gibt es auch keine richtige Tagung ohne persönliche Begegnung, und eine richtige Vereinigung schon gar nicht. Denn eine Vereinigung ohne Vereinigung ist keine Vereinigung.

Danke vielmals, dass Sie heute dabei waren. Ich wünsche Ihnen noch einen schönen Abend. Die Veranstaltung ist geschlossen.

Verzeichnis der Rednerinnen und Redner

Burgi, Martin 154
Calliess, Christian 147
Classen, Claus Dieter 156, 191,
Gärditz, Klaus 180, 187, 197, 208
Groß, Thomas 148
Heinig, Hans Michael 178, 186, 199, 210
Hochhuth, Martin 160, 205
Hufen, Friedhelm 142, 192
Iliopoulos-Strangas, Julia 190
Kirste, Stephan 204
Kneihs, Benjamin 151
Kotzur, Markus 145, 201
Kulick, Andreas 149
Leisner-Egensperger, Anna 158
Lepsius, Oliver 155, 193
Lewinski, Kai von 148
Lübbe-Wolff, Gertrude 176, 186, 200, 212
Mahlmann, Matthias 69, 164, 202

Mangold, Anna Katharina 7, 170
Merli, Franz 175, 189, 190, 191, 213
Michael, Lothar 153
Müller, Andreas 105, 161
Murswiek, Dietrich 152
Nassehi, Armin 182, 188, 195, 206
Peters, Anne 149
Reimer, Franz 153, 200
Rixen, Stephan 37, 167, 195
Sacksofsky, Ute 145
Schulze-Fielitz, Helmuth 192
Schorkopf, Frank 150
Sommermann, Karl-Peter 159
Volkmann, Uwe 144, 203
Walter, Christian 158
Wegener, Bernhard 200
Wiederin, Ewald 141, 174, 214
Wißmann, Hinnerk 141

Verzeichnis der Mitglieder der Vereinigung der Deutschen Staatsrechtslehrer e.V.

(Stand 1. Mai 2021; ständige Aktualisierung unter www.staatsrechtslehrer.de)

Vorstand

Vorsitzender
Univ.-Prof. Dr. Ewald *Wiederin*
Universität Wien
Institut für Staats- und Verwaltungsrecht
Schottenbastei 10–16
1010 Wien
Tel.: (0043) 1 4277-35482
E-Mail: ewald.wiederin@univie.ac.at

Stellvertreter
Prof. Dr. Christian *Walter*
Ludwig-Maximilians-Universität München
Institut für Internationales Recht
Lehrstuhl für Völkerrecht und Öffentliches Recht
Prof.-Huber-Platz 2
80539 München
Tel.: (0049) 89 2180-2798
E-Mail: cwalter@jura.uni-muenchen.de

Stellvertreterin
Prof. Dr. Pascale *Cancik*
Universität Osnabrück
Institut für Kommunalrecht und Verwaltungswissenschaft
Fachbereich Rechtswissenschaft
Martinistraße 12
49078 Osnabrück
Tel.: (0049) 541 969-6044, 969-6099 (Sekr.)
E-Mail: pcancik@uni-osnabrueck.de

Mitglieder

Adamovich, Dr. Dr. h.c. mult. Ludwig,
o. Univ.-Prof.,
Präsident des Österreichischen
Verfassungsgerichtshofs a.d.,
Rooseveltplatz 4, A-1090 Wien,
(0043) 66 42 42 75 26;
Österreichische Präsidentschaftskanzlei,
Hofburg, Ballhausplatz, A-1014 Wien,
(0043) 1534 22-300,
Fax (0043) 1534 22-248,
E-Mail: ludwig.adamovich@hofburg.at

Albers, Dr. iur., Dipl. soz. Marion,
Professorin,
Sulzer Straße 21a, 86159 Augsburg;
Universität Hamburg,
Fakultät für Rechtswissenschaften,
Lehrstuhl für Öffentliches Recht,
Informations- und Kommunikationsrecht,
Rechtstheorie,
Rothenbaumchaussee 33,
20148 Hamburg,
(040) 42838-5752,
Fax (040) 42838-2635,
E-Mail: marion.albers@jura.uni-hamburg.de

Alexy, Dr. Dr. h.c. mult. Robert,
o. Professor,
Klausbrooker Weg 122, 24106 Kiel,
(0431) 5497 42;
Universität Kiel, 24098 Kiel,
(0431) 880 3543,
Fax (0431) 880 3745,
E-Mail: alexy@law.uni-kiel.de

Alleweldt, Dr. Ralf, LL.M., Professor,
Alt-Reinickendorf 19 A, 13407 Berlin,
(030) 9143 6466;
Hochschule der Polizei des Landes
Brandenburg,
Bernauer Str. 146, 16515 Oranienburg,
(03301) 850 2554,
E-Mail: ralf.alleweldt@hpolbb.de

Altwicker, Dr. Tilmann, LL.M., Professor,
Universität Zürich,
Institut für Völkerrecht und ausländisches
Verfassungsrecht,
SNF-Förderungsprofessur für Öffentliches
Recht, Völkerrecht, Rechtsphilosophie
und Empirische Rechtsforschung,
Seilergraben 49, CH-8001 Zürich,
(0041) 44 634 51 13,
E-Mail: tilmann.altwicker@rwi.uzh.ch

Anderheiden, Dr. Michael, Professor,
Eichelgasse 18, 76227 Karlsruhe,
(0721) 470 0817;
Fakultät für Rechts- und
Staatswissenschaften
Andrássy Universität Budapest,
Pollack Tér 3, 1088 Budapest / Ungarn,
(0036) 1 8158 120;
In Deutschland erreichbar unter:
Ruprecht-Karls-Universität Heidelberg,
Juristisches Seminar,
Friedrich-Ebert-Anlage 6–10,
69117 Heidelberg,
(06221) 5474 97,
E-Mail: anderheidenm@jurs.
uni-heidelberg.de

Appel, Dr. Ivo, Professor,
Universität Hamburg,
Fakultät für Rechtswissenschaft
Professur für Öffentliches Recht,
Umweltrecht und Rechtsphilosophie,
Forschungsstelle Umweltrecht,
Rothenbaumchaussee 33, 20148 Hamburg
(040) 42838 3977, Fax (040) 42838 6280
E-Mail: ivo.appel@jura.uni-hamburg.de

Arnauld, Dr. Andreas von, Professor,
Walther-Schücking-Institut für
Internationales Recht / Walther Schücking
Institute for International Law
Christian-Albrechts-Universität zu Kiel

Westring 400
24118 Kiel
(0431) 880-1733, Fax +49 431 880-1619
E-Mail: arnauld@wsi.uni-kiel.de

Arnim, Dr. Hans Herbert von, o. Professor,
Im Oberkämmerer 26, 67346 Speyer,
(06232) 981 23;
Deutsche Universität für Verwaltungswissenschaften Speyer,
67324 Speyer,
(06232) 654 343,
E-Mail: vonarnim@uni-speyer.de

Arnold, Dr. Dr. h.c. mult. Rainer,
o. Professor,
Plattenweg 7, 93055 Regensburg,
(0941) 7 44 65;
Universität Regensburg,
93053 Regensburg,
(0941) 943-2654/5,
E-Mail: Rainer.Arnold@jura.
uni-regensburg.de

Aschke, Dr. Manfred, Professor,
Kantstr. 14, 99425 Weimar,
(03643) 4022 83, Fax (03643) 4022 84;
E-Mail: winckelmann.aschke@t-online.de;
c/o Professur Öffentliches Recht II,
Hein-Heckroth-Str. 5, 35390 Gießen oder
Thüringer Oberverwaltungsgericht
Kaufstr. 2–4, 99423 Weimar,
(03643) 206-269

Augsberg, Dr. Dr. Ino, Professor;
Christian-Albrechts-Universität zu Kiel,
Lehrstuhl für Rechtsphilosophie und
Öffentliches Recht,
Leibnizstraße 6, 24118 Kiel
(0431) 880-5494, Fax (0431) 880-3745
E-Mail: augsberg@law.uni-kiel.de

Augsberg, Dr. Steffen, Professor,
Hochallee 19, 20149 Hamburg,
(0178) 8314 000;
Justus-Liebig-Universität,

Professur für Öffentliches Recht,
Hein-Heckroth-Str. 5, 35390 Gießen,
(0641) 99-21090/91,
Fax (0641) 99-21099,
E-Mail: Steffen.Augsberg@recht.
uni-giessen.de

Aulehner, Dr. Josef, apl. Prof.,
Hans-Böckler-Str. 8, 80995 München,
(089) 123 8402, Fax (089) 1274 9688;
Ludwig-Maximilians-Universität München,
Ref. I A 3 – Rechtsabteilung,
Geschwister-Scholl-Platz 1,
80539 München,
(089) 2180-3730, Fax (089) 2180-2985,
E-Mail: Aulehner@lmu.de

Aust, Dr. Helmut Philipp, Professor,
Freie Universität Berlin,
Fachbereich Rechtswissenschaft,
Professur für Öffentliches Recht und die
Internationalisierung der Rechtsordnung,
Van't-Hoff-Str. 8, 14195 Berlin,
(030) 838-61731
E-Mail: helmut.aust@fu-berlin.de

Axer, Dr. Peter, Professor,
Ruprecht-Karls-Universität Heidelberg,
Lehrstuhl für Sozialrecht in Verbindung
mit dem Öffentlichen Recht,
Friedrich-Ebert-Anlage 6–10,
69117 Heidelberg,
(06221) 54-7768, Fax (06221) 54-7769,
E-Mail: axer@jurs.uni-heidelberg.de

Badura, Dr. Peter, o. Professor,
Am Rothenberg Süd 4,
82431 Kochel am See,
(08851) 5289;
Universität München,
Professor-Huber-Platz 2, 80539 München,
(089) 2180-3576

Bäcker, Dr. Carsten, Univ.-Prof.,
Universität Bayreuth,
Lehrstuhl für Öffentliches Recht IV,

Gebäude RW, 95440 Bayreuth,
(0921) 55-6260, Fax (0921) 55-6262
E-Mail: carsten.baecker@uni-bayreuth.de

Bäcker, Dr. Matthias, LL.M., Professor,
Johannes Gutenberg-Universität Mainz
Lehrstuhl für Öffentliches Recht
und Informationsrecht, insbesondere
Datenschutzrecht
Jakob-Welder-Weg 9, 55128 Mainz
(6131) 39 25759, Fax (6131) 39 28172,
E-Mail: mabaecke@uni-mainz.de

Baer, Dr. Susanne, LL.M., Professorin,
Richterin des Bundesverfassungsgerichts,
Humboldt-Universität zu Berlin,
Juristische Fakultät,
Unter den Linden 6, 10099 Berlin,
(030) 2093 3467, Fax (030) 2093 3431,
E-Mail: sekretariat.baer@rewi.hu-berlin.de

Baldus, Dr. Manfred, Universitätsprofessor,
Roter Stein 8, 99097 Erfurt,
(0361) 554 7054;
Universität Erfurt,
Lehrstuhl für Öffentliches Recht
und Neuere Rechtsgeschichte,
Staatswissenschaftliche Fakultät,
Nordhäuserstr. 63, 99089 Erfurt,
(0361) 737 4711,
E-Mail: manfred.baldus@uni-erfurt.de

Barczak, Dr. Tristan, LL.M., Professor,
Universität Passau,
Lehrstuhl für Öffentliches Recht,
Sicherheitsrecht und das Recht der neuen
Technologien,
Dr.-Hans-Kapfinger-Str. 14c,
D-94032 Passau,
(0049) 851 509-2290,
E-Mail: tristan.barczak@uni-passau.de

Barfuß, Dr. iur. Dr. rer. pol. Walter,
o. Universitätsprofessor, Tuchlauben 11/31;
1010 Wien; Präsident des Österreichischen
Normungsinstituts,

Generaldirektor für Wettbewerb a.D.
(Bundeswettbewerbsbehörde),
Heinestraße 38, A-1020 Wien,
(0043) 1/213 00/612,
Fax (0043) 1/213 00/609,
E-Mail: walter.barfuss@as-institute.at

Bartlsperger, Dr. Richard, o. Professor,
Schleifweg 55,
91080 Uttenreuth,
(09131) 599 16, Fax (09131) 5333 04,
E-Mail: Bartlsperger.richard@t-online.de

Bast, Dr. Jürgen, Professor,
Justus-Liebig-Universität Gießen,
Professur für Öffentliches Recht
und Europarecht,
Licher Str. 64, 35394 Gießen,
(0641) 99-21061, Fax (0641) 99-21069,
E-Mail: jurgen.bast@recht.uni-giessen.de

Battis, Dr. Dr. h.c. Ulrich, Professor,
GSK Stockmann, Mohrenstrasse 42,
10117 Berlin,
(+49) 30203907 7753
E-Mail: ulrichbattis@googlemail.com

Bauer, Dr. Hartmut, Professor,
Am Hegereiter 13, 01156 Cossebaude,
(0351) 452 1603;
Universität Potsdam,
Lehrstuhl für Europäisches
und Deutsches Verfassungsrecht,
Verwaltungsrecht, Sozialrecht
und Öffentliches Wirtschaftsrecht,
August-Bebel-Straße 89, 14482 Potsdam,
(0331) 977-3264, Fax (0331) 977-3310,
E-Mail: hbauer@rz.uni-potsdam.de

Baumeister, Dr. Peter, Professor,
Langebrücker Str. 24, 68809 Neulußheim,
(06205) 3978 17;
SRH Hochschule Heidelberg,
Ludwig-Guttmann-Str. 6,
69123 Heidelberg,
(06221) 8822 60, Fax (06221) 8834 82,

E-Mail: peter.baumeister@fh- heidelberg.de;
Schlatter Rechtsanwälte,
Kurfürsten-Anlage 59, 69115 Heidelberg,
(06221) 9812 17,
Fax (06221) 1824 75,
E-Mail: p.baumeister@kanzlei-schlatter.de

Baumgartner, Dr. Gerhard, Univ. Prof.,
Institut für Rechtswissenschaften,
Alpen-Adria-Universität Klagenfurt,
Universitätsstr. 65–67,
A-9020 Klagenfurt am Wörthersee,
(0043) 463 2700 3311,
Fax (0043) 463 2700 993311,
E-Mail: Gerhard.Baumgartner@aau.at

Bausback, Dr. Winfried,
Univ.-Prof. a. D., MdL,
Büro: Roßmarkt 34, 63739 Aschaffenburg,
(06021) 4423 20, Fax (06021) 4423 18;
E-Mail: info@winfried-bausback.de

Beaucamp, Dr. Guy, Professor,
HAW Hamburg, Department Public
Management, Fakultät Wirtschaft
und Soziales,
Berliner Tor 5, 20099 Hamburg,
(040) 42875 7713
E-Mail: AnkeBeauc@aol.com

Becker, Dr. Florian, LL.M.(Cambridge),
Professor,
Universität Kiel,
Olshausenstr. 75, Gebäude II, 24118 Kiel,
(0431) 880-5378 oder (0431) 880-1504,
Fax (0431) 880-5374,
E-Mail: lehrstuhl.becker@law.uni-kiel.de

Becker, Dr. Joachim, apl. Prof.,
Kreuznacher Str. 6, 14197 Berlin,
(030) 822 4012;
Humboldt-Universität zu Berlin,
Juristische Fakultät,
Unter den Linden 6, 10099 Berlin,
(030) 2093 3383,
E-Mail: Joachim.Becker@rewi.hu-berlin.de

Becker, Dr. Jürgen, o. Professor,
Kellerstr. 7, 81667 München;
E-Mail: ksjbecker@gmail.com

Becker, Dr. Ulrich, LL.M. (EHI),
Professor,
Pfarrsiedlungsstr. 9, 93161 Sinzing,
(09404) 3478;
Max-Planck-Institut für ausländisches
und internationales Sozialrecht,
Amalienstr. 33, 80799 München,
(089) 386 02-511,
Fax (089) 386 02-590,
E-Mail: Becker@mpisoc.mpg.de

Belser, Dr. Eva Maria, Professorin,
Chemin du Riedelet 7,
CH-1723 Marly,
(+41) 264 3622 36;
Universität Freiburg, Rechtswissen-
schaftliche Fakultät, Lehrstuhl
für Staats- und Verwaltungsrecht,
Av. Beauregard 1, CH-1700 Freiburg,
(0041) 26 300 81 47,
E-Mail: evamaria.belser@unifr.ch

Berg, Dr. Wilfried, o. Professor,
Waldsteinring 25, 95448 Bayreuth,
(0921) 990 0814;
Universität Bayreuth, 95440 Bayreuth,
(0921) 5528 76, Fax (0921) 5584 2875
oder 55 2985,
E-Mail: wilfried@cwberg.de

Berger, Dr. Ariane, Priv.-Doz.
Freie Universität Berlin,
Fachbereich Rechtswissenschaft,
Boltzmannstr. 3, 14195 Berlin,
(030) 838 55924,
E-Mail: ariane.berger@fu-berlin.de

Berka, Dr. Walter,
o. Universitätsprofessor,
Birkenweg 2, A-5400 Hallein,
(0043) 6245 76758;
E-Mail: Walter.Berka@sbg.ac.at

Bernstorff, Dr. Jochen von, Professor,
Eberhard-Karls-Universität Tübingen,
Juristische Fakultät, Lehrstuhl
für Staatsrecht,
Völkerrecht und Verfassungslehre,
Geschwister-Scholl-Platz, 72074 Tübingen,
E-Mail: vonbernstorff@jura.
uni-tuebingen.de

Bethge, Dr. Herbert, o. Professor,
Am Seidenhof 8, 94034 Passau,
(0851) 416 97, Fax (0851) 490 1897,
E-Mail: H.I.Bethge@t-online.de

Beusch, Dr. Michael, Professor,
Bundesrichter,
Schweizerisches Bundesgericht,
Av. Du Tribunal Fédéral 29,
CH-1000 Lausanne 14
(0041) 21 3189358
E-Mail: michael.beusch@bger.ch

Bezemek, Dr. Christoph, BA, LL.M. (Yale),
Professor,
Universität Graz
Institut für Öffentliches Recht
und Politikwissenschaft
Universitätsstraße 15, 3D
A-8010 Graz
E-Mail: christoph.bezemek@uni-graz.at

Biaggini, Dr. Giovanni, o. Professor,
Universität Zürich, Lehrstuhl für Staats-,
Verwaltungs- und Europarecht,
Rechtswissenschaftliches Institut,
Freiestrasse 15,
CH-8032 Zürich,
(0041) 44634-3011 oder -3668,
Fax (0041) 44634-4389,
E-Mail: giovanni.biaggini@rwi.uzh.ch

Bickenbach, Dr. Christian,
Universitätsprofessor,
Universität Potsdam, Juristische Fakultät,
August-Bebel-Straße 89, 14482 Potsdam,
E-Mail: cbickenb@uni-potsdam.de

Bieber, Dr. Uwe Roland, o. Professor,
Mainzer Str. 135, 53179 Bonn,
(0228) 3571 89; Université de Lausanne,
E-Mail: Roland.Bieber@unil.ch

Binder, Dr. Bruno, Universitätsprofessor,
Wischerstr. 30, A-4040 Linz,
(0043) 732-7177 72-0,
Fax (0043) 732-7177 72-4;
Universität Linz,
Altenbergerstr. 69, A-4020 Linz,
(0043) 7322 4680, Fax (0043) 7322 468 10,
E-Mail: vwrecht@jku.at

Birk, Dr. Dieter, Universitätsprofessor,
Büschingstr. 2, 10249 Berlin,
(030) 253 53 202,
E-Mail: birk@uni-muenster.de

Bisaz, Dr. iur. & lic. phil. Corsin,
Privatdozent,
Schweizerisches Bundesgericht,
Av. du Tribunal fédéral 29,
CH-1000 Lausanne 14,
(0041) 21 318 91 11;
E-Mail: corsin.bisaz@uzh.ch

Blanke, Dr. Hermann-Josef,
Universitätsprofessor,
Universität Erfurt, Lehrstuhl für
Öffentliches Recht, Völkerrecht
und Europäische Integration,
Nordhäuser Straße 63, 99089 Erfurt,
(0361) 737-4751,
(0361) 737-4700 (Sekr.),
Fax (0361) 737-47 09,
E-Mail: LS_Staatsrecht@uni-erfurt.de

Blankenagel, Dr. Alexander, Professor,
Türksteinstraße 10, 14167 Berlin,
(030) 854 9582;
Humboldt-Universität zu Berlin,
Juristische Fakultät,
Unter den Linden 6, 10099 Berlin,
(030) 2093-3381, Fax (0 30) 2093-3345,
E-Mail: blankenagel@rewi.hu-berlin.de

Bock, Dr. Wolfgang, Professor,
Richter am Landgericht
Frankfurt am Main a.D.,
Schalkwiesenweg 44,
60488 Frankfurt am Main,
Privat: (069) 7657 17; (0163) 636 2552,

Böhm, Dr. Monika, Professorin,
Philipps-Universität Marburg,
Fachbereich Rechtswissenschaft,
Universitätsstraße 6, 35037 Marburg,
(06421) 28 23132 bzw.
(06421) 28 23808,
E-Mail: monika.boehm@jura.
uni-marburg.de

Bogdandy, Dr. Dr. h.c. mult. Armin von,
M.A., Professor, Direktor am Max-Planck-
Institut für ausländisches öffentliches Recht
und Völkerrecht,
Im Neuenheimer Feld 535,
69120 Heidelberg,
(06221) 4826 02,
E-Mail: sekreavb@mpil.de

Bogs, Dr. Harald, o. Professor,
Franz-Eisele-Allee 2, App. 14,
82340 Feldafing

Bohne, Dr. Eberhard, M.A., Professor,
Conrad-Hist-Straße 35, 67346 Speyer,
(06232) 737 04, Fax (06232) 601 0871;
Deutsche Universität für
Verwaltungswissenschaften Speyer,
Freiherr-vom-Stein-Straße 2, 67346 Speyer,
(06232) 654-326, Fax (06232) 654-416,
E-Mail: bohne@uni-speyer.de

Borowski, Dr. Martin, Professor,
Universität Heidelberg, Institut für
Staatsrecht,
Verfassungslehre und Rechtsphilosophie,
Friedrich-Ebert-Anlage 6–10,
69117 Heidelberg,
(06221) 54-7462,
E-Mail: borowski@jurs.uni-heidelberg.de

Bothe, Dr. Michael, Universitätsprofessor,
Theodor-Heuss-Str. 6, 64625 Bensheim,
(06251) 4345;
E-Mail: bothe-bensheim@t-online.de

Boysen, Dr. Sigrid, Universitätsprofessorin,
Helmut-Schmidt-Universität/
Universität der Bundeswehr Hamburg,
Professur für Öffentliches Recht,
Völker- und Europarecht,
Holstenhofweg 85, 22043 Hamburg,
(040) 6541 2771, Fax (040) 6541 2087,
E-Mail: boysen@hsu-hh.de

Braun Binder, Dr. Nadja,
Professorin für Öffentliches Recht,
Juristische Fakultät der Universität Basel,
Peter Merian-Weg 8, Postfach,
CH-4002 Basel, (0041) 61 207 24 43,
E-Mail: nadja.braunbinder@unibas.ch

Breitenmoser, Dr. Stephan, Professor,
Ordinarius für Europarecht,
Juristische Fakultät der Universität Basel,
Peter Merian-Weg 8, Postfach,
CH-4002 Basel,
(0041) 61267 2551,
Fax (0041) 61267 2579,
E-Mail: stephan.breitenmoser@unibas.ch

Brenner, Dr. Michael, Professor,
Universität Jena,
Lehrstuhl für Deutsches und Europäisches
Verfassungs- und Verwaltungsrecht,
Carl-Zeiss-Str. 3, 07743 Jena,
(03641) 9422 40 oder -41,
Fax (03641) 9422 42,
E-Mail: prof.brenner@t-online.de

Breuer, Dr. Marten, Professor,
Universität Konstanz, Lehrstuhl für
Öffentliches Recht mit internationaler
Ausrichtung,
Universitätsstr. 10, 78464 Konstanz,
(07531) 88 2416, Fax (07531) 88 3041,
E-Mail: Lehrstuhl.Breuer@uni-konstanz.de

Breuer, Dr. Rüdiger, Professor,
Buschstr. 56, 53113 Bonn,
(0228) 2179 72, Fax (0228) 2248 32;
Köhler & Klett Rechtsanwälte,
Köln,
(0221) 4207-291, Fax (0221) 4207-255,
E-Mail: breuer.ruediger@arcor.de

Brinktrine, Dr. Ralf, Universitätsprofessor,
Margaretenstr. 31,
97276 Margetshöchheim,
(0931) 3044 5884;
Lehrstuhl für Öffentliches Recht,
deutsches und europäisches Umweltrecht
und Rechtsvergleichung,
Juristische Fakultät,
Universität Würzburg,
Domerschulstraße 16, 97070 Würzburg,
(0931) 318-2331,
E-Mail: Ralf.Brinktrine@jura.
uni-wuerzburg.de

Britz, Dr. Gabriele, Professorin,
Richterin des Bundesverfassungsgerichts,
Justus-Liebig-Universität Gießen,
Professur für Öffentliches Recht
und Europarecht,
Hein-Heckroth-Straße 5, 35390 Gießen,
(0641) 992 1070, Fax (0641) 992 1079,
E-Mail: Gabriele.Britz@recht.
uni-giessen.de

Broemel, Dr. Roland, Professor,
Goethe-Universität Frankfurt am Main,
Fachbereich Rechtswissenschaft,
Theodor-W.-Adorno-Platz 3
60629 Frankfurt am Main,
(069) 798-34024,
E-Mail: broemel@jur.uni-frankfurt.de

Bröhmer, Dr. Jürgen, Professor,
4 Hinton Cove, 6170 Wellard, WA,
(0061) 8 9419 5965;
Dean and Professor of Law,
School of Law, Murdoch University,
Murdoch, WA 6150, Australien,

(0061) 89360 6050,
E-Mail: j.brohmer@murdoch.edu.au

Brosius-Gersdorf, Dr. Frauke, LL.M.,
Professorin,
Leibniz Universität Hannover,
Juristische Fakultät
Lehrstuhl für Öffentliches Recht,
insb. Sozialrecht,
Öffentliches Wirtschaftsrecht und
Verwaltungswissenschaft,
Königsworther Platz 1, 30167 Hannover,
(0511) 762-8225/6, Fax (0511) 762-8228,
E-Mail: brosius-gersdorf@jura.
uni-hannover.de

Brühl-Moser, Dr. Denise,
Titularprofessorin,
Freiburgstr. 130, CH-3003 Bern,
(0041) 998 93182 3685,
E-Mail: d.bruehl-moser@unibas.ch

Brüning, Dr. Christoph, Professor,
Christian-Albrechts-Universität zu Kiel,
Lehrstuhl für Öffentliches Recht
und Verwaltungswissenschaft
Olshausenstr. 75, 24118 Kiel,
(0431) 880-15 05, Fax (0431) 880-4582,
E-Mail: cbruening@law.uni-kiel.de

Brünneck, Dr. Alexander von, Professor,
Blumenhagenstr. 5, 30167 Hannover,
Tel./Fax (0511) 71 6911;
E-Mail: rechtsanwalt.bruenneck@
agrarkanzlei.de

Bryde, Dr. Brun-Otto, o. Professor,
Richter des Bundesverfassungsgerichts a. D., Universität Gießen,
Hein-Heckroth-Str. 5, 35390 Gießen,
(0641) 992 1060/61, Fax (0641) 992 1069,
E-Mail: Brun.O.Bryde@recht.
uni-giessen.de

Bull, Dr. Hans Peter, o. Professor,
Falckweg 16, 22605 Hamburg,

(040) 880 5652,
E-Mail: HP-Bull@t-online.de

Bultmann, Dr. Peter Friedrich, apl. Prof.,
Am Pankepark 51, 10115 Berlin,
(030) 4405 6443;
Humboldt-Universität zu Berlin,
Unter den Linden 6, 10099 Berlin,
E-Mail: piet.bultmann@rz.hu-berlin.de

Bumke, Dr. Christian, Professor,
Apostel-Paulus-Str. 19, 10825 Berlin,
(030) 782 6787;
Bucerius Law School, Jungiusstraße 6,
20355 Hamburg,
(040) 30706-237, Fax (040) 30706-259,
E-Mail: christian.bumke@law-school.de

Bungenberg, Dr. Marc, LL.M. (Lausanne),
Professor,
Pirmasenser Str. 3, 30559 Hannover,
(0511) 219 3413 oder (0177) 434 9722;
Universität Siegen,
Fachbereich Wirtschaftswissenschaften,
Wirtschaftsrecht und Wirtschaftsinformatik,
Lehrstuhl für Öffentliches Recht
und Europarecht,
Hölderlinstr. 3, 57068 Siegen,
(0271) 740 3219, Fax (0271) 740 2477,
E-Mail: marc.bungenberg@gmx.de

Burgi, Dr. Martin, Professor,
Institut für Politik und Öffentliches Recht
der LMU München,
Lehrstuhl für Öffentliches Recht,
Wirtschaftsverwaltungsrecht,
Umwelt- und Sozialrecht,
Prof.-Huber-Platz 2, 80539 München,
(089) 2180-6295,
Fax (089) 2180-3199,
E-Mail: martin.burgi@jura.
uni-muenchen.de

Burkert, Dr. Herbert, Professor,
Uferstr. 31, 50996 Köln-Rodenkirchen,
(02213) 9 7700, Fax (02213) 9 7711;

MCM-HSG, Universität St. Gallen,
Müller-Friedberg-Str. 8,
CH-9000 St. Gallen,
(0041) 71-222 4875,
Fax (0041) 71-222 4875,
E-Mail: herbert.burkert@unisg.ch

Burri, Dr. Thomas, LL.M., Professor,
Assistenzprofessor für Völkerrecht
und Europarecht
Bodanstr. 8, CH-9000 St. Gallen,
E-Mail: Thomas.Burri@unisg.ch

Bußjäger, Dr. Peter, Univ.-Prof.,
Institut für Öffentliches Recht,
Staats- und Verwaltungslehre,
Innrain 52d, A-6020 Innsbruck,
E-Mail: peter.bussjaeger@uibk.ac.at

Butzer, Dr. iur. Hermann, Professor,
Moltkestr. 4, 30989 Gehrden,
(05108) 8782 323;
Leibniz-Universität Hannover,
Lehrstuhl für Öffentliches Recht,
insbesondere Recht der staatlichen
Transfersysteme,
Königsworther Platz 1, 30167 Hannover,
(0511) 7 6281 69, Fax (0511) 762 8203,
E-Mail: butzer@jura.uni-hannover.de

Calliess, Dr. Christian, LL.M. Eur.,
M.A.E.S. (Brügge), Professor,
(0175) 205 75 22;
Freie Universität Berlin, Lehrstuhl für
Öffentliches Recht und Europarecht,
Van't-Hoff-Str. 8, 14195 Berlin,
(030) 8385 1456,
Fax (0 30) 8385 3012,
E-Mail: europarecht@fu-berlin.de

Cancik, Dr. Pascale, Professorin,
Universität Osnabrück,
Institut für Kommunalrecht
und Verwaltungswissenschaft,
Fachbereich Rechtswissenschaft,
Martinistraße 12, 49078 Osnabrück,

(0541) 969-6044, (0541) 969-6099 (Sekr.),
Fax (0541) 969-6082,
E-Mail: pcancik@uni-osnabrueck.de

Capitant, Dr. Dr. h.c., David, Professor,
44, rue des Ecoles, F-75005 Paris,
(0033) 615 102 596,
E-Mail: dcapitant@gmail.com

Caspar, Dr. Johannes, Privatdozent,
Tronjeweg 16, 22559 Hamburg,
(040) 8196 1195,
Fax (040) 8196 1121;
Universität Hamburg,
Fachbereich Rechtswissenschaft,
Edmund-Siemers-Allee 1, Flügel West,
20146 Hamburg,
(040) 42838-5760,
Fax (0 40) 42838-6280,
Der Hamburgische Beauftragte
für Datenschutz und Informationsfreiheit,
Klosterwall 6 (Block C), 20095 Hamburg,
E-Mail: johannes.caspar@datenschutz.
hamburg.de

Classen, Dr. Claus Dieter, Professor,
Universität Greifswald,
17487 Greifswald,
(03834) 420 21 21 oder 21 24,
Fax (03834) 420 2171,
E-Mail: Classen@uni-greifswald.de

Coelln, Dr. Christian von,
Universitätsprofessor,
Lehrstuhl für Staats- und Verwaltungsrecht
sowie Wissenschaftsrecht und Medienrecht
Universität zu Köln,
Albert-Magnus-Platz, 50923 Köln,
(0221) 470-40 66,
E-Mail: cvcoelln@uni-koeln.de

Collin, Dr. Peter, Privatdozent,
Rykestr. 18, 10405 Berlin,
(030) 4005 6292;
MPI für europäische Rechtsgeschichte,
Hausener Weg 120,
60489 Frankfurt am Main,
(069) 789 78-1 61,
Fax (069) 789 78-1 69,
E-Mail: collin@rg.mpg.de

Cornils, Dr. Matthias, Professor,
Johannes Gutenberg-Universität Mainz,
Fachbereich Rechts- und
Wirtschaftswissenschaften,
Jakob-Welder-Weg 9, 55099 Mainz,
(06131) 39-220 69,
E-Mail: cornils@uni-mainz.de

Cossalter, Dr. Philippe, Professor,
Lehrstuhl für französisches öffentliches
Recht,
Rechtswissenschaftliche Fakultät,
Universität des Saarlandes,
Postfach 15 11 50, 66041 Saarbrücken,
(0681) 302-3446,
E-Mail: cossalter@mx.uni-saarland.de

Cremer, Dr. Hans-Joachim,
Universitätsprofessor,
Steinritzstr. 21, 60437 Frankfurt am Main;
Universität Mannheim,
Fakultät für Rechtswissenschaft,
Schloss, Westflügel, 68131 Mannheim,
(0621) 181-1428, -1429 (Sekr.),
Fax (0621) 181-1430,
E-Mail: Hjcremer@rumms.
uni-mannheim.de

Cremer, Dr. Wolfram, Professor,
Schellstraße 13, 44789 Bochum;
Ruhr-Universität Bochum, Lehrstuhl für
Öffentliches Recht und Europarecht,
GC 8/160, 44780 Bochum,
(0234) 32-22818,
Fax (0234) 32-14 81,
E-Mail: wolfram.cremer@rub.de

Czybulka, Dr. Detlef, Universitätsprofessor,
Bergstraße 24–25, 18107 Elmenhorst,
(0381) 795 3944, Fax (0381) 795 3945;
Universität Rostock,

Lehrstuhl für Staats- und Verwaltungsrecht,
Umweltrecht und Öffentliches
Wirtschaftsrecht,
Universitätsplatz 1, 18051 Rostock,
(0381) 498-8250,
Fax (0381) 498-8252,
E-Mail: detlef.czybulka@uni-rostock.de

Dagtoglou, Dr. Prodromos, Professor,
Hippokratous 33, GR-Athen 144,
(0030) 1322 1190;
dienstl.: (0030) 1362 9065

Damjanovic, Dr. Dragana,
Universitätsprofessorin,
Institut für öffentliches und
europäisches Recht
Welthandelsplatz 1, A-1020 Wien
(0043) 1 31336 4254
E-Mail: dragana.damjanovic@wu.ac.at

Dann, Dr. Philipp, LL.M., Professor,
Sybelstr. 37, 10629 Berlin;
Lehrstuhl für Öffentliches Recht und
Rechtsvergleichung,
Humboldt-Universität zu Berlin
Unter den Linden 6, 10099 Berlin,
(030) 2093 9975,
E-Mail: philipp.dann@rewi.hu-berlin.de

Danwitz, Dr. Dr. h.c. Thomas von,
Professor,
Klinkenbergsweg 1, 53332 Bornheim,
(02227) 9091 04,
Fax (02227) 90 9105;
Richter am Gerichtshof der
Europäischen Union,
L-2925 Luxemburg, (00352) 4303-2230,
Fax (00352) 4303-2071,
E-Mail: thomas.vondanwitz@curia.
europa.eu

Davy, Dr. Benjamin, Universitätsprofessor,
Graf von Galen Straße 64, 33619 Bielefeld,
(0049) 521 9630 8545,
E-Mail: benjamin.davy@udo.edu

Davy, Dr. Ulrike, Universitätsprofessorin,
Graf von Galen Straße 64,
33619 Bielefeld,
(0231) 7799 94 oder 794 9979
Lehrstuhl für öffentliches Recht,
deutsches und internationales Sozialrecht
und Rechtsvergleichung,
Universität Bielefeld,
Postfach 10 01 31, 33501 Bielefeld,
(0521) 106 4400 oder 6893 (Sekr.),
Fax (0521) 106 8083,
E-Mail: ulrike.davy@uni-bielefeld.de

Decken, Dr. Kerstin von der, Professorin,
Christian-Albrechts-Universität zu Kiel,
Walther-Schücking-Institut für
Internationales Recht,
Westring 400, 24118 Kiel,
(0431) 880-2149, Fax (0431) 880-1619,
E-Mail: decken@wsi.uni-kiel.de

Dederer, Dr. Hans-Georg,
Universitätsprofessor,
Juristische Fakultät Universität Passau,
Innstr. 39, 94032 Passau,
(0851) 509-2340,
E-Mail: Hans-Georg.Dederer@
uni-passau.de

Degenhart, Dr. Christoph,
Universitätsprofessor,
Stormstr. 3, 90491 Nürnberg,
(0911) 59 2462, Fax (0911) 59 2462;
Juristenfakultät, Universität Leipzig,
Burgstr. 27, 04109 Leipzig,
(0341) 97-35191, Fax (0341) 97-35199,
E-Mail: degen@rz.uni-leipzig.de

Delbanco, Dr. Heike, Privatdozentin,
Freier Damm 25 c, 28757 Bremen,
(0421) 243 6381, Fax (0421) 330 4940;
Ärztekammer Bremen,
Schwachhauser Heerstraße 30,
28209 Bremen,
(0421) 3404-200,
Fax (0421) 3404-209

Denninger, Dr. Dr. h.c. Erhard,
Professor em.,
Am Wiesenhof 1, 61462 Königstein,
(06173) 789 88;
E-Mail: Denninger@jur.uni-frankfurt.de

Depenheuer, Dr. Otto, Professor,
Joachimstraße 4, 53113 Bonn,
(0228) 9289 4363, Fax (0228) 9289 4364;
Universität zu Köln,
Seminar für Staatsphilosophie
und Rechtspolitik,
Albertus-Magnus-Platz, 50923 Köln,
(0221) 470 2230,
Fax (0221) 470 5010,
E-Mail: Depenheuer@uni-koeln.de

Desens, Dr. Marc, Universitätsprofessor,
Ferdinand-Lassalle-Str. 2, 04109 Leipzig,
(0341) 3558 7365;
Juristenfakultät,
Universität Leipzig, Lehrstuhl für
Öffentliches Recht, insb. Steuerrecht
und Öffentliches Wirtschaftsrecht,
Burgstr. 21, 04109 Leipzig,
(0341) 9735-270, Fax (0341) 9735-279
E-Mail: marc.desens@uni-leipzig.de

Determann, Dr. Lothar, apl. Prof.,
2 Embarcadero Center, #11fl, c/o Baker/
McKenzie, San Francisco, CA 94119,
USA Freie Universität Berlin,
Fachbereich Rechtswissenschaft
Van't-Hoff-Straße 8, 14195 Berlin
E-Mail: lothar.determann@bakernet.com

Detterbeck, Dr. Steffen, o. Professor,
Stettiner Str. 60, 35274 Kirchhain,
(06422) 4531;
E-Mail: detterbeck@jura.uni-marburg.de

Di Fabio, Dr. Dr. Udo, Professor,
Richter des Bundesverfassungs-
gerichts a. D.;
Institut für Öffentliches Recht,
Abt. Staatsrecht,
Rheinische Friedrich Wilhelms-Universität,
Adenauerallee 44, 53113 Bonn,
(0228) 7355-73, Fax (0228) 7379 35,
E-Mail: difabio@uni-bonn.de

Dietlein, Dr. Johannes, Professor,
Heinrich-Heine-Universität,
Lehrstuhl für Öffentliches Recht und
Verwaltungslehre,
Zentrum für Informationsrecht,
Universitätsstr. 1, 40225 Düsseldorf,
(0211) 81-1 1420, Fax (0211) 81-1 1455,
E-Mail: dietlein@uni-duesseldorf.de

Dietz, Dr. Andreas, apl. Prof.,
Vorsitzender Richter,
Bayerisches Verwaltungsgericht Augsburg,
Kornhausgasse 4, 86152 Augsburg,
(0821) 327-04 (Zentrale),
E-Mail: andreas.dietz@vg-a.bayern.de

Diggelmann, Dr. Oliver, Professor,
Alte Landstrasse 49, 8802 Kilchberg,
(0041) 43244 4535;
Institut für Völkerrecht und
ausländisches Verfassungsrecht,
Lehrstuhl für Völkerrecht, Europarecht,
Öffentliches Recht und Staatsphilosophie,
Rämistrasse 74/36, 8001 Zürich,
(0041) 44 634-2054 oder -2033,
Fax (0041) 44 634-5399,
E-Mail: oliver.diggelmann@rwi.uzh.ch

Dittmann, Dr. Armin, o. Professor,
Karl-Brennenstuhl-Str. 11, 72074 Tübingen,
(07071) 824 56;
E-Mail: aa.dittmann@gmx.de

Dörr, Dr. Dieter, Universitätsprofessor,
Am Stadtwald 6, 66123 Saarbrücken;
(0681) 372700,
E-Mail: ddoerr@uni-mainz.de

Dörr, Dr. Oliver, LL.M. (London),
Professor,
Universität Osnabrück, Fachbereich

Rechtswissenschaft,
European Legal Studies Institute,
49069 Osnabrück,
(0541) 969 6050 oder -6051,
Fax (0541) 969 6049,
E-Mail: odoerr@uos.de

Dreier, Dr. Horst, o. Professor,
Bismarckstr. 13, 21465 Reinbek,
(040) 722 5834;
E-Mail: dreier@mail.uni-wuerzburg.de

Droege, Dr. Michael, Universitätsprofessor,
Lehrstuhl für Öffentliches Recht:
Verwaltungsrecht, Religionsverfassungs-
recht und Kirchenrecht,
Eberhard Karls Universität Tübingen,
Geschwister-Scholl-Platz, 72074 Tübingen,
(07071) 29 78125,
E-Mail: michael.droege@uni-tuebingen.de

Drüen, Dr. Klaus-Dieter, Professor,
Ludwig-Maximilians-Universität München,
Lehrstuhl für Deutsches, Europäisches und
Internationales Steuerrecht und
Öffentliches Recht,
Professor-Huber-Platz 2,
80539 München,
(089) 2180 27 18; Fax (089) 2180 17 843
E-Mail: klaus-dieter.drueen@jura.
uni-muenchen.de

Durner, Dr. jur., Dr. phil. Wolfgang, LL.M.
(London), Professor,
Viktoriaplatz 1,
53173 Bonn-Bad Godesberg;
Rheinische Friedrich-Wilhelms-Universität
Bonn, Rechts- und Staatswissenschaftliche
Fakultät,
Adenauerallee 44, 53113 Bonn,
(0228) 73 9151, Fax (0228) 73 5582,
E-Mail: durner@uni-bonn.de

Dürrschmidt, Dr. Daniel, LL.M.
(Univ. Sydney), Privatdozent,
Ludwig-Maximilians-Universität München,
Lehrstuhl für Deutsches, Europäisches
und Internationales Steuerrecht
und Öffentliches Recht,
Prof.-Huber-Platz 2, 80539 München,
+49 (0)89/2180-1694,
E-Mail: daniel.duerrschmidt@jura.
uni-muenchen.de

Eberhard, Dr. Harald,
Universitätsprofessor,
Troststr. 89/16, A-1100 Wien,
Wirtschaftsuniversität Wien, Institut für
Österreichisches und Europäisches
Öffentliches Recht,
Welthandelsplatz 1/D3, 1020 Wien,
(0043) 1313 36-4243,
Fax (0043) 1313 36-90 4243
E-Mail: harald.eberhard@wu.ac.at

Eberle, Dr. Carl-Eugen, Professor,
Kapellenstr. 68a, 65193 Wiesbaden,
(06 11) 5204 68,
E-Mail: eberle.ce@t-online.de

Ebsen, Dr. Ingwer, Professor,
Alfred-Mumbächer-Str. 19, 55128 Mainz,
(06131) 33 10 20;
FB Rechtswissenschaft,
Universität Frankfurt, Postfach 11 19 32,
60629 Frankfurt am Main,
(069) 7982 2703,
E-Mail: Ebsen@jur.uni-frankfurt.de

Eckhoff, Dr. Rolf, Professor,
Lehrstuhl für Öffentliches Recht,
insbesondere Finanz- und Steuerrecht,
Universitätsstr. 31, 93040 Regensburg,
(0941) 943 2656 57, Fax (0941) 943 1974,
E-Mail: Rolf.Eckhoff@jura.
uni-regensburg.de

Edenharter, Dr. Andrea
Universitätsprofessorin,
Lehrstuhl für Verwaltungsrecht,
insb. Wirtschaftsverwaltungsrecht
sowie Allgemeine Staatslehre

FernUniversität in Hagen
Universitätsstraße 11, 58097 Hagen
(02331) 987-2341 oder -2419
E-Mail: Andrea.Edenharter@
fernuni-hagen.de

Egli, Dr. Patricia, LL.M. (Yale),
Privatdozentin, Lehrbeauftragte
an der Universität St. Gallen,
Meienbergstr. 65, CH-8645 Jona,
(0041) 79768 9465,
E-Mail: patricia.egli@unisg.ch

Ehlers, Dr. Dirk, Professor,
Am Mühlenbach 14, 48308 Senden,
(02597) 8415;
Zentrum für öffentliches Wirtschaftsrecht,
Westfälische Wilhelms-Universität
Münster,
Universitätsstr. 14–16, 48143 Münster,
(0251) 83-21906,
Fax (0251) 83-28315
E-Mail: ehlersd@uni-muenster.de

Ehrenzeller, Dr. Bernhard, o. Professor,
Kirchlistraße 36a, CH-9010 St. Gallen,
Institut für Rechtswissenschaft und
Rechtspraxis (IRP-HSG),
Bodanstr. 4, CH-9000 St. Gallen,
(0041) 71-224 2440 oder -46,
Fax (0041) 71-224 2441,
E-Mail: Bernhard.Ehrenzeller@unisg.ch

Eichenhofer, Johannes Samuel,
Priv.-Doz. Dr.,
Universität Bielefeld, Fakultät
für Rechtswissenschaft,
Morgenbreede 39, 33501 Bielefeld,
(0049) 179 1458489
E-Mail: johannes.eichenhofer@
uni-bielefeld.de

Eifert, Dr. Martin, LL.M. (Berkeley),
Professor,
Amalienpark 8, 13187 Berlin;
Humboldt-Universität zu Berlin,

Lehrstuhl für Öffentliches Recht,
insbesondere Verwaltungsrecht,
Postanschrift: Unter den Linden 6,
10099 Berlin,
Sitz: Gouverneurshaus, Raum 303,
Unten den Linden 11, Berlin-Mitte,
(030) 2093 3620,
Fax (030) 2093 3623,
E-Mail: martin.eifert@rewi.hu-berlin.de

Eisenberger, Dr. Iris, Univ.-Professorin,
Universität für Bodenkultur Wien,
Institut für Rechtswissenschaften,
Feistmantelstraße 4, A-1180 Wien,
(0043) 1 47654 73600,
E-Mail: iris.eisenberger@boku.ac.at

Eisenmenger, Dr. Sven, Professor,
Hochschule in der Akademie der Polizei
Hamburg/University of Applied
Sciences, Forschungsstelle Europäisches
und Deutsches Sicherheitsrecht (FEDS),
Professur für Öffentliches Recht,
Carl-Cohn-Straße 39, Block III,
Raum EG 6,
22297 Hamburg,
(040) 4286 24433
E-Mail: sven.eisenmenger@
polizei-studium.org

Ekardt, Dr. Dr. Felix, LL.M., M.A.,
Professor,
Forschungsstelle Nachhaltigkeit und
Klimapolitik,
Könneritzstraße 41, 04229 Leipzig,
Tel. + Fax (0341) 49277866,
E-Mail: felix.ekardt@uni-rostock.de

Elicker, Dr. Michael, Professor,
Dunzweiler Straße 6, 66564 Ottweiler,
(06858) 6998 53,
Fax (06858) 6998 53;
Universität des Saarlandes,
Lehrstuhl für Staats- und Verwaltungs-
recht, Wirtschafts-, Finanz- u. Steuerrecht,
Rechtswissenschaftliche Fakultät,

Im Stadtwald, 66123 Saarbrücken,
(0681) 302-2104, Fax (0681) 302-4779,
E-Mail: m.elicker@gmx.de

Emmerich-Fritsche, Dr. Angelika,
Privatdozentin,
Hornschuchpromenade 17, 90762 Fürth,
(0911) 7066 60;
E-Mail: info@emmerich-fritsche.de

Enders, Dr. Christoph,
Universitätsprofessor,
Universität Leipzig, Juristenfakultät,
Lehrstuhl für Öffentliches Recht,
Staats- und Verfassungslehre,
Burgstr. 21, 04109 Leipzig,
(0341) 9735 350, Fax (0341) 97 35359,
E-Mail: chenders@rz.uni-leipzig.de

Engel, Dr. Christoph, Professor,
Max-Planck-Institut zur Erforschung
von Gemeinschaftsgütern,
Kurt-Schumacher-Straße 10,
53113 Bonn,
(0228) 914 16-10, Fax (0228) 914 16-11,
E-Mail: engel@coll.mpg.de

Engels, Dr. Andreas, Privatdozent,
Peter-von-Fliesteden-Str. 23, 50933 Köln,
E-Mail: a.engels@gmx.de;
Universität zu Köln, Institut für Staatsrecht,
Albertus Magnus Platz, 50923 Köln,
(0221) 470 4359,
Fax (0221) 470 5075,
E-Mail: andreas.engels@uni-koeln.de

Englisch, Dr. Joachim, Professor,
Nettelbeckstr. 11, 40477 Düsseldorf,
(0211) 4165 8735,
E-Mail: jo.e@gmx.de;
Westfälische Wilhelms-Universität
Münster, Lehrstuhl für Öffentliches Recht
und Steuerrecht,
Universitätsstr. 14–16, 48143 Münster,
(0251) 83 2 2795, Fax (0251) 83 2 8386,
E-Mail: jengl_01@uni-muenster.de

Ennöckl, Dr. Daniel, LL.M.
Universität Wien,
Institut für Staats-und Verwaltungsrecht,
Schottenbastei 10–16,
A-1010 Wien,
(0043) 1 4277 35454,
Fax (0043) 1 4277 35459
E-Mail: daniel.ennoeckl@univie.ac.at

Ennuschat, Dr. Jörg, Professor,
Ruhr-Universität Bochum,
Lehrstuhl für Öffentliches Recht,
insbes. Verwaltungsrecht
Universitätsstr. 150,
44801 Bochum
(0234) 3225275, Fax (0234) 3214282
E-Mail: Joerg.Ennuschat@rub.de

Epiney, Dr. Astrid, Professorin,
Avenue du Moléson 18, CH-1700 Fribourg,
(0041) 26 323 4224;
Universität Fribourg i.Ue./CH,
Lehrstuhl für Europa-,
Völker- und Öffentliches Recht,
Av. de Beauregard 11, CH-1700 Fribourg,
(0041) 26 300 8090,
Fax (0041) 26 300 9776,
E-Mail: Astrid.Epiney@unifr.ch

Epping, Dr. Volker, Professor,
Neddernwanne 38, 30989 Gehrden,
(05108) 9126 97;
Leibniz Universität Hannover,
Juristische Fakultät,
Königsworther Platz 1, 30167 Hannover,
(0511) 762 82 48/49,
Fax (0511) 762 82 52,
E-Mail: epping@jura.uni-hannover.de

Erbel, Dr. Günter, Professor,
Bornheimer Straße 106, 53111 Bonn

Erbguth, Dr. Wilfried, Professor,
Friedrich-Franz-Str. 38, 18119 Rostock,
(0381) 548 6709,
E-Mail: wilfried.erbguth@uni-rostock.de

Erichsen, Dr. Hans-Uwe, o. Professor,
Falkenhorst 17, 48155 Münster,
(0251) 313 12;
Kommunalwissenschaftliches Institut,
Universität Münster,
Universitätsstr. 14–16, 48143 Münster,
(0251) 8327 41,
E-Mail: erichse@uni-muenster.de

Ernst, Dr. Christian, Privatdozent,
Barmbeker Straße 163, 22299 Hamburg,
0163 / 5703075,
Bucerius Law School, Jungiusstr. 6,
20355 Hamburg,
(040) 3 07 06 204, Fax (040) 3 07 06 195,
E-Mail: christian.ernst@law-school.de

Errass, Dr. Christoph, Professor,
Titularprofessor für öffentliches Recht an
der Universität St. Gallen Schweizerisches
Bundesgericht,
Av. du Tribunal-fédéderal 29,
CH-1000 Lausanne 14,
(0041) 21 318 9111,
E-Mail: christoph.errass@unisg.ch

Faber, Dr. Angela, apl. Professorin,
Am Beller Weg 65, 50259 Pulheim
(02234) 64370
Mail: mail@angelafaber.de;
Dezernentin für Schule und Integration
beim Landschaftsverband Rheinland,
Kennedy-Ufer 2, 50679 Köln,
(0221) 809 6219,
E-Mail: angela.faber@lvr.de

Farahat, Dr. Anuscheh, LL.M. (Berkeley),
Professorin
Friedrich-Alexander-Universität
Erlangen-Nürnberg, Institut für Deutsches,
Europäisches und Internationales Recht,
Professur für Öffentliches Recht, Migrati-
onsrecht und Menschenrechte,
Schillerstraße 1, 91054 Erlangen,
(0049) 9131 85-26808/26840
Mail: anuscheh.farahat@fau.de

Fassbender, Dr. Bardo, LL.M. (Yale),
o. Professor,
Universität St. Gallen,
Lehrstuhl für Völkerrecht, Europarecht
und Öffentliches Recht,
Tigerbergstraße 21, CH-9000 St. Gallen,
(0041) 71 224 2836,
Fax (0041) 71 224 2162
E-Mail: bardo.fassbender@unisg.ch

Faßbender, Dr. Kurt, Professor,
Universität Leipzig, Lehrstuhl für
Öffentliches Recht,
insb. Umwelt- und Planungsrecht,
Burgstraße 21, 04109 Leipzig,
(0341) 9735-131,
Fax (0341) 9735-139,
E-Mail: fassbender@uni-leipzig.de

Fastenrath, Dr. Ulrich, Professor,
Liliensteinstraße 4, 01277 Dresden,
(0351) 25 40 536;
E-Mail: Ulrich.Fastenrath@tu-dresden.de

Fechner, Dr. Frank, Professor,
TU Ilmenau, Institut für
Rechtswissenschaft,
Postfach 100 565, 98684 Ilmenau,
(03677) 69 4022,
E-Mail: Frank.Fechner@tu-ilmenau.de

Fehling, Dr. Michael, LL.M. (Berkeley),
Professor,
Bucerius Law School, Hochschule für
Rechtswissenschaft,
Jungiusstraße 6, 20355 Hamburg,
Postfach 30 10 30,
(040) 307 06 231, Fax (040) 307 06 235,
E-Mail: michael.fehling@law-school.de

Feichtner, Dr. Isabel, Professorin,
LL.M. (Cardozo)
Julius-Maximilians-Universität Würzburg,
Juristische Fakultät,
Professur für Öffentliches Recht
und Wirtschaftsvölkerrecht,

Domerschulstr. 16, 97070 Würzburg,
(0931) 318-6622,
E-Mail: feichtner@jura.uni-wuerzburg.de

Feik, Dr. Rudolf, ao. Univ.-Prof.,
Hans-Sperl-Straße 7, A-5020 Salzburg,
(0043) 6 76 73 04 33 74;
Universität Salzburg,
Fachbereich Öffentliches Recht,
Kapitelgasse 5–7, A-5020 Salzburg,
(0043) 662 8044 36 03,
Fax (0043) 662 8044 3629,
E-Mail: rudolf.feik@sbg.ac.at

Felix, Dr. Dagmar, Professorin,
Universität Hamburg, Öffentliches Recht
und Sozialrecht,
Fakultät für Rechtswissenschaft,
Rothenbaumchaussee 33,
20148 Hamburg,
(040) 428 38-2665,
Fax (040) 42838-2930,
E-Mail: dagmar.felix@jura.uni-hamburg.de

Fetzer, Dr. Thomas, LL.M., Professor,
Lehrstuhl für öffentliches Recht und
Steuerrecht,
Fakultät für Rechtswissenschaft und
Volkswirtschaftslehre,
Abt. Rechtswissenschaft
Universität Mannheim,
68131 Mannheim;
(0621) 1811 438,
E-Mail: lsfetzer@mail.uni-mannheim.de

Fiedler, Dr. Wilfried, o. Professor,
Am Löbel 2,
66125 Saarbrücken-Dudweiler,
(06897) 7664 01;
Forschungsstelle Internationaler
Kulturgüterschutz,
Universität des Saarlandes, Gebäude 16,
Postfach 15 11 50, 66041 Saarbrücken,
(0681) 302-3200,
Fax (0681) 302-4330,
E-Mail: w.fiedler@mx.uni-saarland.de

Fink, Dr. Udo, Univ. -Professor,
Johannes-Gutenberg-Universität Mainz,
Fachbereich Rechts- und
Wirtschaftswissenschaften,
55099 Mainz,
(06131) 392 2384,
E-Mail: pfink@uni-mainz.de

Finke, Dr. Jasper, PD, LL.M. (Columbia),
Referent im Bundesministerium
der Justiz und für Verbraucherschutz
E-Mail: finke-ja@bmjv.bund.de

Fisahn, Dr. Andreas, Professor,
Grüner Weg 83, 32130 Enger;
Universität Bielefeld, Fakultät für
Rechtswissenschaft,
Postfach 10 01 31,
33501 Bielefeld,
(0521) 106 4384,
E-Mail: andreas.fisahn@uni-bielefeld.de

Fischer, Dr. Kristian, Privatdozent,
Deidesheimer Str. 52, 68309 Mannheim,
(0621) 73 8245;
Lehrstuhl für Öffentliches Recht und
Steuerrecht,
Universität Mannheim,
Schloss Westflügel,
68131 Mannheim,
(0621) 181 1435, Fax (0621) 181 1437,
E-Mail: kfischer@jura.uni-mannheim.de

Fischer-Lescano, Dr. Andreas,
LL.M. (EUI, Florenz), Professor,
Hobrechtsstr. 48, 12047 Berlin;
Zentrum für Europäische Rechtspolitik
(ZERP),
Universität Bremen, Fachbereich
Rechtswissenschaft,
Universitätsallee GW 1,
28359 Bremen,
(0421) 218 66 222,
Fax (0421) 218 66 230,
E-Mail: fischer-lescano@zerp.
uni-bremen.de

Fister, Dr. Mathis Univ.-Professor,
Johannes Kepler Universität Linz,
Institut für Verwaltungsrecht und
Verwaltungslehre,
Altenberger Straße 69, Juridicum, 4. Stock,
Trakt B, J 400 B, 4040 Linz,
(0043) 732 2468 1860,
E-Mail: mathis.fister@jku.at

Fleiner, Dr. Dr. h.c. Thomas, o. Professor,
rte. Beaumont 9, CH-1700 Fribourg,
(0041) 26-4 24 66 94,
Fax (0041) 26-4 24 66 89;
Institut für Föderalismus,
Universität Fribourg,
Route d' Englisberg 7,
CH-1763 Granges-Paccot,
(0041) 26-3 00 81 25 oder -28,
Fax (0041) 26-3 00 97 24,
E-Mail: Thomas.Fleiner@unifr.ch

Folz, Dr. Hans-Peter, Universitätsprofessor,
Klosterwiesgasse 31, A-8010 Graz;
Institut für Europarecht/Department of
European Law,
Karl-Franzens-Universität Graz,
RESOWI-Zentrum,
Universitätsstr. 15/C 1, A-8010 Graz,
(0043) 316-380 3625,
Fax (0043) 316-380 9470,
E-Mail: hans-peter.folz@uni-graz.at

Fowkes, Dr. James, LL.M. (Yale),
Professor,
Westfälische Wilhelms-Universität
Münster,
Institut für internationales und
vergleichendes öffentliches Recht Abt. IV,
Rechtswissenschaftliche Fakultät,
Universitätsstr. 14–16, 48143 Münster,
(0049) 251 832 2733,
Email: fowkes@uni-muenster.de

Fraenkel-Haeberle, Dr. Cristina,
apl. Professorin,
Am Rabensteinerweg 2, 67346 Speyer,

Mobil (0162) 3185295;
Programmbereichskoordinatorin,
Deutsches Forschungsinstitut für
öffentliche Verwaltung Speyer,
Freiherr-vom-Stein-Straße 2,
67346 Speyer,
(06232) 654-384, Fax (06232) 654-290,
E-Mail: fraenkel-haeberle@foev-speyer.de

Frank, Dr. Dr. h.c. Götz, Professor,
Cäcilienplatz 4, 26122 Oldenburg,
(04 41) 7 56 89;
Carl von Ossietzky Universität Oldenburg,
Juristisches Seminar,
Öffentliches Wirtschaftsrecht,
26111 Oldenburg,
Paketanschrift: Ammerländer Heerstraße
114–118, 26129 Oldenburg,
(0441) 798-4143, Fax (0441) 798-4151,
E-Mail: Goetz.Frank@uni-oldenburg.de

Frankenberg, Dr. Günter, Professor,
Institut für Öffentliches Recht,
Goethe-Universität Frankfurt,
Rechtswissenschaft,
Theodor-W.-Adorno-Platz 4,
60629 Frankfurt am Main,
(069) 7983 4-270 oder -269,
E-Mail: Frankenberg@jur.uni-frankfurt.de

Franzius, Dr. Claudio, Professor,
Dürerstr. 8, 22607 Hamburg,
(040) 46776382;
Universität Bremen,
Fachbereich Rechtswissenschaft,
Universitätsallee GW 1, 28359 Bremen,
(0421) 218-66100
E-Mail: franzius@uni-bremen.de

Frau, Dr. Robert, Privatdozent,
Europa-Universität Viadrina,
Juristische Fakultät,
Große Scharrnstr. 59,
15230 Frankfurt (Oder),
(0335) 5534 2914,
E-Mail: frau@europa-uni.de

Fremuth, Dr. Michael Lysander,
Univ.-Professor,
Wissenschaftlicher Direktor des Ludwig
Boltzmann Instituts für Menschenrechte,
Universität Wien, Institut für Staats- und
Verwaltungsrecht,
Freyung 6, 1. Hof, Stiege: II, 1010 Wien,
(+ 43) 1 4277 27420,
Fax (+ 43) 1 4277 27429,
E-Mail: michael-lysander.fremuth@
univie.ac.at

Frenzel, Dr. Eike M., Privatdozent,
Institut für Öffentliches Recht,
Rechtswissenschaftliche Fakultät,
Albert-Ludwigs-Universität Freiburg,
Postfach, 79085 Freiburg i. Br.,
(0761) 203-2252, Fax (0761) 203-2293,
E-Mail: eike.frenzel@jura.uni-freiburg.de

Froese, Dr. Judith, Professorin,
Universität Konstanz, Lehrstuhl für
Öffentliches Recht mit Nebengebieten,
Fach 110,
78457 Konstanz
(0049) 7531 88-3004
E-Mail: judith.froese@uni-konstanz.de

Fromont, Dr. Dr. h.c. mult. Michel,
Professor,
12, Boulevard de Port Royal,
F-75005 Paris,
(0033) 1 45 35 73 71,
E-Mail: Fromont.michel@wanadoo.fr

Frotscher, Dr. Werner, Professor,
Habichtstalgasse 32, 35037 Marburg/Lahn,
(06421) 3 29 61;
E-Mail: w.Frotscher@staff.uni-marburg.de

Frowein, Dres. h.c. Jochen Abr.,
o. Professor,
Blumenthalstr. 53, 69120 Heidelberg,
(06221) 4746 82, Fax (06221) 4139 71;
Max-Planck-Institut für ausländisches
öffentliches Recht und Völkerrecht,

Im Neuenheimer Feld 535,
69120 Heidelberg,
(06221) 482-258, Fax (06221) 482-603,
E-Mail: frowein@mpil.de

Führ, Dr. Martin, Professor,
Hochschule Darmstadt,
Sonderforschungsgruppe
Institutionenanalyse, Haardtring 100,
Gebäude A12/Raum 310,
64295 Darmstadt, (0049) 6151 16 38734,

Funk, Dr. Bernd-Christian,
em. o. Professor,
Franz-Graßler-Gasse 23, A-1230 Wien,
(0033) 1 45 35 73 71,
Fax (0043) 1889 2935;
Institut für Staats- und Verwaltungsrecht,
Universität Wien,
Juridicum, Schottenbastei 10–16,
A-1010 Wien,
E-Mail: bernd-christian.funk@univie.ac.at

Funke, Dr. Andreas, Professor,
Kochstraße 21, 91054 Erlangen,
(09131) 829 0597;
Friedrich-Alexander-Universität
Erlangen-Nürnberg,
Lehrstuhl für Öffentliches Recht und
Rechtsphilosophie,
E-Mail: andreas.funke@fau.de

Gächter, Dr. Thomas, Professor,
Universität Zürich,
Lehrstuhl für Staats-, Verwaltungs- und
Sozialversicherungsrecht,
Rechtswissenschaftliches Institut
Treichlerstr. 10, CH-8032 Zürich,
(0041) 446 3430 62,
E-Mail: thomas.gaechter@rwi.uzh.ch

Gärditz, Dr. Klaus Ferdinand,
Professor,
Kastanienweg 48, 53177 Bonn;
Rheinische Friedrich-Wilhelms-Universität
Bonn,

Institut für Öffentliches Recht,
Adenauerallee 24–42, 53113 Bonn,
(0228) 73-9176,
E-Mail: gaerditz@jura.uni-bonn.de

Galetta, Dr. Diana-Urania, LL.M.,
Professorin,
Università degli Studi di Milano,
Facoltà di Giurisprudenza
Dipartimento di diritto pubblico italiano e
sovranazionale,
Via Festa del Perdono 7, I-20122 Milano,
(0039) 02-503 12590,
Fax (0039) 02-503 12546,
E-Mail: diana.galetta@unimi.it

Gall von, Dr. Caroline,
Privatdozentin, J.-Professorin,
Universität zu Köln, Institut für
osteuropäisches Recht und
Rechtsvergleichung,
Klosterstr. 79 d, 50931 Köln,
(0221) 470-5575,
E-Mail: CvGall@uni-koeln.de

Gallwas, Dr. Hans-Ullrich,
Universitätsprofessor,
Hans-Leipelt-Str. 16, 80805 München,
(0170) 216 72 08;
Obermaisperg, 84323 Massing,
(08724) 1386,
Universität München,
Professor-Huber-Platz 2, 80539 München,
E-Mail: hu-gallwas@t-online.de

Gamper, Dr. Anna, Univ.-Prof.,
Universität Innsbruck, Institut für Öffentliches Recht, Staats- und Verwaltungslehre,
Innrain 52d, A-6020 Innsbruck,
(0043) 512 507 84024,
Fax (0043) 512 507 84099,
E-Mail: Anna.Gamper@uibk.ac.at

Gassner, Dr. Ulrich M., Mag.rer.publ.,
M.Jur. (Oxon), Professor,
Scharnitzer Weg 9, 86163 Augsburg,

(0821) 632 50,
E-Mail: ugassner@web.de,
Universität Augsburg,
Universitätsstr. 2, 86135 Augsburg,
(0821) 598 45 46, Fax (0821) 598 45 47,
E-Mail: Ulrich.Gassner@jura.
uni-augsburg.de

Geis, Dr. Max-Emanuel, o. Professor,
Valentin-Rathgeber-Str. 1, 96049 Bamberg,
(0951) 5193-305 oder -306,
Fax (0951) 5193-308,
Friedrich-Alexander-Universität Erlangen,
Institut für Staats- und Verwaltungsrecht,
Schillerstr. 1, 91054 Erlangen,
(09131) 852 2818, Fax (09131) 852 6382,
E-Mail: max-emanuel.geis@jura.
uni-erlangen.de

Gellermann, Dr. Martin, apl. Professor,
Schlesierstraße 14, 49492 Westerkappeln,
(05404) 2047, Fax (05404) 9194 75,
Universität Osnabrück,
Fachbereich Rechtswissenschaften,
49069 Osnabrück, (05404) 9196 95,
E-Mail: M.Gellermann@t-online.de

Germann, Dr. Michael, Professor,
Martin-Luther-Universität
Halle-Wittenberg,
Lehrstuhl für Öffentliches Recht,
Staatskirchenrecht und Kirchenrecht,
Universitätsplatz 5, 06108 Halle,
(0345) 55 232 20, Fax (0345) 55 276 74,
E-Mail: Germann@jura.uni-halle.de

Germelmann, Dr. Claas Friedrich,
LL.M. (Cantab.), Universitätsprofessor,
Leibniz Universität Hannover,
Juristische Fakultät,
Lehrstuhl für Öffentliches Recht,
insbesondere Europarecht,
Königsworther Platz 1, 30167 Hannover,
(0511) 762 8186, Fax (0511) 762 8173,
E-Mail: LS.Germelmann@jura.
uni-hannover.de

Gersdorf, Dr. Hubertus, Professor,
Universität Leipzig, Juristenfakultät
Lehrstuhl für Staats- und Verwaltungs-
sowie Medienrecht,
Burgstraße 21, 04109 Leipzig,
(0341) 97 35 191, Fax (0341) 97 35 199,
E-Mail: hubertus.gersdorf@uni-leipzig.de

Giegerich, Dr. Thomas, Professor,
LL.M. (Virginia), Universitätsprofessor,
Europa-Institut der Universität des
Saarlandes,
Campus Geb. B 2.1, 66123 Saarbrücken,
(0681) 302 3280 (od. -3695 Sekr.),
Fax (0681) 302 4879
E-Mail: giegerich@europainstitut.de

Glaser, Dr. Andreas, Professor,
Lehrstuhl für Staats-, Verwaltungs- und
Europarecht unter besonderer
Berücksichtigung von Demokratiefragen,
Universität Zürich, Rechtswissenschaft-
liches Institut,
Rämistrasse 74/14 CH-8001 Zürich
E-Mail: andreas.glaser@rwi.uzh.ch

Görisch, Dr. Christoph, Prof.,
Von-Weber-Straße 21,
48291 Telgte,
(02504) 9289548;
Fachhochschule für öffentliche Verwaltung
NRW,
Nevinghoff 8/10, 48147 Münster,
E-Mail: christoph.goerisch@fhoev.nrw.de

Goerlich, Dr. Dr. h.c. Helmut, Professor,
Universität Leipzig, Institut für Staats- und
Verwaltungsrecht,
Burgstr. 27, 04109 Leipzig,
(0341) 97 351 71, Fax (0341) 97 351 79,
E-Mail: helmut.goerlich@gmx.de

Götz, Dr. Volkmar, o. Professor,
Geismarlandstr. 17a, 37083 Göttingen,
(0551) 43119,
E-Mail: europa@uni-goettingen.de

Goldhammer, Dr. Michael, Privatdozent,
LL.M. (Michigan),
Universität Bayreuth, RW –
Lehrstuhl für Öffentliches Recht IV,
95440 Bayreuth
(0921) 55 6261, Fax (0921) 55 6262,
E-Mail: goldhamm@umich.edu

Gornig, Dr. Dr. h.c. mult. Gilbert,
Professor,
Pfarracker 4,
35043 Marburg-Bauerbach,
(06421) 1635 66,
Fax (06421) 1637 66;
E-Mail: Gornig@voelkerrecht.com

Grabenwarter, Dr. Dr. Christoph,
Universitätsprofessor,
Institut für Europarecht und Internationales
Recht, Wirtschaftsuniversität Wien,
Welthandelsplatz 1 / Gebäude D3,
1020 Wien,
(0043) 1313 36 4423,
Fax (0043) 1313 36 9205,
Mitglied des Verfassungsgerichtshofs,
Verfassungsgerichtshof, Freyung 8,
1010 Wien, (0043) 1531 22 1394,
E-Mail: sekretariat.grabenwarter@wu.ac.at

Gramlich, Dr. Ludwig, Professor,
Justus-Liebig-Str. 38 A, 64839 Münster;
Fakultät für Wirtschaftswissenschaften,
TU Chemnitz-Zwickau,
Postfach 9 64, 09009 Chemnitz,
(0371) 531 4164, -65,
Fax (0371) 531 3961,
E-Mail: l.gramlich@wirtschaft.
tu-chemnitz.de

Graser, Dr. Alexander, Professor,
Brennereistraße 66,
85662 Hohenbrunn,
(08102) 7788 55;
Universität Regensburg, Fakultät für
Rechtswissenschaft, Lehrstuhl
für Öffentliches Recht und Politik,

Universitätsstraße 31, 93053 Regensburg,
(0941) 943 5760, Fax (0941) 943 5771,
E-Mail: Alexander.Graser@jura.
uni-regensburg.de

Grawert, Dr. Dr. h.c. Rolf, o. Professor,
Aloysiusstrasse 28, 44795 Bochum,
(0234) 4736 92, Fax (0234) 516 91 36,
Ruhr-Universität Bochum,
Juristische Fakultät,
Universitätsstrasse 150, GC 8/59,
44721 Bochum,
(0234) 3222 5265, Fax (0234) 321 4236,
E-Mail: Rolf.Grawert@ruhr-uni-bochum.de

Grewe, Dr. Dr. h.c. Constance,
Universitätsprofessorin,
55 Bd de la Vilette, BAL 132,
F-75015 Paris;
E-Mail: grewe04@gmail.com

Griebel, Dr. Jörn, Professor,
Universität Siegen, Fakultät III,
Kohlbettstraße 15, 57072 Siegen,
(0271) 740-3219, Fax (0271) 740-13219,
E-Mail: griebel@recht.uni-siegen.de

Grigoleit, Dr. Klaus Joachim,
Universitäts- professor,
Eisenacher Str. 65, 10823 Berlin;
TU Dortmund, Fakultät Raumplanung,
Fachgebiet Raumplanungs- und
Umweltrecht,
August-Schmidt-Straße 10,
44227 Dortmund,
(0231) 755 32 17, Fax (0231) 755 34 24,
E-Mail: klaus.grigoleit@tu-dortmund.de

Griller, Dr. Stefan, Universitätsprofessor,
Hungerbergstr. 11–13, 1190 Wien,
(0043) 132 24 05,
Paris Lodron Universität Salzburg,
Europarecht,
Mönchsberg 2, 5020 Salzburg,
(0043) 662 8044-7608.
E-Mail: stefan.griller@sbg.ac.at

Grimm, Dr. Dr. h.c. mult. Dieter,
LL.M. (Harvard), o. Professor (em.),
Humboldt-Universität zu Berlin,
Juristische Fakultät,
Unter den Linden 6, 10099 Berlin,
Wissenschaftskolleg zu Berlin,
Wallotstr. 19,
14193 Berlin,
(030) 89001-134,
E-Mail: grimm@wiko-berlin.de

Gröpl, Dr. Christoph, Univ.-Professor,
Rechtswissenschaftliche Fakultät,
Universität des Saarlandes,
Campus B4.1, D-66123 Saarbrücken
(0681) 302 3200,
E-Mail: lehrstuhl@groepl.uni-saarland.de

Gröschner, Dr. Rolf, o. Professor,
Stormstr. 39, 90491 Nürnberg,
(0911) 591 408,
E-Mail: rolf.groeschner@t-online.de

Groh, Dr. Kathrin, Universitätsprofessorin,
Universität der Bundeswehr München,
85577 Neubiberg

Gromitsaris, Dr. Athanasios, Privatdozent,
E-Mail: gromitsaris@hotmail.com;
Juristische Fakultät,
Technische Universität Dresden,
01062 Dresden,
(0351) 46337364,
E-Mail: katrin.boerner@tu-dresden.de

Grosche, Dr. Nils, Privatdozent,
Aggrippinenstraße 3, 53115 Bonn,
E-Mail: ngrosche@uni-mainz.de

Groß, Dr. Thomas, Professor,
Universität Osnabrück,
European Legal Studies Institute,
Süsterstr. 28, 49069 Osnabrück,
(0541) 969 4500,
E-Mail: thgross@uos.de,
www.gross.jura.uos.de

Grote, Dr. Rainer, LL.M. (Edinburgh),
Privatdozent,
Im Sand 3A, 69115 Heidelberg,
(06221) 1643 46, Fax (06221) 9147 35;
Max-Planck-Institut für ausländisches
öffentliches Recht und Völkerrecht,
Im Neuenheimer Feld 535,
69120 Heidelberg,
(06221) 4822 44, Fax (06221) 4822 88,
E-Mail: rgrote@mpil.de

Grupp, Dr. Klaus, Universitätsprofessor,
Mecklenburgring 31, 66121 Saarbrücken

Grzeszick, Dr. Bernd, LL.M. (Cambridge),
Professor,
An der Elisabethkirche 1, 53113 Bonn
(0228) 9268869,
Universität Heidelberg,
Institut für Öffentliches Recht,
Verfassungslehre und Rechtsphilosophie,
Friedrich-Ebert-Anlage 6–10,
69117 Heidelberg,
(06221) 547432
E-Mail: Grzeszick@web.de

Guckelberger, Dr. Annette, Professorin,
Lehrstuhl für Öffentliches Recht, Rechtswissenschaftliche Fakultät, Universität des
Saarlandes,
Postfach 15 11 50,
66041 Saarbrücken,
(0681) 302 5 7401,
E-Mail: a.guckelberger@mx.
uni-saarland.de

Gundel, Dr. Jörg, Professor,
Lehrstuhl für Öffentliches Recht,
Völker- und Europarecht,
Universität Bayreuth,
95440 Bayreuth, (0921) 55 6250,
E-Mail: joerg.gundel@uni-bayreuth.de

Gurlit, Dr. Elke, Universitätsprofessorin,
Rüdesheimer Straße 18, 65197 Wiesbaden,
(0611) 137 5125 oder (0179) 592 2215;

Fachbereich Rechts- und Wirtschafts-
wissenschaft,
Johannes Gutenberg-Universität Mainz,
Jakob-Welder-Weg 9, 55099 Mainz,
(06131) 392 31 14,
Fax (06131) 392 4059,
E-Mail: gurlit@uni-mainz.de

Gusy, Dr. Christoph, Professor,
Universität Bielefeld,
Fakultät für
Rechtswissenschaft,
Universitätsstr. 25, 33615 Bielefeld,
(0521) 10643 97,
Fax (0521) 106 8061,
E-Mail: christoph.gusy@uni-bielefeld.de

Haack, Dr. Stefan, Professor,
Europa-Universität Viadrina,
Juristische Fakultät,
Lehrstuhl für Öffentliches Recht,
insbesondere Staatsrecht,
Große Scharrnstraße 59,
15230 Frankfurt (Oder)
(0335) 5534 2265
E-Mail: haack@europa-uni.de

Häberle, Dr. Dr. h.c. mult. Peter,
o. Professor,
Forschungsstelle für Europäisches
Verfassungsrecht, Universität Bayreuth,
Universitätsstraße 30, Postfach,
95440 Bayreuth,
(0921) 5570 88, Fax (0921) 5570 99,
E-Mail: Peter.Haeberle@uni-bayreuth.de

Häde, Dr. Ulrich, Universitätsprofessor,
Europa-Universität Viadrina, Lehrstuhl für
Öffentliches Recht, insb. Verwaltungsrecht,
Finanzrecht und Währungsrecht,
Postfach 17 86, 15207 Frankfurt/Oder,
Hausanschrift: Große Scharrnstr. 59,
15230 Frankfurt (Oder),
(0335) 5534 2670,
Fax (0335) 5534 2525,
E-Mail: haede@europa-uni.de

Haedrich, Dr. Martina, Professorin,
Im Ritzetal 20, 07749 Jena,
(03641) 4485 25,
E-Mail: m.haedrich@recht.uni-jena.de

Hänni, Dr. Peter, o. Professor,
Stadtgraben 6, CH-3280 Murten,
(0041) 26 670 5815;
Universität Freiburg,
Rechtswissenschaftliche Fakultät,
Lehrstuhl für Staats- und Verwaltungsrecht,
Rechtswissenschaftliche Fakultät
Universität Freiburg,
Av. Beauregard 1, CH-1700 Freiburg,
(0041) 26 300 81 47
E-Mail: Peter.Haenni@ifr.ch

Härtel, Dr. Ines, Professorin,
Richterin des Bundesverfassungsgerichts,
Schlossbezirk 3, 76131 Karlsruhe,
Europa-Universität Viadrina
Frankfurt (Oder),
Juristische Fakultät,
Lehrstuhl für Öffentliches Recht,
Verwaltungs-, Europa-, Umwelt-, Agrar-
und Ernährungswirtschaftsrecht,
Große Scharrnstraße 59,
15230 Frankfurt (Oder),
(0335) 55 34-2227/ -2222, Fax -2418
E-Mail: ihaertel@europa-uni.de

Hafner, Dr. Felix, Professor,
Hirzbrunnenschanze 67, CH-4058 Basel,
(0041) 61-691 4064;
Universität Basel, Lehrstuhl für
Öffentliches Recht,
Peter Merian-Weg 8, Postfach, 4002 Basel,
(0041) 612 6725 64,
Fax (0041) 612 6707 95,
E-Mail: Felix.Hafner@unibas.ch

Hailbronner, Dr. Kay, o. Professor,
Toggenbühl, CH-8269 Fruthwilen,
(0041) 71-6 6419 46,
Fax (0041) 71-6 6416 26;
Universität Konstanz,

Universitätsstr. 10, 78457 Konstanz,
(07531) 88 2247,
E-Mail: Kay.Hailbronner@uni-konstanz.de

Hain, Dr. Karl-E., Professor,
Herrenstr. 10, 57627 Hachenburg,
(02662) 9420 64;
Universität zu Köln,
Institut für Medienrecht und
Kommunikationsrecht,
Lehrstuhl für Öffentliches Recht und
Medienrecht,
Aachener Str. 197–199, 50931 Köln,
(0221) 285 56-112, Fax (0221) 285 56-122,
E-Mail: haink@uni-koeln.de

Haller, Dr. Herbert, Universitätsprofessor,
Felix-Mottl-Str. 48, Haus 2, A-1190 Wien,
(0043) 1368 0568,
ehemals Wirtschaftsuniversität Wien und
Mitglied des österreichischen Verfassungsgerichtshofs
E-Mail: r.haller@verkehrt.info

Haller, Dr. Walter, o. Professor,
Burgstrasse 264, CH-8706 Meilen,
(0041) 449 2310 14;
E-Mail: w-haller@bluewin.ch

Haltern, Dr. Ulrich, LL.M. (Yale),
Universitätsprofessor,
Ludwig-Maximilians-Universität München,
Institut für Politik und Öffentliches Recht,
Lehrstuhl für Öffentliches Recht,
Europarecht und Rechtsphilosophie,
Munich Center for Law and the
Humanities,
Prof.-Huber-Platz 2, 80539 München,
(089) 2180-3335, Fax (089) 2180-2440,
E-Mail: europarecht@jura.
uni-muenchen.de

Hammer, Dr. Felix, apl. Professor, Justitiar
und Kanzler der Diözese
Rottenburg-Stuttgart,
Bischöfliches Ordinariat,

Eugen-Bolz-Platz 1, 72108 Rottenburg,
(07472) 1693 61, Fax (07472) 1698 3361,
E-Mail: kanzler@bo.drs.de

Hammer, Dr. Stefan, Univ.-Doz.,
Anton Frank-Gasse 17, 1180 Wien,
(0043) 1470 5976;
Universität Wien, Institut für Staats- und
Verwaltungsrecht,
Schottenbastei 10–16, 1010 Wien,
(0043) 14277-354 65,
Fax (0043) 142 77-354 69,
E-Mail: stefan.hammer@univie.ac.at

Hanschel, Dr. Dirk, Universitätsprofessor
Viktor-Scheffel-Str. 7, 06114 Halle (Saale)
(0151) 17753370
Lehrstuhl für Deutsches, Europäisches
und Internationales Öffentliches Recht
Martin-Luther-Universität
Halle-Wittenberg
Universitätsplatz 3–5, 06108 Halle (Saale)
(0345) 55 23170,
Fax (0345) 55 27269
E-Mail: dirk.hanschel@jura.uni-halle.de

Hanschmann, Dr. Felix, Professor,
Basaltstraße 15c,
60487 Frankfurt am Main,
Bucerius Law School, Hochschule für
Rechtswissenschaft gGmbH,
Dieter Pawlik Stiftungslehrstuhl Kritik
des Rechts – Grundlagen und Praxis
des demokratischen Rechtsstaates,
Jungiusstr. 6, 20355 Hamburg,
(0049) 40 3 07 06-152,
Fax (0049) 40 3 07 06-2935,
E-Mail: felix.hanschmann@law-school.de

Haratsch, Dr. Andreas,
Universitätsprofessor,
Lehrstuhl für Deutsches und Europäisches
Verfassungs- und Verwaltungsrecht sowie
Völkerrecht,
FernUniversität in Hagen,
Universitätsstraße 21, 58084 Hagen,

(02331) 987 2877 oder -4389,
Fax (02331) 987 324,
E-Mail: Andreas.Haratsch@
fernuni-hagen.de

Hartmann, Dr. Bernd J., LL.M.(Virginia),
Universitätsprofessor,
Universität Osnabrück,
Institut für Kommunalrecht und
Verwaltungswissenschaften,
Martinistr. 12, 49078 Osnabrück,
(0541) 969 6099,
E-Mail: ls-hartmann@uni-osnabrueck.de

Hase, Dr. Friedhelm, Professor,
Bandelstraße 10 b, 28359 Bremen,
(0421) 2427 8440;
Universität Bremen,
Fachbereich 6, Rechtswissenschaft,
Universitätsallee, 28359 Bremen,
(0421) 218 66 010,
Fax (0421) 218 66 052,
E-Mail: fhase@uni-bremen.de

Hatje, Dr. Armin, Professor,
Universität Hamburg,
Fakultät für Rechtswissenschaft,
Abteilung Europarecht,
Rothenbaumchaussee 33, 20148 Hamburg,
(040) 428 38 3046,
Fax (040) 428 38 4367,
E-Mail: armin.hatje@jura.uni-hamburg.de

Hauer, Dr. Andreas, Universitätsprofessor
Rechtswissenschaftliche Fakultät,
Universität Linz
Altenberger Straße 69, A-4040 Linz
(0043) 732 2468 1860
E-Mail: andreas.hauer@jku.at

Hebeler, Dr. Timo, Professor,
Universität Trier, Professur für
Öffentliches Recht,
54286 Trier,
(0651) 2012 588,
E-Mail: hebeler@uni-trier.de

Heckel, Dr. iur. Dr. theol. h.c. Martin, o.
Universitätsprofessor,
Lieschingstr. 3, 72076 Tübingen,
(07071) 614 27

Hecker, Dr. Jan, LL.M. (Cambridge),
apl. Professor,
Richter am Bundesverwaltungsgericht,
Hohenheimer Straße 26, 13465 Berlin,
(0176) 2329 2826;
Bundesverwaltungsgericht,
Simsonplatz 1, 04107 Leipzig,
(0341) 2007 2065,
Bundeskanzleramt,
Willy-Brandstraße 1, 10557 Berlin
E-Mail: Jan.Hecker@bk.bund.de

Heckmann, Dr. Dirk,
Universitätsprofessor, stv. Mitglied des
Bayerischen Verfassungsgerichtshofs,
Schärdinger Str. 11E, 94032 Passau,
Technische Universität München,
Lehrstuhl für Recht und Sicherheit
der Digitalisierung,
Richard-Wagner-Str. 1, 80333 München,
(089) 907793-301,
E-Mail: dirk.heckmann@tum.de

Heinig, Dr. Hans Michael, Professor,
Institut für Öffentliches Recht
Goßlerstr. 11, 37073 Göttingen

Heintschel von Heinegg, Dr. Wolff,
Professor,
Europa-Universität Viadrina,
Frankfurt (Oder), Lehrstuhl für Öffentliches
Recht, insb. Völkerrecht, Europarecht und
ausländisches Verfassungsrecht,
August-Bebel-Str. 12,
15234 Frankfurt (Oder),
(0335) 5534 2916, Fax (0335) 5534 72914,
E-Mail: heinegg@europa-uni.de

Heintzen, Dr. Markus, Professor,
Freie Universität Berlin,
Fachbereich Rechtswissenschaft,

Van't-Hoff-Str. 8, 14195 Berlin,
(030) 838 524 79,
E-Mail: Heintzen@zedat.fu-berlin.de

Heißl, Gregor, Priv.-Doz. Dr., E.MA,
Universität Innsbruck, Innrain 52 d,
10. Stock, Zi.-Nr. 41008,
A-6020 Innsbruck,
(0043) 512/507/84033,
Fax (0043) 512/507/84099
E-Mail: gregor.heissl@uibk.ac.at

Heitsch, Dr. Christian, apl. Professor,
72 Queens Road, Caversham, Reading,
Berks., RG4 8DL, U.K.,
(0044) 1189 4749 13;
Lecturer in Law, Brunel Law School,
Brunel University West London,
Kingston Lane, Uxbridge,
Middlesex UB8 3PH,
United Kingdom,
(0044) 1895 2676 50,
E-Mail: christian.heitsch@brunel.ac.uk

Hellermann, Dr. Johannes,
Universitätsprofessor,
Hardenbergstr. 12a, 33615 Bielefeld,
(0521) 1600 38;
Universität Bielefeld,
Fakultät für Rechtswissenschaft,
Universitätsstr. 25, 33615 Bielefeld,
(0521) 106 4422,
Fax (0521) 106 6048,
E-Mail: Johannes.Hellermann@
uni-bielefeld.de

Hendler, Dr. Reinhard,
Universitätsprofessor,
Laurentius-Zeller-Str. 12, 54294 Trier,
(0651) 937 2944;
Universität Trier,
Fachbereich Rechtswissenschaft,
Universitätsring 15, 54286 Trier,
(0651) 201 2556 oder 2558,
Fax (0651) 201 3903,
E-Mail: Hendler@uni-trier.de

Hengstschläger, Dr. Johannes,
o. Universitätsprofessor,
Steinfeldgasse 7, A-1190 Wien,
(0043) 132 817 27,
Johannes-Kepler-Universität,
Altenbergerstr. 69, A-4040 Linz,
(0043) 732 2468-4 01,
Fax (0043) 732 246 43,
E-Mail: johannes.hengstschlaeger@jku.at

Hense, Dr. Ansgar, Professor,
Institut für Staatskirchenrecht der Diözesen
Deutschlands,
Adenauerallee 19, 53111 Bonn,
(0228) 103 306,
E-Mail: a.hense@dbk.de

Herbst, Dr. Tobias, Professor,
Marc-Chagall-Str. 94, 40477 Düsseldorf
(0211) 26143906
Privatdozent an der Humboldt-Universität
zu Berlin,
E-Mail: tobias.herbst@rewi.hu-berlin.de

Herdegen, Dr. Matthias, Professor,
Friedrich-Wilhelm-Str. 35, 53113 Bonn;
Rechts- und Staatswissenschaftliche
Fakultät, Universität Bonn,
Adenauerallee 44, 53113 Bonn,
(0228) 7355 70/-80, Fax (0228) 7379 01,
E-Mail: Herdegen@uni-bonn.de

Hermes, Dr. Georg, Professor,
Goethe-Universität Frankfurt am Main,
Fachbereich Rechtswissenschaft,
Campus Westend,
Theodor-W.-Adorno-Platz 4 (RuW),
60629 Frankfurt am Main,
(069) 798 342 75, Fax (069) 798 345 12,
E-Mail: GHermes@jur.uni-frankfurt.de

Herrmann, Dr. Christoph, LL.M.,
Professor,
Florianstr. 18, 94034 Passau,
(0851) 2155 3389, (0176) 1049 7720;
Universität Passau,

Lehrstuhl für Staats- und Verwaltungsrecht,
Europarecht, Europäisches und
Internationales Wirtschaftsrecht,
Innstraße 39, 94032 Passau,
(0851) 509 2330, Fax (0851) 509 2332,
E-Mail: christoph.herrmann@eui.eu

Herrmann, Dr. Günter, Professor,
Intendant i.R.
Wankweg 13, 87642 Buching/Allgäu,
(08368) 1696; Fax (08368) 1297,
E-Mail: herrmann.medienrecht@t-online.de

Heselhaus, Dr. Sebastian, Professor, M.A.,
Obmatt 29, CH-6043 Adligenswil
(00 41) 41 370 25 00;
Universität Luzern, Rechtswissenschaftliche Fakultät, Lehrstuhl für Europarecht,
Völkerrecht, Öffentliches Recht und
Rechtsvergleichung,
Frohburgstrasse 3, Postfach 4466,
CH-6002 Luzern
(0041) 41 229 53 84,
Fax (00 41) 41 229 53 97,
E-Mail: sebastian.heselhaus@unilu.ch

Hestermeyer, Dr. Holger P., LL.M.
(UC Berkeley), Privatdozent,
Shell Reader in International
Dispute Resolution, King's College London,
Dickson Poon School of Law,
Strand, London WC2R 2LS, UK,
E-Mail: holger.hestermeyer@kcl.ac.uk

Hettich, Dr. Peter, o. Professor,
Beckenhofstraße 63, CH-8006 Zürich;
Institut für Finanzwissenschaft, Finanzrecht
und Law and Economics (IFF-HSG),
Varnbüelstraße 19, CH-9000 St. Gallen
(0041) 71 2242940,
Fax (0041) 71 224 2670,
E-Mail: peter.hettich@unisg.ch

Hey, Dr. Johanna, Professorin,
Wiethasestraße 73, 50933 Köln,
(0221) 491 1738, Fax (0221) 491 1734;

Universität zu Köln,
Institut für Steuerrecht,
Albertus-Magnus-Platz, 50923 Köln,
(0221) 470 2271, Fax (0221) 470 5027,
E-Mail: johanna.hey@uni-koeln.de

Heyen, Dr. iur. Lic. phil. Erk Volkmar,
Universitätsprofessor,
Arndtstraße 22, 17489 Greifswald,
(03834) 5027 16;
Ernst Moritz Arndt-Universität,
Domstr. 20, 17489 Greifswald,
E-Mail: lsheyen@uni-greifswald.de

Hidien, Dr. Jürgen W., Professor,
Goebenstr. 33, 48151 Münster,
E-Mail: info@hidien.de

Hilf, Dr. Meinhard, Universitätsprofessor,
Bahnsenallee 71,
21465 Reinbek bei Hamburg,
(040) 7810 7510, Fax (040) 7810 7512,
Bucerius Law School, Jungiusstraße 6,
20355 Hamburg,
(040) 307 06 158, Fax (040) 307 06 2 46,
E-Mail: meinhard.hilf@law-school.de

Hill, Dr. Hermann, Professor,
Kilianstraße 5, 67373 Dudenhofen;
Deutsche Universität für
Verwaltungswissenschaften Speyer,
Postfach 14 09, 67324 Speyer,
(06232) 654 328,
E-Mail: hill@uni-speyer.de

Hillgruber, Dr. Christian, Professor,
Zingsheimstr. 25, 53359 Rheinbach;
Institut für Öffentliches Recht,
Adenauerallee 24–42, 53113 Bonn,
(0228) 7379 25, Fax (0228) 7348 69,
E-Mail: lshillgruber@jura.uni-bonn.de

Hindelang, Dr. Steffen, LL.M., Professor,
Fachbereich Rechtswissenschaft,
Süddänische Universität,
Campusvej 55, DK-5230 Odense,

Dänemark,
(0045) 65 50 17 74,
E-Mail: shin@sam.sdu.dk

Hobe, Dr. Dr. h.c. Stephan, LL.M.,
Universitätsprofessor,
Institut für Luftrecht, Weltraumrecht und
Cyberrecht und Jean-Monnet Lehrstuhl
für Völkerrecht, Europarecht,
europäisches und internationales
Wirtschaftsrecht,
Albertus-Magnus-Platz, 50923 Köln

Hochhuth, Dr. Martin, Professor,
Hochschule für Polizei und öffentliche
Verwaltung NRW,
Dennewartstraße 25–27, 52068 Aachen
(0241) 568072020
E-Mail: martin.hochhuth@hspv.nrw.de

Höfling, Dr. Wolfram, M.A., Professor,
Bruchweg 2, 52441 Linnich,
(02462) 3616;
Universität zu Köln, Institut für Staatsrecht,
Albertus-Magnus-Platz,
50923 Köln,
(0221) 470 3395, Fax (0221) 470 5075,
E-Mail: wolfram.hoefling@t-online.de

Hölscheidt, Dr. Sven, Minsterialrat,
apl. Professor,
Deutscher Bundestag, Fachbereich WD 3,
Verfassung und Verwaltung,
Platz der Republik 1, 11011 Berlin,
(030) 227 324 25/323 25,
Fax (030) 227 364 71,
E-Mail: vorzimmer.wd3@bundestag.de

Hösch, Dr. Ulrich, apl. Professor, RA,
Kirchenstraße 72, 81675 München;
GvW Graf von Westphalen Rechtsanwälte
Steuerberater Partnerschaft mbH,
Sophienstraße 26,
80333 München,
(089) 689 077 331, Fax (089) 689 077 100
E-Mail: u.hoesch@gvw.com

Hoffmann-Riem, Dr. Wolfgang, em.
Universitätsprofessor,
Auguststr. 15, 22085 Hamburg,
(040) 642 258 48
E-Mail: whoffmann-riem@gmx.de

Hofstätter, Dr. Christoph, Assoz. Professor,
Karl-Franzens-Universität Graz,
Institut für Öffentliches Recht und
Politikwissenschaft,
Universitätsstraße 15/C3,
8010 Graz,
(0043) 316-380-6715,
E-Mail: christoph.hofstaetter@uni-graz.at

Hofmann, Dr. Claudia Maria, Professorin,
Lehrstuhl für Öffentliches Recht und
Europäisches Sozialrecht mit Schwerpunkt
in der interdisziplinären Sozialrechts-
forschung, Juristische Fakultät,
Europa-Universität Viadrina,
Große Scharrnstraße 59,
15230 Frankfurt (Oder),
(0049) 335 5534 2545,
E-Mail: chofmann@europa-uni.de

Hofmann, Dr. Ekkehard, Professor,
Koselstr. 51, 60318 Frankfurt am Main,
(069) 174 989 27,
Lehrstuhl für öffentliches Recht,
insbesondere Umweltrecht,
Direktor des Instituts für Umwelt- und
Technikrecht (IUTR),
Fachbereich Rechtswissenschaft,
Universität Trier, 54286 Trier,
(0651) 201 2556,
E-Mail: hofmann@uni-trier.de

Hofmann, Dr. Dr. Rainer,
Universitätspro- fessor,
Fachbereich Rechtswissenschaft,
Goethe-Universität Frankfurt am Main,
Theodor-W.-Adorno-Platz 4,
60629 Frankfurt am Main,
(+49) 69-798 34293
E-Mail: R.Hofmann@jur.uni-frankfurt.de

Hohenlohe, Dr. Diana zu, LL.M. (Sydney),
Machstr. 3/1/19, A-1020 Wien,
Sigmund Freud Privatuniversität,
Fakultät für Rechtswissenschaften,
Freudplatz 1, 1020 Wien,
E-Mail: dzhohenlohe@gmx.de

Hohmann, Dr. Harald, Privatdozent,
Furthwiese 10, 63654 Büdingen,
(06049) 9529 12, Fax (06049) 9529 13;
Hohmann & Partner Rechtsanwälte,
Schloßgasse 2, 63654 Büdingen,
(06042) 9567 0, Fax (06042) 9567 67,
E-Mail: harald.hohmann@
hohmann-partner.com

Holoubek, Dr. Michael,
Universitätsprofessor,
Institut für Österreichisches
und Europäisches Öffentliches Recht,
Wirtschaftsuniversität Wien,
Welthandelsplatz 1, 1020 Wien,
Gebäude D3, 2. OG,
(0043) 1313 36 4660,
Fax (0043) 1313 36 713,
E-Mail: michael.holoubek@wu.ac.at

Holznagel, Dr. Bernd, LL.M.,
Professor, WWU Münster,
Juristische Fakultät, ITM, Abt. II,
Leonardo-Campus 9, 48149 Münster,
(0251) 83 3 8641, Fax (0251) 83 3 8644,
E-Mail: holznagel@uni-muenster.de

Holzner, Thomas Dr. jur. Dipl. sc. pol.
Univ., Privatdozent,
Universität Augsburg, Juristische Fakultät,
Universitätsstraße 24,
86159 Augsburg,
08131/513-1002,
E-Mail: thomas.holzner@polizei.bayern.de

Hong, Dr. Mathias, Privatdozent,
Bachstr. 32, 76185 Karlsruhe,
(0721) 9576161;
E-Mail: mathias.hong@jura.uni-freiburg.de

Horn, Dr. Dr. h.c. Hans-Detlef, Professor,
Philipps-Universität Marburg,
Fachbereich Rechtswissenschaften,
Institut für Öffentliches Recht,
Universitätsstr. 6,
35032 Marburg,
(06421) 282 3810 od. 282 3126,
Fax (06421) 282 3839,
E-Mail: hans-detlef.horn@jura.
uni-marburg.de

Hornung, Dr. Gerrit, LL.M., Professor,
Fachgebiet Öffentliches Recht,
IT-Recht und Umweltrecht,
Universität Kassel, FB 07,
Kurt-Schumacher-Str. 25, 34117 Kassel
(0561) 804 7923
E-Mail: gerrit.hornung@uni-kassel.de

Huber, Dr. Peter M., o. Professor,
Richter des Bundesverfassungsgerichts,
Universität München, Lehrstuhl für
Öffentliches Recht und Staatsphilosophie,
Professor-Huber-Platz 2,
80539 München,
(089) 2180 3576, Fax (089) 2180 5063,
E-Mail: peter.m.huber@jura.
uni-muenchen.de

Hufeld, Dr. Ulrich, Universitätsprofessor,
Helmut-Schmidt-Universität/Universität
der Bundeswehr Hamburg,
Fakultät für Wirtschafts- und
Sozialwissenschaften,
Professur für Öffentliches Recht
und Steuerrecht,
Holstenhofweg 85, 22043 Hamburg,
(040) 6541 28 59, Fax (040) 65412087,
E-Mail: Hufeld@hsu-hh.de

Hufen, Dr. Friedhelm, o. Professor,
Fachbereich Rechts- und Wirtschafts-
wissenschaften, Universität Mainz
Backhauskohl 62, 55128 Mainz,
(06131) 34444
E-Mail: hufen.friedhelm@t-online.de

Hummel, Dr. David, Privatdozent,
Prager Straße 352, 04289 Leipzig;
Universität Leipzig, Juristenfakultät,
Lehrstuhl für Öffentliches Recht,
insbesondere Steuerrecht
und Öffentliches Wirtschaftsrecht,
Burgstraße 21, 04109 Leipzig,
(0341) 9735 273,
Fax (0341) 9735 279,
E-Mail: dhummel@uni-leipzig.de

Huster, Dr. Stefan, Professor,
Ruhr-Universität Bochum,
Lehrstuhl für Öffentliches Recht,
Sozial- und Gesundheitsrecht und
Rechtsphilosophie,
Universitätsstraße 150, 44780 Bochum,
Gebäude GD 2/111,
(0234) 3222 239, Fax (0234) 3214 271,
E-Mail: stefan.huster@rub.de

Hwang, Dr. Shu-Perng, LL.M. (Columbia),
Forschungsprofessorin,
Institutum Iurisprudentiae,
Academia Sinica,
128 Academia Sinica Road, Sec. 2,
Nankang,
Taipei 11529, Taiwan,
(00886) 2 2652 5423,
E-Mail: sphwang@gate.sinica.edu.tw

Ibler, Dr. Martin, Professor, Lindauer
Straße 3, 78464 Konstanz;
Universität Konstanz,
Fachbereich Rechtswissenschaften,
Postfach D 106, Universitätsstraße 10,
78457 Konstanz,
(07531) 88-24 80/-2 28,
E-Mail: Martin.Ibler@uni-konstanz.de

Iliopoulos-Strangas, Dr. Julia, Professorin,
Universität Athen – Juristische Fakultät,
Dolianis 38, 15124 Athen-Maroussi
(0030) 210 38 26 083 und 210 38 23 344,
Mobil (0030) 6944 59 52 00,
E-Mail: juliostr@law.uoa.gr

Ingold, Dr. Albert,
Universitätsprofessor,
Johannes Gutenberg-Universität Mainz
Fachbereich 03, Rechts- und
Wirtschaftswissenschaften
Lehrstuhl für Öffentliches Recht,
insb. Kommunikationsrecht und Recht
der Neuen Medien
Jakob Welder-Weg 9, 55099 Mainz,
(06131) 39 33035189,
E-Mail: aingold@uni-mainz.de

Ipsen, Dr. Jörn, o. Professor,
Präsident des Niedersächsischen
Staatsgerichtshofs a. D.,
Luisenstr. 41, 49565 Bramsche,
(05461) 44 96, Fax (05461) 6 34 62,
Institut für Kommunalrecht und
Verwaltungswissenschaften,
Universität Osnabrück,
49069 Osnabrück,
(0541) 969-6169 oder -6158,
Fax (0541) 9 69-6170,
E-Mail: instkr@uos.de

Ipsen, Dr. Dr. h.c. mult. Knut, o. Professor,
Nevelstr. 59, 44795 Bochum,
(0234) 43 1266,
E-Mail: Knut.Ipsen@web.de

Isensee, Dr. Dres. h.c. Josef, o. Professor,
Meckenheimer Allee 150, 53115 Bonn,
(0228) 6934 69,
E-Mail: isensee-bonn@t-online.de

Ismer, Dr. Roland, Professor,
Werderstr. 11, 86159 Augsburg;
Lehrstuhl für Steuerrecht
und Öffentliches Recht,
Friedrich-Alexander-Universität
Erlangen-Nürnberg,
Lange Gasse 20, 90403 Nürnberg,
(0911) 5302-353,
Fax (0911) 5302-165,
E-Mail: Roland.Ismer@wiso.
uni-erlangen.de

Jaag, Dr. Tobias, o. Professor,
Bahnhofstr. 22, Postfach 125,
CH-8024 Zürich,
(0041) 442 1363 63,
Fax (0041) 442 1363 99,
E-Mail: jaag@umbricht.ch

Jachmann-Michel, Dr. Monika,
Universitätsprofessorin,
Vors. Richterin am Bundesfinanzhof,
Honorarprofessorin LMU München
Bundesfinanzhof München,
Ismaninger Straße 109,
81675 München,
(089) 9231-352, Fax 08821 9668462
E-Mail: monika.jachmann@bfh.bund.de

Jaeckel, Dr. Liv,
Universitätsprofessorin,
Gescherweg 28, 48161 Münster,
(0251) 39 580 345,
Technische Universität Bergakademie
Freiberg,
Associate Professor HHL Leipzig,
E-Mail: liv.jaeckel@rewi.tu-freiberg.de

Jahndorf, Dr. Christian, Professor,
Brunnenweg 18, 48153 Münster,
(0251) 761 9683,
Westfälische Wilhelms-Universität,
Institut für Steuerrecht,
Universitätsstr. 14–16, 48143 Münster,
(0251) 832 2795,
Fax (0251) 832 8386,
E-Mail: christian.jahndorf@
schumacher-partner.de

Jakab, András, Prof. Dr.,
Professor für Verfassungs- und
Verwaltungsrecht,
Universität Salzburg, Fachbereich für
Öffentliches Recht,
Völker- und Europarecht, Kapitelgasse 5–7,
5020 Salzburg,
(0043) 662 8044 3605,
E-Mail: andras.jakab@sbg.ac.at

Janko, Dr. Andreas, Univ.-Prof.,
Schwindstraße 4, A-4040 Linz/Auhof;
Institut für Staatsrecht und Politische
Wissenschaften,
Johannes Kepler Universität Linz,
Altenberger Straße 69, A-4040 Linz/Auhof,
(0043) 732 2468 8456,
Fax (0043) 732 2468 8901,
E-Mail: andreas.janko@jku.at
oder Elisabeth.Kamptner@jku.at

Janz, Dr. Norbert, apl. Professor,
Landesrechnungshof Brandenburg,
Graf-von-Schwerin-Str. 1, 14469 Potsdam,
(0331) 866 85 35, Fax (0331) 866 85 18,
E-Mail: janz@uni-potsdam.de

Jarass, Dr. Hans D., LL.M. (Harvard),
o. Professor,
Forschung Öffentliches Recht und
Europarecht,
Baumhofstr. 37 D, 44799 Bochum,
(0234) 772024,
ZIR Forschungsinstitut an der Universität
Münster,
Wilmergasse 12–13, 48143 Münster,
(0251) 8329 780

Jestaedt, Dr. Matthias, Professor,
Marchstraße 34, 79211 Denzlingen;
Albert-Ludwigs-Universität,
Rechtswissenschaftliche Fakultät,
79085 Freiburg i. Br.,
(0761) 2039 7800, Fax (0761) 2039 7802
E-Mail: matthias.jestaedt@jura.
uni-freiburg.de

Jochum, Dr. Georg, Professor,
Oberhofstraße 92, 88045 Friedrichshafen,
(01 0) 238 6758,
Zeppelin University, Lehrstuhl für Europarecht & Internationales Recht der
Regulierung,
Maybachplatz 5, 88045 Friedrichshafen,
(07541) 6009 1481,
Fax (07541) 6009 1499,

E-Mail: Georg.Jochum@
zeppelin-university.de

Jochum, Dr. jur. Heike,
Mag. rer. publ., Professorin,
Buchsweilerstraße 77, 66953 Pirmasens,
Institut für Finanz- und Steuerrecht
an der Universität Osnabrück,
Martinistraße 10,
49080 Osnabrück,
(0541) 969-6168 (Sek.), -6161 (direkt),
Fax (0541) 969-61 67,
E-Mail: Heike.Jochum@gmx.net

Jouanjan, Dr. Olivier, Professor,
32, rue de Vieux Marché aux Poissons,
F-97000 Strasbourg,
(0033) 661 33 2559,
Université Panthéon-Assas,
Centre de droit public comparé,
12 place du Panthéon, F-75005 Paris,
(0033) 388 14 3034;
Albert-Ludwigs-Universität,
Rechtswissenschaftliche Fakultät,
Institut für öffentliches Recht (Abt. 2),
Platz der Alten Synagoge,
79085 Freiburg i. Br.,
E-Mail: olivier.jouanjan@u-paris2.fr

Kadelbach, Dr. Stefan, LL.M., Professor,
Goethe-Universität,
Institut für Öffentliches Recht,
Lehrstuhl für Öffentliches Recht,
Europarecht und Völkerrecht,
Theodor-W.-Adorno-Platz 4,
60629 Frankfurt am Main,
(069) 798 34295,
Fax (069) 798 34516,
E-Mail: s.kadelbach@jur.uni-frankfurt.de

Kägi-Diener, Dr. Regula, Professorin,
Rechtsanwältin,
Marktgasse 14, CH-9004 St. Gallen,
(0041) 71 223 81 21,
Fax (0041) 71 223 81 28,
E-Mail: regula.kaegi-diener@ewla.org

Kämmerer, Dr. Jörn Axel, Professor,
Am Kaiserkai 53, 20457 Hamburg,
(040) 48 0922 23;
Bucerius Law School,
Hochschule für Rechtswissenschaft,
Jungiusstraße 6, 20335 Hamburg,
(040) 307 06 190, Fax (040) 3070 6 195,
E-Mail: axel.kaemmerer@law-school.de

Kästner, Dr. Karl-Hermann, o. Professor,
Juristische Fakultät,
Geschwister-Scholl-Platz, 72074 Tübingen,
(07071) 297 2971, Fax (07071) 2950 96

Kahl, Dr. Dr. h.c. Arno,
Universitätsprofessor,
Universität Innsbruck,
Institut für Öffentliches Recht,
Staats- und Verwaltungslehre,
Innrain 52d, A-6020 Innsbruck,
(0043) 512/507 84004,
E-Mail: arno.kahl@uibk.ac.at

Kahl, Dr. Dr. h.c. Wolfgang, M.A.,
o. Professor, Universität Heidelberg,
Institut für deutsches und
europäisches Verwaltungsrecht,
Friedrich-Ebert-Anlage 6–10,
69117 Heidelberg,
(06221) 5474 28, Fax (06221) 5477 43,
E-Mail: kahl@jurs.uni-heidelberg.de

Kaiser, Dr. Anna-Bettina,
LL.M. (Cambridge), o. Professorin,
Humboldt-Universität zu Berlin –
Juristische Fakultät,
Professur für Öffentliches Recht und
Grundlagen des Rechts,
Unter den Linden 6, D-10099 Berlin,
(030) 2093 3579, Fax (030) 2093 3430,
E-Mail: kaiser@rewi.hu-berlin.de

Kaltenborn, Dr. Markus, Professor,
Ruhr-Universität Bochum,
Juristische Fakultät
44780 Bochum,

(0234) 32-2 5252 oder -252 63,
E-Mail: markus.kaltenborn@ruhr-
uni-bochum.de

Karpen, Dr. Ulrich, Universitätsprofessor,
Ringstr. 181, 22145 Hamburg,
(040) 677 8398,
E-Mail: ulrich.karpen@gmx.de

Kau, Dr. Marcel, LL.M., Privatdozent,
Blarerstraße 8, 78462 Konstanz;
Universität Konstanz,
Fachbereich Rechtswissenschaft D 110,
Universitätsstraße 10, 78457 Konstanz,
(07531) 8836 34,
Fax (07531) 8831 46,
E-Mail: Marcel.Kau@uni-konstanz.de

Kaufhold, Dr. Ann-Katrin,
Universitätsprofessorin
Ludwig-Maximilians-Universität München
Institut für Politik und Öffentliches Recht
Lehrstuhl für Staats- und Verwaltungsrecht
Prof.-Huber-Platz 2, 80539 München
(089) 21892777;
E-Mail: ann-katrin.kaufhold@jura.
uni-muenchen.de

Kaufmann, Dr. Christine, Professorin,
Lehrstuhl für Staats- und Verwaltungsrecht,
Völker- und Europarecht,
Universität Zürich,
Rämistrasse 74/5, CH-8001 Zürich,
(0041) 446 34 48 65,
Fax (0041) 446 3443 78,
E-Mail: Lst.kaufmann@rwi.uzh.ch

Kaufmann, Dr. Marcel, Privatdozent,
Rechtsanwalt,
Senefelderstraße 7, 10437 Berlin;
Freshfields Bruckhaus Deringer,
Environment, Planning and
Regulatory (EPR),
Potsdamer Platz 1, 10785 Berlin,
(030) 202 83 857 (Sekretariat),
(030) 202 83 600,

Fax (030) 202 83-766,
E-Mail: marcel.kaufmann@freshfields.com

Keller, Dr. Helen, Professorin,
Eigenstraße 16, CH-8008 Zürich,
(0041) 444 22 2320;
Universität Zürich, Rechtswissenschaftliches Seminar,
Rämistraße 74/13, CH-8001 Zürich,
(0041) 446 34 3689,
Fax (0041) 446 34 4339,
E-Mail: helen.keller@rwi.uzh.ch

Kemmler, Dr. Iris, L.MM. (LSE),
Privatdozentin,
Sonnenbühl 22, 70597 Stuttgart
(0711) 2844447,
Eberhard Karls Universität Tübingen
Lehrstuhl für Öffentliches Recht,
Finanz- und Steuerrecht
Prof. Dr. Ferdinand Kirchhof
Geschwister-Scholl Platz, 72074 Tübingen,
(07071) 29 74058, Fax (07071) 23 4358
E-Mail: Iris.kemmler@gmx.de

Kempen, Dr. Bernhard, o. Professor,
Rheinblick 1, 53424 Remagen/Oberwinter,
(02228) 9132 91, Fax (022 28) 9132 93;
Institut für Völkerrecht und ausländisches
öffentliches Recht, Universität zu Köln,
Gottfried-Keller-Straße 2, 50931 Köln,
(0221) 470 2364, Fax (0221) 470 4992,
E-Mail: Bernhard.Kempen@uni-koeln.de

Kempny, Dr. Simon, LL.M. (UWE Bristol),
Universitätsprofessor,
Lehrstuhl für Öffentliches Recht
und Steuerrecht,
Fakultät für Rechtswissenschaft,
Universität Bielefeld
Universitätsstraße 25, 33615 Bielefeld,
(0521) 106 67690,
E-Mail: simon.kempny@uni-bielefeld.de

Kersten, Dr. Jens, Universitätsprofessor,
Juristische Fakultät

Ludwig-Maximilians-Universität München,
Professor-Huber-Platz 2, 80539 München,
(089) 2180 2113,
E-Mail: jens.kersten@jura.
uni-muenchen.de

Khakzadeh-Leiler, Dr. Lamiss,
ao. Univ.-Professorin,
Universität Innsbruck, Institut für
Öffentliches Recht,
Staats- und Verwaltungslehre,
Innrain 52 d, A-6020 Innsbruck,
(0043) 507 84032,
E-Mail: lamiss.khakzadeh@uibk.ac.at

Khan, Dr. Daniel-Erasmus, Professor,
Institut für Öffentliches Recht und
Völkerrecht
Universität der Bundeswehr München,
Werner-Heisenberg-Weg 39,
85579 Neubiberg,
(089) 6004-4690 oder -4262 oder -2048,
Fax (089) 6004 4691,
E-Mail: Khan@unibw.de

Kielmansegg, Dr. Sebastian Graf von,
Professor,
Lehrstuhl für Öffentliches Recht
und Medizinrecht
Christian-Albrechts-Universität zu Kiel,
Olshausenstraße 75, 24118 Kiel
(0431) 880 1668; Fax (0431) 880 1894;
E-Mail: skielmansegg@law.uni-kiel.de

Kilian, Dr. Michael, Professor,
Hohenkogl 62, A-8181 St. Ruprecht/Raab
Juristische Fakultät,
Universität Halle-Wittenberg,
Universitätsplatz 3–5, Juridicum,
06099 Halle (Saale),
(0345) 55 231 70,
Fax (0345) 55 2 7269,
E-Mail: michael.kilian@jura.uni-halle.de

Kingreen, Dr. Thorsten, Professor,
Agnes-Miegel-Weg 10, 93055 Regensburg,

(0941) 70402 41;
Lehrstuhl für Öffentliches Recht,
Sozialrecht und Gesundheitsrecht,
Universität Regensburg, Universitätsstr. 31,
93053 Regensburg,
(0941) 943 2607 od. 26 8,
Fax (0941) 943 3634,
E-Mail: king@jura.uni-regensburg.de

Kirchhof, Dr. Ferdinand, o. Professor,
Walther-Rathenau-Str. 28
72766 Reutlingen
(07121) 490281
E-Mail: ferdinand.kirchhof@t-online.de

Kirchhof, Dr. Gregor,
LL.M., Universitätsprofessor,
Universität Augsburg,
Lehrstuhl für Öffentliches Recht,
Finanzrecht und Steuerrecht,
Universitätsstr. 24,
86159 Augsburg
(0821) 598 4541,
E-Mail: sekretariat.kirchhof@jura.
uni-augsburg.de

Kirchhof, Dr. Dres. h.c. Paul, Professor,
Am Pferchelhang 33/1, 69118 Heidelberg,
(06221) 8014 47;
Universität Heidelberg,
Schillerstr. 4–8,
69115 Heidelberg,
(06221) 54 19356,
E-Mail: paul.kirchhof@paul-kirchhof.de

Kirchmair, MMag. Dr. Lando,
Vertretungsprofessor,
Universität der Bundeswehr München,
Institut für Öffentliches Recht und
Völkerrecht/Institut für Kulturwissenschaften, Fakultät für Staats- und
Sozialwissenschaften,
Werner-Heisenberg-Weg 39,
D-85579 Neubiberg,
(0049) 89 6004 2812,
E-Mail: lando.kirchmair@unibw.de

Kirste, Dr. Stephan, Professor,
Am Gutleuthofhang 18, 69118 Heidelberg,
(06221) 804503, Fax (06221) 804503;
Universität Salzburg, Rechts- und
Sozialphilosophie, FB Sozial- und Wirtschaftswissenschaften an der Rechtswissenschaftlichen Fakultät,
Churfürststraße 1,
A-5010 Salzburg,
(0043-662) 8044-3551,
Fax (0043-662) 8044-74-3551,
Mobil (0043-664) 8289-223,
E-Mail: stephan.kirste@sbg.ac.at

Kischel, Dr. Uwe, LL.M. (Yale),
Attorney-at-law (New York), o. Professor,
Dorfstraße 34, 17121 Düvier,
(0399 98) 315 46;
Ernst-Moritz-Arndt-Universität Greifswald,
Domstr. 20a,
17489 Greifswald,
(03834) 420 2180, Fax (03834) 420 2182,
E-Mail: kischel@uni-greifswald.de

Klatt, Dr. Matthias, Prof.,
Rothenbaumchaussee 33, 20148 Hamburg,
(040) 42838 2380, Fax 040 42838 8296,
Universitätsprofessur für Rechtsphilosophie, Rechtssoziologie und
Rechtspolitik, Rechtswissenschaftliche
Fakultät, Karl-Franzens-Universität Graz,
Universitätsstraße 15 / C2, A-8010 Graz,
E-Mail: matthias.klatt@uni-graz.at

Klaushofer, Dr. Reinhard,
Universitätsprofessor,
Universität Salzburg,
Kapitelgasse 5–7, A-5020 Salzburg,
(0043) 662 8044 3634,
Fax (0043) 662 8044 303,
E-Mail: reinhard.klaushofer@sbg.ac.at

Klein, Dr. iur. Eckart, Universitätsprofessor,
Heideweg 45, 14482 Potsdam,
(0331) 7058 47,
E-Mail: klein@uni-potsdam.de

Klein, Dr. Hans Hugo,
Universitätsprofessor em., Richter
des Bundesverfassungsgerichts a.D.,
Heilbrunnstr. 4, 76327 Pfinztal,
(07240) 7300,
E-Mail: hanshklein@web.de

Klein, Dr. Tonio, Professor,
Kommunale Hochschule für Verwaltung
in Niedersachsen,
Wielandstr. 8, 30169 Hannover,
(0511) 1609 2448,
E-Mail: tonio.klein@nsi-hsvn.de

Kleinlein, Dr. Thomas, Professor,
Lehrstuhl für Öffentliches Recht,
Europarecht und Völkerrecht,
Rechtswissenschaftliche Fakultät,
Friedrich-Schiller-Universität Jena,
Carl-Zeiß-Straße 3, 07737 Jena,
(03641) 942 201,
E-Mail: thomas.kleinlein@uni-jena.de

Klement, Dr. Jan Henrik,
Universitätsprofessor, Universität Mannheim, Schloss Westflügel,
68131 Mannheim, (0621) 181 2551
E-Mail: klement@jura.uni-mannheim.de

Kley, Dr. Dr. h.c. Andreas, Professor,
Stallikerstr. 10a,
CH–8142 Uitikon Waldegg

Kloepfer, Dr. Michael, o. Professor,
Taubertstraße 19, 14193 Berlin,
(030) 825 2490, Fax (030) 825 2690

Kluckert, Dr. Sebastian, Univ.-Professor,
Bergische Universität Wuppertal,
Professur für Öffentliches Recht,
Gaußstraße 20, 42119 Wuppertal,
(0202) 439 5280, Fax (0202) 439 5289,
E-Mail: kluckert@uni-wuppertal.de

Kluth, Dr. Winfried, Professor,
Eilenburger Straße 12, 06116 Halle (Saale);
Martin-Luther-Universität
Halle-Wittenberg,
Juristische und Wirtschaftswissenschaftliche Fakultät,
Lehrstuhl für Öffentliches Recht,
Universitätsplatz 10a, 06099 Halle (Saale),
(0345) 552 3223, Fax (0345) 552 7293,
E-Mail: winfried.kluth@jura.uni-halle.de

Kment, Dr. Martin, LL.M. (Cambridge),
Professor,
Donaustraße 16, 81679 München;
Lehrstuhl für Öffentliches Recht und
Europarecht, Umweltrecht und
Planungsrecht,
Universität Augsburg,
Universitätsstr. 24, 86159 Augsburg,
(0821) 598 4535, Fax (0821) 598 4537,
E-Mail: martin.kment@jura.
uni-augsburg.de

Knauff, Dr. Matthias, LL.M. Eur.,
Professor,
von-Salza-Str. 10,
97980 Bad Mergentheim,
(07931) 481 0097, (0163) 729 8371;
Friedrich-Schiller-Universität Jena
Rechtswissenschaftliche Fakultät,
Lehrstuhl für Öffentliches Recht,
insbes. Öffentliches Wirtschaftsrecht,
Carl-Zeiß-Str. 3, 07743 Jena,
(03641) 942 221, Fax (03641) 942 222,
E-Mail: matthias.knauff@uni-jena.de

Kneihs, Dr. Benjamin, Univ. Professor,
Niederland 73, A-5091 Unken, Österreich;
Universität Salzburg,
Fachbereich öffentliches Recht,
Kapitelgasse 5–7, A-5020 Salzburg,
(0043) 662 8044 3611,
Fax (0043) 662 8044 303,
E-Mail: benjamin.kneihs@sbg.ac.at

Knemeyer, Dr. Franz-Ludwig, o. Professor,
Unterdürrbacher Str. 353, 97080 Würzburg,
(0931) 961 18;

Universität Würzburg,
Domerschulerstr.16, 97070 Würzburg,
(0931) 31 8 2899, Fax (0931) 31 23 17,
E-Mail: knemeyer@jura.uni-wuerzburg.de

Koch, Dr. Hans-Joachim, Professor,
Wendlohstr. 80, 22459 Hamburg,
(040) 551 8804, Fax (040) 551 8804;
Universität Hamburg, Fakultät für
Rechtswissenschaft,
Edmund-Siemers-Allee 1, 20146 Hamburg,
(040) 42838-3977 oder -5443,
Fax (040) 42838 6280,
E-Mail: hans-joachim.koch@jura.
uni-hamburg.de

Koch, Dr. Thorsten, Privatdozent,
Emanuel-Geibel-Str. 4,
49143 Bissendorf-Schledehausen,
(05402) 7774;
Institut für Kommunalrecht Universität
Osnabrück,
Martinistr. 12, 49069 Osnabrück,
(0541) 969 6169, Fax (0541) 969 6164,
E-Mail: tkoch@uos.de

Köck, Dr. Wolfgang, Professor,
UFZ-Umweltforschungszentrum
Leipzig-Halle GmbH,
Permoserstraße 15, 04318 Leipzig;
Universität Leipzig, Lehrstuhl für
Umweltrecht,
Postfach 10 09 20, 04009 Leipzig,
(0341) 235 3140, Fax (0341) 235 2825,
E-Mail: Wolfgang.Koeck@ufz.de

König, Dr. Doris, Professorin,
Bundesverfassungsgericht Schlossbezirk 3,
76131 Karlsruhe
(0721) 9101 338, Fax (0721) 9101 720
E-Mail: doris.koenig@law-school.de

König, Dr. Dr. Klaus, Universitätsprofessor,
Albrecht-Dürer-Str. 20, 67346 Speyer,
(06232) 29 02 16;
Deutsche Universität für

Verwaltungswissenschaften Speyer,
Postfach 14 09, 67324 Speyer,
(06232) 654-369 oder -350 oder -355,
Fax (06232) 654 306,
E-Mail: k.koenig@uni-speyer.de

Kokott, Dr. Juliane, LL.M. (Am. Un.),
S.J.D. (Harvard),
Universitätsprofessorin, Generalanwältin,
(06221) 4516 17;
Gerichtshof der Europäischen
Gemeinschaften, Th. More 2214,
Bd. Konrad Adenauer, L-2925, Luxemburg,
(00352) 4303 2221,
E-Mail: juliane.kokott@curia.europa.eu

Kolonovits, Dr. Dieter, Mag., M.C.J.,
ao. Universitätsprofessor,
Berggasse 17/41 A-1090 Wien,
(0043) 699 1920 2895;
Präsident, Verwaltungsgericht Wien,
Muthgasse 62, A-1190 Wien,
(0043) 4000 38501,
Fax (0043) 4000 99 38501,
E-Mail: dieter.kolonovits@vgw.wien.gv.at

Kopetzki, DDr. Christian,
Universitätsprofessor,
Institut für Staats- und Verwaltungsrecht,
Medizinrecht, Universität Wien,
Schottenbastei 10–16, A-1010 Wien,
(0043) 1427 73 5411
E-Mail: christian.kopetzki@univie.ac.at

Korioth, Dr. Stefan, Professor,
Institut für Politik und Öffentliches Recht
der Universität München,
Professor-Huber-Platz 2/III,
80539 München,
(089) 2180 2737, Fax (089) 2180 3990,
E-Mail: Korioth@jura.uni-muenchen.de

Korte, Dr. Stefan, Professor,
Technische Universität Chemnitz,
Lehrstuhl für Öffentliches Recht insb.
Öffentliches Wirtschaftsrecht,

Fachbereich Wirtschaftswissenschaften
Thüringer Weg 7, 09126 Chemnitz,
(0371) 53126460,
Fax (0371) 53126469
E-Mail: stefan.korte@wirtschaft.
tu-chemnitz.de

Kotulla, Dr. Michael, M.A., Professor,
Universität Bielefeld,
Fakultät für Rechtswissenschaft,
Postfach 10 01 31, 33501 Bielefeld,
(0521) 106 2500, Fax (0521) 106 8091,
E-Mail: Michael.Kotulla@uni-bielefeld.de

Kotzur, Dr. Markus, LL.M. (Duke Univ.),
o. Professor,
Am Sandtorkai 64 b, 20457 Hamburg,
(040) 4191-9344;
Universität Hamburg, Institut
für Inter- nationale Angelegenheiten,
Fakultät für Rechtswissenschaft,
Rothenbaumchaussee 33,
20148 Hamburg,
(040) 42828 4601,
Fax (040) 42838 6262,
E-Mail: markus.kotzur@jura.
uni-hamburg.de

Krajewski, Dr. Markus, Professor,
Friedrich-Alexander-Universität
Erlangen-Nürnberg,
Fachbereich Rechtswissenschaft,
Schillerstr. 1, 91054 Erlangen,
(09131) 85 222 60,
Fax (09131) 85 269 50,
E-Mail: markus.krajewski@fau.de

Krause, Dr. Peter, o. Professor,
Weinbergstr. 12, 54317 Korlingen,
(0 65 88) 73 33;
Universität Trier, 54286 Trier,
(0651) 201 2587, Fax (0651) 201 3803,
E-Mail: Krausepe@uni-trier.de

Krausnick, Dr. Daniel, apl. Professor,
Rumfordstr. 25, 80469 München,

(0160) 92967079
Bayrisches Staatsministerium für
Wissenschaft und Kunst,
Jungfernturmstr. 1, 80333 München
(089) 21862394
E-Mail: daniel.krausnick@web.de,
daniel.krausnick@stmwk.bayern.de

Krebs, Dr. Walter, Professor,
Herderallee 13, 44791 Bochum,
(0234) 511288,
E-Mail: krebs.bo@t-online.de

Kremer, Dr. Carsten, M.A., M.Jur.
(Oxford), Privatdozent
Nordenstr. 49,
60318 Frankfurt am Main,
(0174) 5632093,
Goethe-Universität Frankfurt am Main,
Institut für Öffentliches Recht,
Theodor-W.-Adorno-Platz 4,
60629 Frankfurt am Main,
(069) 798 34273,
E-Mail: c.kremer@jur.uni-frankfurt.de

Kreßel, Dr. Eckhard, Professor,
Lenzhalde 42,
73760 Ostfildern,
E-Mail: ekressel@aol.com
Juristische Fakultät der Universität
Würzburg,
Domerschulstr. 16, 97070 Würzburg,
E-Mail: eckhard.kressel@jura.
uni-wuerzburg.de

Kreuter-Kirchhof, Dr. Charlotte, Professor
Kirchgasse 61, 53347 Alfter,
(02222) 9936 22,
Fax (02222) 9936 21;
Lehrstuhl für Deutsches und Ausländisches
Öffentliches Recht, Völkerrecht und
Europarecht
Heinrich-Heine-Universität Düsseldorf
Universitätsstrasse 1,
40225 Düsseldorf
(0211) 81 114 35,

Fax (0211) 81 114 56
E-Mail: kreuter-kirchhof@hhu.de

Krieger, Dr. Heike, Professorin,
Freie Universität Berlin,
Fachbereich Rechtswissenschaft,
Van't-Hoff-Straße 8, 14195 Berlin,
(030) 8385 1453,
E-Mail: hkrieger@zedat.fu-berlin.de

Kröger, Dr. Klaus,
Universitätsprofessor,
Hölderlinweg 14, 35396 Gießen,
(0641) 522 40; (0641) 9923 130,
Fax (0641) 9923 059

Kröll, Dr. Thomas,
Assoziierter Professor,
Pyrkergasse 37/5, A-1190 Wien;
Institut für Österreichisches und
Europäisches
Öffentliches Recht,
Wirtschaftsuniversität Wien,
Welthandelsplatz 1/D3, A-1020 Wien,
(0043) 1313365441,
Fax (0043) 131336905441,
E-Mail: thomas.kroell@wu.ac.at

Krönke, Dr. Christoph,
Universitätsprofessor,
Institut für Österreichisches und
Europäisches Öffentliches Recht,
Wirtschaftsuniversität Wien,
Welthandelsplatz 1, Gebäude D3,
1020 Wien,
(0043) 1 31336 6609,
E-Mail: christoph.kroenke@wu.ac.at

Krüper, Dr. Julian, Professor,
Professur für Öffentliches Recht,
Verfassungstheorie und interdisziplinäre
Rechtsforschung, Juristische Fakultät
der Ruhr-Universität Bochum,
Universitätsstraße 150,
44780 Bochum,
(0234) 32 29942,

Fax (0234) 32 14282
E-Mail: julian.krueper@rub.de

Krugmann, Dr. Michael,
Privatdozent,
Stellaustieg 3, 22143 Hamburg,
(040) 677 8860,
Fax (040) 677 8860,
E-Mail: dr@michaelkrugmann.de

Krumm, Dr. Marcel, Universitätsprofessor,
Rechtswissenschaftliche Fakultät
Westfälische Wilhems-Universität Münster,
Universitätstraße 14, 48143 Münster
(0251) 83 22795,
E-Mail: marcel.krumm@wwu.de

Kube, Dr. Hanno, LL.M. (Cornell),
Universitätsprofessor,
Institut für Finanz- und Steuerrecht,
Lehrstuhl für Öffentliches Recht unter
besonderer Berücksichtigung des
Finanz- und Steuerrechts,
Ruprecht-Karls-Universität Heidelberg,
Friedrich-Ebert-Anlage 6–10,
69117 Heidelberg,
(06221) 547792,
E-Mail: kube@uni-heidelberg.de

Kucsko-Stadlmayer, Dr. Gabriele,
Universitätsprofessorin,
Rooseveltplatz 4–5, A-1090 Wien,
(0043) 14 08 38 59;
Universität Wien, Institut für Staats- und
Verwaltungsrecht,
Schottenbastei 10–16, A-1010 Wien,
(0043) 1427 7354 18,
Fax (0043) 142 7793 54,
E-Mail: gabriele.kucsko-stadlmayer@
univie.ac.at

Kühling, Dr. Jürgen, LL.M. (Brüssel),
Universitätsprofessor,
Kellerweg 12 b,
93053 Regensburg,
(0941) 705 6079;

Universität Regensburg, Lehrstuhl für
Öffentliches Recht und Immobilienrecht,
Universitätsstr. 31, 93053 Regensburg,
(0941) 943 6060, Fax (0941) 943 6062,
E-Mail: juergen.kuehling@jura.
uni-regensburg.de

Kühne, Dr. Jörg-Detlef, Professor,
Münchhausenstr. 2, 30625 Hannover,
(0511) 55 65 63;
Universität Hannover,
Königsworther Platz 1, 30167 Hannover,
(0511) 7 62 8148, Fax (0511) 7 62 8228,
E-Mail: Kuehne@oera.uni-hannover.de

Küpper, Dr. Herbert, Professor,
Herrnstr. 15, 80539 München;
Institut für Ostrecht,
Landshuter Str. 4, 93047 Regensburg,
(0941) 943 5450, Fax (0941) 943 5465,
E-Mail: Herbert.Kuepper@ostrecht.de

Kugelmann, Dr. Dieter, Professor,
Der Landesbeauftragte für den Datenschutz
und die Informationsfreiheit
Rheinland-Pfalz,
Postfach 30 40, 55020 Mainz
(06131) 2 08 24 49,
Fax (06131) 2 08 24 97,
E-Mail: poststelle@datenschutz.rlp.de

Kulick, Andreas, Privatdozent Dr.,
Universität Tübingen, Juristische Fakultät,
Lehrstuhl Prof. Dr. Martin Nettesheim,
Geschwister-Scholl-Platz, 72074 Tübingen,
(07071) 297 2953,
E-Mail: andreas.kulick@uni-tuebingen.de

Kunig, Dr. Dr. h.c. (Univ. Athen) Dr. h.c.
(Univ. Istanbul) Philip, Professor,
Freie Universität Berlin,
Institut für Staatslehre,
Boltzmannstraße 3,
14195 Berlin,
(030) 838 530 10, Fax (030) 838 530 11,
E-Mail: Kunig@zedat.fu-berlin.de

Lachmayer, Dr. Konrad,
Universitätsprofessor,
Fakultät für Rechtswissenschaft,
Sigmund Freud Privatuniversität Wien,
Freudplatz 3, 1020 Wien,
(0043) 1 90 500 70 1685,
E-Mail: konrad.lachmayer@jus.sfu.ac.at

Ladeur, Dr. Karl-Heinz, Professor,
Universität Hamburg,
Fakultät für Rechtswissenschaft,
Schlüterstraße 28, 20146 Hamburg,
(040) 428 38 5752, Fax (040) 428 38 2635,
E-Mail: karl-heinz.ladeur@jura.
uni-hamburg.de

Lampert, Dr. Steffen, Professor,
Rolandstraße 7a, 49078 Osnabrück;
Institut für Finanz- und Steuerrecht,
Am Natruper Holz 60a, 49090 Osnabrück,
(0541) 969 6168, Fax (0541) 969 6161,
E-Mail: slampert@uos.de

Lang, Dr. Heinrich, Professor,
Dipl.-Sozialpädagoge,
Steinstraße 13, 17489 Greifswald;
Ernst-Moritz-Arndt Universität Greifswald,
Lehrstuhl für Öffentliches Recht,
Sozial- und Gesundheitsrecht,
Domstraße 20, 17489 Greifswald,
(03834) 420 2174, Fax (03834) 420 2113,
E-Mail: heinrich.lang@uni-greifswald.de

Langenfeld, Dr. Christine, Professorin,
Menckestraße 30, 04155 Leipzig,
(0341) 5611 4940, Fax (0341) 5611 4941,
E-Mail: Dr.Langenfeld@t-online.de;
Juristisches Seminar der Georg-August-
Universität,
Platz der Göttinger Sieben 6,
37073 Göttingen,
(0551) 39 21150, Fax (0551) 39 21151,
E-Mail: enomiko@gwdg.de

Laskowski, Dr. Silke Ruth, Professorin,
Gertigstraße 13, 22303 Hamburg,

(040) 366615, Fax (040) 366615,
Mobil (0179) 2315663;
Universität Kassel,
Institut für Wirtschaftsrecht,
FG Öffentliches Recht, Völker- und
Europarecht,
Schwerpunkt Umweltrecht, Diagonale 12,
34127 Kassel,
(0561) 804 3222, Fax (0561) 804 2827,
E-Mail: Laskowski@uni-kassel.de

Laurer, Dr. Hans René,
a.o. Universitätsprofessor, Scheffergasse
27a, A-2340 Mödling, (0043) 263 62 0402;

Lee, Prof. Dr. iur. Chien-Liang,
Institutum Iurisprudentiae,
Academia Sinica,
128 Academia Sinica Rd., Sec. 2,
Nankang, Taipei 11529, Taiwan,
(0086) 2 26525412 oder (0086) 2 87320212
Fax (0086) 2 87320272
E-Mail: chenny@sinica.edu.tw

Leeb, Dr. David, Universitätsprofessor,
Institut für Staatsrecht und Politische
Wissenschaften, Johannes Kepler
Universität Linz,
Altenberger Straße 69, 4040 Linz/Auhof,
(0732 2468 7420, Fax (0732) 2468 7405
E-Mail: david.leeb@jku.at

Lege, Dr. Joachim, o. Professor,
Fischstr. 19, 17489 Greifswald,
(03834) 7739 41,
Rechts- und Staatswissenschaftliche
Fakultät,
Lehrstuhl für Öffentliches Recht,
Verfassungsgeschichte, Rechts- und
Staatsphilosophie,
Ernst-Moritz-Arndt-Universität,
Domstr. 20,
17489 Greifswald,
(03834) 420 2150,
Fax (03834) 420 2156,
E-Mail: lege@uni-greifswald.de

Lehner, Dr. Moris, Universitätsprofessor,
Kaiserplatz 7, 80803 München,
(089) 3402 0646;
Ludwig-Maximilians-Universität,
Lehrstuhl für Öffentliches Recht,
insbesondere öffent- liches Wirtschaftsrecht
und Steuerrecht,
Ludwigstr. 28 (Rgb.), 80539 München,
(089) 2180 2718, Fax (089) 3335 66,
E-Mail: Moris.Lehner@jura.
uni-muenchen.de

Lehner, Dr. Roman, Privatdozent,
Georg-August-Universität Göttingen,
Institut für Öffentliches Recht,
Abteilung für Staatsrecht,
Platz der Göttinger Sieben 5,
37073 Göttingen,
0551/39-21153,
E-Mail: roman.lehner@jura.
uni-goettingen.de

Leisner, Dr. mult. Dr. h.c. Walter,
o. Professor,
Pienzenauerstr. 99, 81925 München,
(089) 9894 05, Fax (089) 9829 0997

Leisner, Dr. Walter Georg, apl. Professor,
Halserspitzstraße 13, 81673 München,
(089) 9894 24,
Freie Universität Berlin Fachbereich
Rechtswissenschaft, Van't Hoff Str. 8,
14195 Berlin,
E-Mail: leisner@leisner-legal.de

Leisner-Egensperger, Dr. Anna,
Universitätsprofessorin,
Lehrstuhl für Öffentliches Recht und
Steuerrecht,
Friedrich-Schiller-Universität Jena,
Carl-Zeiss-Straße 3, 07743 Jena,
(0173) 392 41 45
E-Mail: A.Leisner@ uni-jena.de

Leitl-Staudinger, Dr. Barbara,
Universitätsprofessorin,

Hohe Straße 135, A-4040 Linz;
Institut für Fernunterricht in den
Rechtswissenschaften,
Johannes Kepler Universität Linz,
Petrinumstraße 12, A-4040 Linz,
(0043) 732 2468 1900,
Fax (0043) 732 2468 1910,
E-Mail: barbara.leitl-staudinger@jku.at

Lenze, Dr. Anne, Privatdozentin,
Sandstraße 19, 64625 Bensheim,
(06251) 5808 52;
Fachhochschule Darmstadt,
Adelungstraße 51, 64283 Darmstadt,
(06151) 1689 65, Fax (06151) 1689 90,
E-Mail: anne.lenze@t-online.de

Lepsius, Dr. Oliver, LL.M. (Chicago),
Professor,
Veghestr. 20, 48149 Münster
(0251) 83 23610
E-Mail: oliver.lepsius@uni-muenster.de

Lewinski, Dr. Kai von, Professor,
Lehrstuhl für Öffentliches Recht, Medien-
und Informationsrecht, Universität Passau,
Innstraße 40 (Nikolakloster), 94032 Passau,
(0851)509 2221 (Sekr.),
Fax (0851) 509 2222,
E-Mail: kai.lewinski@uni-passau.de

Lienbacher, Dr. Georg,
Universitätsprofessor,
Obere Donaustr. 43/2/44, A-1020 Wien;
Institut für Österreichisches und Euro-
päisches Öffentliches Recht,
Wirtschaftsuniversität Wien,
Welthandelsplatz 1/D3, 1020 Wien,
(0043) 1313 36 5402,
Fax (0043) 1313 36 9222,
E-Mail: Georg.Lienbacher@wu.ac.at;
Mitglied des Verfassungsgerichtshofs,
Verfassungsgerichtshof,
Freyung 8, 1010 Wien,
(0043) 1531 22 1037,
E-Mail: g.lienbacher@vfgh.gv.at

Lindner, Dr. Josef Franz, Professor,
Großhaderner Straße 14 b,
81375 München,
(089) 7032 45, Fax (089) 7400 9385,
Lehrstuhl für Öffentliches Recht,
Medizinrecht und Rechtsphilosophie,
Universität Augsburg,
Universitätsstr. 24; 86159 Augsburg,
(0821) 598 4970,
Fax (0821) 598 14 4970
E-Mail: josef.lindner@jura.uni-augsburg.de

Link, Dr. jur. Dres. theol. h.c. Christoph,
em. o. Professor,
Spardorfer Straße 47,
D-91054 Erlangen (09131) 209335,
E-Mail: linkerta@t-online.de

Linke, Dr. Tobias, Privatdozent,
Universität Bonn,
(02241) 9220010,
E-Mail: tobias.linke@jura.uni-bonn.de

Löwer, Dr. Wolfgang, Professor,
Hobsweg 15, 53125 Bonn,
(0228) 2506 92, Fax (0228) 2504 14;
Universität Bonn,
Adenauerallee 24-42, 53113 Bonn,
(0228) 7392 78/7392 80,
Fax (0228) 7339 57,
E-Mail: wolfgang.loewer@t-online.de

Lohse, Dr. Eva Julia, Privatdozentin,
Bohlenplatz 7,
91054 Erlangen,
(09131) 9756146,
E-Mail: eva.j.lohse@fau.de

Lorenz, Dr. Dieter, o. Professor,
Bohlstr. 21, 78465 Konstanz,
(07533) 6822;
Universität Konstanz,
Postfach 55 60 D 100, Universitätsstr. 10,
78434 Konstanz,
(07531) 8825 30,
E-Mail: Dieter.Lorenz@uni-konstanz.de

Lorz, Dr. Ralph Alexander,
Hessischer Kultusminister, Apl. Professor,
LL.M. (Harvard), Attorney-at-Law
(New York),
Rheingaustr. 161, 65203 Wiesbaden
(0170) 412 1866;
Hessisches Kultusministerium
Luisenplatz 10, 65185 Wiesbaden
(0611) 368 2000
E-Mail: al.lorz@uni-duesseldorf.de

Luchterhandt, Dr. Otto, Professor,
Im Wendischen Dorfe 28, 21335 Lüneburg,
(04131) 2329 65, Fax (04131) 2329 65;
Universität Hamburg,
Schlüterstr. 28 (Rechtshaus),
20146 Hamburg,
(040) 42838 4562,
E-Mail: ottolucht@arcor.de

Ludwigs, Dr. Markus,
Universitätsprofessor,
Frankenberger Straße 52, 52066 Aachen;
Tiepolostraße 2b, 97070 Würzburg,
(0241) 95719015;
Lehrstuhl für Öffentliches Recht und
Europarecht, Universität Würzburg,
Domerschulstraße 16, 97070 Würzburg,
(0931) 31 89979,
E-Mail: ludwigs@jura.uni-wuerzburg.de

Lübbe-Wolff, Dr. Gertrude,
Professorin, (0521) 8826 59;
Universität Bielefeld,
Fakultät Rechtswissenschaft,
Universitätsstr. 25, Postfach 100131,
33615 Bielefeld,
(0521) 106 4386, Fax (0521) 106 8085,
E-Mail: Gertrude.Luebbe-Wolff@
uni-bielefeld.de

Lüdemann, Dr. iur. habil. Jörn,
Max-Planck-Institut zur Erforschung von
Gemeinschaftsgütern,
Kurt-Schumacher-Str. 10, 53113 Bonn,
E-Mail: luedemann@coll.mpg.de

Lühmann, Dr. Hans, Privatdozent,
Pannebäcker Str. 7a, 40593 Düsseldorf,
(0211) 239 9534

Mächler, Dr. iur. August, Professor,
Schindellegistrasse 15, CH-8808 Pfäffikon,
(0041) 554 1043 20;
Sicherheitsdepartement des Kt. Schwyz,
Postfach 1200, 6431 Schwyz,
(0041) 418 1920 02,
Fax (0041) 418 1920 19,
E-Mail: august-maechler@swissonline.ch

März, Dr. Wolfgang, Professor, Lehrstuhl
für Öffentliches Recht und
Verfassungsgeschichte,
Universität Rostock,
Ulmenstr. 69 (Haus 3), 18057 Rostock,
(0381) 498 8190, Fax (0381) 498 118 8190,
E-Mail: wolfgang.maerz@uni-rostock.de

Magen, Dr. Stefan, M.A., Professor,
Kallenweg 6, 53129 Bonn,
(0228) 9091 7679;
Ruhr-Universität Bochum, Lehrstuhl für
Öffentliches Recht, Rechtsphilosophie und
Rechtsökonomik,
Universitätsstr. 150, 44780 Bochum,
(0234) 32 22809, Fax (0234) 32 14327
E-Mail: magen@rub.de

Mager, Dr. Ute, Universitätsprofessorin,
Universität Heidelberg, Juristische Fakultät,
Friedrich-Ebert-Anlage 6–10,
69117 Heidelberg,
(06221) 5477 37 oder (0171) 554 0078,
E-Mail: ute.mager@jurs.uni-heidelberg.de

Magiera, Dr. Siegfried,
Universitätsprofessor,
Deutsche Universität für
Verwaltungswissenschaften Speyer,
Freiherr-vom-Stein-Str. 2,
67346 Speyer,
(06232) 84898,
E-Mail: s.magiera@uni-speyer.de

Mahlmann, Dr. Matthias, Professor,
Lehrstuhl für Philosophie
und Theorie des Rechts, Rechtssoziologie
und Internationa- les Öffentliches Recht,
Universität Zürich,
Treichlerstr. 10, CH-8032 Zürich,
(0041) 44634 1569,
Fax (0041) 44634 4391,
E-Mail: lst.mahlmann@rwi.uzh.ch

Majer, Dr. jur. utr. Diemut,
Rechtsanwältin, Universitätsprofessorin,
Universität Bern;
Welfenstr. 35,
76137 Karlsruhe,
(0721) 8166 50,
Fax (0721) 8176 63,
E-Mail: majer@kanzlei-karlstr62.de

Mangold, Dr. Anna Katharina, Prof., LL.M.
(Cambridge),
Europa-Universität Flensburg
Auf dem Campus 1b
24943 Flensburg
(0461) 805 2766,
Fax (0461) 805 952766
E-Mail: anna-katharina.mangold@
uni-flensburg.de

Mangoldt, Dr. Hans von, Professor,
Goetheweg 1, 72147 Nehren,
(07473) 7908;
Universität Tübingen, Juristische Fakultät,
Geschwister-Scholl-Platz, 72074 Tübingen,
(07071) 297 3302

Mann, Dr. Thomas, Professor,
Lehrstuhl für Öffentliches Recht, insbesondere Verwaltungsrecht, Juristische Fakultät,
Georg-August-Universität Göttingen,
Platz der Göttinger Sieben 6,
37073 Göttingen,
(0551) 39 21160,
Fax (0551) 39 21161,
E-Mail: sekretariatmann@jura.
uni-goettingen.de

Manssen, Dr. Gerrit, Universitätsprofessor,
Konrad-Adenauer-Allee 15,
93051 Regensburg,
(0941) 928 45;
Juristische Fakultät,
Universität Regensburg,
93040 Regensburg,
(0941) 943 3255, Fax (0941) 943 3257,
E-Mail: Gerrit.Manssen@jura.
uni-regensburg.de

Mantl, Dr. Dr. h.c. Wolfgang, em. o.
Universitätsprofessor,
Wiener Str. 256/XI/33,
A-8051 Graz,
(0043) 316-68 1306;
Institut für Österreichisches, Europäisches
und Vergleichendes Öffentliches Recht,
Politikwissenschaft und Verwaltungslehre,
Karl-Franzens-Universität Graz,
Universitätsstr. 15/K3, A-8010 Graz,
(0043) 316 380 3370,
E-Mail: wolfgang.mantl@uni-graz.at

Marauhn, Dr. Thilo, M.Phil., Professor,
An der Fels 20, 35435 Wettenberg,
(0641) 877 3275, Fax (0641) 877 3275,
E-Mail: thilo.marauhn@recht.
uni-giessen.de;
Professur für Öffentliches Recht,
Völkerrecht und Europarecht,
Justus-Liebig-Universität Gießen,
Licher Straße 76, 35394 Gießen,
(0641) 992 1150/51, Fax (0641) 992 1159,
E-Mail: intlaw@recht.uni-giessen.de

Marko, Dr. Joseph, o. Professor,
Kasernstr. 35, A-8010 Graz,
(0043) 316-46 2238;
Institute of Austrian, European and
Compa- rative Public Law and Political
Sciences, University of Graz,
Universitätsstraße 15/B4, A-8010 Graz,
(0043) 316 380 3374,
Fax (0043) 316 380 94 2,
E-Mail: josef.marko@uni-graz.at

Markus, Dr. Till, Priv.-Doz. LL.M.
(Rotterdam),
Universität Bremen, Fachbereich
Rechtswissenschaft,
Universitätsallee GW 1, 28359 Bremen,
(0421) 218 66103,
E-Mail: tmarkus@uni-bremen.de

Marsch, Dr. Nikolaus, D.I.A.P. (ENA);
Universitätsprofessor,
Universität des Saarlandes,
Lehrstuhl für Staats- und Verwaltungsrecht
Campus, Gebäude B4 1, Raum 2.80.2,
66123 Saarbrücken,
(0681) 302-2104 (Sekr.) /-3104 (DW)
E-Mail: nikolaus.marsch@uni-saarland.de

Marti, Dr. Arnold, Titularprofessor
der Universität Zürich,
Fernsichtstraße 5,
CH-8200 Schaffhausen,
(0041) 52 624 1810,
E-Mail: a.g.marti@swissonline.ch

Martínez, Dr. José, Universitätsprofessor,
Universität Göttingen, Juristische Fakultät,
Platz der Göttinger Sieben 5,
37073 Göttingen,
(0551) 39 27415, Fax (0551) 39 26080,
E-Mail: jmartin@gwdg.de

Martini, Dr. Mario, Professor,
Lehrstuhl für Verwaltungswissenschaft,
Deutsche Universität für Verwaltungswissenschaften
Speyer, Freiherr-vom-Stein-Straße 2,
67346 Speyer,
(06232) 654 338, Fax (06232) 654 404,
E-Mail: martini@uni-speyer.de

Marxsen, Dr. Christian, LL.M. (NYU),
Privatdozent,
Max-Planck-Institut für ausländisches
öffentliches Recht und Völkerrecht,
Im Neuenheimer Feld 535,
69120 Heidelberg,
(0049) 6221-482506,
E-Mail: marxsen@mpil.de

Masing, Dr. Johannes, Professor,
Albert-Ludwigs-Universität Freiburg,
Institut für Öffentliches Recht V,
Werthmannstr. 4, 79085 Freiburg,
(0761) 203 2252,
Fax (0761) 203 2293,
E-Mail: johannes.masing@jura.
uni-freiburg.de

Mathis, Dr. iur. Klaus, Professor,
MA in Economics,
Ordinarius für Öffentliches Recht, Recht
der nachhaltigen Wirtschaft und
Rechtsphilosophie Universität Luzern,
Rechtswissenschaftliche Fakultät,
Frohburgstraße 3, CH - 6002 Luzern;
(0041) 229 53 80, Fax (0041) 229 53 97,
E-Mail: klaus.mathis@unilu.ch

Matz-Lück, Dr., Nele, Professorin, LL.M.,
Walther-Schücking-Institut für
Internationales Recht an der
Christian-Albrechts-Universität zu Kiel,
Westring 400, 24118 Kiel,
(0431) 880 2083, Fax (0431) 880 1619,
E-Mail: nmatz@wsi.uni-kiel.de

Maurer, Dr. Hartmut, o. Professor,
Säntisblick 10, 78465 Konstanz,
(07533) 1312;
Universität Konstanz, Fachbereich
Rechtswissenschaft, Postfach 118,
78457 Konstanz,
(07531) 8836 57, Fax (07531) 8831 96,
E-Mail: hartmut.maurer@uni-konstanz.de

Mayer, Dr. Franz, LL.M. (Yale),
Universitätsprofessor,
Universität Bielefeld, Lehrstuhl für
Öffentliches Recht, Europarecht,
Völkerrecht, Rechtsvergleichung und
Rechtspolitik,
Postfach 10 01 31, 33501 Bielefeld,

(0521) 106 4412, Fax (0521) 106 89016,
E-Mail: franz.mayer@uni-bielefeld.de

Mayer-Tasch, Dr. Peter Cornelius,
Professor,
Am Seeberg 13, 86938 Schondorf,
(08192) 8668;
Geschwister-Scholl-Institut für Politische
Wissenschaft der LMU München,
Oettingenstraße 67, 80538 München,
(089) 288 0399 0, Fax (089) 288 0399 22
E-Mail: mayer-tasch@hfp.mhn.de

Mayrhofer, Dr. Michael, Univ.-Professor,
Schnopfhagenstraße 4/1,
4190 Bad Leonfelden;
Johannes Kepler Universität Linz,
Institut für Verwaltungsrecht und
Verwaltungslehre,
Altenbergerstraße 69, 4040 Linz,
(0732) 2468 1868, Fax (0732) 2468 1870,
E-Mail: michael.mayrhofer@jku.at

Mehde, Dr. Veith, Mag. rer. publ.,
Professor,
Lehrstuhl für Öffentliches Recht,
insbesondere Verwaltungsrecht, Leibniz
Universität Hannover,
Königsworter Platz 1, 30167 Hannover,
(0511) 762-8206, Sekr.: -8207,
Fax (0511) 762 19106,
E-Mail: mehde@jura.uni-hannover.de

Meinel, Dr. Florian, Universitätsprofessor,
Georg-August-Universität Göttingen,
Juristische Fakultät, Institut für Grundlagen
des Rechts, Abteilung Staatstheorie,
Vergleichendes Staatsrecht und Politische
Wissenschaft,
Nikolausberger Weg 17, 37073 Göttingen,
E-Mail: florian.meinel@jura.
uni-goettingen.de

Merli, Dr. Franz, Universitätsprofessor,
Universität Wien, Institut für Staats- und
Verwaltungsrecht

Schottenbastei 10–16, A-1010 Wien,
(0043) 1 4277 35421,
E-Mail: franz.merli@univie.ac.at

Merten, Dr. Dr. Detlef, o. Professor,
Von-Dalberg-Str. 8, 67487 St. Martin,
(06323) 1875;
Deutsche Universität für Verwaltungs-
wissenschaften Speyer,
Freiherr-vom-Stein-Str. 2–6, 67346 Speyer,
(06232) 654-349; oder -330,
E-Mail: merten@uni-speyer.de

Meßerschmidt, Dr. Klaus, Privatdozent,
Hynspergstr. 29,
60322 Frankfurt am Main,
(069) 5545 87;
University of Latvia, EuroFaculty,
Raina bulv. 19, LV-1586 Riga/Lettland,
(00371) 782 0278, Fax (00371) 782 0260,
E-Mail: Messerschmidtkl@aol.com

Meyer, Dr. Dr. h. c. Hans, Professor,
Georg-Speyer-Str. 28,
60487 Frankfurt am Main,
(069) 7701 2926, Fax (069) 7 01 2927;
Humboldt-Universität zu Berlin,
Juristische Fakultät,
Unter den Linden 6, 10099 Berlin,
(030) 2093-3528 (Sekr.) oder -3347,
Fax (030) 2093-2729,
E-Mail: Hans.Meyer@rewi.hu-berlin.de

Meyer, Dr. Stephan, Professor,
Technische Hochschule Wildau,
Hochschulring 1, 15745 Wildau,
E-Mail: smeyer@th-wildau.de

Meyn, Dr. Karl-Ulrich, Professor,
Leyer Str. 36, 49076 Osnabrück,
(0541) 1 64 82;
Universität Jena, Schillerhaus,
Schillergässchen 2, 07745 Jena,
(03641) 9311 85,
Fax (03641) 9311 87,
E-Mail: karl-ulrich.meyn@t-online.de

Michael, Dr. Lothar, Professor, Professur
für Öffentliches Recht,
Universitätsstraße 1, Geb. 24.91,
40225 Düsseldorf,
(0211) 811 1412,
E-Mail: Lothar.Michael@
uni-duesseldorf.de

Moeckli, Dr. Daniel, Professor,
Universität Zürich,
Institut für Völkerrecht und ausländisches
Verfassungsrecht
Rämistraße 74/50, CH-8001 Zürich,
(0041) 44 634 36 94,
E-Mail: daniel.moeckli@uzh.ch

Möllers, Dr. Christoph, LL.M., Professor,
Kleiststraße 27, 14163 Berlin;
Humboldt-Universität zu Berlin, Lehrstuhl
für Öffentliches Recht, insbesondere
Verfassungsrecht und Rechtsphilosophie,
Unter den Linden 6, 10099 Berlin,
(030) 2093-35 85, Fax (030) 2093-3552,
E-Mail: sekretariat.moellers@rewi.
hu-berlin.de

Möstl, Dr. Markus, Professor,
Rechts- und Wirtschaftswissenschaftliche
Fakultät, Lehrstuhl Öffentliches Recht II,
Universitätsstr. 30, 95440 Bayreuth,
(0921) 55-6210, Fax (0921) 55-6212,
E-Mail: markus.moestl@uni-bayreuth.de

Morgenthaler, Dr. Gerd, Professor,
Universität Siegen, Fakultät III,
Kohlbettstraße 15, 57072 Siegen
(0271) 740 2402,
E-Mail: morgenthaler@recht.wiwi.
uni-siegen.de

Morlok, Dr. Martin, Professor,
Poßbergweg 51, 40629 Düsseldorf,
(0211) 2868 68;
Heinrich-Heine-Universität,
Juristische Fakultät,
Universitätsstr. 1, Gebäude 24.91,

40225 Düsseldorf,
(0211) 81 10794,
E-Mail: martin.morlok@hhu.de

Morscher, Dr. Siegbert,
em. Universitätsprofessor,
Rechtswissenschaftliche Fakultät,
Universität Innsbruck
Innrain 52d, A-6020 Innsbruck,
E-Mail: siegbert.morscher@uibk.ac.at

Muckel, Dr. Stefan,
Universitätsprofessor,
Universität zu Köln,
Institut für Kirchenrecht, 50923 Köln,
(0221) 470-3777 oder 470-2679,
E-Mail: Kirchenrecht@uni-koeln.de

Mückl, Dr. Dr. Stefan, Professor,
Kanonistische Fakultät
Pontificia Universita della Santa Croce
Via dei Farnesi 83, I-00186 Rom
(0039) 06 68164 670
E-Mail: mueckl@pusc.it

Müller, MMag Dr. Andreas Th., LL.M.
(Yale), Universitätsprofessor,
Institut für Europarecht und Völkerrecht,
Universität Innsbruck,
Innrain 52, 6020 Innsbruck,
(0043) 512 507 81409;
Fax (0043) 512 507 81599,
E-Mail: andreas.mueller@uibk.ac.at

Müller, Dr. Bernhard, Privatdozent,
Lisseeweg 36/2, 1210 Wien,
(0043) 676 934 9343;
Dorda Brugger Jordis
Rechtsanwälte GmbH,
Dr.-Karl-Lueger-Ring 10, 1010 Wien,
(0043) 1533 4795 57,
Fax (0043) 1533 4795 5057,
E-Mail: bernhard.mueller@dbj.at

Müller, Dr. Dr. h.c. Georg,
o. Professor em.,

Sugenreben 29 C,
CH-5018 Erlinsbach,
(0041) 62 844 3873,
E-Mail: georg-mueller@sunrise.ch

Müller, Dr. Dr. h.c. Jörg Paul,
o. Professor em.,
Universität Bern, Kappelenring 42a,
CH-3032 Hinterkappelen bei Bern,
(0041) 319 01 0570,
E-Mail: jpmueller@bluewin.ch

Müller, Dr. Markus, Professor,
Institut für öffentliches Recht, Universität
Bern, Schanzeneckstraße 1, CH-3001 Bern,
(0041) 31 631 4594,
E-Mail: markus.mueller@oefre.unibe.ch

Müller, Dr. Thomas,
Universitätsprofessor, LL.M.,
Universität Innsbruck, Institut für Öffentliches Recht, Staats- und Verwaltungslehre,
Innrain 52d, 10. Stock, Zimmer 41006,
6020 Innsbruck
(0043) 0 512/507/84060
E-Mail: t.mueller@uibk.ac.at

Müller-Franken, Dr. Sebastian, Professor,
Professur für Öffentliches Recht,
Philipps-Universität Marburg,
Universitätsstraße 6, 35032 Marburg/Lahn,
(06421) 282 3122,
Fax (06421) 282 3840,
E-Mail: mueller-franken@jura.
uni-marburg.de

Müller-Terpitz, Dr. Ralf, Professor,
Lehrstuhl für Öffentliches Recht, Recht
der Wirtschaftsregulierung und Medien,
Fakultät für Rechtswissenschaft und
Volkswirtschaftslehre der Universität
Mannheim,
Schloss Westflügel, 68131 Mannheim,
(0621)181 1857;
Fax (0621) 181 1860
E-Mail: mueller-terpitz@uni-mannheim.de

Münch, Dr. Dr. h.c. Ingo von, Professor,
Hammerichstr. 2 A,
22605 Hamburg,
(040) 880 99 506, Fax (040) 8234 49

Münkler, Dr. Laura, Professorin,
Universität Greifswald, Rechts- und
Staatswissenschaftliche Fakultät,
Lehrstuhl für Öffentliches Recht mit
Schwerpunkt Verwaltungs- und
Gesundheitsrecht,
Domstr. 20, 17489 Greifswald,
(0049) 3834 420 2100
E-Mail: laura.muenkler@uni-greifswald.de

Murswiek, Dr. Dietrich, o. Professor,
Institut für Öffentliches Recht, Universität
Freiburg,
79085 Freiburg,
(0761) 203 2241,
E-Mail: murswiek@uni-freiburg.de

Musil, Dr. Andreas, Professor,
Mendelssohn-Bartholdy-Str. 34,
14480 Potsdam,
(0331) 745 3453;
Universität Potsdam, Lehrstuhl
für Öffentliches Recht, insbesondere
Verwaltungs- und Steuerrecht,
August-Bebel-Str. 89, 14482 Potsdam,
(0331) 977 3233,
E-Mail: musil@uni-potsdam.de

Mußgnug, Dr. Reinhard, o. Professor,
Keplerstr. 40, 69120 Heidelberg,
(06221) 4362 22,
Universität Heidelberg
E-Mail: Reinhard.Mussgnug@urz.
uni-heidelberg.de

Mutius, Dr. Albert von, o. Professor,
Hof „Frankenthaler Moor",
Poseritz-Ausbau Nr. 8,
18574 Poseritz auf Rügen,
(038307) 40599,
Fax (038307) 4 03 49,

Mobil (0176) 2182 0581,
E-Mail: avm.law@gmx.de

Muzak, Dr. Gerhard,
Universitätsprofessor,
Theodor-Körner-Gasse 20/8, 1210 Wien;
Universität Wien, Institut für Staats- und
Verwaltungsrecht,
Schottenbastei 10–16, 1010 Wien,
(0043) 1 42 77 35423,
E-Mail: gerhard.muzak@univie.ac.at

Nettesheim, Dr. Martin,
Universitätsprofessor,
Juristische Fakultät, Universität Tübingen,
Geschwister-Scholl-Platz 1,
72074 Tübingen,
(07071) 2978101, Fax (07071) 2958 47,
E-Mail: Nettesheim@uni-tuebingen.de

Neumann, Dr. Volker, Professor,
Neckarstaden 10, 69117 Heidelberg,
(06221) 1612 66;
E-Mail: volker.neumann@rewi.hu-berlin.de

Niedobitek, Dr. Matthias,
Universitätsprofessor,
Professur für Europäische Integration mit
dem Schwerpunkt Europäische Verwaltung,
Technische Universität Chemnitz,
Thüringer Weg 9, 09126 Chemnitz,
(0371) 531 349 12,
E-Mail: matthias.niedobitek@phil.
tu-chemnitz.de

Nierhaus, Dr. Michael, Professor,
Am Moosberg 1c, 50997 Köln,
(02236) 636 29, Fax (02236) 9637 95,
E-Mail: michael@nierhaus.org

Nolte, Dr. Georg, Professor,
Institut für Völker- und Europarecht,
Humboldt-Universität zu Berlin,
Unter den Linden 6,
10099 Berlin,
(030) 2093 3349,

Fax (030) 2093 3384,
E-Mail: georg.nolte@rewi.hu-berlin.de

Nolte, Dr. Jakob, Privatdozent,
Rue des Pavillons 15, CH-1205 Genf,
(0041) 22-3203 427;
Humboldt-Universität zu Berlin,
Juristische Fakultät,
Unter den Linden 6, 10099 Berlin,
(030) 2093 3459,
Fax (030) 2093 3345,
E-Mail: jakob.nolte@rewi.hu-berlin.de

Nolte, Dr. Martin, Professor, Judenpfad 9,
50996 Köln,
(02236) 895 2984,
(0151) 5444 0606 (Mobil);
Deutsche Sporthochschule Köln,
Professur für Sportrecht,
Am Sportpark Müngersdorf 6, 50933 Köln,
(0221) 4982 6088,
Fax (0221) 4982 8145,
E-Mail: M.Nolte@dshs-koeln.de

Novak, Dr. Richard, o. Professor,
Thadd. Stammel-Str. 8, 8020 Graz,
(0043) 316 5 3516;
Universität (0043) 316 380 3371,
E-Mail: richard.novak@uni-graz.at

Nowak, Dr. Carsten, Universitätsprofessor,
Jevenstedter Str. 69g, 22547 Hamburg,
(040) 880 0317;
Lehrstuhl für Öffentliches Recht,
insb. Europarecht,
Europa-Universität Viadrina
Frankfurt (Oder),
Große Scharrnstr. 59,
15230 Frankfurt (Oder),
(0335) 5534-2710, -2711,
Fax (0335) 5534 7 2711,
E-Mail: cnowak@europa-uni.de

Nowrot, Dr. Karsten, LL.M. (Indiana),
Universitätsprofessor,
Universität Hamburg,

Von-Melle-Park 9, 20146 Hamburg,
(040) 42838 3207,
E-Mail: Karsten.Nowrot@uni-hamburg.de

Nußberger, Dr. Angelika, Professorin,
Institut für Ostrecht an der Universität
zu Köln,
Klosterstr. 79 d, 50931 Köln,
(0221) 470 5583,
Fax (0221) 470 5582,
E-Mail: angelika.nussberger@uni-koeln.de

Oebbecke, Dr. Janbernd,
Universitätsprofessor,
Huberstr. 13a, 48151 Münster,
(0251) 230 5170,
E-Mail: oebbecke@uni-muenster.de

Öhlinger, Dr. Theo,
em. o. Universitätsprofessor,
Tolstojgasse 5/6, 1130 Wien,
(0043) 1 877 1260;
E-Mail: theodor.oehlinger@univie.ac.at

Oesch, Dr. Matthias, Professor,
Universität Zürich, Rechtswissenschaftliches Institut, Lehrstuhl für Öffentliches Recht, Europarecht und Wirtschaftsvölkerrecht,
Rämistraße 74/18, CH-8001 Zürich,
(0041) 44 634 5952,
E-Mail: matthias.oesch@rwi.uzh.ch

Oeter, Dr. Stefan, Professor,
Wulfsdorfer Weg 122, 22359 Hamburg,
(040) 6095 1957;
Universität Hamburg, Institut für
Internationale Angelegenheiten,
Rothenbaumchaussee 33, 20148 Hamburg,
(040) 42838 4565, Fax (040) 42838 6262,
E-Mail: S-Oeter@jura.uni-hamburg.de

Ogorek, Dr. Markus, LL.M. (Berkeley),
Universitätsprofessor,
Universität zu Köln, Institut für Öffentliches Recht und Verwaltungslehre,

Bernhard-Feilchenfeld-Straße 9,
50969 Köln
(0221) 470-76545
E-Mail: markus.ogorek@uni-koeln.de

Ohler, Dr. Christoph, LL.M., Professor,
Rechtswissenschaftliche Fakultät,
Friedrich-Schiller-Universität Jena,
Carl-Zeiß-Str. 3, 07743 Jena,
(03641) 9422 60,
Fax (03641) 9422 62,
E-Mail: christoph.ohler@recht.uni-jena.de

Ossenbühl, Dr. Fritz, Professor,
Im Wingert 12, 53340 Meckenheim,
(02225) 174 82;
Universität Bonn, 53113 Bonn,
(0228) 7355-72 oder -73

Osterloh, Dr. Lerke, Professorin,
Richterin des
Bundesverfassungsgerichts a. D.,
Dünkelbergsteig 6, 14195 Berlin,
(030) 8200 7552, Fax (030) 8200 7550;
Institut für Öffentliches Recht,
Universität Frankfurt,
Postfach 11 19 32,
60054 Frankfurt am Main,
(069) 79 82 -2711 oder -2 8611,
Fax (069) 79 82 2562,
E-Mail: osterloh@jur.uni-frankfurt.de

Pabel, Dr. Katharina,
Universitätsprofessorin,
Wirtschaftsuniversität Wien, Institut für
Europarecht und Internationales Recht,
Gebäude D3, 3. OG,
Welthandelsplatz 1, 1020 Wien
(0043) 1-31336-5719
E-Mail: katharina.pabel@wu.ac.at

Pabst, Dr. Heinz-Joachim, Privatdozent,
Universität zu Köln, Prüfungsamt
der Rechtswissenschaftlichen Fakultät,
Albertus-Magnus-Platz,
50923 Köln,

(0221) 470 5799, Fax (0221) 470 6722,
E-Mail: hpabst@uni-koeln.de

Pache, Dr. Eckhard, Professor,
Hauptstraße 82, 97218 Gerbrunn;
Julius-Maximilians-Universität Würzburg,
Domerschulstraße 16, 97070 Würzburg,
(0931) 31 823 09, Fax (0931) 31 2319,
E-Mail: pache@jura.uni-wuerzburg.de

Palm, Dr. Ulrich, Professor,
Universität Hohenheim, Lehrstuhl für
Öffentliches Recht, Finanz- und
Steuerrecht,
Schloss Osthof-Nord, 70559 Stuttgart,
(0711) 459 22791, Fax (0711) 459 23482,
E-Mail: palm@uni-hohenheim.de

Papier, Dr. Dres. h.c. Hans-Jürgen,
em. o. Professor,
Präsident des
Bundesverfassungsgerichts a. D.,
Mitterfeld 5a, 82327 Tutzing;
Institut für Politik und Öffentliches Recht,
Universität München,
Professor-Huber-Platz 2, 80539 München,
(089) 2180 3339,
E-Mail: hans-juergen@prof-papier.de

Paulus, Dr. Andreas, Professor,
Hermann-Föge-Weg 17, 37073 Göttingen;
Institut für Völkerrecht und Europarecht,
Platz der Göttinger Sieben 5,
37073 Göttingen,
(0551) 3947 51, Fax (0551) 3947 67,
E-Mail: apaulus@jura.uni-goettingen.de

Pauly, Dr. Walter, o. Professor,
Lehrstuhl für Öffentliches Recht,
Rechts- und Verfassungsgeschichte,
Rechtsphilosophie,
Universität Jena,
Carl-Zeiss-Str. 3, 07743 Jena,
(03641) 9422 -30 oder -31,
Fax (03641) 9422 32,
E-Mail: W.Pauly@recht.uni-jena.de

Payandeh, Dr. Mehrdad, LL.M. (Yale),
Professor,
Weidenallee 54, 20357 Hamburg;
Bucerius Law School,
Jungiusstr. 6, 20355 Hamburg,
(040) 3 07 06-201, Fax (040) 3 07 06-235,
E-Mail: mehrdad.payandeh@law-school.de

Pechstein, Dr. Matthias,
Universitätsprofessor,
Lindenallee 40, 14050 Berlin,
(030) 301 9417,
Fax (030) 301 9417;
Jean-Monnet-Institut für Öffentliches Recht
und Europarecht, Europa-Universität
Viadrina Frankfurt (Oder),
Große Scharrnstr. 59,
15230 Frankfurt (Oder),
(0335) 5534 2761,
Fax (0335) 5534 2769,
E-Mail: sekretariat-pechstein@europa-uni.de

Peine, Dr. jur. Dr. h.c. Franz-Joseph,
Professor,
Kurpromenade 56, 14089 Berlin-Kladow,
(030) 365 6193, Fax (030) 365 6193,
E-Mail: fjpeineberlin@t-online.de

Pernice, Dr. jur. Dres. h.c. Ingolf,
Universitätsprofessor a.D.,
Laehrstraße 17a, 14165 Berlin,
(030) 847 23 615,
E-Mail: pernice@hu-berlin.de

Perthold-Stoitzner, Dr. Bettina,
Universitätsprofessorin,
Institut für Staats- und Verwaltungsrecht,
Rechtswissenschaftliche Fakultät der
Universität Wien,
Schottenbastei 10–16, A-1010 Wien,
(0043) 1 4277 35425,
E-Mail: bettina.perthold@univie.ac.at

Pestalozza, Dr. Christian Graf von,
Universitätsprofessor (em.),

Freie Universität Berlin, Institut für
Staatslehre, Staats-und Verwaltungsrecht,
Dienstanschrift: Van't-Hoff-Str. 8,
14195 Berlin (Dahlem), Postanschrift:
Bayernallee 12, 14052 Berlin (Westend),
(030) 3046-329 oder -8385 3014,
Fax (030) 3081 3104,
E-Mail: c.pestalozza@fu-berlin.de

Peters, Dr. Dr. h.c. Anne, LL.M.,
Professorin, Direktorin am
Max-Planck-Institut für ausländisches
öffentliches Recht und Völkerrecht,
Im Neuenheimer Feld 535,
69120 Heidelberg,
(06221) 482 307, Fax (06221) 482 288,
E-Mail: apeters-office@mpil.de

Peters, Dr. Birgit, LL.M., Professorin,
Professur für Öffentliches Recht,
insbesondere Völkerrecht und Europarecht
Fachbercich V – Rechtswissenschaften,
Raum C-247, Universitätsring 15,
54296 Trier
(0049) 651 201-2586,
E-Mail: petersb@uni-trier.de

Petersen, Dr. Niels, Professor
Lehrstuhl für Öffentliches Recht,
Völker- und Europarecht sowie
empirische Rechtsforschung,
Westfälische Wilhelms-Universität Münster
Bispinghof 24/25, 48143 Münster
(0251) 83 21862,
E-Mail: niels.petersen@uni-muenster.de

Peuker, Dr. Enrico, Privatdozent,
Humboldt-Universität zu Berlin,
Juristische Fakultät,
Unter den Linden 6, 10099 Berlin,
(030) 2093 91456, Fax (030) 2093 3449,
E-Mail: enrico.peuker@rewi.hu-berlin.de

Pielow, Dr. Johann-Christian, Professor,
Hugo-Schultz-Straße 43, 44789 Bochum,
(0234) 746 33;

Ruhr-Universität Bochum,
Fakultät für Wirtschaftswissenschaft –
Recht der Wirtschaft –,
Universitätsstr. 150, 44780 Bochum,
(0234) 3225 7234, Fax (0234) 321 4074,
E-Mail: christian.pielow@ruhr-
uni-bochum.de

Pieper, Dr. Stefan Ulrich, apl. Professor,
Bundespräsidialamt,
Spreeweg 1, 10557 Berlin,
(030) 2000 21 20, Fax (030) 2000 1 99,
E-Mail: stefan.pieper@bpra.bund.de

Pieroth, Dr. Bodo, Universitätsprofessor,
Gluckweg 19, 48147 Münster,
(0251) 2332 91,
Universität Münster,
Universitätsstr. 14–16, 48143 Münster,
(0251) 8321 900,
E-Mail: pieroth@uni-muenster.de

Pietzcker, Dr. Jost, Professor,
Hausdorffstr. 95, 53129 Bonn,
(0228) 2339 54;
E-Mail: Pietzcker@jura.uni-bonn.de

Pirker, Dr. Benedikt, Privatdozent,
Institut für Europarecht,
Universität Freiburg,
Avenue de Beauregard 11,
CH-1700 Fribourg,
(0041)26 300 8362,
Fax (0041)26 300 9776,
E-Mail: benedikt.pirker@unifr.ch

Pirker, DDr. Jürgen, Assoz. Professor,
Universität Graz, Institut für Öffentliches
Recht und Politikwissenschaft,
Universitätsstraße 15/D3, 8010 Graz,
(0043) 316/380-7412,
E-Mail: juergen.pirker@uni-graz.at

Pirson, Dr. Dr. Dietrich, o. Professor,
Brunnenanger 15, 82418 Seehausen,
(08841) 47868;

Universität München,
Professor-Huber-Platz 2, 80539 München,
(089) 2180 2715,
E-Mail: d.pirson@gmx.de

Pitschas, Dr. Dr. h.c. mult. Rainer,
o. Universitätsprofessor,
Hermann-Jürgens-Str. 8,
76829 Landau-Godramstein,
(06341) 9693 81, Fax (06341) 9693 82,
E-Mail: r.pitschas.landau@t-online.de;
Deutsche Universität für Verwaltungswissenschaften Speyer,
Postfach 1409, 67324 Speyer,
(06232) 654 345, Fax (06232) 654 305,
E-Mail: rpitschas@uni-speyer.de

Pöschl, Dr. Magdalena, Univ.-Prof.,
Institut für Staats-und Verwaltungsrecht,
Schottenbastei 10–16, A-1010 Wien,
(0043) 1 4277 354 71,
E-Mail: magdalena.poeschl@univie.ac.at

Poier, Dr. Klaus, Universitätsprofessor,
Karl-Franzens-Universität Graz,
Institut für Öffentliches Recht und
Politikwissenschaft,
Universitätsstraße 15/C3, A-8010 Graz,
(0043) 316 380-3380 oder -3365,
E-Mail: klaus.poier@uni-graz.at

Polzin, Dr. Monika, Professorin,
Juniorprofessur für Öffentliches Recht
mit einem Schwerpunkt im Völkerrecht,
Universität Augsburg, Juristische Fakultät,
Universitätsstraße 24, 86159 Augsburg,
(0821) 598 4663,
Fax (0821) 598 144663,
E-Mail: monika.polzin@jura.
uni-augsburg.de

Poscher, Dr. Ralf, Universitätsprofessor,
Zasiusstr. 6, 79102 Freiburg,
(0761) 612 4191;
Max-Planck-Institut zur Erforschung von
Kriminalität, Sicherheit und Recht,

Direktor der Abteilung Öffentliches Recht,
Günterstalstraße 73, 79100 Freiburg,
(0761) 7081-500,
E-Mail: public-law@csl.mpg.de

Potacs, Dr. Michael, Professor,
Hammerschmidtgasse 5/3/2, A-1190 Wien,
(0043) 1324 6623;
Universität Wien,
Institut für Staats- und Verwaltungsrecht,
Abteilung Öffentliches Wirtschaftsrecht,
Schottenbastei 10–16, A-1010 Wien,
(00 43) 1 4277 35452,
E-Mail: michael.potacs@univie.ac.at

Preuß, Dr. Ulrich K., Professor,
Friedbergstraße 47, 14057 Berlin,
(030) 3081 9433;
Hertie School of Governance,
Schlossplatz 1, 10178 Berlin,
(030) 212 3123 10, Fax (030) 212 3129 99,
E-Mail: ukpreuss@hertie-school.org

Proelß, Dr. Alexander, Professor,
Lehrstuhl für Internationales Seerecht und
Umweltrecht,
Völkerrecht und Öffentliches Recht
Fakultät für Rechtswissenschaft,
Universität Hamburg
Rothenbaumchaussee 33,
D-20148 Hamburg
Tel: (040) 42838-4545 oder -8828 (Sek.),
Fax (040) 42838 8855
E-Mail: alexander.proelss@uni-hamburg.de

Pünder, Dr. Hermann, LL.M (Iowa),
Universitätsprofessor,
Bucerius Law School,
Lehrstuhl für Öffentliches Recht
(einschließlich Europarecht),
Verwaltungswissenschaft
und Rechtsvergleichung,
Postfach 30 10 30,
20304 Hamburg,
(040) 30706 260, Fax (0 40) 30706 235,
E-Mail: hermann.puender@law-school.de

Pürgy, Dr. Erich, Hofrat Privatdozent,
Verwaltungsgerichtshof
Judenplatz 11, A-1010 Wien
(0043) 1 53111 101231 und
(0043) 650 9264314
E-Mail: erich.puergy@vwgh.gv.at

Püttner, Dr. Dr. h.c. Günter, o. Professor,
Schwerdstraße 3, 67346 Speyer,
(06232) 71997

Puhl, Dr. Thomas, o. Professor,
In der Aue 26a, 69118 Heidelberg,
(06221) 8036 64, Fax (06221) 8036 69;
Universität Mannheim, Fakultät für
Rechtswissenschaft,
Schloss – Westflügel (W 226),
68131 Mannheim,
(0621) 181-1354 oder -1355,
Fax (0 21) 181 1361,
E-Mail: puhl@staffmail.uni-mannheim.de

Puttler, Dr. Adelheid, LL.M.
(University of Chicago), diplomée de
l'E.N.A., Universitätsprofessorin,
Lehrstuhl für Öffentliches Recht, insbesondere Europarecht, Völkerrecht und
Internationales Wirtschaftsrecht,
Ruhr-Universität Bochum,
44780 Bochum,
(0234) 322 2820, Fax (0234) 321 4139,
E-Mail: LS-Puttler@Ruhr-Uni-Bochum.de

Ramsauer, Dr. Ulrich, Professor,
VRiOVG a.D., Rechtsanwalt,
ehem. Universität Hamburg,
priv. Wiesenstraße 5, 20255 Hamburg,
dienstl. Görg Rechtsanwälte mbB,
Hamburg
Dammtorstraße 12, 20354 Hamburg
(040) 500 360 480
E-Mail: URamsauer@goerg.de

Randelzhofer, Dr. Albrecht, o. Professor,
Wulffstr. 12, 12165 Berlin,
(030) 7926 085

Raschauer, Dr. Nicolas,
Universitätsprofessor,
Hochschulinstitut Schaffhausen,
Rheinstrasse 10, 8200 Schaffhausen,
Schweiz,
(0041) 79 532502,
E-Mail: nicolas.raschauer@gmail.com

Rasenack, Dr. Christian A.L.,
LL.M., Professor,
Taunusstr. 8, 12309 Berlin,
(030) 745 2543;
TU Berlin, Fakultät VIII, Institut für
Volkswirtschaftslehre und Wirtschaftsrecht,
Straße des 17. Juni 135,
10623 Berlin,
(030) 3142 5874, Fax (030) 745 2543,
E-Mail: christian.rasenack@mailbox.
tu-berlin.de

Rauschning, Dr. Dr. h.c. Dietrich,
o. Professor,
Rodetal 1, 37120 Bovenden,
(05594) 93174, Fax (05594) 93175;
Institut für Völkerrecht,
Universität Göttingen,
Platz der Göttinger Sieben 5,
37073 Göttingen,
(0551) 3947 51,
E-Mail: drausch@gwdg.de

Reich, Dr. Johannes, LL.M. (Yale),
Professor,
Universität Zürich, Rechtswissenschaftliche Fakultät, Institut für Völkerrecht und
ausländisches Verfassungsrecht, Lehrstuhl
für Öffentliches Recht, Umweltrecht und
Energierecht,
Rämisstraße 74/8,
CH-8001 Zürich,
(0041) 44 634 2795,
E-Mail: johannes.reich@rwi.uzh.ch

Reimer, Dr. Ekkehart, Professor,
Im Brühl 15, 69151 Neckargemünd
(06223) 867 045

Reimer, Dr. Franz, Professor,
Am Kirschenberg 4, 35394 Gießen;
Justus-Liebig-Universität Gießen,
Fachbereich 1 (Rechtswissenschaft),
Hein-Heckroth-Str. 5, 35390 Gießen,
E-Mail: franz.reimer@recht.uni-giessen.de

Reimer, Dr. Philipp,
Universitätsprofessor,
Universität Konstanz,
Lehrstuhl für Öffentliches Recht,
insbesondere Verwaltungsrecht und
Rechtstheorie,
Fach 111, Universitätsstraße 10,
78457 Konstanz
(0 75 31) 88-36 54,
E-Mail: philipp.reimer@uni-konstanz.de

Reinhardt, Dr. Michael, LL.M. (Cantab.),
Professor,
Universität Trier, 54286 Trier

Remmert, Dr. Barbara,
Universitätsprofessorin,
Eberhard Karls Universität Tübingen,
Lehrstuhl für Öffentliches Recht,
Geschwister-Scholl-Platz,
72074 Tübingen, E-Mail: remmert@jura.
uni-tuebingen.de

Rengeling, Dr. Hans-Werner,
Universitätsprofessor,
Langeworth 143,
48159 Münster,
(0251) 2120 38,
E-Mail: H.-W.Rengeling@t-online.de

Rensmann, Dr. Thilo, LL.M.
(University of Virginia),
Universitätsprofessor,
Universität Augsburg, Juristische Fakultät
Lehrstuhl für Öffentliches Recht,
Völkerrecht und Europarecht
Universitätsstraße 24, 86159 Augsburg
(0821) 598 4571,
Fax (0821) 598 4572

E-Mail: Sekretariat.Rensmann@jura.
uni-augsburg.de

Ress, Dr. iur. Dr. rer. pol. Dr. iur. h.c. mult.
Georg, em. Universitätsprofessor,
Europa-Institut Universität der Saarlandes,
66041 Saarbrücken,
(0681) 302-2503 oder -4114,
Fax (0681) 302 4369,
Professor an der Jacobs University Bremen,
Richter am EGMR a.D.,
Max-Braun-Straße 3, 66123 Saarbrücken
(0681) 37 2545
E-Mail: ress@mx.uni-saarland.de

Rhinow, Dr. René, o. Professor,
em. Ordinarius für öffentliches Recht
an der Universität Basel,
Leisenbergstr. 26, CH-4410 Liestal,
(0041) 61911 9935,
E-Mail: rene.rhinow@gmail.com

Richter, Dr. Dagmar, apl. Professorin
Lehrbeauftragte an der Universität des
Saarlandes Europa-Institut, Campus B2.1,
D-66123 Saarbrücken
(0681) 302 3695
E-Mail: dr-drichter@t-online.de

Riedel, Dr. Eibe H.,
Universitätsprofessor, Haagwiesenweg 19,
67434 Neustadt,
(06321) 848 19;
E-Mail: eiberiedel@gmail.com

Rinken, Dr. Alfred, Universitätsprofessor,
Treseburger Str. 37, 28205 Bremen,
(0421) 4407 62,
E-Mail: rinken@uni-bremen.de

Rixen, Dr. Stephan,
Universitätsprofessor, Universität Bayreuth,
Rechts- und Wirtschaftswissenschaftliche
Fakultät, Lehrstuhl für Öffentliches Recht,
Sozialwirtschafts- und Gesundheitsrecht,
Universitätsstraße 30, 95447 Bayreuth,

(0921) 55 6010, Fax (0921) 55 6012,
E-Mail: stephan.rixen@uni-bayreuth.de

Robbers, Dr. Gerhard,
Universitätsprofessor,
Dagobertstr. 17, 54292 Trier,
(0651) 53710;
Universität Trier, Postfach 38 25,
54286 Trier,
(0651) 201 2542, Fax (0651) 201 3905,
E-Mail: Robbers@uni-trier.de

Röben, Dr. Volker, LL.M., Professor,
Centre for Energy, Petroleum and Mineral
Law and Policy,
Universität Dundee, Perth Road,
Dundee DD1 4HN, Großbritannien,
(0044) 1382 386984,
E-Mail: v.roeben@dundee.ac.uk

Rodi, Dr. Michael, M.A.,
Universitätsprofessor,
Richardstr. 82, 12043 Berlin;
Universität Greifswald, Lehrstuhl für
Öffentliches Recht, Finanz- und Steuerrecht,
17487 Greifswald, (03834) 420 21 00,
E-Mail: michael.rodi@uni-greifswald.de

Röger, Dr. Ralf, Professor,
Fachhochschule des Bundes für öffentliche
Verwaltung, Fachbereich Bundespolizei,
Ratzeburger Landstraße 4,
23562 Lübeck,
(0451) 203 1736, Fax (0451) 203 1709,
E-Mail: roeger@roeger.info

Röhl, Dr. Hans Christian, Professor,
Mainaustraße 207a, 78464 Konstanz,
(07531) 807 1446;
Universität Konstanz, Lehrstuhl für Staats-
und Verwaltungsrecht, Europarecht und
Rechtsvergleichung, Fach D 115,
Universitätsstr. 10, 78457 Konstanz,
(07531) 88 2313, Fax (07531) 88 2563,
E-Mail: hans.christian.roehl@ uni-konstanz.de

Ronellenfitsch, Dr. Michael, o. Professor,
Augusta-Anlage 15, 68165 Mannheim;
Universität Tübingen, Juristische Fakultät,
Geschwister-Scholl-Platz, 72074 Tübingen,
(07071) 972 109,
Fax (07071) 297 4905,
E-Mail: m.ronellenfitsch@
datenschutz.hessen.de

Rossen-Stadtfeld, Dr. Helge, Professor,
Marklandstraße 17, 81549 München,
(089) 7442 7929;
Universität der Bundeswehr München,
Fakultät für Wirtschafts- und
Organisationswissenschaften,
Werner-Heisenberg-Weg 39,
85577 Neubiberg,
(089) 6004 4604,
Fax (089) 6004 3700,
E-Mail: helge.rossen-stadtfeld@unibw.de

Rossi, Dr. Matthias, Professor,
Universität Augsburg, Juristische Fakultät,
Lehrstuhl für Staats- und Verwaltungsrecht,
Europarecht sowie Gesetzgebungslehre,
Universitätsstr. 2, 86135 Augsburg,
(0821) 598-4545, Sekr. -4546,
Fax (0821) 598 4547,
E-Mail: matthias.rossi@jura.
uni-augsburg.de

Roth, Dr. Wolfgang, LL.M. (Michigan),
apl. Professor,
RAe Redeker Sellner Dahs,
Willy-Brandt-Allee 11, 53113 Bonn,
(0228) 726 25 0,
E-Mail: roth@redeker.de

Rozek, Dr. Jochen, Universitätsprofessor,
Hinrichsenstr. 31, 04105 Leipzig,
0341 35581665;
Lehrstuhl für Staats- und Verwaltungsrecht,
Verfassungsgeschichte und
Staatskirchenrecht,
Universität Leipzig,
Burgstr. 27, 04109 Leipzig,

(0341) 9735-171, Sekr. -170,
Fax (0341) 9735 179,
E-Mail: rozek@uni-leipzig.de

Ruch, Dr. Alexander, o. Professor em.,
ETH Zürich
Gartenstr. 85, CH-4052 Basel,
(0041) 61 272 3622,
E-Mail: ruch@recht.gess.ethz.ch

Rüfner, Dr. Wolfgang, Professor,
Hagebuttenstr. 26, 53340 Meckenheim,
(02225) 7107,
E-Mail: Ruefner@t-online.de;
zugehörig Universität zu Köln

Rühl, Dr. Ulli F. H., Professor,
Hermann-Allmers-Str. 34,
28209 Bremen, (0421) 346 7484;
Universität Bremen, FB 6: Rechtswissenschaft, Universitätsallee, GW 1,
Postfach 33 04 40, 28334 Bremen,
(0421) 218 4606,
Sekretariat: (0421) 218 2127,
E-Mail: uruehl@uni-bremen.de

Rütsche, Dr. Bernhard, Professor,
Jubiläumsstr. 87, CH-3005 Bern,
(0041) 313 1115 84,
E-Mail: bernhard.ruetsche@bluewin.ch;
Universität Zürich, Rechtswissenschaftliches Institut,
Treichlerstr. 10,
CH-8032 Zürich,
(0041) 446 3461 03,
Fax (0041) 446 3415 89,
E-Mail: bernhard.ruetsche@unilu.ch

Ruffert, Dr. Matthias, Professor,
Humboldt-Universität zu Berlin,
Juristische Fakultät, Lehrstuhl für
Öffentliches Recht und Europarecht,
Unter den Linden 6,
10099 Berlin,
(030) 2093 3773, Fax (030) 2093 3449,
E-Mail: matthias.ruffert@rewi.hu-berlin.de

Ruland, Dr. Franz, Professor,
Geschäftsführer des Verbandes Deutscher
Rentenversicherungsträger a. D.,
Honorarprofessor an der Johann Wolfgang
Goethe-Universität Frankfurt,
Strasslacher Straße 1B, 81479 München,
(089) 7277 9792,
E-Mail: Ruland.Franz@t-online.de

Ruppert, Dr. Stefan, Privatdozent,
Jean-Sauer-Weg 1, 61440 Oberursel;
MPI für europäische Rechtsgeschichte,
Hausener Weg 120,
60489 Frankfurt am Main,
E-Mail: ruppert@rg.mpg.de;
Mobil (0170) 855 4477,
E-Mail: s.ruppert@outlook.de

Ruthig, Dr. Josef, Universitätsprofessor,
Dreiweidenstr. 6, 65195 Wiesbaden;
Johannes-Gutenberg-Universität Mainz,
Fachbereich Rechts- und Wirtschaftswissenschaften, Lehrstuhl für Öffentliches Recht, Europarecht und Rechtsvergleichung,
55099 Mainz,
(06131) 3920 964, Fax (06131) 3924 059,
E-Mail: Ruthig@uni-mainz.de

Rux, Dr. Johannes, apl. Professor,
Sophienstr. 32, 76133 Karlsruhe,
(0721) 383 1247, Fax (0721) 383 1248;
Nomos Verlagsgesellschaft mbH & Co. KG
Programmleitung Wissenschaft –
Juristisches Lektorat
Waldseestr. 3–5,
76530 Baden-Baden,
E-Mail: rux@nomos.de

Sachs, Dr. Michael, Universitätsprofessor,
Dattenfelder Str. 7, 51109 Köln,
(0221) 8446 57, Fax (0221) 8 06 70;
Universität zu Köln, Lehrstuhl für
Staats- und Verwaltungsrecht,
Albertus-Magnus-Platz, Bauteil V, 2.OG,
50923 Köln,

(0221) 470 5803, Fax (0221) 470 5135,
E-Mail: Sachs@uni-koeln.de

Sacksofsky, Dr. Dr. h.c. Ute, M.P.A.
(Harvard), Professorin,
Goethe-Universität, Fachbereich
Rechtswissenschaft,
Institut für öffentliches Recht,
Theodor-W.-Adorno-Platz 4,
60629 Frankfurt am Main,
(069) 798 34285, Fax (069) 798 34513,
E-Mail: Sacksofsky@jur.uni-frankfurt.de

Sarcevic, Dr. Edin, apl. Professor,
Mozartstr. 9, 04107 Leipzig,
(0179) 60 20 517,
Juristenfakultät Leipzig, Postfach 100 920,
(0341) 973 5210,
Fax (0341) 973 5218,
E-Mail: edin@rz.uni-leipzig.de

Sauer, Dr. Heiko, Professor,
Lehrstuhl für deutsches und europäisches
Verfassungs- und Verwaltungsrecht,
Rheinische Friedrich-Wilhelms-Universität
Bonn,
Adenauerallee 24–42,
53113 Bonn,
(0228) 73 62411
E-Mail: sauer@jura.uni-bonn.de

Saurer, Dr. Johannes, LL.M. (Yale),
Professor,
Eberhard Karls Universität Tübingen
Lehrstuhl für Öffentliches Recht,
Geschwister-Scholl-Platz,
72074 Tübingen,
E-Mail: johannes.saurer@uni-tuebingen.de

Saxer, Dr. Urs, Professor, LL.M.
(Columbia),
Höhenstraße 51,
CH-8700 Küsnacht
(0041) 79447 60 63;
E-Mail:
urs.saxer@uzh.ch bzw. Saxer@steinlex.ch

Schachtschneider, Dr. Karl Albrecht,
o. Professor,
E-Mail: Kaschachtschneider@web.de

Schaefer, Dr. Jan Philipp, Privatdozent,
Brenntenhau 22, 70565 Stuttgart,
(0711) 2238 520;
Ludwig-Maximilians-Universität München,
Juristische Fakultät, Lehrstuhl für Öffentliches Recht und Staatsphilosophie,
Professor-Huber-Platz 2, 80539 München,
(089) 2180 2746, Fax (089) 2180 5063
E-Mail: schaefer@jura.uni-muenchen.de

Schambeck, Dr. Dr. h.c. mult. Herbert,
em. o. Universitätsprofessor,
Präsident des Bundesrates i.R.,
Hofzeile 21, A-1190 Wien,
(0043) 1 3683494,
Universität Linz,
Altenbergerstraße 69, A-4040 Linz,
(0043) 732 2 4687 400

Schefer, Dr. Markus, Professor,
Gartenstadt 18,
CH-4142 Münchenstein/BL,
(0041) 614 1136 28;
Universität Basel, Juristische Fakultät,
Lehrstuhl für Staats- und Verwaltungsrecht,
Maiengasse 51, CH-4056 Basel,
(0041) 612 6725 13,
E-Mail: markus.schefer@unibas.ch

Schefold, Dr. Dian, Universitätsprofessor,
Mathildenstraße 93, 28203 Bremen,
(0421) 725 76;
E-Mail: schefold@uni-bremen.de

Schenke, Dr. Ralf P., o. Professor,
Spessartstr. 41, 97082 Würzburg,
(0931) 3017 1131;
Julius-Maximilians-Universität Würzburg,
Lehrstuhl für Öffentliches Recht,
Deutsches, Europäisches und
Internationales Steuerrecht,
Domerschulstr. 16, 97070 Würzburg,

(0931) 31 823 60,
Fax (0931) 31 8 6070,
E-Mail: schenke@jura.uni-wuerzburg.de

Schenke, Dr. Wolf-Rüdiger, o. Professor,
Beim Hochwald 30, 68305 Mannheim,
(0621) 7442 00;
Universität Mannheim, 68131 Mannheim,
(0621) 181 1410,
E-Mail: Schenke@jura.uni-mannheim.de

Scherer, Dr. Joachim, LL.M.,
apl. Professor,
Privatweg 9, 64342 Seeheim-Jugenheim,
(06257) 9037 39;
RAe Baker & McKenzie,
Bethmannstr. 50–54,
60311 Frankfurt am Main,
(069) 2990 8189, Fax (069) 2990 8108,
E-Mail: Joachim.Scherer@Bakernet.com

Scherzberg, Dr. Arno, Professor,
Aneustr. 24, 80469 München

Scheuing, Dr. Dieter H., o. Professor,
Finkenstr. 17, 97204 Höchberg,
(0931) 483 31, Fax (0931) 4081 98;
Universität Würzburg, 97070 Würzburg,
E-Mail: Scheuing@jura.uni-wuerzburg.de

Schiffbauer, Dr. Björn, Privatdozent,
Universität zu Köln,
Institut für Völkerrecht und ausländisches
öffentliches Recht,
Sibille-Hartmann-Str. 2–8, 50969 Köln,
(0049) 221-470-2616,
E-Mail: bjoern.schiffbauer@uni-koeln.de

Schiedermair, Dr. Stephanie,
Universitätsprofessorin,
Lehrstuhl für Europarecht, Völkerrecht
und Öffentliches Recht
Burgstraße 21,
04109 Leipzig,
E-Mail: stephanie.schiedermair@
uni-leipzig.de

Schiess Rütimann, Dr. iur. Patricia M.,
Professorin,
M.P.A. Wissenschaftsmanagement,
Titularprofessorin an der Universität
Zürich, Liechtenstein-Institut,
St. Luziweg 2, LI – 9487 Bendern,
(00423) 373 30 22, Fax (00423) 373 54 22,
E-Mail: patricia.schiess@liechtenstein-
institut.li

Schilling, Dr. Theodor, apl. Professor,
Le Mas des Roses, Fontcaudette,
F-84220 Gordes;
Humboldt-Universität zu Berlin,
10117 Berlin;
(01578) 1948 717, Fax (0033)651 44 04 04,
E-Mail: theodor.schilling@gmail.com

Schindler, Dr. Benjamin, MJur (Oxford),
o. Professor,
Ober Bendlehn 32, CH-9042 Speicher;
Universität St. Gallen, Law School,
Tigerbergstraße 21, CH-9000 St. Gallen,
(0041) 71 22421 63,
Fax (0041) 71 22421 62,
E-Mail: benjamin.schindler@unisg.ch

Schlacke, Dr. Sabine, Professorin,
Querstr. 9, 18107 Elmenhorst,
(0381) 510 6082;
Westfälische Wilhelms-Universität, Institut
für Umwelt- und Planungsrecht,
Universitätsstraße 14/16, 48143 Münster,
(0251) 83-21855 od. -29793,
Fax (0251) 83 29297,
E-Mail: sabine.schlacke@uni-muenster.de

Schladebach, Dr. Marcus, LL.M.,
Privatdozent,
Düstere Straße 24/25, 37073 Göttingen,
E-Mail: schlade@gmx.de;
Institut für Völker- und Europarecht,
Blauer Turm, 13. Etage,
Universität Göttingen,
Platz der Göttinger Sieben 5,
37073 Göttingen,

(0551) 394 762, Fax (0551) 394 620,
E-Mail: marcus.schladebach@jura.
uni-goettingen.de

Schlieffen, Dr. Katharina Gräfin von,
Universitätsprofessorin, FernUniversität
Hagen, Fachbereich Rechtswissenschaft,
Universitätsstr. 21, 58084 Hagen,
(02331) 987 2878, Fax (02331) 987 395,
E-Mail: LG.vonSchlieffen@
fernuni-hagen.de

Schliesky, Dr. Utz, apl. Professor,
Direktor des Schleswig-Holsteinischen
Landtages,
Goosdiek 22, 24229 Dänischenhagen;
Schleswig-Holsteinischer Landtag,
Düsternbrooker Weg 70, 24105 Kiel
(0431) 988 1010;
Lorenz-von-Stein-Institut für Verwaltungswissenschaften an der Christian-
Albrechts-Universität zu Kiel,
Olshausenstr. 75, 24098 Kiel,
E-Mail: Utz.Schliesky@landtag.ltsh.de

Schlink, Dr. Bernhard, Professor,
Viktoria-Luise-Platz 4, 10777 Berlin;
Institut für Öffentliches Recht und
Völkerrecht,
Humboldt-Universität zu Berlin,
Unter den Linden 6, 10099 Berlin,
(030) 2093-3454 oder -3472,
Fax (030) 2093 3452,
E-Mail: Schlink@rewi.hu-berlin.de

Schmahl, Dr. Stefanie, LL.M., Professorin,
Lehrstuhl für deutsches und ausländisches
öffentliches Recht, Völkerrecht und
Europarecht, Universität Würzburg,
Domerschulstr. 16, 97070 Würzburg,
(0931) 31 8 2324,
Fax (0931) 31 2792,
E-Mail: schmahl@jura.uni-wuerzburg.de

Schmalenbach, Dr. Kirsten, Professorin,
Markus Sittikus-Str. 19/20,

A-5020 Salzburg;
Fachbereich Öffentliches Recht/
Völkerrecht,
Paris-Lodron-Universität Salzburg,
Churfürststraße 1, A-5020 Salzburg,
(0043) 662 8044 3651,
Fax (0043) 662 8044 135,
E-Mail: kirsten.schmalenbach@sbg.ac.at

Schmid, Dr. Gerhard, Professor,
Reservoirstraße 178, CH-4059 Basel,
(0041) 613 31 8425;

Schmid, Dr. Sebastian, LL.M. (UCL),
Universitätsprofessor,
Fachbereich Öffentliches Recht,
Völker- und Europarecht,
Universität Salzburg,
Kapitelgasse 5–7, A-5020 Salzburg,
Fax (0043) 662 8044 303,
E-Mail: sebastian.schmid@sbg.ac.at

Schmid, Dr. Viola, LL.M.,
Universitätsprofessorin, Kirchenweg 3,
91126 Schwabach,
(09122) 773 82, Fax (09122) 623 45;
Institut für Öffentliches Recht,
Technische Universität Darmstadt,
Hochschulstr. 1, 64289 Darmstadt,
(06151) 1664 64, Fax (06151) 1639 84,
E-Mail: schmid@jus.tu-darmstadt.de

Schmidt, Dr. Reiner, o. Professor,
Bachwiesenstr. 5, 86459 Gessertshausen,
(08238) 4111, Fax (08238) 609 01,
E-Mail: Rein.Schmidt@t-online.de

Schmidt, Dr. Thorsten Ingo,
Universitätsprofessor,
Dahlemer Weg 102b, 14167 Berlin,
(0163) 135 5487;
Lehrstuhl für Öffentliches Recht,
insbesondere Staatsrecht, Verwaltungs- und
Kommunalrecht, Universität Potsdam,
August-Bebel-Str. 89, 14482 Potsdam
(0331) 977 3284

Schmidt, Dr. Walter, Universitätsprofessor,
Brüder-Knauß-Str. 86, 64285 Darmstadt,
(06151) 64710

Schmidt am Busch, Dr. Birgit, LL.M.
(Iowa),
Juristische Fakultät LMU
Ludwigstr. 28, Rgb., 80539 München,
(089) 2180 2082,
E-Mail: Schmidt-am-Busch@jura.
uni-muenchen.de

Schmidt-Aßmann, Dr. Dr. h.c. mult.
Eberhard, o. Professor,
Höhenstr. 30, 69118 Heidelberg,
(06221) 8008 03;
E-Mail: schmidt-assmann@uni-hd.de

Schmidt-De Caluwe, Reimund,
Universitätsprofessor,
Unterer Hardthof 17 B, 35398 Gießen,
(0641) 345 66, Fax (0641) 960 9966;
Juristische Fakultät der Martin-Luther-
Universität Halle-Wittenberg,
Universitätsplatz 3–5,
06099 Halle (Saale),
(0345) 55-231-38 oder -39,
E-Mail: Schmidtdc@jura.uni-halle.de

Schmidt-Jortzig, Dr. Edzard, o. Professor,
Moltkestraße 88, 24105 Kiel,
(0431) 895 0195, Fax (0431) 8034 71,
E-Mail: esjot@web.de;
Christian-Albrechts-Universität zu Kiel,
Leibnizstraße 6, 24118 Kiel,
(0431) 880 3545,
E-Mail: eschmidt-jortzig@law.uni-kiel.de

Schmidt-Preuß, Dr. Matthias,
o. Professor,
E.-T.-A.-Hoffmann-Straße 12, 53113 Bonn,
(0228) 6780 91;
Universität Bonn, Rechts- und Staatswissenschaftliche Fakultät,
Adenauerallee 24–42, 53113 Bonn,
(0228) 7365 02,

Fax (0228) 7365 07,
E-Mail: schmidt-preuss@jura.uni-bonn.de

Schmidt-Radefeldt, Dr. Roman,
Privatdozent,
Kirchstr. 8, 10557 Berlin,
E-Mail: romansr69@yahoo.de;
Deutscher Bundestag, Wissenschaftliche
Dienste,
Fachbereich WD 2 – Auswärtiges,
Verteidigung, Völkerrecht,
Menschenrechte und humanitäre Hilfe,
Platz der Republik 1, 11011 Berlin,
(030) 227 38622,
Fax (030) 227 36526,
E-Mail: Roman.Schmidt-Radefeldt@
bundestag.de

Schmitt Glaeser, Dr. Alexander, LL.M.
(Yale), Privatdozent,
Kunigundenstraße 64, 80505 München,
(089) 3854 7931,
E-Mail: a.schmitt-glaeser@aya.yale.edu;
Bayrisches Staatsministerium für Wissen-
schaft und Kunst
Referat R1 – Hochschulrecht. Hochschul-
personalrecht, Koordinierung hochschulart-
übergreifender Themen
Salvatorstraße 2, 80333 München
(089) 2186 2379,
E-Mail: alexander.schmitt-glaeser@
stmwk.bayern.de

Schmitt-Kammler, Dr. Arnulf,
Universitätsprofessor,
Katzenberg 6, 96049 Bamberg;
Universität zu Köln,
Rechtswissenschaftliche Fakultät,
Albertus-Magnus-Platz,
50923 Köln,
(0221) 470-4066 oder -4067,
E-Mail: schmitt-kammler@gmx.de

Schmitz, Dr. Thomas, Professor,
Faculty of Law, Universitas Gadjah Mada
Jalan Sosio Yustisia No.1

Bulaksumur, Kab. Sleman,
D.I. Yogyakarta 55281, Indonesia
E-Mail: tschmit1@gwdg.de

Schnapp, Dr. Friedrich E., o. Professor,
Efeuweg 22, 44869 Bochum,
(02327) 742 13;
Universität Bochum, 44780 Bochum,
(0234) 32 2 2239,
Fax (0234) 32 14271,

Schneider, Dr. Christian F., Priv.-Dozent,
Franz-Keim-Gasse 44/13,
A-2345 Brunn am Gebirge; bpv Hügel
Rechtsanwälte OG,
Ares-Tower, Donau-City-Straße 11,
A-1220 Wien,
(0043)1 260 50 204
E-Mail: christian.schneider@
bpv-huegel.com

Schneider, Dr. Jens-Peter, Professor,
Albert-Ludwigs-Universität Freiburg,
Rechtswissenschaftliche Fakultät,
79085 Freiburg,
(0761) 203 97731;
Fax (0761) 203 97542
E-Mail: jp.schneider@jura.uni-freiburg.de

Schneider, Dr. Karsten,
Universitätsprofessor,
Professur für Öffentliches Recht,
internationales Recht, Rechtstheorie,
Rechts- und Wirtschaftswissenschaften
Johannes Gutenberg-Universität Mainz,
Jakob-Welder-Weg 9, 55128 Mainz,
(0049) 6131 39-27880,
Fax (0049) 6131 39-28172,
E-Mail: lsschneider@uni-mainz.de

Schoch, Dr. Friedrich, o. Professor,
Kastelbergstr. 19, 79189 Bad Krozingen,
(07633) 9481 04,
Fax (07633) 9481 05;
Institut für Öffentliches Recht IV,
Universität Freiburg,
Postfach, 79085 Freiburg,
(0761) 203-2257 oder -2258,
Fax (0761) 203 2297,
E-Mail: oerecht4@jura.uni-freiburg.de

Schöbener, Dr. Burkhard, Professor,
Am Glösberg 27, 97342 Obernbreit,
(09332) 5000 04;
Professur für Öffentliches Recht,
Völker recht und Europarecht,
Universität zu Köln,
Gottfried-Keller-Straße 2, 50931 Köln,
(0221) 470-3834 oder -3875,
E-Mail: burkhard.schoebener@
uni-koeln.de

Schönberger, Dr. Christoph, Professor,
Universität Konstanz, Fachbereich
Rechtswissenschaft,
Postfach D 110, Universitätsstr. 10,
78457 Konstanz,
(07531) 88 3004,
Fax (07531) 88 4008,
E-Mail: Christoph.Schoenberger@
uni-konstanz.de

Schönberger, Dr. Sophie, Professorin,
Heinrich-Heine-Universität Düsseldorf
Lehrstuhl für Öffentliches Recht,
Universitätsstraße 1,
40225 Düsseldorf
(0211) 8111465,
E-Mail: sophie.schoenberger@
uni-duesseldorf.de

Schöndorf-Haubold, Dr. Bettina,
Professorin,
Mühltalstr. 16, 69121 Heidelberg;
Justus-Liebig-Universität Gießen,
Professur für Öffentliches Recht,
Hein-Heckroth-Str. 5,
35390 Gießen,
(0641) 99 211 20,
Fax (0641) 99 211 29,
E-Mail: bettina.schoendorf-haubold@recht.
uni-giessen.de

Scholz, Dr. Rupert, o. Professor,
Königsallee 71a, 14193 Berlin; Of Counsel,
Rechtsanwaltskanzlei Gleiss Lutz,
Friedrichstraße 71, 10117 Berlin,
E-Mail: rupert.scholz@gleisslutz.com,
Universität München, Institut für Politik
und Öffentliches Recht,
Ludwigstr. 28/RG, 80539 München,
(089) 2180 2113,
E-Mail: rupert.scholz@jura.
uni-muenchen.de

Schorkopf, Dr. Frank, Professor,
Georg-August-Universität Göttingen,
Juristische Fakultät,
Platz der Göttinger Sieben 5,
37073 Göttingen,
(0551) 39 4610,
E-Mail: Frank.Schorkopf@jura.
uni-goettingen.de

Schott, Dr. Markus, Privatdozent,
Rütistr. 38, CH-8032 Zürich,
(0041) 44363 1444;
Bär & Karrer AG, Brandschenkestr. 90,
CH-8027 Zürich,
(0041) 58261 5000,
Fax (0041) 58263 5477,
E-Mail: markus.schott@baerkarrer.ch

Schröder, Dr. Meinhard, o. Professor,
Zum Wingert 2, 54318 Mertesdorf,
(0651) 57887;
Universität Trier, 54286 Trier,
(0651) 201 2586,
E-Mail: schroedm@uni-trier.de

Schröder, Dr. Meinhard, Professor,
Universität Passau, Lehrstuhl für
Öffentliches Recht, Europarecht
und Informationstechnologierecht,
Innstr. 39 – Juridicum, 94032 Passau,
(0851) 509 2380,
Fax (0851) 509 2382;
E-Mail: meinhard.schroeder@
uni-passau.de

Schröder, Dr. Rainer Johannes,
Privatdozent,
Wormser Str. 65, 01309 Dresden,
(0351) 656 9700;
Technische Universität Dresden,
Juristische Fakultät,
Bergstr. 53, 01069 Dresden,
(0351) 4633 7365,
E-Mail: rschroed@jura.tu-dresden.de

Schröder, Dr. Ulrich Jan, Professor,
Mergelberg 109, 48161 Münster;
(0251) 20 89 832;
Hochschule für Polizei und öffentliche
Verwaltung Nordrhein-Westfalen,
Albert-Hahn-Straße 45, 47269 Duisburg,
E-Mail: ulrichjan.schroeder@hspv.nrw.de

Schroeder, Dr. Werner, LL.M., Professor,
Universität Innsbruck, Institut für
Völkerrecht, Europarecht und
Internationale Beziehungen,
Innrain 52, A-6020 Innsbruck,
(0043) 512 507 8320,
Fax (0043) 512 507 2651,
E-Mail: Werner.Schroeder@uibk.ac.at

Schubert, Dr. Mathias, Privatdozent,
Schleswig-Holsteinischer Landtag,
Düsternbrooker Weg 70,
24105 Kiel,
(0431) 988 1109,
E-Mail: schubert.mathias@gmx.net

Schuler-Harms, Dr. Margarete,
Professorin,
Heidkoppel 19, 22145 Hamburg,
(040) 678 6061, Fax (040) 678 8373;
Helmut-Schmidt-Universität,
Universität der Bundeswehr, Institut
für Öffentliches Recht,
Holstenhofweg 85,
22043 Hamburg,
(040) 6541 2782,
Fax (040) 6541 2087,
E-Mail: Schuler-Harms@hsu-hh.de

Schulev-Steindl, Dr. MMag. Eva, LL.M.
(London), Universitätsprofessorin,
RESOWI-Zentrum,
Universitätstraße 15/D3,
A-8010 Graz, (0043)316 3806707,
E-Mail: eva.schulev-steindl@uni-graz.at

Schulte, Dr. Martin, Professor,
Funkenburgstr. 21, 04105 Leipzig,
0341/24851429,
Lehrstuhl für Öffentliches Recht, Umwelt-
und Technikrecht, Juristische Fakultät,
TU Dresden,
von-Gerber-Bau, Bergstr. 53,
01069 Dresden,
(0351) 4633-7362,
Fax (0351) 4633-7220,
E-Mail: martin.schulte@tu-dresden.de

Schulz, Dr. Wolfgang, Professor,
Bismarckstr. 4, 20259 Hamburg,
(040) 4040 75;
Hans-Bredow-Institut für Medien-
forschung,
Heimhuder Str. 21,
20148 Hamburg,
(040) 4502 1711 (Sekr.), -34 (Durchwahl),
Fax (040) 4502 1777,
E-Mail: w.schulz@hans-bredow-institut.de

Schulze-Fielitz, Dr. Helmuth, Professor,
Klara-Löwe-Str. 5, 97082 Würzburg,
(0931) 784 1025,
E-Mail: Schulze-Fielitz@t-online.de

Schuppert, Dr. Gunnar Folke, Professor,
Kaiserdamm 28, 14057 Berlin,
(030) 3061 2168;
Wissenschaftszentrum Berlin für
Sozialforschung,
Forschungsprofessur Neue Formen
von Governance,
Reichpietschufer 50, 10785 Berlin,
(030) 25491 546 oder -246,
Fax (030) 25491 542,
E-Mail: schuppert@wzb.eu

Schwartmann, Dr. Rolf, Professor,
Brucknerstraße 18, 50931 Köln,
(0221) 400 9094;
Fachhochschule Köln, Fakultät für
Wirtschaftswissenschaften,
Claudiusstraße 1, 50678 Köln,
(0221) 8275 3446,
Fax (0221) 8275 734 46,
E-Mail: rolf.schwartmann@fh-koeln.de

Schwarz, Dr. Kyrill-A., Professor,
Dönersberg 13, 91550 Dinkelsbühl,
(0177) 831 0768;
Universität Würzburg, Juristische Fakultät,
Professor für Öffentliches Recht,
Domerschulstr. 16, 97070 Würzburg,
(0931) 318 2335,
E-Mail: kyrill-alexander.schwarz@
uni-wuerzburg.de

Schwarze, Dr. Jürgen, Professor,
Universität Freiburg, Institut für
Öffentliches Recht
Abt. I, Platz der Alten Synagoge 1,
79098 Freiburg,
(0761) 203-2238, oder -2251,
Fax (0761) 203 2234,
E-Mail: juergen.schwarze@jura.
uni-freiburg.de

Schwarzer, Mag., Dr. Stephan,
Universitätsdozent,
Rodlergasse 7/10, A-1190 Wien,
(0043) 1 369 1746;
Bundeswirtschaftskammer,
Wiedner Hauptstr. 63,
A-1045 Wien,
(0043) 1 50105 4195,
E-Mail: stephan.schwarzer@wko.at

Schweitzer, Dr. Michael, Professor,
Joseph-Haydn-Straße 6A, 94032 Passau,
(0851) 345 33;
Universität Passau,
94032 Passau,
(0851) 509-2395 oder 2396

Schweizer, Dr. Rainer J., o. Professor,
Kirchgasse 9, CH-9220 Bischofszell,
(0041) 71 223 5624;
Universität St. Gallen,
Tigerbergstr. 21, CH-9000 St. Gallen,
Forschungsgemeinschaft für
Rechtswissenschaften,
(0041) 71 224 2161,
Fax (00 41) 71 224 2162,
E-Mail: Rainer.Schweizer@unisg.ch

Schwerdtfeger, Dr. Angela, Professorin,
Georg-August-Universität Göttingen,
Juristische Fakultät, Lehrstuhl
für Öffentliches Recht, insbesondere
Verwaltungsrecht
Platz der Göttinger Sieben 5,
37073 Göttingen
(0551) 39-21150, Fax (0551) 39-21151
E-Mail: angela.schwerdtfeger@jura.
uni-goettingen.de

Schwerdtfeger, Dr. Gunther,
Universitätsprofessor,
Hülsebrinkstr. 23, 30974 Wennigsen/Deister,
(05103) 1311

Seckelmann, Dr., Margrit,
Apl. Professorin, Ringstr. 21,
69115 Heidelberg,
Geschäftsführerin des Deutschen Forschungsinstituts für öffentliche Verwaltung,
Freiherr-vom-Stein-Str. 2, 67346 Speyer,
(06232) 654-387,
E-Mail: seckelmann@foev-speyer.de

Seer, Dr. Roman, Universitätsprofessor,
Ruhr-Universität Bochum, Lehrstuhl für
Steuerrecht,
Gebäude GCE.Z/389, Universitätsstr. 150,
44801 Bochum,
(0234) 322 8269, Fax (0234) 321 4614,
E-Mail: steuerrecht@rub.de

Seewald, Dr. Otfried, o. Professor,
Schärdingerstraße 21 A, 94032 Passau,
(0851) 3 51 45, Fax (0851) 3 51 45,
E-Mail: otfried_seewald@gmx.de;
Universität Passau,
Innstr. 40, Postfach 25 40,
94030 Passau,
(0851) 509 23-40 oder -41,
Fax (0851) 509 2342,
E-Mail: otfried.seewald@uni-passau.de

Seferovic, Dr. Goran, Privatdozent,
Zürcher Hochschule für Angewandte
Wissenschaften,
School of Management and Law,
Zentrum für Öffentliches Wirtschaftsrecht,
Gertrudstraße 15,
CH-8400 Winterthur, (0041) 58 934 62 29
E-Mail: goran.seferovic@zhaw.ch

Seibert-Fohr, Dr. Anja, Professorin,
Institut für Staatsrecht, Verfassungslehre
und Rechtsphilosophie,
Friedrich-Ebert-Platz 2,
69117 Heidelberg,
(06221) 54 7469,
Fax (06221) 54 161 7469,
E-Mail: sekretariat.seibert-fohr@jurs.
uni-heidelberg.de

Seiler, Dr. Christian, Professor,
Schwabstr. 36, 72074 Tübingen,
(07071) 549 7780;
Universität Tübingen, Lehrstuhl für
Staats- und Verwaltungsrecht, Finanz- und
Steuerrecht,
Geschwister-Scholl-Platz, 72074 Tübingen,
(07071) 297 2943,
E-Mail: christian.seiler@jura.
uni-tuebingen.de

Selmer, Dr. Peter, Professor,
Akazienweg 9, 22587 Hamburg,
(040) 86 4743;
Universität Hamburg, 20146 Hamburg,
(040) 42838-4574 oder -3026,
Fax (040) 42838 3028,
E-Mail: peter.selmer@jura.uni-hamburg.de

Shirvani, Dr. Foroud, Professor,
Rheinische Friedrich-Wilhelms-
Universität Bonn,
Gottfried-Meulenbergh-Stiftungsprofessur,
Adenauerallee 24–42, 53113 Bonn,
(0228) 7362 416,
E-Mail: shirvani@jura.uni-bonn.de

Siekmann, Dr. Helmut, Professor,
Johann Wolfgang Goethe-Universität,
Professur für Geld-, Währungs- und
Notenbankrecht,
IMFS im House of Finance,
Theodor-W.-Adorno-Platz 3,
60629 Frankfurt am Main,
(069) 798 34014,
E-Mail: geld-und-waehrung@imfs-
frankfurt.de

Sieckmann, Dr. Jan-Reinard, Professor,
Fachbereich Rechtswissenschaft,
Friedrich-Alexander-Universität
Erlangen Nürnberg,
Schillerstraße 1, 91054 Erlangen,
(09131) 85240 97,
E-Mail: jan.sieckmann@fau.de

Siegel, Dr. Thorsten, Professor,
Freie Universität Berlin, Fachbereich
Rechtswissenschaft, Professur für
Öffentliches Recht,
insbesondere Verwaltungsrecht,
Boltzmannstr. 3, 14195 Berlin,
(030) 838 55921, Fax (030) 838 455921,
E-Mail: thorsten.siegel@fu-berlin.de,
Sekretariat: sekretariat.siegel@rewiss.
fu-berlin.de

Siehr, Dr. Angelika, LL.M. (Yale),
Professorin,
Universität Bielefeld, Fakultät für
Rechtswissenschaft,
Postfach 100131, 33501 Bielefeld,
(0521) 106 4430 oder (0521) 106 6899
(Sekretariat),
E-Mail: angelika.siehr@uni-bielefeld.de

Simon, Dr. Sven, Universitätsprofessor
Philipps-Universität Marburg
Lehrstuhl für Völkerrecht und Europarecht
mit öffentlichem Recht
Universitätsstraße 6, 35032 Marburg
(06421) 28 231 31 oder (06421) 28 231 27
(Sekretariat),
Fax (06421) 28 238 53,
E-Mail: sven.simon@uni-marburg.de

Skouris, Dr. Wassilios, Professor,
Nikolaou Manou 18,
GR-54643 Thessaloniki,
(0030) 31 8314 44;
Gerichtshof der Europäischen
Gemeinschaften,
Palais de la Cour de Justice,
L-2925 Luxembourg, (00352) 4303 2209,
Fax (00352) 4303 2736

Smeddinck, Dr. Ulrich, Apl. Professor,
Juristischer Bereich,
Universität Halle-Wittenberg,
Universitätsplatz 10a, 06108 Halle/Saale,
E-Mail: Ulrich.Smeddinck@jura.
uni-halle.de

Sodan, Dr. Helge, Universitätsprofessor,
Fachbereich Rechtswissenschaft, Lehrstuhl
für Staats- und Verwaltungsrecht,
Öffentliches Wirtschaftsrecht, Sozialrecht,
Freie Universität Berlin,
Van't-Hoff-Str. 8, 14195 Berlin,
(030) 838-53972 oder -73973,
Fax (030) 838-54444;
Präsident des Verfassungsgerichtshofes
des Landes Berlin,
Elßholzstr. 30–33, 10781 Berlin,
(030) 9015 2650, Fax (030) 9015 2666,
E-Mail: sodan@zedat.fu-berlin.de

Somek, Dr. Alexander, Professor,
Mahlerstraße 13/4, A-1010 Wien;
Universität Wien,
Institut für Rechtsphilosophie,
Schenkenstraße 8–10, A-1010 Wien,

(0043) 1-4277-35830,
E-Mail: alexander.somek@univie.ac.at

Sommermann, Dr. Dr. h.c. Karl-Peter,
Universitätsprofessor,
Lehrstuhl für Öffentliches Recht,
Staatslehre und Rechtsvergleichung,
Deutsche Universität für Verwaltungs-
wissenschaften Speyer,
Postfach 14 09,
67346 Speyer,
(06232) 654 344, Fax (06232) 654 414,
E-Mail: Sommermann@uni-speyer.de

Spannowsky, Dr. Willy,
Universitätsprofessor,
Auf dem Kleehügel 17,
67706 Krickenbach,
(06307) 9939 63, Fax (06307) 9939 49;
Lehrstuhl für Öffentliches Recht,
Postfach 3049,
67653 Kaiserslautern,
(0631) 205 3975, Fax (0631) 205 3977,
E-Mail: oerecht@rhrk.uni-kl.de

Spiecker genannt Döhmann, Dr. Indra,
LL.M. (Georgetown Univ.),
Universitätsprofessorin,
Lehrstuhl für Öffentliches Recht,
Informationsrecht, Umweltrecht,
Verwaltungswissenschaften,
Forschungsstelle Datenschutz,
Goethe-Universität Frankfurt,
Theodor-W.-Adorno-Platz 4,
60629 Frankfurt a.M.,
(069) 798 34268, Fax (069) 798 34510,
E-Mail: spiecker@jur.uni-frankfurt.de

Spilker, Dr. Bettina,
Universitätsprofessorin,
Universität Wien, Rechtswissenschaftliche
Fakultät, Institut für Finanzrecht,
Schenkenstraße 8-10,
1010 Wien,
(0043) 1-4277-36015,
E-Mail: bettina.spilker@univie.ac.at

Spranger, Dr. Dr. Tade Matthias,
apl. Professor,
Centre for the Law of Life Sciences Institut
für Öffentliches Recht,
Universität Bonn
Adenauerallee 24–42,
53113 Bonn
(0228) 73 9276,
E-Mail: spranger@jura.uni-bonn.de

Stahn, Dr. Carsten, LL.M. (NYU), LL.M.
(Köln-Paris), Professor,
Grotius Centre for International
Legal Studies, Leiden Law School,
Turfmarkt 99, 2511 DV The Hague,
Niederlande,
0031–70 8009572,
E-Mail: c.stahn@law.leidenuniv.nl

Starck, Dr. Christian, o. Professor,
em. Professor für öffentliches Recht an
der Georg-August-Universität Göttingen,
Schlegelweg 10, 37075 Göttingen,
(0551) 55454,
E-Mail: cstarck@gwdg.de

Starski, Dr. Paulina, LL.B.,
Universitätsprofessorin,
Universität Graz, Universitätsstraße 15/
C3A, 8010 Graz;
Mittelweg 138, 20138 Hamburg
(0049) 176 23506112
E-Mail: paulina.starski-lutoborski@
uni-graz.at

Steiger, Dr. Dominik, Univ.-Professor für
Völkerrecht, Europarecht und
Öffentliches Recht,
Chair of Public International Law,
European Law and Public Law,
Technische Universität Dresden
von-Gerber-Bau, 317, Bergstraße 53,
01069 Dresden,
(0351) 463 37417,
Fax (0351) 463 37465,
E-Mail: dominik.steiger@tu-dresden.de

Stein, Dr. Katrin, Professorin,
Reinhold-Tiling-Weg 61,
49088 Osnabrück,
(0541) 911 8451;
Hessische Hochschule für Polizei
und Verwaltung,
Schönbergstraße 100, 65199 Wiesbaden,
(06108) 603 516,
E-Mail: katrin.stein@hfpv-hessen.de

Steinbach, Dr. Dr. Armin, Privatdozent,
Ministerialrat,
Bundesministerium der Finanzen,
Referatsleiter „Generalreferat für
Finanzpolitik",
Wilhelmstrasse 10, 10117 Berlin,
(0049) 30-2242-2775,
E-Mail: armin.steinbach@bmf.bund.de

Steinberg, Dr. Rudolf,
Universitätsprofessor,
Universitätspräsident a.D.,
Wingertstr. 2 A, 65719 Hofheim;
E-Mail: Rudolf.Steinberg@t-online.de

Steiner, Dr. Udo, o. Professor,
Richter des
Bundesverfassungsgerichts a. D.,
Am Katzenbühl 5, 93055 Regensburg,
(0941) 7009 13, Fax (0941) 7606 19,
E-Mail: udo.steiner@web.de

Stelkens, Dr. Ulrich, Universitätsprofessor,
Webergasse 3a, 67346 Speyer;
Deutsche Universität für Verwaltungs-
wissenschaften Speyer,
Freiherr-vom-Stein-Str. 2, 67346 Speyer,
(06232) 654 365, Fax (06232) 654 245,
E-Mail: stelkens@uni-speyer.de

Stelzer, Dr. Manfred, Universitätsprofessor,
Universität Wien,
Schottenbastei 10–16,
A-1010 Wien,
(0043-1) 4277 354 -31 oder -32,
E-Mail: Manfred.Stelzer@univie.ac.at

Stern, Dr. Dr. h.c. mult. Klaus, o. Professor,
Institut für Rundfunkrecht an der
Universität zu Köln,
Aachener Straße 197–199, 50931 Köln,
(0221) 94154 65,
E-Mail: klaus.stern@uni-koeln.de

Stettner, Dr. Rupert, Professor,
Alpenstr. 11 a, 85221 Dachau,
(08131) 2789 96,
Fax (08131) 2789 98;
Institut für Staatswissenschaften,
Universität der Bundeswehr München,
Werner-Heisenberg-Weg 39,
85579 Neubiberg,
(089) 6004-3864 oder -3702 oder -2043,
Fax (089) 6004-2841,
E-Mail: rs@themistokles.net

Stober, Dr. Dr. h.c. mult. Rolf,
Universitätsprofessor,
Prins-Claus-Str. 50, 48159 Münster,
(0251) 16241 62,
Fax (0251) 16241 63;
Fakultät für Wirtschafts- und Sozial-
wissenschaften, Universität Hamburg,
Department Wirtschaftswissenschaften,
Institut für Recht der Wirtschaft,
Max-Brauer-Allee 60, 22765 Hamburg,
(040) 42838 4621,
Fax (040) 42838 6458
E-Mail: rolf-stober@gmx.de

Stock, Dr. Martin, Professor,
Lina-Oetker-Str. 22, 33615 Bielefeld,
(0521) 1219 95;
Fakultät für Rechtswissenschaft,
Universität Bielefeld,
Postfach 10 01 31, 33501 Bielefeld,
(0521) 10643 90, Fax (0521) 10615 4390,
E-Mail: martin.stock@uni-bielefeld.de

Stöger, Dr. Karl, MJur,
Universitätprofessor,
Institut für Staats- und Verwaltungsrecht,
Lehrstuhl für Medizinrecht,

Universität Wien,
Schottenbastei 10–16, A-1010 Wien,
E-Mail: karl.stoeger@univie.ac.at

Stoll, Dr. Peter-Tobias, Professor,
E-Mail: ptstoll@web.de;
Institut für Völkerrecht, Abteilung für
Internationales Wirtschaftsrecht,
Universität Göttingen,
Platz der Göttinger Sieben 5,
37073 Göttingen,
(0551) 3946 61,
E-Mail: pt.stoll@jur.uni-goettingen.de

Stolzlechner, Dr. Harald,
o. Universitätsprofessor,
Gneiser Straße 57, A-5020 Salzburg,
(0043) 662 82 3935;
Universität Salzburg,
(0043) 662 80 4436 01,
E-Mail: Harald.Stolzlechner@sbg.ac.at

Storr, Dr. Stefan, Universitätsprofessor,
Wirtschaftsuniversität Wien
Institut für Österreichisches und
Europäisches Öffentliches Recht,
Welthandelsplatz 1, A-1020 Wien,
(0043) 1 31336 4669,
E-Mail: stefan.storr@wu.ac.at

Straßburger, Dr. Benjamin, Professor,
Universität Mannheim, Lehrstuhl für
Öffentliches Recht, Finanz- und
Steuerrecht sowie Verfassungstheorie,
Schloss Westflügel, 68131 Mannheim,
(0049) 621 181 1354,
Fax (0049) 621 181 1361
E-Mail: strassburger@uni-mannheim.de

Streinz, Dr. Rudolf, o. Professor,
Waldsteinring 26, 95448 Bayreuth,
(0921) 94730,
E-Mail: rudolf.streinz@gmx.de;
Ludwig-Maximilians-Universität München,
Lehrstuhl für Öffentliches Recht und
Europarecht,

Professor-Huber-Platz 2, 80539 München,
(089) 2180 3335, Fax (089) 2180 2440,
E-Mail: streinz.pers@jura.uni-muenchen.de

Stumpf, Dr. Dr. Christoph, Professor,
Curacon Rechtsanwaltsgesellschaft mbH,
Mattentwiete 1, 20457 Hamburg
E-Mail: christoph.stumpf@
curacon-recht.de

Suerbaum, Dr. Joachim, o. Professor,
In der Uhlenflucht 3, 44795 Bochum,
(0234) 4726 26,
E-Mail: Joachim.Suerbaum@t-online.de;
Universität Würzburg,
Domerschulstraße 16, 97070 Würzburg,
(0931) 31-82897 oder 31-82899,
E-Mail: Suerbaum@jura.uni-wuerzburg.de

Suzuki, Dr. Hidemi, Prof.,
Koishikawa 3-25-11-502, Bunkyo-ku,
Tokio 112-0002, Japan,
Keio University, Institute for Journalism,
Media & Communication Studies,
Mita 2-15-45, Minato-ku,
Tokio 108-8345, Japan,
(0081) 3 5427 1211,
Fax (0081) 3 5427 1211
E-Mail: hidemis@mediacom.keio.ac.jp

Sydow, Dr. Gernot, M.A., Professor,
Auf der Burg 17, 48301 Nottuln
(02502) 2269723;
Westfälische Wilhelms-Universität
Münster,
Rechtswissenschaftliche Fakultät,
Universitätsstr. 14–16, 48143 Münster,
(0251) 83 21750,
E-Mail: Gernot.Sydow@uni-muenster.de

Talmon, D. Phil. (Oxon.) Stefan, LL.M.
(Cantab.), Universitätsprofessor,
Institut für Völkerrecht,
Adenauerallee 24–42,
53113 Bonn
(0228) -7391 72 oder -7339 32 (Sekr.),

Fax (0228) 7391 71,
E-Mail: talmon@jura.uni-bonn.de

Tappe, Dr. Henning, Universitätsprofessor,
Universität Trier, Fachbereich V –
Rechtswissenschaft,
Universitätsring 15, 54296 Trier,
(0651) 201-2576 oder -2577,
Fax (0651) 201 3816,
E-Mail: tappe@uni-trier.de

Thiel, Dr. iur. Dr. rer. publ. Markus,
Universitätsprofessor,
Deutsche Hochschule der Polizei,
Fachgebiet III.4 – Öffentliches Recht
mit Schwerpunkt Polizeirecht
Zum Roten Berge 18–24, 48165 Münster
(02501) 806 531,
E-Mail: Markus.Thiel@dhpol.de

Thielbörger, Dr. Pierre M.PP. (Harvard),
Universitätsprofessor,
Ruhr-Universität Bochum,
Juristische Fakultät, Lehrstuhl
für Öffentliches Recht und Völkerrecht,
insbesondere Friedenssicherungsrecht und
Humanitäres Völkerrecht,
Massenbergstraße 9 B, 44787 Bochum,
(0049) 234 32-27934,
E-Mail: pierre.thielboerger@rub.de

Thiele, Dr. Alexander, Privatdozent,
Kurze-Geismar-Str. 9, 37073 Göttingen,
(0172) 4025995;
Georg-August-Universität Göttingen,
Institut für Allgemeine Staatslehre und
Politische Wissenschaften,
Nikolausberger Weg 17, 37073 Göttingen,
(0551) 39-4693,
E-Mail: alexander.thiele@jura.
uni-goettingen.de

Thiemann, Dr. Christian, Professor,
Johannes-Gutenberg-Universität
Fachbereich 3 – Rechts- und Wirtschafts-
wissenschaften, Lehrstuhl für Öffentliches

Recht, Europarecht, Finanz- und Steuerrecht
Jakob-Welder-Weg 9, 55128 Mainz,
(06131) 39 220622725,
E-Mail: Thiemann@uni-mainz.de

Thienel, Dr. Rudolf, Universitätsprofessor,
Präsident des Verwaltungsgerichtshofes,
Judenplatz 11, A-1010 Wien,
(0043) 1 531 11 2 45,
Fax (0043) 1 531 11-140,
E-Mail: rudolf.thienel@univie.ac.at

Thürer, Dr. Dr. h.c. Daniel,
LL.M. (Cambridge), o. Professor,
Abeggweg 20, CH-8057 Zürich,
(0041) 44 362 65 -47 oder -46,
Fax (0041) 44 362 6546,
E-Mail: thuerer@swissonline.ch;
Stiffler & Partner Rechtsanwälte,
Postfach 1072, CH-8034 Zürich,
E-Mail: daniel.thuerer@stplaw.ch

Thurnherr, Dr. Daniela, LL.M. (Yale),
Professorin,
Juristische Fakultät der Universität Basel,
Peter Merian-Weg 8, Postfach,
CH-4002 Basel,
(0041) 61 267 2566,
E-Mail: daniela.thurnherr@unibas.ch

Thym, Dr. Daniel, LL.M. (London),
Professor,
FB Rechtswissenschaft Universität
Konstanz, Fach 116,
78457 Konstanz,
(07531) 88-2307,
E-Mail: daniel.thym@uni-konstanz.de

Tietje, Dr. Christian, Professor,
Heinrich-Heine-Str. 8, 06114 Halle (Saale),
(0345) 548 3912 oder (0345) 524 8312,
Mobil (0175) 37 36134,
Fax (0345) 517 4048;
Martin-Luther-Universität
Halle-Wittenberg,
Juristische Fakultät, Juridicum,

Universitätsplatz 5, 06108 Halle (Saale),
(0345) 552 3180, Fax (0345) 552 7201,
E-Mail: tietje@jura.uni-halle.de

Tomuschat, Dr. Dr. h.c. mult. Christian,
Universitätsprofessor,
(030) 4054 1486,
E-Mail: chris.tomuschat@gmx.de

Towfigh, Dr. Emanuel V., Professor,
(0228) 97148677,
Fax (0228) 97148678
Lehrstuhl für Öffentliches Recht,
Empirische Rechtsforschung und
Rechtsökonomie,
Gustav-Stresemann-Ring 3,
65189 Wiesbaden,
(0611) 7102 2253,
Fax (0611) 7102 10 2253
E-Mail: emanuel@towfigh.net

Traulsen, Dr. Christian,
Richter am Sozialgericht,
Sozialgericht Stuttgart,
Theodor-Heuss-Straße 2, 70174 Stuttgart,
(0711) 89230-0
E-Mail: traulsen@t-online.de

Trute, Dr. Hans-Heinrich,
Universitätsprofessor,
Gryphiusstraße 7, 22299 Hamburg,
(040) 280027679,
Universität Hamburg, Fakultät für
Rechtswissenschaft,
Schlüterstraße 28, 20146 Hamburg,
(040) 42838-5721 oder -5625,
Fax (040) 42838 2700,
E-Mail: Hans-Heinrich.Trute@jura.
uni-hamburg.de

Tschentscher, Dr. Axel, LL.M., Professor,
Lehrstuhl für Staatsrecht,
Rechtsphilosophie und Verfassungs-
geschichte, Universität Bern,
Institut für öffentliches Recht,
Schanzeneckstraße 1, CH-3001 Bern,

(0041) 31 631 8899 (direkt),
(0041) 31 63132 36 (Sekretariat),
Fax (0041) 31 631 3883,
E-Mail: axel.tschentscher@oefre.unibe.ch

Uebersax, Dr. Peter, Professor,
Titularprofessor für öffentliches Recht
und öffentliches Prozessrecht,
Chemin des Grands-Champs 19,
CH-1033 Cheseaux,
(0041) 217 312941;
Schweizerisches Bundesgericht,
Av. du Tribunal-fédéral 29,
CH-1000 Lausanne 14,
(0041) 213 18 9111,
E-Mail: peter.uebersax@unibas.ch

Uerpmann-Wittzack, Dr. Robert,
Universitätsprofessor,
Fakultät für Rechtswissenschaft,
Universität Regensburg, 93040 Regensburg,
(0941) 943 2660,
E-Mail: Robert.Uerpmann-Wittzack@ur.de

Uhle, Dr. Arnd, Professor,
Lehrstuhl für Öffentliches Recht,
insbesondere für Staatsrecht,
Allgemeine Staatslehre und
Verfassungstheorie,
Institut für Recht und Politik,
Juristenfakultät, Universität Leipzig,
Burgstraße 21, 04109 Leipzig,
(0341) 9735250, Fax (0341) 9735259,
E-Mail: arnd.uhle@uni-leipzig.de

Uhlmann, Dr. Felix, LL.M., Professor,
Bruderholzallee, CH-4059 Basel;
Universität Zürich,
Rämistrasse 74 / 33, CH-8001 Zürich,
(0041) 446 34 4224,
Fax (0041) 446 34 4368,
E-Mail: felix.uhlmann@rwi.uzh.ch

Ullrich, Dr. Norbert, Professor
Wilhelm-Stefen-Str. 91
47807 Krefeld

Unger, Dr. Sebastian, Professor,
Lehrstuhl für Öffentliches Recht,
Wirtschafts- und Steuerrecht,
Ruhr-Universität Bochum,
Universitätsstraße 150, 44801 Bochum,
(0234) 32 22781,
Fax (0234) 32 14887,
E-Mail: sebastian.unger@rub.de

Ungern-Sternberg, Dr. Antje von,
M.A., Univ.-Professor,
Lehrstuhl für deutsches und ausländisches
öffentliches Recht,
Staatskirchenrecht und Völkerrecht,
Universität Trier,
FB V – Rechtswissenschaft, 54286 Trier
(0651) 201 2542,
Fax (0651) 201 3905,
E-Mail: vonungern@uni-trier.de

Unruh, Dr. Peter, apl. Professor,
Hakensoll 8a, 24226 Heikendorf;
Landeskirchenamt der Evangelisch-
Lutherischen Kirche in Norddeutschland,
Dänische Str. 21–35, 24103 Kiel,
E-Mail: peter.unruh@lka.nordkirche.de

Vallender, Dr. Klaus A., Professor,
Unterbach 4, CH-9043 Trogen,
(0041) 71 9427 69;
Law School St. Gallen, IFF,
Varnbüelstrasse 19. 4,
CH-9000 St. Gallen,
(0041) 71 224 2519,
Fax (0041) 71 229 2941,
E-Mail: klaus.vallender@unisg.ch

Valta, Dr. Matthias, Professor,
Balinger Str. 67, 70567 Stuttgart,
(0711) 78789924;
Heinrich-Heine-Universität Düsseldorf,
Universitätsstraße 1, 40225 Düsseldorf,
Gebäude 24.81, Etage/Raum U1.50,
(0211) 81 15868,
Fax (0211) 81 15870,
E-Mail: LS.Valta@hhu.de

Vedder, Dr. Christoph, Professor,
Sollner Str. 33, 81479 München,
(089) 7910 03 83, Fax (089) 7910 0384;
E-Mail: christoph.vedder@jura.
uni-augsburg.de

Vesting, Dr. Dr. h.c. Thomas,
Universitätsprofessor,
Konradstraße 2, 80801 München,
(089) 3887 9545, Fax (089) 3887 9547;
Lehrstuhl für Öffentliches Recht,
Recht und Theorie der Medien,
Johann Wolfgang Goethe-Universität,
Theodor-W.-Adorno-Platz 4, RuW 04,
60629 Frankfurt am Main,
(069) 798 34 274,
Fax (069) 798 763 34273,
E-Mail: T.Vesting@jur.uni-frankfurt.de

Vitzthum, Dr. Dr. h.c. Wolfgang Graf,
o. Professor,
Im Rotbad 19, 72076 Tübingen,
(07071) 638 44, Fax (07071) 9684 89;
Universität Tübingen, Juristische Fakultät,
Geschwister-Scholl-Platz, 72074 Tübingen,
(07071) 297 5266, Fax (07071) 297 5039,
E-Mail: wolfgang-graf.vitzthum@
uni-tuebingen.de

Vöneky, Dr. Silja, Professorin,
Am Schmelzofen 20, 79183 Waldkirch,
(07681) 4925 239;
Albert-Ludwigs-Universität Freiburg,
Institut für Öffentliches Recht, Abt. II
Völkerrecht und Rechtsvergleichung,
79085 Freiburg im Breisgau,
(0761) 203 2207, Fax (0761) 203 9193,
E-Mail: voelkerrecht@jura.uni-freiburg.de

Vogel, Dr. Stefan, Titularprofessor,
Zentralstr. 12, CH-8604 Volketswil
(0041) 43355 5229,
E-Mail: stefan_vogel@bluewin.ch

Volkmann, Dr. Uwe, Professor,
Goethe-Universität Frankfurt am Main,

Fachbereich Rechtswissenschaft,
Theodor-W.-Adorno-Platz 4,
60629 Frankfurt am Main,
(069) 798 34270,
E-Mail: volkmann@jura.uni-frankfurt.de

Vosgerau, Dr. Ulrich, Privatdozent,
Bachemer Straße 225, 50935 Köln,
(0221) 4064 058,
E-Mail: ulrich_vosgerau@web.de

Voßkuhle, Dr. Dr. h.c. mult. Andreas,
Professor, Präsident
des Bundesverfassungsgerichts,
Schloßbezirk 3, 76131 Karlsruhe,
(0721) 9101 3 13;
Albert-Ludwigs-Universität Freiburg,
Institut für Staatswissenschaft und
Rechtsphilosophie,
Postfach, 79085 Freiburg i. Br.,
(0761) 203 2209, Fax (0761) 203 9193,
E-Mail: staatswissenschaft@jura.
uni-freiburg.de

Waechter, Dr. Kay, Professor,
Ceciliengärten 12, 12159 Berlin;
FB Rechtswissenschaft,
Universität Hannover,
Königsworther Platz 1, 30167 Hannover,
(0511) 762 8227,
E-Mail: waechter@jura.uni-hannover.de

Wahl, Dr. Rainer, o. Professor,
Hagenmattenstr. 6, 79117 Freiburg,
(0761) 6 59 60;
Universität Freiburg,
Institut für Öffentliches Recht V,
Postfach, 79085 Freiburg,
(0761) 203 8961, Fax (0761) 203 2293,
E-Mail: rainer.wahl@jura.uni-freiburg.de

Waldhoff, Dr. Christian, Professor,
Humboldt-Universität zu Berlin,
Juristische Fakultät Lehrstuhl für
Öffentliches Recht und Finanzrecht,
Unter den Linden 6, 10099 Berlin,

(030) 2093 3537,
E-Mail: christian.waldhoff@rewi.
hu-berlin.de

Waldmann, Dr. Bernhard, Professor,
RA, Lehrstuhl für Staats- und
Verwaltungsrecht, Rechtswissen-
schaftliche Fakultät, Universität Freiburg,
Av. Beauregard 1, CH-1700 Freiburg,
(0041) 26 300 8147,
E-Mail: bernhard.waldmann@unifr.ch

Wall, Dr. Heinrich de, Professor,
Schronfeld 108, 91054 Erlangen,
(09131) 97 1545;
Hans-Liermann-Institut für Kirchenrecht
der Friedrich-Alexander-Universität
Erlangen-Nürnberg,
Hindenburgstraße 34, 91054 Erlangen,
(09131) 85-222 42, Fax (09131) 85-240 64,
E-Mail: hli@fau.de

Wallerath, Dr. Maximilian,
Universitätsprofessor,
Gudenauer Weg 86, 53127 Bonn,
(0228) 2832 02,
Rechts- und Staatswissenschaftliche
Fakultät der Universität Greifswald
E-Mail: max.wallerath@web.de

Wallrabenstein, Dr. Astrid, Professorin,
Goethe-Universität Frankfurt am Main,
Fachbereich Rechtswissenschaften,
Professur für Öffentliches Recht mit
einem Schwerpunkt im Sozialrecht,
Theodor-W.-Adorno-Platz 4,
60629 Frankfurt am Main,
(069) 798 34 287, Fax (069) 798 34 514
E-Mail: professur-wallrabenstein@jura.
uni-frankfurt.de

Walter, Dr. Christian, Professor,
Ludwig-Maximilians-Universität München,
Institut für Internationales Recht,
Lehrstuhl für Öffentliches Recht und
Völkerrecht,

Prof.-Huber-Platz 2, 80539 München,
(089) 2180 2798,
Fax (089) 2180 3841,
E-Mail: cwalter@jura.uni-muenchen.de

Wapler, Dr. Friederike, Professorin,
Lehrstuhl für Rechtsphilosophie und
Öffentliches Recht,
Johannes Gutenberg-Universität Mainz,
Fachbereich Rechts- und Wirtschaftswissenschaften
Jakob-Welder-Weg 9, 55128 Mainz,
(06131) 39 25759 oder 39 28172,
E-Mail: lswapler@uni-mainz.de

Weber, Dr. Albrecht, Professor,
Weidenweg 20, 49143 Bissendorf,
(05402) 3907;
Universität Osnabrück, 49069 Osnabrück,
(0541) 9 69 61 38,
E-Mail: aweber@uos.de

Weber, Dr. Karl,
o. Universitätsprofessor, Noldinstr. 14,
A-6020 Innsbruck,
(0043) 0664 162 5739;
Universität Innsbruck, Institut für
Öffentliches Recht, Finanzrecht und
Politikwissenschaft,
Lützowstraße 7, 6020 Innsbruck
(0043) 512-507 8230,
E-Mail: karl.weber@uibk.ac.at

Weber-Dürler, Dr. Beatrice, o. Professorin,
Ackermannstr. 24, CH-8044 Zürich,
(0041) 44262 0420,
E-Mail: beatrice.weber-duerler@rwi.uzh.ch

Wegener, Dr. Bernhard W., Professor,
Friedrich-Alexander-Universität,
Lehrstuhl für Öffentliches Recht und
Europarecht,
Schillerstraße 1, 91054 Erlangen,
(09131) 85 29285,
Fax (09131) 85 26439,
E-Mail: europarecht@fau.de

Wehr, Dr. Matthias, Professor,
Alter Kirchweg 24, 28717 Bremen,
(0421) 690 800 25;
Hochschule für Öffentliche Verwaltung
Bremen (HfÖV),
Doventorscontrescarpe 172 C,
28195 Bremen,
(0421) 361 19 617,
E-Mail: matthias.wehr@hfoev.bremen.de

Weiß, Dr. Norman, Privatdozent,
Martin-Luther-Str. 56, 10779 Berlin;
MenschenRechtsZentrum der
Universität Potsdam,
August-Bebel-Str. 89, 14482 Potsdam,
(0331) 977 3450, Fax (0331) 977 3451,
E-Mail: weiss@uni-potsdam.de

Weiß, Dr. Wolfgang, Universitätsprofessor,
Deutsche Universität für Verwaltungswissenschaften Speyer, Lehrstuhl für
Öffentliches Recht, Völker- und
Europarecht,
Freiherr-vom-Stein-Str. 2, 67346 Speyer,
(06232) 654 331, Fax (06232) 654 123,
E-Mail: weiss@uni-speyer.de

Welti, Dr. Felix, Professor,
Universität Kassel,
FB 01 Humanwissenschaften,
Institut für Sozialwesen,
Arnold-Bode-Str. 10, 34109 Kassel,
E-Mail: welti@uni-kassel.de

Wendel, Dr. Mattias, Universitätsprofessor,
Maitr. en droit (Paris 1),
Universität Leipzig, Öffentliches Recht,
Europa- und Völkerrecht, Migrationsrecht
und Rechtsvergleichung,
Institutsgebäude, Burgstr. 21, Raum 1.30,
04109 Leipzig
(0049) 341 97-35111
E-Mail: mattias.wendel@uni-leipzig.de

Wendt, Dr. Rudolf, o. Professor,
Schulstr. 45, 66386 St. Ingbert-Hassel,

(06894) 532 87, Fax (068 94) 532 50;
Lehrstuhl für Staats- und Verwaltungsrecht,
Wirtschafts-, Finanz- und Steuerrecht,
Rechtswissenschaftliche Fakultät,
Universität des Saarlandes,
Postfach 15 11 50, 66041 Saarbrücken,
(0681) 362-2104 oder -3104,
Fax (0681) 302 4779,
E-Mail: r.wendt@mx.uni-saarland.de

Wernsmann, Dr. Rainer, Professor,
Johann-Bergler-Straße 8, 94032 Passau;
Universität Passau, Lehrstuhl für Staats-
und Verwaltungsrecht, insb. Finanz-
und Steuerrecht,
Innstr. 40, 94032 Passau,
(0851) 509 2351, Fax (0851) 509 2352,
E-Mail: wernsmann@uni-passau.de

Weschpfennig, Dr. Armin von, Professor,
Professur für Öffentliches Recht mit
Schwerpunkt Planungs- und Umweltrecht
Technische Universität Kaiserslautern,
Fachbereich Raum- und Umweltplanung,
Pfaffenbergstraße 95, 67663 Kaiserslautern,
E-Mail: armin.vonweschpfennig@
ru.uni-kl.de

Wessely, Dr. Wolfgang, Privatdozent,
Universität Wien, Institut für Staats-
und Verwaltungsrecht,
Schottenbastei 10–16, A-1010 Wien,
(0043) 1 9005 11216,
Fax (0043) 1 9005 11210,
E-Mail: wolfgang.wessely@univie.ac.at

Wiater, Dr. iur. habil Dr. phil. Patricia,
Juniorprofessorin,
Tenure-Track-Professur für Öffentliches
Recht, insb. Grund- und Menschenrechts-
schutz,
Friedrich-Alexander-Universität
Erlangen-Nürnberg,
Schillerstraße 1,
91054 Erlangen,
E-Mail: patricia.wiater@fau.de

Wiederin, Dr. Ewald,
Universitätsprofessor,
Universität Wien, Institut für Staats-
und Verwaltungsrecht,
Schottenbastei 10–16, A-1010 Wien,
(0043) 1 4277 35482,
E-Mail: ewald.wiederin@univie.ac.at

Wieland, Dr. Joachim, LL.M.,
Universitätsprofessor,
Gregor-Mendel-Straße 13, 53115 Bonn,
(0228) 923 993 34,
Fax (0228) 329 48 98;
Lehrstuhl für öffentliches Recht,
Finanz- und Steuerrecht,
Deutsche Universität für
Verwaltungswissenschaften Speyer,
Postfach 1409,
67324 Speyer,
(06232) 654 355,
Fax (06232) 654 127,
E-Mail: wieland@uni-speyer.de

Wielinger, Dr. Gerhart, Universitätsdozent,
Bergmanngasse 22, A-8010 Graz,
(0043) 316 31 8714,
dienstl. (0043) 316 70 31 2428,
E-Mail: gerhart.wielinger@uni-graz.at

Wieser, DDr. Bernd, Universitätsprofessor,
Institut für Öffentliches Recht und
Politikwissenschaft,
Karl-Franzens-Universität Graz,
Universitätsstr. 15/C3, A-8010 Graz,
(0043) 316 380-3381 oder -3367,
Fax (0043) 316 380 9450,
E-Mail: bernd.wieser@uni-graz.at

Will, Dr. iur. Dr. phil. Martin,
M.A., LL.M. (Cambr.), Professor,
EBS Universität für Wirtschaft und Recht,
Lehrstuhl für Staatsrecht, Verwaltungsrecht,
Europarecht, Recht der neuen Technologien
und Rechtsgeschichte,
Gustav-Stresemann-Ring 3,
65189 Wiesbaden,

(0611) 7102 2232,
Fax (0611) 7102 10 2232,
E-Mail: martin.will@ebs.edu

Will, Dr. Rosemarie, Professorin,
Humboldt-Universität zu Berlin,
Juristische Fakultät,
Unter den Linden 6, 10099 Berlin,
(030) 2093 33 00 3682,
Fax (030) 2093 3453,
E-Mail: Rosemarie.Will@rewi.hu-berlin.de

Wimmer, MMag. Dr. Andreas,
Universitätsprofessor,
Johannes Kepler Universität Linz,
Institut für Verwaltungsrecht und
Verwaltungslehre
Altenberger Straße 69, 4040 Linz
(0043) 732 2468-1860
E-Mail: andreas.wimmer@jku.at

Wimmer, Dr. Norbert,
o. Universitätsprofessor,
Heiliggeiststr. 16, A-6020 Innsbruck,
(0043) 512 58 6144;
E-Mail: norbert.wimmer@uibk.ac.at

Windoffer, Dr. Alexander, Professor,
Universität Potsdam,
Professur für Öffentliches Recht,
insbesondere Besonderes Verwaltungsrecht
und Verwaltungswissenschaften,
August-Bebel-Str. 89,
14482 Potsdam,
(0331) 977 3513,
E-Mail: Alexander.Windoffer@
uni-potsdam.de

Windthorst, Dr. Kay, Professor,
Prinzregentenstr. 75, 81675 München,
(01 62) 9 02 00 76;
Professur für Öffentliches Recht,
Universität Bayreuth, Rechts- und Wirt-
schaftswissenschaftliche Fakultät,
Universitätsstr. 30, Gebäude B 9,
95447 Bayreuth,

(0921) 55 3519, Fax (0921) 55 4331,
E-Mail: kwindt@t-online.de

Winkler, Dr. Daniela, Professorin,
Professur für Verwaltungsrecht,
Universität Stuttgart, Institut für
Volkswirtschaftslehre und Recht,
Abteilung für Rechtswissenschaft,
Keplerstr. 17, 70174 Stuttgart,
E-Mail: daniela.winkler@ivr.
uni-stuttgart.de

Winkler, Dr. Dr. h.c. Günther,
Universitätsprofessor,
Reisnerstr. 22, A-1030 Wien,
(0043)1713 4415;
Universität Wien, Juridicum,
Schottenbastei 10–16, A-1010 Wien,
(0043)1 4277 34413,
Mobil (0043) 664 230 6241,
E-Mail: guenther.winkler@univie.ac.at

Winkler, Dr. Markus, apl. Professor;
E-Mail: mwinkl@uni-mainz.de;
Hessisches Kultusministerium,
Luisenplatz 10, 65185 Wiesbaden,
(0611) 368 2517,
E-Mail: markus.winkler@hkm.hessen.de

Winkler, Dr. Roland, a.o. Univ.-Prof.,
Borromäumstraße 10/2, A-5020 Salzburg,
(0043) 662 64 1260 oder
(0043) 6769 0701 71;
Fachbereich Öffentliches Recht,
Universität Salzburg,
Kapitelgasse 5–7, A-5020 Salzburg,
(0043) 66280 44 3624,
Fax (0043) 66280 4436 29,
E-Mail: roland.winkler@sbg.ac.at

Winter, Dr. Dr. h.c. Gerd, Professor, FB 6:
Rechtswissenschaft, Universität Bremen,
Postfach 33 04 40,
28334 Bremen,
(0421) 218 2840, Fax (0421) 218 3494,
E-Mail: gwinter@uni-bremen.de

Winterhoff, Dr. Christian, Professor,
GvW Graf von Westphalen
Poststraße 9 – Alte Post, 20354 Hamburg,
(040) 359 22264,
Fax (040) 359 22-224,
E-Mail: c.winterhoff@gvw.com

Winzeler, Dr. Christoph, LL. M. (Harv.),
Titularprofessor,
St.-Jakobs-Strasse 96, CH-4052 Basel,
E-Mail: capriccio77@bluewin.ch
Universität Fribourg, Institut für
Religionsrecht,
Miséricorde, Büro 4119,
CH-1700 Fribourg,
(0041) 263 0080 23,
Fax (0041) 263 0096 66

Wißmann, Dr. Hinnerk, Professor,
Kommunalwissenschaftliches
Institut (KWI)
Universitätsstraße 14–16, 48143 Münster,
(0251) 83 26311,
E-Mail: kwi@uni-muenster.de

Wittinger, Dr. Michaela, Professorin,
Schauinslandstraße 1, 76199 Karlsruhe,
(0721) 5916 81,
E-Mail: MichaelaWittinger@web.de,
FH des Bundes für öffentliche Verwaltung,
FB Bundeswehrverwaltung, Professur für
Öffentliches Recht (insb. Staats- und
Europarecht),
Seckenheimer Landstraße 10,
68163 Mannheim,
(0621) 4295 4479,
Fax (0621) 4295 42222

Wittmann, Dr. Heinz,
a.o. Universitätsprofessor,
Steinböckengasse 4/14, A-1140 Wien,
(0043) 1914 3175;
Verlag Medien und Recht GmbH,
Danhausergasse 6,
A-1040 Wien,
(0043) 1505 2766,

Fax (0043) 1505 2766 15
E-Mail: h.wittmann@medien-recht.com

Wittreck, Dr. Fabian, Professor,
Cheruskerring 51, 48147 Münster,
Westfälische Wilhelms-Universität
Münster,
Professur für Öffentliches Recht,
Universitätsstr. 14–16, 48143 Münster,
(0251) 832 1199,
Fax (0251) 832 2403,
E-Mail: fwitt_01@uni-muenster.de

Wolf, Dr. Joachim, Professor,
Von-Velsen-Straße 17, 44625 Herne,
(02323) 4596 25;
Juristische Fakultät,
Ruhr-Universität Bochum,
Umweltrecht, Verwaltungsrecht und
Verwaltungslehre,
Gebäude GC, Universitätsstr. 150,
44789 Bochum,
(0234) 322 5252,
Fax (0234) 321 4421,
E-Mail: LS.Wolf@jura.ruhr-uni-bochum.de

Wolff, Dr. Heinrich Amadeus, Professor,
Rudolf-Ditzen-Weg 12, 13156 Berlin,
030-48097948, mobil 0163-9012445,
Fax 032226859576,
HeinrichWolff@t-online.de;
Universität Bayreuth, Rechts- und Wirtschaftswissenschaftliche Fakultät,
Lehrstuhl für Öffentliches Recht,
Recht der Umwelt,
Technik und Information I,
Universitätsstraße 30, 95447 Bayreuth,
Gebäude RW I, Raum 1.0.01.106,
0921-556030 – Sekretariat -6031,
Fax 0921-556032,
E-Mail: Heinrich.wolff@uni-bayreuth.de

Wolff, Dr. Johanna, Professorin,
LL.M. eur. (KCL),
Juniorprofessur für Öffentliches Recht,
Freie Universität Berlin,

Fachbereich Rechtswissenschaft,
Boltzmannstraße 3, 14195 Berlin,
(0049) 30 838 63786,
E-Mail: johanna.wolff@fu-berlin.de

Wolfrum, Dr. Dr. h.c. Rüdiger, o. Professor,
Mühltalstr. 129 b, 69121 Heidelberg,
(06221) 4752 36;
Max-Planck-Institut für ausländisches
öffentliches Recht und Völkerrecht,
Im Neuenheimer Feld 535,
69120 Heidelberg,
(06221) 482 1
E-Mail: wolfrum@mpil.de

Wollenschläger, Dr. Ferdinand, Professor,
Max-Planck-Str. 8, 81675 München,
(089) 470279 73;
Universität Augsburg, Juristische Fakultät,
Lehrstuhl für Öffentliches Recht,
Europarecht und Öffentliches
Wirtschaftsrecht,
Universitätsstr. 24, 86135 Augsburg,
(0821) 598 4551, Fax (0821) 598 4552,
E-Mail: ferdinand.wollenschlaeger@jura.
uni-augsburg.de

Würtenberger, Dr. Thomas, o. Professor,
Beethovenstr. 9, 79100 Freiburg,
(0761) 7 8623;
E-Mail: Thomas.Wuertenberger@jura.
uni-freiburg.de

Wyss, Dr. iur. Martin, Professor,
Stellvertretender Chef Fachbereich II
für Rechtsetzung, Bundesamt für Justiz,
Bundesrain 20, CH-3003 Bern,
(0041) 58 462 75 75,
Fax (0041) 58 462 78 37,
E-Mail: martin.wyss@bj.admin.ch

Zeh, Dr. Wolfgang, Professor,
Ministerialdirektor a.D.,
Marktstr. 10,
72359 Dotternhausen,
E-Mail: zehparl@t-online.de

Zezschwitz, Dr. Friedrich von,
em. Universitätsprofessor,
Petersweiher 47, 35394 Gießen,
(0641) 45152;
Universität Gießen, 35390 Gießen,
(0641) 702 5020
E-Mail: f_v_z@web.de

Ziegler, Dr. Andreas R., LL.M., Professor,
Gründenstraße 66, CH-8247 Flurlingen;
Universität Lausanne, Juristische Fakultät,
BFSH 1, CH-1015 Lausanne,
E-Mail: andreas.ziegler@unil.ch

Ziekow, Dr. Jan, Universitätsprofessor,
Gartenstraße 3, 67361 Freisbach,
(06344) 5902,
Fax (06344) 59 02;
Deutsche Universität für
Verwaltungswissenschaften Speyer,
Postfach 14 09, 67324 Speyer,
(06232) 654-0,
E-Mail: ziekow@uni-speyer.de

Ziller, Dr. Jacques, Professor,
Università degli Studi di Pavia,
Dipartimento di Economia,
Statistica e Diritto,
Via Strada Nuova 65, I-27100 Pavia,
(0039) 382 98 4437,
Fax (0039) 382 98 4435,
E-Mail: jacques.ziller@unipv.it

Zimmermann, Dr. Andreas,
LL.M (Harvard), Professor,
Universität Potsdam, Lehrstuhl für
Öffentliches Recht, insbesondere
Staatsrecht, Europa- und Völkerrecht
sowie Europäisches Wirtschaftsrecht und
Wirtschaftsvölkerrecht,
August-Bebel-Str. 89,
14482 Potsdam,
(0331) 977 3516,
Fax (0331) 977 3224,
E-Mail: andreas.zimmermann@
uni-potsdam.de

Satzung

(Nach den Beschlüssen vom 21. Oktober 1949, 19. Oktober 1951, 14. Oktober 1954, 10. Oktober 1956, 13. Oktober 1960, 5. Oktober 1962, 1. Oktober 1971, 6. Oktober 1976, 3. Oktober 1979, 6. Oktober 1999, 4. Oktober 2006, 3. Oktober 2007 und 29. September 2010)

§ 1

Die Vereinigung der Deutschen Staatsrechtslehrer stellt sich die Aufgabe:
1. wissenschaftliche und Gesetzgebungsfragen aus dem Gebiet des Öffentlichen Rechts durch Aussprache in Versammlungen der Mitglieder zu klären;
2. auf die ausreichende Berücksichtigung des Öffentlichen Rechts im Hochschulunterricht und bei staatlichen und akademischen Prüfungen hinzuwirken;
3. in wichtigen Fällen zu Fragen des Öffentlichen Rechts durch Eingaben an Regierungen oder Volksvertretungen oder durch schriftliche Kundgebungen Stellung zu nehmen.

§ 2

(1) ¹Der Verein führt den Namen „Vereinigung der Deutschen Staatsrechtslehrer". ²Er soll in das Vereinsregister eingetragen werden; nach der Eintragung führt er den Zusatz „e. V.".
(2) Der Verein hat seinen Sitz in Heidelberg.
(3) Das Geschäftsjahr des Vereins ist das Kalenderjahr.

§ 3

(1) Mitglied der Vereinigung kann werden, wer auf dem Gebiet des Staatsrechts und mindestens eines weiteren öffentlich-rechtlichen Fachs
a. seine Befähigung zu Forschung und Lehre durch hervorragende wissenschaftliche Leistung nachgewiesen hat[1] und

---

[1] Mit der oben abgedruckten, am 1.10.1971 in Regensburg beschlossenen Fassung des § 3 hat die Mitgliederversammlung den folgenden erläuternden Zusatz angenommen: „Eine hervorragende wissenschaftliche Leistung im Sinne dieser Vorschrift ist eine den bisher üblichen Anforderungen an die Habilitation entsprechende Leistung."

b. an einer deutschen oder deutschsprachigen Universität[2] einschließlich der Deutschen Universität für Verwaltungswissenschaften Speyer als Forscher und Lehrer tätig ist oder gewesen ist.

(2) [1]Das Aufnahmeverfahren wird durch schriftlichen Vorschlag von drei Mitgliedern der Vereinigung eingeleitet. [2]Ist der Vorstand einstimmig der Auffassung, dass die Voraussetzungen für den Erwerb der Mitgliedschaft erfüllt sind, so verständigt er in einem Rundschreiben die Mitglieder von seiner Absicht, dem Vorgeschlagenen die Mitgliedschaft anzutragen. [3]Erheben mindestens fünf Mitglieder binnen Monatsfrist gegen die Absicht des Vorstandes Einspruch oder beantragen sie mündliche Erörterung, so beschließt die Mitgliederversammlung über die Aufnahme. [4]Die Mitgliederversammlung beschließt ferner, wenn sich im Vorstand Zweifel erheben, ob die Voraussetzungen der Mitgliedschaft erfüllt sind. [5]Von jeder Neuaufnahme außerhalb einer Mitgliederversammlung sind die Mitglieder zu unterrichten.

§ 4

[1]Abweichend von § 3 kann Mitglied der Vereinigung werden, wer, ohne die Voraussetzungen des § 3 Abs. 1 lit. b) zu erfüllen,

a. eine Professur inne hat, die einer Professur an einer juristischen Fakultät einer deutschen oder deutschsprachigen Universität entspricht,
b. seine Befähigung zu Forschung und Lehre durch hervorragende wissenschaftliche Veröffentlichungen auch in deutscher Sprache zum Öffentlichen Recht Deutschlands, Österreichs oder der Schweiz nachgewiesen und
c. seine Verbundenheit mit der Vereinigung durch mehrmalige Teilnahme als Gast an den Jahrestagungen bekundet hat.

[2]Das Aufnahmeverfahren wird durch schriftlich begründeten Vorschlag von mindestens zehn Mitgliedern der Vereinigung eingeleitet. [3]Für das weitere Verfahren findet § 3 Abs. 2 Sätze 2 bis 5 entsprechende Anwendung.

---

[2] In Berlin hat die Mitgliederversammlung am 3.10.1979 die folgende zusätzliche Erläuterung aufgenommen: „Universität im Sinne dieser Vorschrift ist eine wissenschaftliche Hochschule, die das Habilitationsrecht in den Fächern des Öffentlichen Rechts und die Promotionsbefugnis zum Doctor iuris besitzt und an der Juristen durch einen Lehrkörper herkömmlicher Besetzung ausgebildet werden."

In Berlin hat die Mitgliederversammlung am 29.09.2010 die folgende weitere Erläuterung aufgenommen: „Gleichgestellt sind wissenschaftliche Hochschulen, die das Habilitationsrecht in den Fächern des Öffentlichen Rechts und die Promotionsbefugnis zum Dr. iuris besitzen, wenn an ihnen Staatsrecht und ein weiteres öffentlich-rechtliches Fach von mindestens drei der Vereinigung angehörenden Mitgliedern gelehrt wird."

§ 5

(1) ¹Eine Mitgliederversammlung soll regelmäßig einmal in jedem Jahr an einem vom Vorstand zu bestimmenden Ort stattfinden. ²In dringenden Fällen können außerordentliche Versammlungen einberufen werden. ³Die Mitgliederversammlung wird vom Vorstand unter Einhaltung einer Frist von vier Wochen schriftlich oder in elektronischer Form unter Angabe der Tagesordnung einberufen. ⁴Auf jeder ordentlichen Mitgliederversammlung muss mindestens ein wissenschaftlicher Vortrag mit anschließender Aussprache gehalten werden.

(2) Eine außerordentliche Mitgliederversammlung wird außer in den nach Absatz 1 Satz 2 vorgesehenen Fällen auch dann einberufen, wenn dies von einem Zehntel der Mitglieder beim Vorstand schriftlich unter Angabe des Zwecks und der Gründe beantragt wird.

(3) ¹Verlauf und Beschlüsse der Mitgliederversammlung werden protokolliert. ²Der Protokollführer wird vom Versammlungsleiter bestimmt. ³Das Protokoll ist vom Versammlungsleiter und vom Protokollführer zu unterzeichnen. ⁴Es wird mit dem nächsten nach der Mitgliederversammlung erfolgenden Rundschreiben den Mitgliedern übermittelt.

(4) Für Satzungsänderungen, die Änderung des Vereinszwecks und für die Auflösung des Vereins gelten die gesetzlichen Mehrheitserfordernisse (§§ 33, 41 BGB).

§ 6[3]

(1) ¹Der Vorstand der Vereinigung besteht aus einem Vorsitzenden und zwei Stellvertretern. ²Die Vorstandsmitglieder teilen die Geschäfte untereinander nach eigenem Ermessen. ³Der Vorstand wird von der Mitgliederversammlung auf zwei Jahre gewählt; er bleibt jedoch bis zur Bestellung eines neuen Vorstandes im Amt. ⁴Zur Vorbereitung der Jahrestagung ergänzt sich der Vorstand um ein Mitglied, das kein Stimmrecht hat. ⁵Auch ist Selbstergänzung zulässig, wenn ein Mitglied des Vorstandes in der Zeit zwischen zwei Mitgliederversammlungen ausscheidet. ⁶Auf der nächsten Mitgliederversammlung findet eine Nachwahl für den Rest der Amtszeit des Ausgeschiedenen statt.

(2) ¹Der Verein wird gerichtlich und außergerichtlich durch ein Mitglied des Vorstandes, in der Regel durch den Vorsitzenden, vertreten. ²Innerhalb seines ihm nach Absatz 1 Satz 2 zugewiesenen Aufgabenbereichs ist das jeweilige Vorstandsmitglied alleinvertretungsberechtigt; insbesondere ist in allen finanziellen Angelegenheiten dasjenige Vorstandsmitglied allein-

---

[3] § 6 Abs. 1 in der Fassung des Beschlusses der Mitgliederversammlung in Heidelberg vom 6.10.1999; in Kraft getreten am 1.10.2001.

vertretungsberechtigt, dem der Vorstand nach Absatz 1 Satz 2 die Funktion des Schatzmeisters übertragen hat. ³Das nach Absatz 1 Satz 4 kooptierte Mitglied des Vorstandes ist in allen Angelegenheiten alleinvertretungsberechtigt, die die Vorbereitung und Durchführung der Jahrestagung betreffen. ⁴Ist in den Fällen des Satzes 2 oder 3 das vertretungsberechtigte Vorstandsmitglied verhindert, übernimmt der Vorsitzende die Vertretung, im Falle seiner Verhinderung ist eines der gewählten Vorstandsmitglieder alleinvertretungsberechtigt.

§ 7

Zur Vorbereitung ihrer Beratungen kann die Mitgliederversammlung, in eiligen Fällen auch der Vorstand, besondere Ausschüsse bestellen.

§ 8

¹Über Eingaben in den Fällen des § 1 Ziffer 2 und 3 und über öffentliche Kundgebungen kann nach Vorbereitung durch den Vorstand oder einen Ausschuss im Wege schriftlicher Abstimmung der Mitglieder beschlossen werden. ²Ein solcher Beschluss bedarf der Zustimmung von zwei Dritteln der Mitgliederzahl; die Namen der Zustimmenden müssen unter das Schriftstück gesetzt werden.

§ 9

¹Der Mitgliedsbeitrag wird von der Mitgliederversammlung festgesetzt. ²Der Vorstand kann den Beitrag aus Billigkeitsgründen erlassen.

§ 10

(1) Die Mitgliedschaft endet durch Tod, Austritt aus dem Verein, Streichung von der Mitgliederliste oder Ausschluss aus dem Verein.

(2) ¹Der Austritt erfolgt durch schriftliche Erklärung gegenüber einem Mitglied des Vorstandes. ²Für die Erklärung ist eine Frist nicht einzuhalten. ³Der Austritt wird zum Schluss des Kalenderjahres vollzogen.

(3) ¹Ein Mitglied kann durch Beschluss des Vorstandes von der Mitgliederliste gestrichen werden, wenn es trotz zweimaliger schriftlicher Mahnung mit der Beitragszahlung in Rückstand ist. ²Die Streichung wird erst beschlossen, wenn nach der Absendung der zweiten Mahnung zwei Monate verstrichen sind, in dieser Mahnung die Streichung angedroht wurde und die Beitragsschulden nicht beglichen sind. ³Die Streichung ist dem Mitglied mitzuteilen.

(4) ¹Ein Mitglied kann durch Beschluss des Vorstandes aus dem Verein ausgeschlossen werden, wenn es in grober Weise gegen die Vereinsin-

teressen verstoßen hat. ²Vor der Beschlussfassung ist dem Mitglied unter Einräumung einer angemessenen Frist Gelegenheit zur Stellungnahme zu geben. ³Der Beschluss über den Ausschluss ist schriftlich zu begründen und dem Mitglied zuzusenden. ⁴Gegen den Beschluss des Vorstandes kann das Mitglied innerhalb eines Monats nach Zugang der Entscheidung des Vorstandes die Mitgliederversammlung anrufen. ⁵Die Anrufung der Mitgliederversammlung hat bis zu deren abschließender Entscheidung aufschiebende Wirkung.

§ 11

(1) Im Falle der Auflösung des Vereins sind die Mitglieder des Vorstandes gemeinsam vertretungsberechtigte Liquidatoren, falls die Mitgliederversammlung nichts anderes beschließt.

(2) Das nach Beendigung der Liquidation vorhandene Vermögen fällt an die Deutsche Forschungsgemeinschaft, die es unmittelbar und ausschließlich für Zwecke des Fachkollegiums Rechtswissenschaft zu verwenden hat.